成長株をどう見極め、
いつ買ったらい

株の投資大全

小泉秀希 著
ひふみ株式戦略部 監修

ダイヤモンド社

はじめに

成長株への長期投資こそ、株式投資の王道

株式投資の魅力は、資産を爆発的に増やせる可能性があることです。

「バイトでためた100万を元手に1億円作った」というような話が投資本やネットであふれていますが、実際に私は株式ライターとして20年以上活動する中で、そういう人たちをたくさん見てきました。

特に、インターネットが普及して個人投資家でも多くの情報が取れ、格安な手数料で気軽に株取引ができるようになってから、大きく資産を増やす個人投資家が若い層を中心に劇的に増えました。

では、どうしたら株式投資で財を成すことができるのでしょうか。

最もシンプルで強力な方法は**成長株への長期投資**です。歴史的に見ても株で財を成した人の多くが行ってきたのはこの方法であり、これこそ**株式投資の王道**です。

たとえば、24年前にユニクロを運営するファーストリテイリングに20万円投じた場合、その元本は今2500万円になり、毎年支払われる年間の配当は20万円となっています。

また、25年前にドン・キホーテを運営するパン・パシフィック・インターナショナル・ホー

ルディングスに20万円を投資していたら、元本は１８００万円になり、年間の配当は15万円になっています。

さらに、業務スーパーを運営する神戸物産に14年前に20万円投資していたら、元本は２３００万円になり、年間の配当は13万円になっています。

このように、**優れた成長企業の株というのは、投資してから10年後、20年後にとてつもない優良資産になる可能性**があります。もし今、手元に使う予定のない20万円があったら、将来性がありそうな株を探して投資しましょう。

もちろん、この3社ほどすごい成果を上げている事例は一握りではありますが、資産を何倍にも増やしてくれて、配当を増やし続けてくれる会社はたくさんありますし、それらは私たちの身の回りに存在します。

優れたノウハウ・技術などの事業基盤を持ち、優れた経営者と従業員が高い目標に向かって日々努力している会社は、長期的に驚くような成果を上げるものです。

そうした会社の株を探して割安な値段で投資できたら、配当を含めて長期的に大きな投資成果を得ることができます。

こんな大きな可能性を秘めた金融商品が他にあるでしょうか。

若い人ほど無駄遣いせずに、お金ができたら株を買うことをおすすめします。若いころから投資や経済の勉強をして、良い会社を探して、コツコツ買っていくということをしたら、とても豊かな人生を送れることでしょう。

もちろん、年配の人にとっても株式投資はとても有意義なことです。

人生経験が何よりも活かせるのが株式投資だからです。どんな会社が有望な会社なのかを見抜くのは、どんな人が将来有望な人なのかを見抜くのと共通点が多いです。

なんといっても人生１００年時代です。何歳から始めても先は長いです。楽しんで学びながら資産を増やしていきましょう。

どうやって成長株を見極めて、どう買ったらいいか

私自身、今まで本当に良い株をたくさん選んで投資してきましたし、良い会社からの恩恵をたくさん受けてきました。

しかし、後悔していることもあります。それは、ものすごく良い株を選びながら、**「数倍程度の上昇で喜んで売ってしまい、その後、何十倍にもなるのを指をくわえて見ているしかない」**という悔しい経験を何度もしてきたことです。

もちろん、買った株の全てが良い株だったわけではありません。

「売って良かった」という株だってたくさんありました。失敗と認識したら損切《そんぎ》り（損失確定の売り）することも大事なことです。

しかし、それ以上に、せっかく優れた会社の株に投資したのに、その恩恵を十分に享受できないことは残念なことです。いつの時代でも大きく成長する株は、次々と出てくるものです。

しかも、それは私たちの身の回りからです。ぜひそうした会社を探し、少しずつその株を買いながら資産形成に役立てていきましょう。

そこで問題になるのが、**どうやって成長株を見極めるか、どういうタイミングや水準でその株を買ったらいいか**です。

私は長年、株式ライターをやりながら、その答えを常に探り続けてきました。

優秀な投資家や専門家の方たちからは、できるだけ多くのノウハウや考えを吸収しようとしてきました。そうした姿勢で何冊も株式投資の本の作成に携わってきました。幸いなことに、『めちゃくちゃ売れてる株の雑誌ZAiが作った「株」入門』をはじめ、ヒット作にも多く恵まれました。そのようにして、私が**これまで求め続け、書き続けてきたノウハウのエッセンスをこの本には惜しみなく投入**いたしました。

株式投資で大切なことは、まずは、成長性の高い株を見極めること。そして、それを割安な水準で買うことです。ものすごく成長性の高い株を、ものすごく割安な水準で買うことができれば、とても大きな投資成果を得られる可能性があります。

本書の構成

プロローグでは、株式投資で成功するための9つのステップを概観し、第1～第9章では各ステップについて詳しく述べています。

第1章では、日常生活から成長株を探すためのヒントを述べています。まずは、日常生活や仕事の中から成長性の高い商品やサービス、会社を見つけてみましょう。

第2章は、銘柄選びに役立つ会社四季報の活用法を解説しています。会社四季報は株の最新カタログでもあり、銘柄探しに大いに役立ちます。

第3章では、会社の成長性の見極め方について説明しています。会社の強みや経営者の良しあしなど定性面を分析して、会社の成長性を見極めましょう。

第4章と第5章では、財務諸表の見方を解説しています。どんな資産と負債があり、収益構造やお金の流れはどうなっているか。良い会社、伸びていく会社には共通した特徴があります。

第6章では、株が割安か割高かを判断する方法について述べています。どんな良い会社でもあまりにも割高ならば、投資タイミングはもう少し待ったほうがいいかもしれません。

第7章では、決算発表のチェック法について述べています。株を保有したその後も、その会社が順調にいっているのか、悪い兆候はないか、年4回の決算はチェックしましょう。

第8章では、配当や株主優待などの面から株の価値を考える方法について述べています。

第9章では、経済全体の動きについて述べています。経済全体の動きによって、良い株を大きく値下がりしたところで買える絶好のチャンスが訪れることがあります。

エピローグでは、株の売りタイミングについて考えます。

また、まったくの初心者の方には基礎知識を短時間で学べるページも巻末付録として入れました。

本書を作成するにあたっては、レオス・キャピタルワークスのひふみ株式戦略部の皆さんにご監修いただきました。そして、藤野英人さん、三宅一弘さん、佐々木靖人さん、大城真太郎さんへのインタビューも収録しています。それらは投資のプロの知恵とエッセンスが詰まったインタビューになっています。レオス・キャピタルワークスの皆さんは、藤野さんをはじめ真のプロ集団であり、私が仕事で関わった専門家の中でも特にリスペクトして信頼している方々です。今回改めていろいろお話をうかがって、私自身大きな学びがありましたし、読者の皆さんにも投資の大きなヒントを得ていただけるものと確信しています。

ただし、インタビュー以外の本書全体の内容については、全て著者である私、小泉秀希の責任において私個人の見解を書いています。レオス・キャピタルワークスの皆さんからの学びを反映させてはいますが、最終的には私個人の見解であるという点は、ぜひ踏まえてお読みいただければと思います。

本書を通じて、読者の皆さんには、ぜひ株式投資の面白さ、そして、成功への手順とイメージが伝われば幸いです。10年後、20年後になって、「あの本を読んで成長株への長期投資をやって本当に良かった」といっていただけることが今の私の切なる願いです。

２０２３年２月

小泉秀希

CONTENTS

プロローグ

株式投資を成功させる9つのステップ

――良い株を見つけ、割安で買うために

第1章

日常生活から成長株を探すヒント

第2章

会社四季報を活用する

第3章

成長シナリオを探る——定性分析の方法

第4章

財務諸表を読みこなそうI【貸借対照表編】

第5章

財務諸表を読みこなそうII【損益計算書とキャッシュフロー計算書編】

第6章

割安な株価で買う方法

第7章

業績トレンドの変化を捉える

——四半期決算や月次データを使いこなそう

第8章

配当・株主優待を狙った投資戦略

第9章 経済サイクルを投資に活かす

エピローグ 株の売り時を考える

株式投資の基礎知識20

【ご留意事項】
・本書の投資戦略等の内容はあくまで著者個人の見解であり、必ずしも、レオス・キャピタルワークス株式会社もしくは監修者個人の見解と合致するものではありません。監修者の役割は、その様な著者個人の見解が投資の基本的な考え方や様々な投資戦略の選択肢についての一般的な理解等に照らして正確性、妥当性を欠くものにならないよう専門家の立場から助言することに留まります。また、本書における事実（株価などのデータ、固有名詞、出所表記など）の正確性については、監修者は責任を負わず、著者と版元が責任を負います。本書は、株の売買の推奨、投資助言を意図したものではありません。また、本書に掲げた情報を利用されて生じたいかなる損害につきましても、著者および監修者、出版社は責任を負いかねます。投資に関わる最終決定は、あくまでご自身の判断で行ってください。

プロローグ

株式投資を成功させる9つのステップ

――良い株を見つけ、割安で買うために

ステップ**1**

身の回りから成長株を探す

株の最大の魅力は成長性

株式投資をする上でいちばん重要なのは、**①成長性のある株を見極めて、②割安な値段で買う**、ということです。成長性と割安さが投資家の求めるべき2大テーマであり、投資家が常に意識するべきポイントです。順を追って説明します。まずは成長性についてです。

成長性は、株の最大の特徴であり魅力です。経営者や従業員が日々努力して会社が成長すると、会社の業績が伸びて経営者や従業員の報酬が上がるわけですが、株主に支払われる配当も上がり、株価も上がります。このように、成長しようとする人たちの意思や能力が投資成果に反映される点が、他の金融商品にはない株式投資の大きな魅力です。

特に、上場企業の経営者は、普通の人に比べて並外れた能力と成長への情熱がある人が多いです。私たち投資家としては、そうした会社の株を持つだけで、そうした会社の成長の成果を分けてもらうことができます。その代表的な事例として**図0－1**にディスカウントストアのドン・キホーテを運営する**パン・パシフィック・インターナショナルホールディングス**（略称：ＰＰＩＨ、証券コード７５３２）の事例を挙げました。

ＰＰＩＨは、上場してから25年間で売上高を１２０倍、純利益（税金を支払って最終的に

図0-1 パン・パシフィック・インターナショナルホールディングス(ドン・キホーテ)の業績と株価

業績推移

年度(6月期)	売上高(百万円)	純利益(百万円)
1997年	14,625	392
1998年	24,481	687
1999年	46,522	1,675
2000年	73,402	2,829
2001年	94,706	3,353
2002年	115,428	4,027
2003年	158,619	5,641
2004年	192,840	6,846
2005年	232,778	7,163
2006年	260,779	10,725
2007年	300,660	10,638
2008年	404,924	9,303
2009年	480,856	8,554

年度(6月期)	売上高(百万円)	純利益(百万円)
2010年	487,571	10,238
2011年	507,661	12,663
2012年	540,255	19,845
2013年	568,377	21,141
2014年	612,424	21,471
2015年	683,981	23,148
2016年	759,592	24,938
2017年	828,798	33,082
2018年	941,508	36,405
2019年	1,328,874	47,066
2020年	1,681,947	49,927
2021年	1,708,635	53,734
2022年	1,831,280	61,928

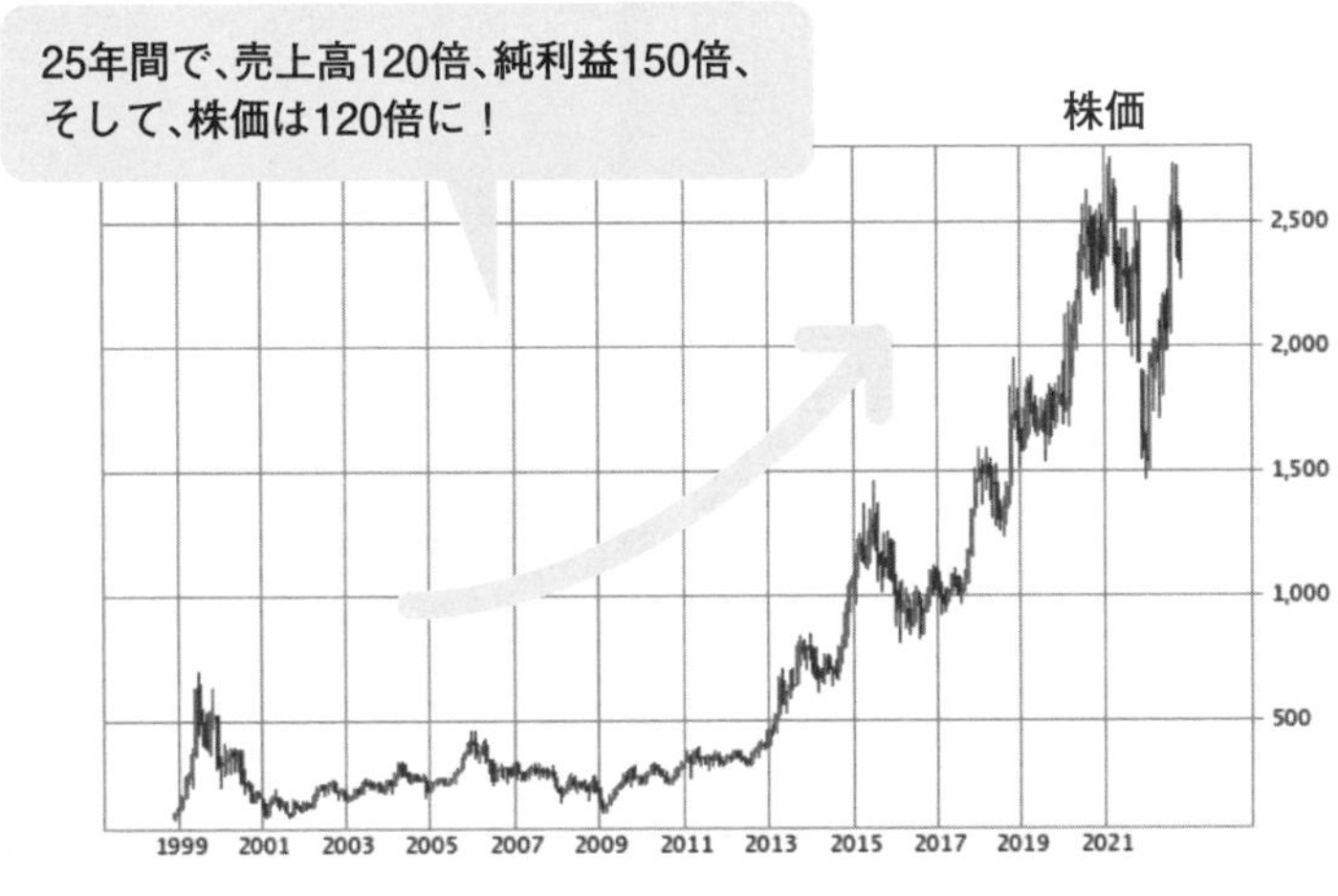

出典:SBI証券

残った利益）を150倍と業績を大きく拡大し、株価は120倍になりました。

図0－2には、PPIHを含めた成長株の事例を挙げました。おなじみの店、おなじみのサービス、おなじみの経営者の会社の株が何十倍、何百倍になっています。もちろん、これほど上昇する例は上場企業の中でも一握りです。

しかし、これほどではないとしても5倍、10倍になる株は数多く出現しますし、そのような大きな可能性を秘めていることが株の最大の魅力です。

もちろん、株にはリスクがあります。

「買った株が何割も下落してしまった……」ということもよくあることです。

しかし、10万円投資したものが何十万円とか何百万円になる可能性に比べると、数万円程度損するリスクは、それほど大きなものとはいえません。リスクとリターンを天秤にかけてみれば、株はかなり有利な金融商品であることがわかると思います。

そして、大きく成長する株は、私たちの身の回りに結構多く出現します。図0－2に挙げた成長株の事例は、いずれも、

・魅力的な商品・サービス
・他が真似できない事業の仕組み
・強力なリーダー

など、個人投資家にとっても、わかりやすい強みをもった会社ばかりです。

特に、ユニクロ（ファーストリテイリング：9983）、ドン・キホーテ、すき家（ゼンショー

図 0-2 大きく伸びた成長株の事例

● 何十倍、何百倍になった会社はこんなにある！

会社名	証券コード	株価上昇倍率	事業内容
任天堂	7974	**260倍**	テレビゲーム
ファーストリテイリング（ユニクロ）	9983	**400倍**	カジュアルウェア
ニトリホールディングス	9843	**180倍**	家具・ホームセンター
サイバーエージェント	4751	**200倍**	インターネット広告代理店、スマホゲーム
日本電産	6594	**90倍**	小型モーター（PC用、電気自動車用）
PPIH※（ドン・キホーテ）	7532	**120倍**	ディスカウントショップ
ゼンショーホールディングス（すき家、はま寿司）	7550	**160倍**	牛丼、回転ずし
ソフトバンクグループ	9984	**110倍**	IT・AI関連の投資、通信事業など
神戸物産（業務スーパー）	3038	**170倍**	食品スーパー
ジンズホールディングス	3046	**220倍**	メガネの「JINS」
MonotaRO	3064	**460倍**	工場や工事の工具や資材のネット販売
ZOZO	3092	**60倍**	ファッションのネット販売
セリア	2782	**170倍**	100円ショップ
ワークマン	7564	**100倍**	作業服

※PPIHはパン・パシフィック・インターナショナルホールディングスの略

ホールディングス：7550）、業務スーパーの神戸物産（3038）、メガネブランドのJINS（ジンズホールディングス：3046）、100円ショップのセリア（2782）、ワークマン（7564）などの小売・飲食チェーンは、店舗や客が増えている様子がわかりやすく、消費者の立場でもその店の魅力や成長の勢いなどを確認しやすいです。

ZOZO（3092）は、インターネット上のファッションモール、MonotaRO（モノタロウ：3064）は工場や工事で使う工具や資材のネット販売などの仕組みを作り、その便利さによって利用者たちから絶大な支持を得て大きく成長しました。

また、ファーストリテイリングの柳井社長、日本電産の永守会長、ソフトバンクグループの孫社長、サイバーエージェントの藤田社長は卓越した経営手腕と猛烈な成長志向を持ち、個人投資家にも会社のビジョンや成長戦略をわかりやすく語っています。

以上のように、**私たちの身の回りには成長株を探すための情報がたくさん転がっています**。買い物、飲食だけでなく、スマホ、ゲーム、おもちゃ、旅行、パチンコ、ペット、不動産、健康・美容、介護・保育、住宅、金融など、私たちの生活に関するあらゆる分野でさまざまな企業が日々努力し、便利で新しい製品やサービスが生み出されています。

日常生活や仕事を振り返って、何か伸び盛りの会社がないでしょうか。**図0－3**に成長株を探すヒントとなる注目分野の一覧を入れました。成長株を探すことを生活習慣の1つにしてみてください。

図0-3 成長株を探すヒントとなる注目分野の一覧

身の回りから成長企業を探してみよう！

注目分野	キーワード
飲食	レストラン、回転ずし、居酒屋、バー、カフェ、ファストフード、弁当、宅配
小売	衣服、靴、雑貨、家具、ホームセンター、家電、スーパー、百貨店、価格均一ショップ、スポーツ用品、キャンプ用品
ネットショッピング	ファッション、日用品、ネットスーパー、家電
スマホ	アプリ、スマホグッズ、スマホショップ
ゲーム	オンラインゲーム、スマホゲーム、eスポーツ、メタバース
おもちゃ	知育玩具、フィギュア、カードゲーム
コンテンツ	動画、映画、音楽、配信、サブスク
レジャー・旅行	予約サイト、ホテル、航空、テーマパーク
パチンコ・カジノ	IR（統合型リゾート）、パチンコ・パチスロ、競馬・競輪のネット投票
ペット	ペット保険、ペット医療、ペット用品、ペットフード
健康・美容	フィットネスクラブ、美容機器、化粧品、ネイルサロン、サプリ
介護・福祉・医療	高齢者用マンション、障がい者就労支援、健康管理アプリ、遠隔医療
教育・保育	授業配信、電子教科書、オンライン通信高校、塾、保育園、学童保育
人材	求人・求職サイト、派遣、人材マッチング
金融	キャッシュレス決済、オンライン生命保険、暗号資産、スマホ証券
不動産	不動産テック、中古住宅の再生、シェアオフィス、空き家問題
再生可能エネルギー	太陽光発電、洋上風力発電、バイオマス発電、蓄電池
電気自動車	自動運転、電池、カーシェアリング、ライドシェア

ステップ2

その会社の業績をチェックする

業績の見方

日常生活の中から気になる会社が見つかったら、次は**『会社四季報』**でその会社を見てみましょう。

会社四季報とは、3800社近くもある全上場企業の最新データがコンパクトにまとめてある情報ハンドブックです。3月、6月、9月、12月の半ばに最新号が発売されます。

図0－4は、1997年6月に発売された会社四季報のPPIHの記事です。PPIHは当時、店名と同じドン・キホーテが社名でした。

会社四季報でチェックしたいのは、最新の**業績データ**と**事業内容・近況**です。

業績は年度ごとの推移を見ましょう。

左端に**94・6、95・6**……と書いてあるのは、94年6月期、95年6月期ということであり、94年6月期というのは94年6月に決算が終わる1年間のことです。年度の横に「予」とついているのは予想値ということです。

また、**営業利益**は本業による利益、**経常利益**は本業を含めた継続的な業務からの利益、**利益**は税引き後の**純利益**です。**1株益**は1株当たりの純利益（純利益を発行済み株数で割った利益）

図0-4 会社四季報のドン・キホーテ（現パン・パシフィック・インターナショナルホールディングス）の記事

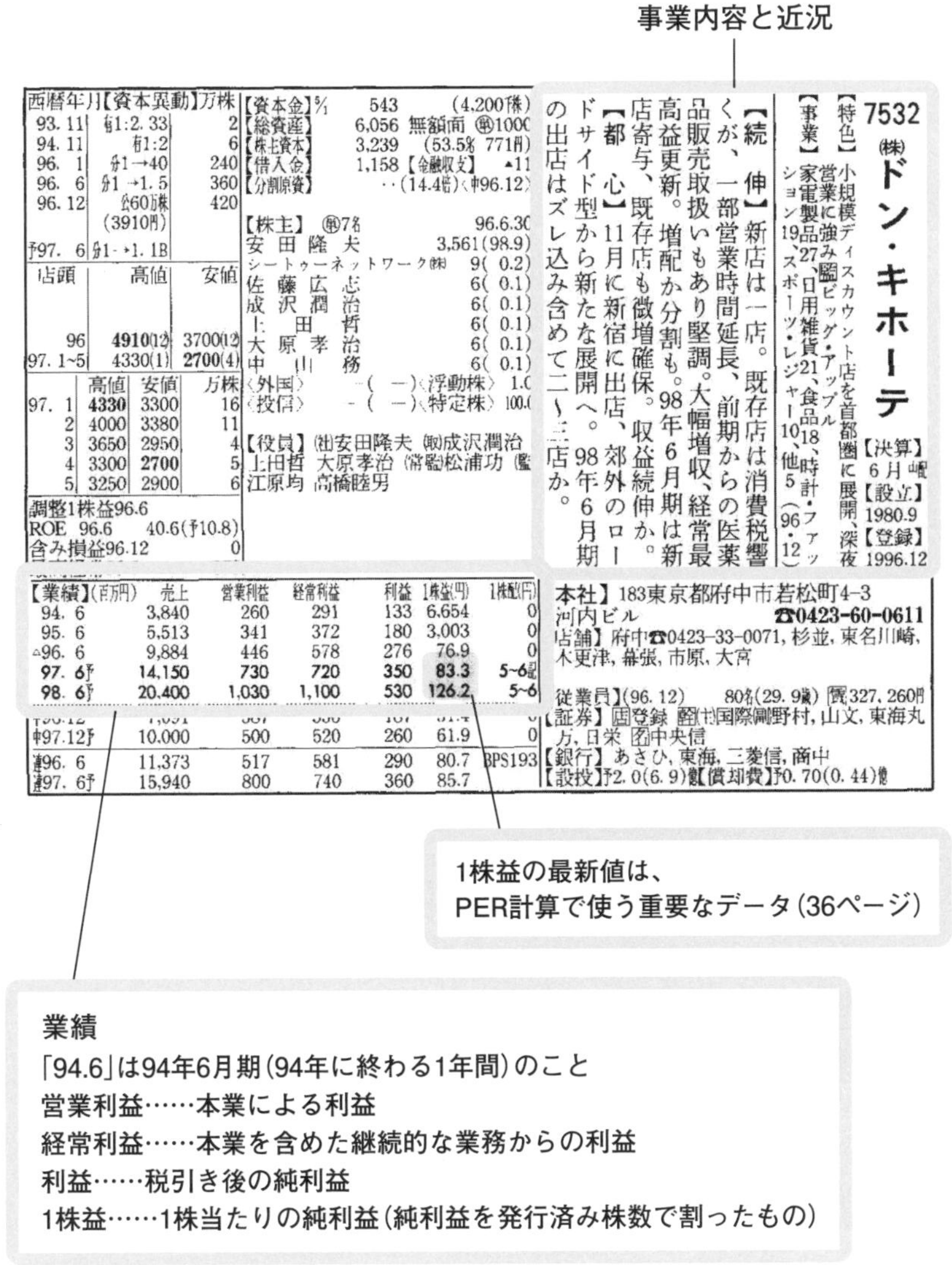
事業内容と近況
1株益の最新値は、
PER計算で使う重要なデータ（36ページ）
業績
「94.6」は94年6月期（94年に終わる1年間）のこと
営業利益……本業による利益
経常利益……本業を含めた継続的な業務からの利益
利益……税引き後の純利益
1株益……1株当たりの純利益（純利益を発行済み株数で割ったもの）

7532 ㈱ドン・キホーテ

【特色】小規模ディスカウント店を首都圏に展開、深夜営業に強み 囲ビッグ・アップル
【事業】家電製品27、日用雑貨21、食品18、時計・ファッション19、スポーツ・レジャー10、他5（96・12）
【決算】6月
【設立】1980.9
【登録】1996.12

【続 伸】新店は一店。既存店は消費税響くが、一部営業時間延長、前期からの医薬品販売取扱いもあり堅調。大幅増収、経常最高益更新。増配か分割も。98年6月期は新店寄与、既存店も微増確保。収益続伸か。
【都 心】11月に新宿に出店、郊外のロードサイド型から新たな展開へ。98年6月期の出店はズレ込み含めて二～三店か。

西暦年月	【資本異動】	万株
93. 11	有1:2.33	2
94. 11	有1:2	6
96. 1	分1→40	240
96. 6	分1→1.5	360
96. 12	公60万株（3910円）	420
予97. 6	分1→1.1B	

店頭	高値	安値
96	**4910**(12)	3700(12)
97. 1~5	4330(1)	**2700**(4)

	高値	安値	万株
97. 1	**4330**	3300	16
2	4000	3380	11
3	3650	2950	4
4	3300	**2700**	5
5	3250	2900	6

調整1株益96.6
ROE 96.6 40.6（予10.8）
含み損益96.12 0

【資本金】5/1 543 （4,200千株）
【総資産】6,056 無額面 単1000
【株主資本】3,239 （53.5% 771円）
【借入金】1,158 【金融収支】▲11
【分割原資】‥（14.4倍）〈中96.12〉

【株主】単7名 96.6.30
安田隆夫 3,561(98.9)
シートゥーネットワーク㈱ 9(0.2)
佐藤広志 6(0.1)
成沢潤治 6(0.1)
上田哲 6(0.1)
大原孝治 6(0.1)
中山務 6(0.1)
〈外国〉 －(－)〈浮動株〉 1.0
〈投信〉 －(－)〈特定株〉 100.0

【役員】㈳安田隆夫 ㈹成沢潤治 上田哲 大原孝治 ㈱松浦功 ㈼江原均 高橋睦男

【業績】(百万円)	売上	営業利益	経常利益	利益	1株益(円)	1株配(円)
94. 6	3,840	260	291	133	6,654	0
95. 6	5,513	341	372	180	3,003	0
△96. 6	9,884	446	578	276	76.9	0
97. 6予	**14,150**	**730**	**720**	**350**	**83.3**	**5~6記**
98. 6予	**20,400**	**1,030**	**1,100**	**530**	**126.2**	**5~6**
中96.12	[illegible]	[illegible]	[illegible]	[illegible]	[illegible]	0
中97.12予	10,000	500	520	260	61.9	0
連96. 6	11,373	517	581	290	80.7	BPS193
連97. 6予	15,940	800	740	360	85.7	

【本社】183東京都府中市若松町4-3 河内ビル ☎0423-60-0611
【店舗】府中☎0423-33-0071，杉並，東名川崎，木更津，幕張，市原，大宮
【従業員】(96. 12) 80名(29. 9歳) 賃327，260円
【証券】店登録 幹㈲国際僞野村，山文，東海丸万，日栄 名中央信
【銀行】あさひ，東海，三菱信，商中
【設投】予2. 0(6. 9)億【償却費】予0. 70(0. 44)億

出典：会社四季報1997年3集より

であり、**ＰＥＲ（株価収益率）**という指標を計算するための大事なデータです（36ページ参照）。

会社四季報では売上高、営業利益、経常利益、純利益の金額は百万円単位で記載されています。この場合、下２けたを取り除くと億単位になります。たとえば、３８４０となっているのは38億４０００万円ということです。

売上高は１億円未満を、営業利益は０・１億円未満を四捨五入してみると、当時のドン・キーテの売上高と営業利益は、

・売上高　38億円→55億円→99億円→１４２億円→２０４億円
・営業利益　２・６億円→３・４億円→４・５億円→７・３億円→10・３億円

と、ものすごい勢いで成長していることがわかります。

会社四季報を「株の最新カタログ」として使い銘柄を探す

会社四季報の個別株のデータや記事だけを見たいのならば、ＳＢＩ証券、楽天証券、ａｕカブコム証券、マネックス証券など主な証券会社に口座を作り、サイトにログインすれば、銘柄ごとに検索して無料で閲覧できます。こうした形で会社四季報を利用している投資家はたくさんいます。

しかし、こうした無料閲覧ができるにもかかわらず、会社四季報を定期購読して毎号チェックしている投資家もいます。それは、会社四季報を「株の最新カタログ」として利用するためです。本だとペラペラめくることができて、全体をざっと見渡すことができるからです。

そうすると、自分が注目している株以外にも、他に良い株がないかどうかを探すことができ便利です。野球やサッカーが好きな人が、わざわざ選手名鑑を買って眺めるような、あるいはファッション好きな人が好きなブランドの最新カタログを眺めるような感じです。

「会社四季報の熱心な読者に株の下手な人はいない」

というのが、筆者がこれまで数多くの投資家を見てきた率直な感想です。

会社四季報を毎号チェックするのはなかなか骨の折れる作業ですが、それを毎回続けるのは、株式投資で上達するための有効な手段の1つでもあります。

毎号が無理でも、年1回くらいこうした作業をするだけでも、ずいぶんといろいろな発見がありますし、投資家としての能力を上げることに役立つと思います。

※会社四季報はとても役立つことが多い資料ですが、編集部独自の判断や予測も含まれており、それが確実に当たるとか投資の成果が上がるという保証はありません。その点を留意しながら、あくまで投資判断の1つの材料として利用するようにしましょう。

ステップ
3

その会社の成長シナリオを確認する

成長シナリオを考えるための3要素

成長シナリオとは、どのような道筋で、どの程度に成長していくのか、という見通しです。

成長シナリオには、

①その会社の強み（他社よりも優れている点）
②経営者の能力と意欲
③成長余地

の3つが重要な要素となります。

①の会社の強みについては、**図0－5**のようにさまざまな種類の強みを一覧にしました。

1997年当時のPPIH（ドン・キホーテ）は、この表でいえば、コスト競争力、ノウハウ、人材、調達ルートなどの点で独自の強みがありました。

図 0-5 会社の強みは、いろいろある！

「会社の強み」一覧　詳細は第3章で

1997年当時のドン・キホーテは、すでに、これらのリストのうち、
コスト競争力、ノウハウ、人材、調達ルートなどの点で独自の強みを築いて、
他が真似できない人気店を実現していた！

商品力・製品力	商品・製品・サービスに他にはない魅力がある
ブランド力	社名やロゴそのものに高い価値がある
コスト競争力	商品・製品・サービスを安く調達・製造し提供できる
技術力・ノウハウ	他社が真似できないような技術・ノウハウがある
研究開発力	製品や技術やノウハウを開発する力がある
人材	優秀な人材が多い
設備	他社が簡単に作れない設備を持っている
顧客基盤・店舗網・販売網	多くの顧客とつながっている、もしくはつながる仕組みがある
サプライチェーン・調達ルート	部品、原材料、商品などの仕入れ・調達するルートがある
資金力	自由に使える資金がたっぷりある、もしくは調達できる
スイッチングコスト	他の製品やサービスに乗り換えづらい状態で顧客をたくさん囲っている
ネットワーク効果	利用者が多くいることによって大きく増幅されて、他社が切り崩すのが困難な利便性がある
地域独占	特定の地域で独占的な地位を築いている
規制の壁	国の規制が収益を守る壁として働いている
ニッチトップ	ニッチ分野で独自の技術・ノウハウを蓄積してトップシェアを堅持している

社長の柔軟な発想力とそれを実現する粘り強さがあるか

ドン・キホーテは、当時から、とにかく安くて、品揃えが豊富である点が大きな魅力でした。ドン・キホーテに行けば定番商品だけでなく、意外で面白い商品も見つかって楽しい上に、とにかく安い。それを支えているのは、創業者の安田隆夫氏が何年も試行錯誤して粘り強く作り上げた独自の仕入れルートとノウハウでした。

1997年当時はバブル崩壊の影響もあり、大手飲食チェーンや電気量販店の閉店が相次ぎましたが、安田氏はそこに目をつけて、それらの店舗の撤退跡地に安く出店するノウハウを作り上げました。安田氏には強烈な成長志向があるだけでなく、業界の常識にとらわれない柔軟な発想力と、それを実現するまでやり抜く粘り強さがありました。

圧縮陳列（隙間なく商品を並べる手法）、手書きポップ、深夜営業など他社にはない独自の店舗運営のノウハウも、この当時から強みでした。さらに、店づくりや仕入れに関して各売り場担当者に権限移譲を徹底したことも、本社からのトップダウンが常識だった当時の流通・小売り業界では異例でしたが、それにより現場の人材が育ち、やる気のある優秀な人材も集まってきていました。

成長余地の大きさはどうか

同社の店舗の魅力や人気ぶりは、店に行けば明らかでした。特に夜に店に行くと仕事帰りの人たちが集まり、商品のジャングルを冒険するように買い物を楽しんだり、たこ焼きを食べたり、ちょっとしたお祭り気分が味わえて、今までにない新しい業態ができたことが感じられました。

これだけの人気店なのに、1997年当時はまだ6〜7店舗しかなくて、全国展開の余地が大きく残された状態でした。業態や店舗の規模にもよりますが、小売店や飲食店の場合、全国展開に成功すると1000店舗以上になることが多いです。ちなみに、2022年9月時点でのドン・キホーテの店舗数は707店舗です。

また、当時のPPIHの**時価総額**（株価×発行済み株数）は100億円程度。大企業になると時価総額が1兆円を超えてくることも多くなります。100億円とか200億円という時価総額は、株式市場の中ではかなり小さいほうであり、成長性が高い企業にとっては成長余地が大きいと考えられる規模です。

時価総額が1兆円から10兆円になることもありますし、最近の世界的な流れとしては10兆円から100兆円になるケースもあります。したがって、時価総額が大きいからダメというわけではありませんが、**時価総額が小さいというのは、株式投資の対象としては成長余地が大きい分、とても魅力的**なのです。

インターネットを活用して情報を集めよう

会社の成長性について考える場合は、その会社の強みや経営者についていろいろと知りたいところです。

まずは会社四季報が手がかりになりますが、これはきっかけにすぎません。会社四季報は優れた情報源ですが、それをきっかけに関心を持ったら、さらに深掘りしていきましょう。その時に役に立つのはやはりインターネットです。

会社のホームページには、社長のメッセージ、プレゼンテーション動画、決算短信、説明会資料、中期経営計画、統合報告書など、会社の成長シナリオや社長について多くの情報が得られます。こうした会社が提供する資料の見方については、第3章〜第6章で詳しく説明していきます。

さらに、インターネットで検索したり、ＹｏｕＴｕｂｅの動画を検索することによっても、社長インタビューや会社に関する記事などの情報が得られることもありますし、アナリストのレポートが入手できることもあります。このように、関心のある企業が出てきたらインターネットをフルに活用して、いろいろ情報を集めてみましょう（**図０－６**）。

図0-6 成長株を探すための情報収集の手段は、これ!

個人投資家でも情報は集められる!

- 会社四季報
- 実際に店に行ったり商品を使ったりしてみる
- 会社のホームページを見る
(社長メッセージ、プレゼンテーション動画、決算短信、説明会資料、中期経営計画、統合報告書)
- インターネット検索
- YouTube検索
- IRイベントに参加してみる

ステップ4

財務諸表をチェックする

貸借対照表、損益計算書、キャッシュフロー計算書を見てみよう

財務諸表は、会社の業績、資産・負債、キャッシュフロー（現金収支）などの財務データを定期的に集計・整理して公表する資料であり、貸借対照表、損益計算書、キャッシュフロー計算書などがあります。

貸借対照表は、資産と負債の状況に関する資料です。貸借対照表では、現金・預金、有価証券などの金融資産がどのくらいあるか、有利子負債（借入金や社債）がどのくらいあるか、などの状況がわかります。

損益計算書は、収益状況に関する資料です。売上原価や販売費・一般管理費などコスト構造がわかり、収益体質を確認することができます。

キャッシュフロー計算書は、現金の収支に関する資料です。営業キャッシュフロー（本業の現金収支）、投資キャッシュフロー（投資活動での現金収支）、財務キャッシュフロー（財務活動による現金収支）などの状況がわかります。

これらのデータを見ることによって、**図0－7**にまとめたようにさまざまなことがわかります。これら財務諸表の分析については、第4章、第5章でも詳しく説明します。

図 0-7 財務諸表チェックでこんなことがわかる！

財務諸表のここをチェック！

詳しくは第4章、第5章で

資産面から見た株の上昇余地

・現金・預金・有価証券など金融資産がたくさんある場合、それを有効活用し始めたら株が大きく上昇する可能性がある

資金繰りの余裕度・危険度

・流動負債（特にその中の有利子負債）に対して、流動資産や営業キャッシュフローでそれを支払えるかを見ることで資金繰りの余裕度・危険度がわかる

収益力

・売上原価や販売費・一般管理費などの売上高に対する割合で収益体質がわかる

・営業キャッシュフローで真の収益力がわかる。「営業キャッシュフローが大きな黒字（できれば純利益＋減価償却費程度）、投資キャッシュフローと財務キャッシュフローは赤字、トータル黒字」が理想形

成長性

・先行投資をどのくらいしているかで成長性や成長意欲がわかる

・投資キャッシュフローの赤字が大きい場合、何に投資しているか確認する。その投資が成功すれば株価が大きく上昇する可能性もある

ステップ

5

割安かどうかを考える

割安さを計る指標、PERについて

株の割安さを考えるための方法として最も一般的に使われているのは、**PER（株価収益率）**という指標です。これは、会社の収益力から見て株価が割高か、割安かを見るものです。

PERは、株価を1株益で割り算して求めます。

1株益は、1株当たりの純利益のことです。会社が1年間で稼ぐ税引き後の利益が純利益であり、これを発行済み株数で割り算したものが1株益です。

この**1株益に対して株価が何倍なのか、という倍率がPER**なのです。

状況によっても変化しますが、世界の株式市場の歴史を振り返ってみると、**PERの市場平均は、だいたい10～20倍くらいの範囲を行き来しています。**

そうしたことから、株式市場においては、PERはだいたい**15倍前後が標準的な水準**だとみなされています（**図0－8**）。

図 0-8　PERは株価の割安さを計る指標

PER ＝ 株価 ÷ 1株益

1株益に対する株価の倍率
収益力から見た割安・割高を計る指標

1株あたりの純利益
純利益÷発行済み株数

1997年当時のPPIH（ドン・キホーテ）の株価の動き

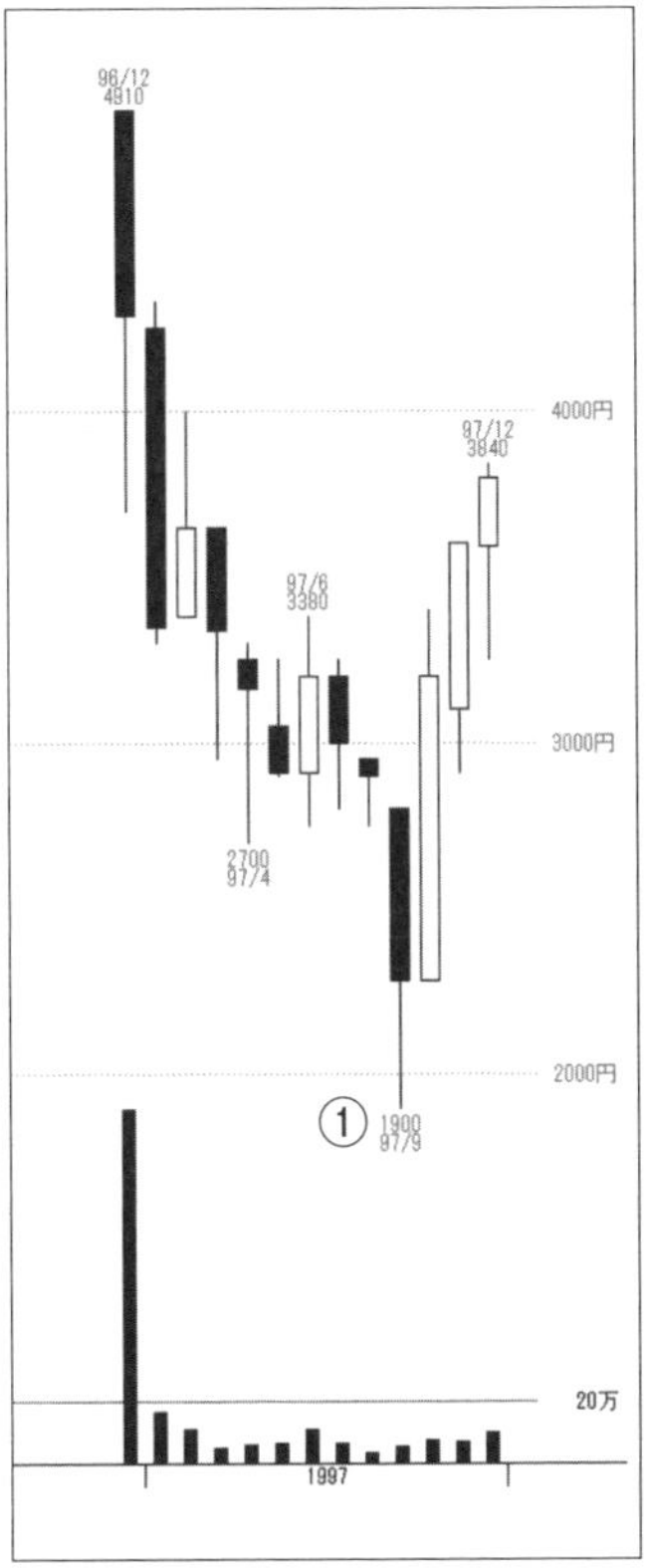

出典：ゴールデン・チャート社

① 株価が1900円まで下落

この時の会社四季報（図0-4）に出ていた、98年6月期の1株益で計算すると、

PER＝1900円÷126円＝15倍

PERの標準的な水準は15倍程度
しかし、成長性の高い株のPERが20倍以下の場合は、割安と考えられる

株式分割について

PPIHの1997年の安値は1900円で、2022年9月の高値は2732円なので、株価はあまり上がっていない感じがする。
しかし、PPIHは株式分割を繰り返し、1997年当時の1株は、現在96株に増えている。
このことを考えると、
2732円×96倍＝26万2272円と、
当時の1株は、現在では26万円以上になっている計算になる。
株式分割については141ページで説明しています。

ＰＥＲは成長性も加味して判断する

ＰＥＲの標準的な水準は15倍程度ですが、「ＰＥＲが15倍より低いから割安」とか、「ＰＥＲが15倍より高いから割高」というように単純には判断できません。ＰＥＲの水準は、その会社の成長性、財務的リスク、属する業界など様々な要因によっても左右されます。

ＰＥＲを左右する要因の中で、特に重要なのは、その会社の成長性です。たとえば、将来性が高く評価されている場合には、「ＰＥＲ20倍でも割安」と考えられることが多いです。逆に、将来性に不安がある場合には、「ＰＥＲが10倍でも割高」だと考えられることがあります。

前ページの図０－８では、１９９７年当時のＰＰＩＨのＰＥＲを計算しました。会社四季報に出ている同社の１株益の予想値（98年6月期）は１２６円でした。

図０－８の時に、株価は１９００円まで下落しているところでした。株価１９００円で１株益が１２６円なら、ＰＥＲは、１９００円÷１２６＝15倍です。

ごく標準的な水準とはいえますが、将来性の高さを考えるとＰＥＲ20倍以下の水準は、かなり割安と考えられます。実際にその後、株価は１００倍以上に上昇しているので、こうした成長力の高さを考えると、この時の株価１９００円は激安だったといえます。

だいたいの目安ですが、**1株益が2倍に成長すると考える投資家が増えると、ＰＥＲは15倍の2倍の30倍**が適正な水準として意識され、**1株益が3倍に成長すると考える投資家が増えるとＰＥＲは15倍の3倍の45倍**が意識されるようになります。

図0-9 成長性とPERのおおよその対応関係

数年後の1株益 (現状の予想PERと比べた倍率)	適正PER
0.5倍	7.5倍
1倍	15倍
1.5倍	22.5倍
2倍	30倍
3倍	45倍
5倍	75倍
7倍	105倍

ただ、利益が2倍になるといっても、それが10年も20年も先のことだと株価には反映されづらいです。

一方、**3〜5年先くらいに利益が2倍、3倍になる見通しなら、それは株価に反映されやすい**です。そうしたことから、成長性とPERのおおよその対応関係は、**図0－9**のようになると考えられます。PERを見る際の1つの目安として、参考にしてください。

PERの使い方や、その他の割安・割高の考え方については、第6章で詳しく説明します。

ステップ
6

配当利回りを見る

配当利回りは割安さを見る1つの指標

配当《はいとう》も株価の値上がり益とともに、株の大事なメリットの1つです。

配当とは、会社が稼いだ純利益（税引き後の利益）の中から株主に分配する金額です。

1株配（1株当たりの配当金額）を株価で割れば、**配当利回り**が計算できます。

図0－10では、日本を代表する優良企業の中からいくつか配当利回りの例を挙げていますが、3～5％程度と結構高い利回りです。銀行にお金を預けてもほとんど金利が付かない低金利の状況の中、これらの利回りは非常に魅力的に感じられます。

ただし、配当は確定しているものでも、保証されているものでもありません。また、株の場合は元本も保証されてはいません。そうしたことから、銀行預金や国債などに比べ、リスクがある商品であることは確かです。

しかし、会社の利益が伸びれば、配当も増えます。図0－10で挙げた5社のうち、NTT以外の4社は、この10年で配当を2～3倍程度に増やしています。

配当利回りの式を見るとわかるように、安い株価で買うほど利回りは高くなります。

たとえば、1株配が50円で株価が2000円なら配当利回りは2・5％ですが、この株を

図0-10 配当利回りも割安さを見る1つの指標

配当利回り ＝ 1株配 ÷ 株価

配当利回りの例

会社名	配当利回り
三井住友フィナンシャルグループ	5.1%
東京海上フィナンシャルグループ	3.9%
三井物産	3.7%
ホンダ	3.3%
日本電信電話(NTT)	3.2%

22年9月14日時点の株価と会社四季報のデータより。
配当と業績は来期予想より。
配当予想に幅がある場合には、一番低い数値を採用している。

1000円で買えば、配当利回りは5%にアップします。

つまり、**配当利回りが高いということは、その株が割安であるということを意味します。配当利回りも割安さを見る1つの指標**なのです。

成長性のある優良企業を高い配当利回りの時に買うのは、有効な投資戦略の1つです。配当利回りに関する基礎知識や投資戦略については、第8章でさらに詳しく説明します。

ただし、配当利回りが高いということは、何らかのリスクを警戒して株価が安くなっている可能性もあるので、高配当利回りの株ほどリスク要因をよく検討する必要があるという点は、留意しておきましょう。

ステップ7

株価チャートで投資タイミングを計る

ローソク足と出来高

株の売買タイミングを計るためには、**株価チャート**が参考になります。

株価チャートというのは次ページ**図0－11**のように株価の推移をグラフ化したものです。

日本で一般的によく使われている株価チャートは図0－11のように、**ローソク足チャート**というものであり、それに、**出来高**《できだか》の棒グラフと**移動平均線**という補助線が添えられているものです。

ローソク足は一定の期間の株価の動きを1本のローソクのような図形で表して、それを連ねたチャートです。図の株価チャートは1カ月間の株価の動きを1本のローソクで示しています。これを月足チャートといいます。

ローソク足は、長方形の実体線（胴体部分）とその上下についているヒゲ（細い線）でできています。実体線の上辺と下辺がその期間の始値《はじめね》と終値《おわりね》を示し、始値より終値が高い場合は実体線を白抜き（または赤）にして、これを**陽線**《ようせん》と呼び、始値より終値が値下がりした場合には黒塗り（または青）にしてこれを**陰線**《いんせん》と呼びます。上ヒゲの上の先端は高値、下ヒゲの下の先端は安値を示します。

図0-11　株価チャートは株価の推移をグラフ化したもの

● ファーストリテイリング(9983)　月足チャート

出典:SBI証券

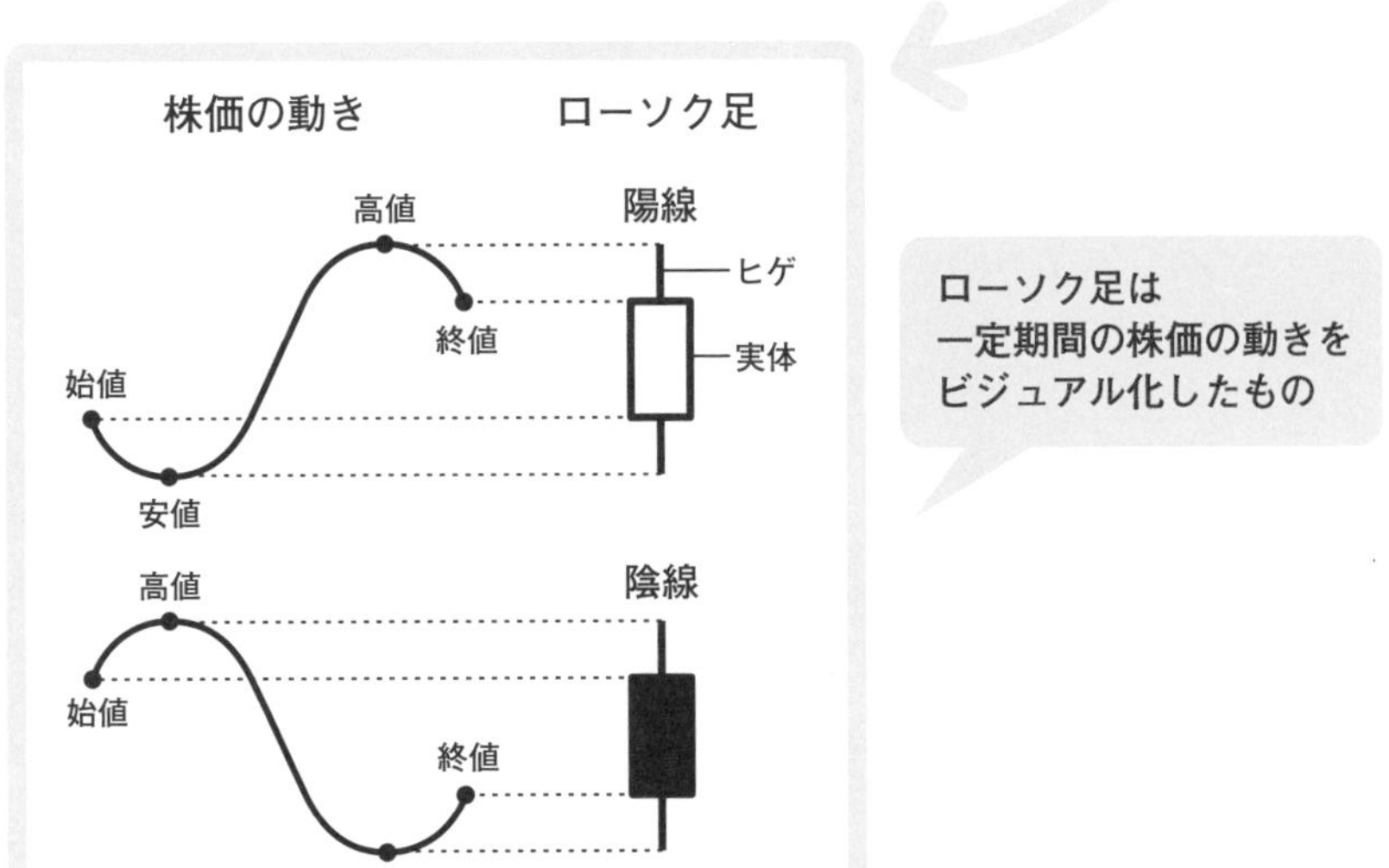

ローソク1本が1日の動きを示す**日足**《ひあし》、ローソク1本が1週間の動きを示す**週足**《しゅうあし》、ローソク1本が1カ月間の動きを示す**月足**《つきあし》などがよく使われます。証券会社などが提供するソフトでは、ローソク1本が5分や15分などの動きを示す**分足**《ふんあし》**チャート**も表示できます。

また、ローソク足の下の棒グラフは、**出来高**の推移を示しています。出来高というのは取引高のことです。棒グラフが高くなると取引が活発になって出来高が膨らんでいることを示します、棒グラフが低くなると取引が低調になっていることを示します。

移動平均線は株価トレンドを示し、押し目買いのメドにもなる

移動平均線は一定期間の平均値を連ねたものであり、株価のトレンドを示すとともに、株価を買う水準・タイミングのメドにもなります。

株価が上昇トレンドを続ける中で一時的に下落する場面を**押し目**《おめ》といいますが、押し目での買いを狙う**押し目買い**《おめがい》は、株式投資の定石の1つです。その場合、「株価がどこまで下がったら買っていいのか?」ということは、いつでも投資家の頭を悩ますテーマです。その際、買う水準・タイミングの1つのメドとして移動平均線が使われることが多いです。

移動平均線はさまざまな期間のものを描くことができますが、長い期間の移動平均線は長い期間の株価トレンドを、短い期間の移動平均線は短い期間の株価トレンドを表します。

43ページ図0-11に描かれている移動平均線は、24カ月移動平均線、60カ月移動平均線、

120カ月移動平均線の3つです。いずれも月足チャートでよく使われる移動平均線です。

24カ月移動平均線は、過去24カ月の平均値を連ねたものです。これは、今月を含めた過去24カ月間の月末の株価の平均値を計算して今月のところに記録し、それを連ねた線です。同様に、60カ月移動平均線は60カ月間の平均値を連ねて描いた線、120カ月移動平均線は120カ月の平均値を連ねた線です。

ちなみに、会社四季報に掲載されている株価チャートも月足チャートであり、添えられている移動平均線は12カ月移動平均線と24カ月移動平均線です。


これら月足チャートと月足の移動平均線は、数年から十数年という長期的な株価トレンドを示していて、数年に1度程度の買いチャンスを捉えるのに適しています。

月足の移動平均線は、会社の将来性やPERなどと合わせて判断に使います。具体的には、

- **その会社の業績、将来性などから考えて長期的な業績見通しが良く、株価の長期的な上昇トレンドが続くことが見込まれる**
- **PERなどから見て、株を買うのに魅力的な水準になってきたと判断できる**

ということを前提として、こうした移動平均線を押し目買いの目安として使うといいでしょう。

ただし、「ズバリ、どの移動平均線をメドに買えばいいのか」ということになると、1本に絞るのは難しいです。その会社の月足チャートを見て、どの線の近辺で株価が下げ止まること

が多いのかを考えたり、PERなども併せて総合的に判断するしかありません。それでも、株価は予想外に下ブレすることもありえますし、そうしたことも常に頭に入れて、できれば**何回かにタイミングを分けて買う**ようにしましょう。

月足チャートで考える際には、24カ月移動平均線が買いタイミングの最初の候補、次に60カ月移動平均線、そして、120カ月移動平均線が最終ラインというのが、1つの有力な考え方です。

長期的に成長トレンドが続く株の場合、**どんな危機的な状況になっても120カ月移動平均線くらいで下げ止まることが多い**です。逆に、それでも下げ止まらない場合には、長期的な成長トレンドに異変が生じた可能性も考えるべきかもしれません。

120カ月移動平均線については、チャートソフトによっては描けないものもあります。その場合は、100カ月移動平均線で代用しましょう。100カ月移動平均線の少し下あたりが120カ月移動平均線の水準だと考えられます。

なお、数日から数週間の比較的短期の売買には日足チャート、数カ月程度のある程度ゆったりした売買には週足チャートが使われることが多いです。そして、日足では5日移動平均線、25日移動平均線などが使われることが多く、週足では13週移動平均線、26週移動平均線、52週移動平均線が使われることが多いです（**図0－12**）。

図0-12 移動平均線は株価のトレンドを示す！

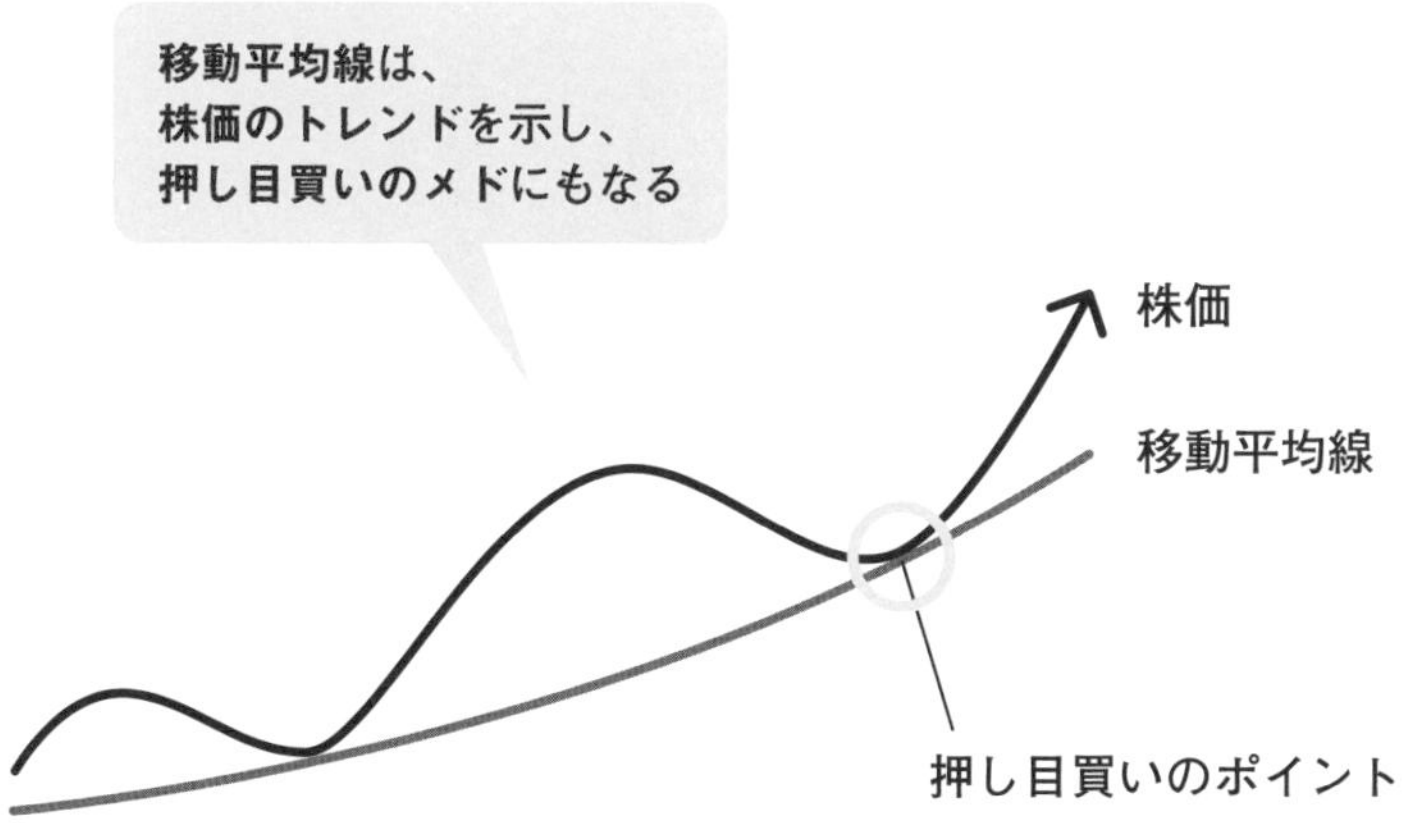
移動平均線は、
株価のトレンドを示し、
押し目買いのメドにもなる
株価
移動平均線
押し目買いのポイント

よく使われる移動平均線の期間

日足……5日、25日
週足……13週、26週、52週
月足……24カ月、60カ月、120カ月（もしくは100カ月）

会社四季報に掲載されているチャートでは12カ月移動平均線
（≒52週移動平均線）と24カ月移動平均線が描かれている

ステップ 8

景気サイクルを利用して絶好の買いタイミングを探る

10年に1度の割合で大きな山と谷がある

景気、為替、金利、物価などマクロ経済（経済全体）の動きも株価に大きな影響を与えます。特に、**景気動向（景気サイクル）**には注意を払いましょう。

景気には、拡大したり後退したりというサイクルがあり、日本の場合は平均４～５年の周期になっています。株価もそれに連動するように、上昇トレンドになったり、停滞したり、という動きになることが多いです。

特に、**10年に1度くらいの割合で、大きな山と大きな谷を付ける傾向があります**。大きな山としては、**図0－13**にあるように１９８９年をピークとしたバブル相場、２０００年をピークとしたＩＴバブル、２００７年をピークとした住宅・ＢＲＩＣＳバブル、２０１８年をピークとしたアベノミクス相場などが過去に起きました。２０２０年以降のコロナ禍では、ＧＡＦＡ（グーグル、アップル、フェイスブック、アマゾン）をはじめとしたＩＴ企業の急成長がありました。

また、それらの反動として、バブル崩壊後のアジア通貨危機、ＩＴバブル崩壊、リーマンショック、コロナショックなどの深い谷がありました。

図0-13 景気には山と谷のサイクルがある！

● 10年くらいの周期で起きる、景気と株価の大きな山と谷

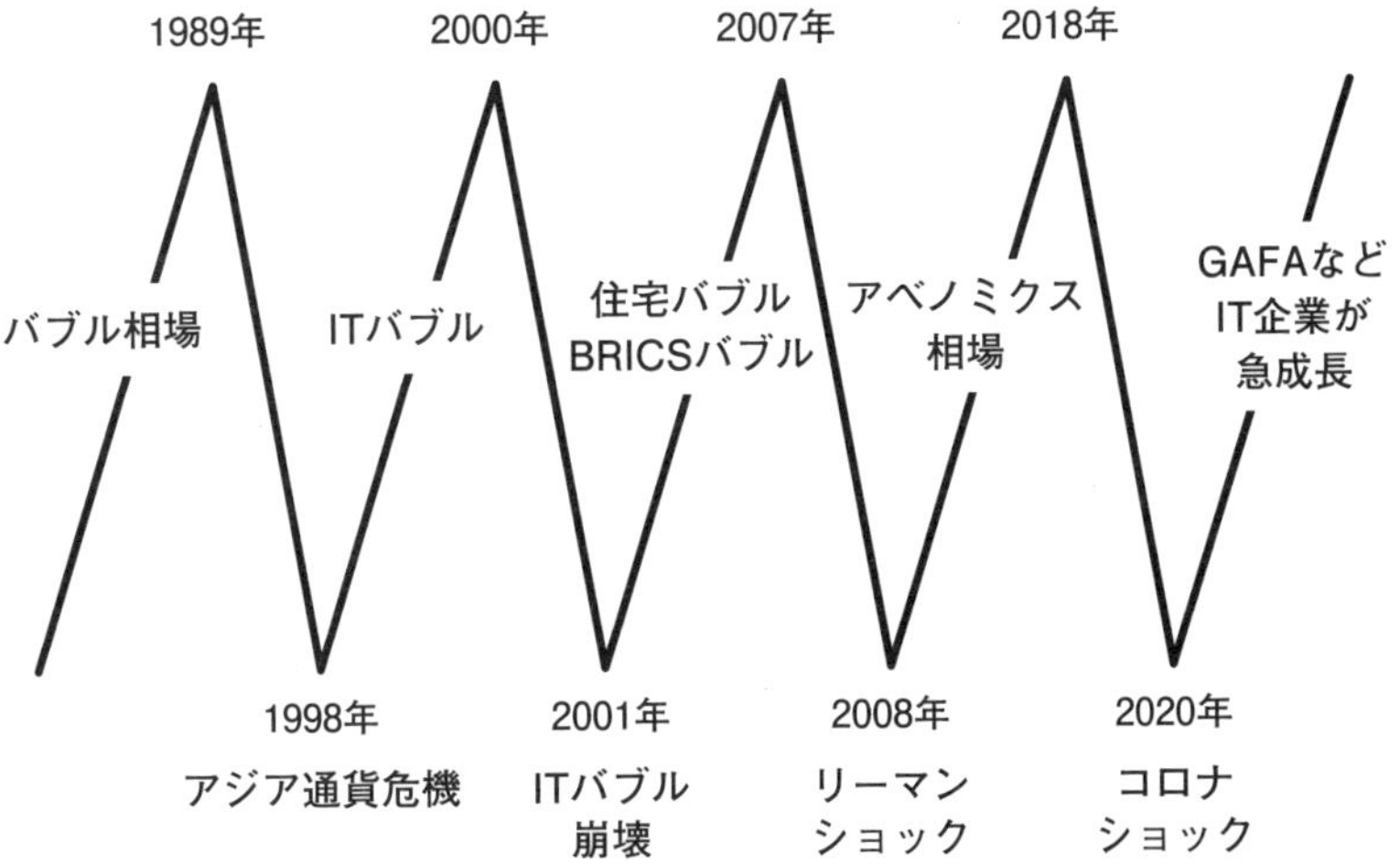

景気動向を捉えるためには、景気ウォッチャー調査・先行き判断DI、製造業PMI、ISM製造業景気指数など、景気先行指数を定点観察しよう。
詳しくは第9章で

景気が過熱してきたら投資額を減らし、株価が落ち込んでいる時は安く買うチャンス

こうしたことから、投資家としても経済全体の動き、特に景気動向は気にかけたいところです。そして、**景気が過熱してきたら投資金額を減らし、景気の谷で株価が落ち込んでいる時には良い株を安く買うチャンス**としてうまく利用したいところです。それができるようになれば、投資家としては、かなり効率の良い投資ができるようになります。

景気の動きを捉えるためには、景気ウォッチャー調査・先行き判断ＤＩ、製造業ＰＭＩ、ＩＳＭ製造業景気指数などの先行指標を定点観察していくことが有効です。

こうしたマクロ経済の動きのチェックの仕方については、第9章で詳しく説明します。

ステップ 9

リスク管理をする

資金分散と時間分散とは

株式投資を成功させるためには、儲けるノウハウと同じくらい**リスク管理**がとても重要になります。

リスク管理というのは、さまざまなリスクを想定して対策を打ち、予想外のリスクに見舞われても損失を最小限にするように対処することです。優れた知識やノウハウがあるのに、リスク管理を怠ったために大失敗してしまったという投資家は数多くいます。

リスク管理において大切なのは、

①資金分散、時間分散
②投資理由の明確化
③間違いに気づいたら損切り

の3点です。

資金分散というのは、1つの銘柄に投資する資金を限定することです。どの程度資金分散するかはその人の性格や資金事情や考えにもよりますが、1つの目安としては、「**1銘柄への投資額は投資資金の20%程度まで**」と考えるといいでしょう。

たとえば、株式投資の資金が100万円なら、1銘柄への投資金額を20万円程度までに抑えるのです。そうすれば1つの銘柄に想定外の事態が起きても、投資資金が致命的に減少することは避けられます。

時間分散は、投資タイミングを何回かに分けることです。投資家としては一番良い投資タイミングで一気に投資できるのが理想ですが、ベストの投資タイミングをズバリ見極めるのはかなり難しいことであり、現実的には本書で紹介するさまざまな知識を利用しながら、「だいたいこのあたりかな」と手探りで投資タイミングを計ることになります。

ですから、一度に投資資金を投入するのではなく、**できるだけ投資タイミングを分けて手探りするように投資していく**のがいいでしょう。

資金分散・時間分散というのは、要するに、株は一気に買わないで少しずつ買っていこう、ということです。

投資理由を明確にしてから株を買う

投資理由を明確化することも大事なことです。

投資理由を明確にしても必ずうまく行くわけではありませんが、不明確な理由で投資するよりは成功確率が上がります。

また、かりに1つの投資で失敗しても、投資理由を明確にして失敗した場合には、反省点や改善点も明確になり上達が早くなります。

そして、投資理由を明確にしておけば、その投資が失敗だった時に、「ああ、これは失敗だな」ということに早く気付くことができますし、損切りがスムーズにできて、損失を最小限にとどめることができます。

どんなに優秀な投資家であっても失敗はつきものです。むしろ失敗に早く気付いて、きちんと処理することが、優秀な投資家になるための条件ともいえます。

「投資上手は損切り上手」ともいわれます。損切りはつらいことですが、それが的確かつ厳格にできるかどうかが、投資家としてうまく行くかどうかの分かれ目になります。

以上、本書で述べる投資のエッセンスの概要をざっくりと紹介しました。**図0－14**でさらにおさらいしてください。

株式投資はどのようなものか、どのようにやっていったらいいのか、イメージできたでしょうか。

6 配当利回りを確認する

業績とともに配当が長期的に増えていきそうな会社が理想

7 株価チャートで投資タイミングを考える

長期投資には月足チャートを見る
24カ月、60カ月、120カ月移動平均線が長期的な押し目買いの目安

8 景気サイクルで絶好の買い場を見極める

数年に1度の買いチャンスをとらえよう
景気が過熱している局面は慎重に
景気ウォッチャー調査・先行き判断DIなど先行指数を定点観測する

9 リスク管理を考える

資金分散・時間分散
投資理由の明確化
間違いに気付いたら損切りする

図0-14 株式投資を成功させる9つの手順(ステップ)

投資の手順

1 身の回りから成長株を探す

飲食、買い物、スマートフォン、遊び、教育、健康、美容、
住宅など、日常生活で伸びている商品・サービスはないか

⬇

2 業績を見る

売上高と利益が成長トレンドに乗っているか

⬇

3 成長シナリオを考える

会社の強み、成長余地、経営者の能力と意欲などから考える

⬇

4 財務諸表を見る

売上高、現金・預金、有価証券などの金融資産は、どのくらいあるか
有利子負債が多すぎないか
売上原価、販売費・一般管理費などのコスト構造
営業キャッシュフローが安定して稼げているか
先行投資をしているか、その中身はどうか

⬇

5 PERで割安さを考える

標準は15倍くらい
成長性が高い株なら20〜30倍でも割安

「ひふみ投信」の創始者に聞く

本当に良いと思える銘柄を買って、長く保有し続けることが大事

レオス・キャピタルワークス　代表取締役会長兼社長・最高投資責任者（CIO）
藤野英人さん

――個人投資家が株式投資をする際に、どのようにしたらうまく行くのでしょうか？

藤野　個人投資家の方には「**小さく、ゆっくり、長く**」という三原則をいつもお話ししています。

投資は小さな金額で始めること。実際の金額はその人の資金事情や性格によっても異なりますが、「**手に汗をかかない**」という基準で考えてください。100万円を投資することを考えてみて、手に汗をかくようだったらその人にとってはその金額は大き過ぎるわけです。10万円ぐらいなら手に汗をかかない、というなら、その金額から始めてみるといいです。そして、投資資金を株に一気につぎ込むのではなくて、**ゆっくり**少しずつ投資をすること。

長くというのは長期的な視点で投資するということですが、その期間は**最低3年**くらいと考えています。なぜ3年かというと、1つの景気サイクル、あるいはマーケットのサイクルが3～5年くらいだからです。本当に良い株を探して投資できた場合でも、経済や相場の環境が厳しくなるとなかなか成果が出づらくなります。しかし、3年くらいの期間なら、厳しい環境を乗り越えて、その株本来の実力を発揮できることが多いです。

そして、あまり株価を見過ぎないことです。**株価を見るのは1日に1回か2回まで。**株に時間とエネルギーをとられ過ぎて、仕事や生活に悪い影響が出るのはよくありません。自分なりの投資とのほどよい向き合い方を考えることが大切です。

――大きく成長する株には、どのようにしたら投資できるでしょうか？

藤野　成長株の見極めには、専門的な知識よりも、普通の社会人、普通の生活者の感覚を研ぎ澄ませて判断していくことです。そうすれば機関投資家やファンドマネジャーなどのプロ投資家よりも、高い成果を上げることもできると思います。実際に、個人投資家で億単位の資産作りに成功している「億り人」と言われている人たちがけっこういますが、そういう人たちの話を聞くと、みんな、**自分で考えて、自分なりに試行錯誤しながら成長**しています。他人の話を鵜《う》呑《の》みにするのではなくて、**自分が本当に納得する銘柄を探して投資しています。**

まずはシンプルに、一社会人あるいは一消費者の目から見て、その会社が顧客から支持され続けるか、顧客をさらに増やしていけるか、という点を考えることが大事です。

どんな会社にも長所だけでなく短所もあります。長く付き合っていると、ピンチの時もあり、その会社の悪い面が大きくクローズアップされる時もあります。しかし、そうしたこともすべてひっくるめて、会社の生み出す製品やサービスを良いと思い、考え方（ビジョン）にも共感できて、**「やっぱり長い目で見て成長していける会社だと思うし、株主として付き合っていきたい」**と思えるかどうかが大事です。そうした意味で自分が本当に良いと思える会社であれば、長期投資の対象になりえます。

――著書『投資レジェンドが教えるヤバい会社』（日経ビジネス人文庫）では、会社を見極める時に、経営者がビジョンや理念を熱く語り、それが浸透している会社かどうかを大事なポイントとして挙げていますが、ビジョンを語っても口ばかりの経営者もいますよね。そのあたりの見極めはどうしたらいいのでしょうか。

藤野　ビジョン経営というのが一種の流行りになってしまい、ダメ企業もビジョン経営を標榜《ひょうぼう》していたりするわけです。あるいは、自分の考えを従業員に盲目的に押し付けるためにビジョン経営といっている経営者もいます。

ビジョンや経営者が本物かどうかの見極めは、その言葉が腹落ちするのか、口先だけのようでうさん臭く感じるのかを自分なりに考えて、感覚も働かせて判断していくことです。社長や社員の様子や発言を見てみて、あまり腑に落ちないとか、感覚的にちょっと気持ち悪いなということがあったら、その会社への投資はやめたほうがいいと思います。

もしかしたら、その会社は本当は良い会社かもしれないし、株価も上がるかもしれません。しかし、ビジョンなどに書かれている文章を読んで、何がいいたいのかピンとこないという場合、かなり高い確率で書いている側に問題があると思います。

一方、本当に良い会社のビジョンや説明はわかりやすいし、腹落ちすることが多い。いろいろな会社の資料やビジョンを読んでみて、どの会社のビジョンがわかりやすくて腹落ちするかを自分の感覚で判断してみるといいでしょう。そうすることで企業や人の見方を磨くことができると思います。

——成長株を狙うなら、やはり、時価総額が小さい株を狙うのがいいでしょうか？

藤野　時価総額が小さい段階で有力な事業や優秀な経営者の会社を見つけて投資できれば、それに越したことはありません。

しかし、**本当に優れた会社であれば、会社がある程度大きくなった段階で投資しても、そこからさらに大きく成長する可能性は十分にあります。**ファーストリテイリングにしてもニトリにしても、時価総額数百億円という時代があり、そこから数千億円になり、さらにそこから数兆円というように成長してきました。時価総額が数千億円とかなり大きくなった時点で投資しても、そこから10倍増しています。

もっと言えば、アップルやアマゾンなどは数兆円から数十兆円になり、そして、200兆円とか300兆円という時価総額になりました。時価総額数兆円の時点で投資しても、そこから10倍、あるいは100倍というパフォーマンスになっています。

世界一の投資家とも言われる**ウォーレン・バフェットは、2016年になってはじめてアップルに投資**しました。2016年といえばアップルはiPhone6の時代であり、時価総額はすでに約50兆円になっている時でした。「こんな高値でアップルを買うなんて」と非難する声もありましたが、それから6年でアップルの株価は6倍以上になりました。

——本当に良い株を見つけられても、それを持ち続けるのはなかなか難しいです。ある程度値上がりすると売りたくなりますし、逆に値下がりしても売りたくなります。

藤野　株式投資の世界ではよく「握力」ということが言われますが、本当に良いと思える銘柄を見つけて投資できたら、あとは**株を保有し続ける力というのが大事**になります。

よく、「利確《りかく》（利益確定の売り）」や損切《そんぎ》り（損失確定の売り）」が大事」と言われることがあります。それは1つの考え方として間違いではありません。

しかし、利確や損切りという言葉をよく口にする人で、大金持ちになった人をあまり見たことがありません。どうしてかというと、利確は大きく値上がりする手前で売ってしまうことになるからです。**10倍になるような株を見つけて投資して、その成果を得るには2倍や3倍になってもさらに保有し続ける握力が必要**です。

この握力をつけるためには、株を複数単位で買って、その株が上がってどうしても売りたくなったら一部を売却するという風にするといいと思います。株価が上がれば売りたくなるのが人情だし、売らずに下がってしまったら後悔するのも人情です。そういう風に株価が上下動する中で株を保有し続けるのは大変なことです。そうした心理とうまく付き合うためにも、一部は持ち続けて、一部は売り買いする、というような工夫も大事です。

——投資家としては5年後、10年後と将来のことを予測することも大事だと思いますが、将来

予測はどのようにしたらうまくできますか？

藤野　5年ぐらいの予測が一番外れやすいです。経済状況や世界情勢が変化するからです。最近の例でも、パンデミックやウクライナの戦争などで経済状況が大きく変わってしまった。数年くらいの期間だと、そういう経済状況に振り回されてしまうことになります。

しかし、10年以上の期間になるとかえって予測しやすいのです。たとえば、この2年間ぐらい（2020〜2022年）で動画コンテンツの利用が爆発的に増えましたが、それは4Gの通信網が完成したからです。通信規格はだいたい10年に1度規格変更があり、2024年くらいには5Gが普及して今よりさらに大容量のデータが瞬間的に移動できるようになるので、それでまたいろんなことが劇的に変化するはずです。

そして、その後には6Gも出てくる。こういう10年単位の変化はかなり確実に予測できますし、それに向けて準備している会社がいて、そうした中から大きく伸びる会社が出てきます。このように、今後も爆発的に伸びるような会社というのは山のように出てきますが、それによって個別株投資で大きなリターンを得ることができる。こういう投資なら、戦争やパンデミックや原油高騰や円高・円安に振り回されずにできます。むしろ、そういう短期的な出来事で株価が下落すれば投資チャンスが広がります。

なぜ長期目線が大事なのかというと、より長期で見たほうが短期的な株価の動きとか、業績の動きとかにとらわれないで、深く大きく儲ける会社を選べるからです。

第1章

日常生活から成長株を探すヒント

1

日常生活の中から成長株は探せる

株の神様の最大の情報源は、日常生活にあり

将来的に業績が伸びて、株価が上昇する――。どうすれば、そのような成長株を見つけることができるのでしょうか？

伝説のファンドマネジャー（投資信託などの資金運用責任者）と言われ、世界中の多くの投資家から〝株の神様〟として尊敬されるピーター・リンチは、**「日常生活こそ成長株探しの最大の情報源だ」**といっています。

リンチは投資の専門家として多くの知識を持ち、多くの資料を読み、多くの会社を取材しましたが、その彼が**最も多く成長株のヒントを得られたのは日常生活だった**というのです。特に家族と外出していろいろな店で食事をしたり買い物をしたり、妻や娘の話を聞くことで数多くの投資のヒントを得ることができたとのことです。

史上最高の投資成績を収めたといわれるウォーレン・バフェットも、お金を大きく増やした株はコカ・コーラ（ティッカーシンボル※：KO）、ウォルト・ディズニー（DIS）、アップル（AAPL）など、誰にもなじみがある商品やサービスを提供して成長した会社でした。日本でも、日常生活でなじみ深い会社から多くの成長株が出現していることは、プロローグで見ま

※ティッカーシンボルとは、株の銘柄を識別するための銘柄コードです。

した。

どうして日常生活に関連した株がいいのかというと、実際にそこから数多くの成長株が出ているから、というのが第一の理由です。

多くの会社が私たちの生活を便利で楽しいものにしようとして、商品やサービスの開発や改良に日々努力しています。そうした中から、画期的なサービス・商品を開発する企業がたびたび出現し、業績や株価を大きく伸ばしていきます。

そして、日常生活に関連する分野というのは、消費者や利用者としての感覚を活かせます。実際に体験してみることで、「この店はすごくいい、かなり伸びそうだ」とか、「実際にすごい勢いで客が押し寄せている」とか、逆に「最近、ちょっとここのサービスは魅力がなくなってきたし、人気にも衰えが見えるな」というように、変化を肌で感じ取ることができます。

小型株投資こそ個人投資家の特権

上場企業は時価総額によって**小型株**、**中型株**、**大型株**などと呼ばれます。

厳密な定義はありませんが、時価総額1000億円以下を小型株、1兆円以上を大型株、その中間の1000億円~1兆円くらいの株を中型株ということが多いです。

小型株、中型株、大型株、どのカテゴリーからも成長株は出ます。時価総額1兆円の大型株でも成長力が大きな会社はあります。ファーストリテイリング（9983）やソフトバンクグループ（9984）は時価総額が1兆円を超えてからさらに10兆円になり、そこからさらに飛躍的に成長することを目指しています。時価総額に関係なく、成長への意欲が高い会社には注目したいところです。

しかし、**個人投資家の強みを活かせるのは、なんといっても小型株です。小型株の中でも時価総額300億円以下、できれば数十億円の超小型株**です。時価総額が小さい会社が画期的な商品やサービスで成長し始めた時、株価は爆発的になる可能性があります。

プロローグで紹介したPPIH（ドン・キホーテ）の1997年の事例も、当時の時価総額は100億円前後でした。それが今や1兆円超えの企業です。

時価総額が小さい会社というのは、どんなに高い成長性があってもファンドマネジャーなどプロの投資家の多くは手を出せません。時価総額が小さいというだけで、投資の検討対象にすらならないことが多いです。プロの投資家の多くは、一定以上の時価総額しか買えないルールになっていることが多いですし、現実問題として、運用資金が数千億円とか数兆円などの規模になってくると、時価総額の小さい銘柄では、投資できる金額が小さすぎて投資対象にしづらいからです。

その点、個人投資家には何の制約もありません。

良いと思う株が見つかったら、いつでもどこでも買うことができます。ですから**小型株にこそ、プロが手をつけない掘り出し物が転がっている可能性**がありますし、ダイヤの原石が眠っている可能性もあります。

それを掘り当てるための武器の1つが、**消費者や利用者としての感覚**なのです。

子供たちが夢中になっているものは何か

もちろん、家族や友達の話も重要な情報源になります。ピーター・リンチがそうしたように、私たちも家族や友達の話に関心をもって耳を傾けてみましょう。

子供の情報だってバカにできません。いや、子供の情報にこそお宝が眠っている可能性があります。おもちゃ、ゲーム、遊び、勉強などの分野から、これまでどれだけ成長株が出てきたことか。子供たちが夢中で飛びついているものを見逃さないようにしましょう。

もちろん、お年寄りに人気のものも見逃せません。健康、趣味、旅行、住宅など、今の日本ではお年寄りこそお金をたくさん持っていて、たくさん使います。

また、あなたの周りに流行に敏感な人はいませんか？　飲食、買い物、ファッションなど、彼ら（彼女たち）の興味の先には、成長し始めた会社のヒントが見つかるかもしれません。

仕事だって日常生活の一部です。

私たちが仕事の中で知ったり、感じたりすることも成長株探しのヒントになります。仕事関連で勢いよく伸びているサービスや会社はないでしょうか。

消費者としての感覚＋会社四季報で成長株を逃さない

会社四季報は「株のカタログ」として銘柄探しにうってつけです。詳しくは第2章で解説しますが、最新号の会社四季報をざっと見渡せば、世の中の最新の情報がつまっています。自分が知らない分野や知らない地方でのトレンドも書かれています。

山口県発祥のファーストリテイリング、北海道発祥のニトリ（9843）、九州発祥のコスモス薬品（3349）など、地方からも超成長株がたくさん出ています。

そうした会社を会社四季報で見つけたら、実際にその店舗に行ってみたり、すぐに行けなければネット検索で店の情報を確認してみたりしましょう。

消費者・利用者としての感覚と、会社四季報を併用していくことが、個人投資家としての有力な銘柄探しの方法です。

では、具体的に身の回りのどんな分野から、どんな成長企業が出てきているのでしょうか。個人投資から注目度の高い分野を取り上げて、少し具体的に見ていきます。**図1－1**に成長株を探すためのポイントをまとめました。

「こんな会社がこんなに株価上昇していたのか！」ということを感じ取って、今後自分で銘柄探しをする際の感触を得ていただければと思います。

図1-1　成長株を探す6つのポイント

● 成長株を探すならここに注目！

① 飲食、買い物、遊び、子育てなど、日常生活のあらゆるところから成長株のヒントを探す

② 家族、友達の話も関心をもって聞く

③ 子供が夢中になるものにも成長株のヒントがある

④ 高齢者向けビジネスも見逃せない

⑤ 仕事関連で伸びているサービスや会社にも注目しよう

⑥ 会社四季報で見逃している成長株がないか探す
（これは第2章で）

2 注目分野① 外食

安い、おいしい、居心地がいい、ちょっと新しい、という店が伸びる

外食は私たちにとってとても身近な業界で、**図1－2**のように牛丼、回転ずし、ステーキ、居酒屋、ラーメン、とんかつ、うどん、焼き肉、カレー、餃子というようにあらゆるカテゴリーで成長株が出ています。

これらの会社は基本的には、「安い、おいしい、居心地がいい」という店が多いです。また、「今までありそうでなかった。こんな店が欲しかった」というニーズにこたえる店が出てくると、大きく成長してくる可能性があります。

たとえば、**アークランドサービスホールディングス**（３０８５）の「かつや」などはその典型例です。それまでとんかつは、お店で食べれば安くても１２００円くらいするような少し贅沢なメニューでした。

しかし、「かつや」はその半値程度の価格で気軽にとんかつが食べられることがうけて急成長しました。

カフェからも成長株は出ています。カフェの典型的な成長株といえば、アメリカのスターバックス（ＳＢＵＸ）です。スターバックスは、１９９２年に上場してから30年間で株価を

図1-2 外食分野の成長株はこんなにある！

外食分野の成長株の事例

証券コード	会社名	株価上昇倍率	ジャンル
7550	ゼンショーホールディングス（すき家、はま寿司）	160倍	牛丼、回転ずし
3053	ペッパーフードサービス（いきなり！ステーキ）	140倍	ステーキ
3387	クリエイト・レストランツ・ホールディングス（磯丸水産）	120倍	居酒屋
7611	ハイデイ日高（日高屋）	100倍	ラーメン
3085	アークランドサービスホールディングス（かつや）	50倍	とんかつ
3397	トリドールホールディングス（丸亀製麺）	20倍	うどん
2695	くら寿司	15倍	回転ずし
3097	物語コーポレーション（焼肉きんぐ）	15倍	焼肉
7630	壱番屋（ココ壱番屋）	15倍	カレー
9936	王将フードサービス（餃子の王将）	15倍	餃子

※株価上昇倍率は最も成長した時期のおおよその倍率

アークランドサービスホールディングス（3085）

出典：SBI証券

図1-3 急成長したスターバックスの株価チャート

出典：tradingview

500倍近くに上昇させました（**図1－3**）。

日本でもドトールコーヒー（ドトール・日レスホールディングス：3087）やコメダ珈琲店（コメダホールディングス：3543）など、日本独自のカフェチェーンが成長していますし、今後も新興勢力が出てくる可能性もあります。

「1000店舗、売上高1000億円、時価総額1000億円」が1つの目安

外食チェーンが全国展開に成功した場合の成長イメージは、**「1000店舗、売上高1000億円、時価総額1000億円」が1つの目安**です。

業態によっても事情が大きく異なることもありますが、1店舗あたり年間売上高1億円で1000店舗を1つの目安と

図1-4 主な外食チェーンの事例

証券コード	会社名	店舗数	売上高	時価総額
3197	すかいらーくホールディングス（ガスト、バーミヤンなど）	3069店	3120億円	3517億円
2702	日本マクドナルドホールディングス	2942店	3330億円	6628億円
7550	ゼンショーホールディングス（すき家、ココスなど）	9971店（海外4700店）	7455億円	5676億円
2695	くら寿司	603店	1825億円	1281億円
3085	アークランドサービスホールディングス（かつや）	749店	465億円	722億円
3543	コメダホールディングス	966店	370億円	1070億円

※いずれも、2022年10月12日時点で公表されている最新データによる

考えてください。加えて海外展開でも成功すると成長の目安はさらに数倍以上に拡大します。

図1－4には、主な外食チェーンの事例をまとめました。

すかいらーく（すかいらーくホールディングス：3197）、日本マクドナルド（日本マクドナルドホールディングス：2702）、ゼンショー（ゼンショーホールディングス：7550）などは、この水準を大きく超えています。

すかいらーくは主力のガストが約1300店ですが、バーミヤンやジョナサンなど複数のブランドを展開して3000以上の店舗数となっています。**日本マクドナルド**は小型の店舗も多いので約3000店、**ゼンショー**は牛丼店「すき家」が約3000店、他のブラン

ドの店や海外店舗も多く1万近い店舗数となっています。**くら寿司**は1店舗ごとの規模が大きいため、1店舗あたりの年間売上高は約3億円です。603店舗のうち海外店舗は83店舗ですが、海外展開を本格化できれば、成長余地は今の数倍程度になる可能性も考えられます。

アークランドサービスホールディングスや**コメダホールディングス**はフランチャイズ店が多いため売上高は店舗数の割に少なくなっています。フランチャイズ店は他社が運営しているので、その店の売上高そのものではなく、その店から支払われる経営指導料や食材の卸し料などがホールディングス会社の売上高として計上されるからです。日本マクドナルドもフランチャイズ店が多いので、実際の店舗売上高はさらに大きいと考えられます。

以上のように見ていくと、全国展開で「店舗数1000店、売上高1000億円、時価総額1000億円」を1つの目安として、複数ブランドを展開したり、海外展開で成功するなら、成長余地はさらにその数倍になる可能性がある、と考えることができます。

外食業界のリスクの高さも認識しよう

外食業界は成長企業が多数出ています。しかし非常に競争が厳しく、上場企業でも苦戦している企業が多いですし、ブームを起こして急成長しても、店舗拡大を急ぎ過ぎて運営の歯車が狂ったり、他社から真似されて思うように儲からなくなったり、ということもよく起こります。

ペッパーフードサービス（3053）は、2016年から2017年にかけて「いきなり！

図1-5 急成長、急失速したペッパーフードサービス

ペッパーフードサービス(3053) 月足チャート

いきなり！ステーキはブームとなり1年弱で株価15倍と急騰したが、
店舗拡大を急ぎ過ぎて運営がうまく回らなくなり、ブームは急ブレーキ。

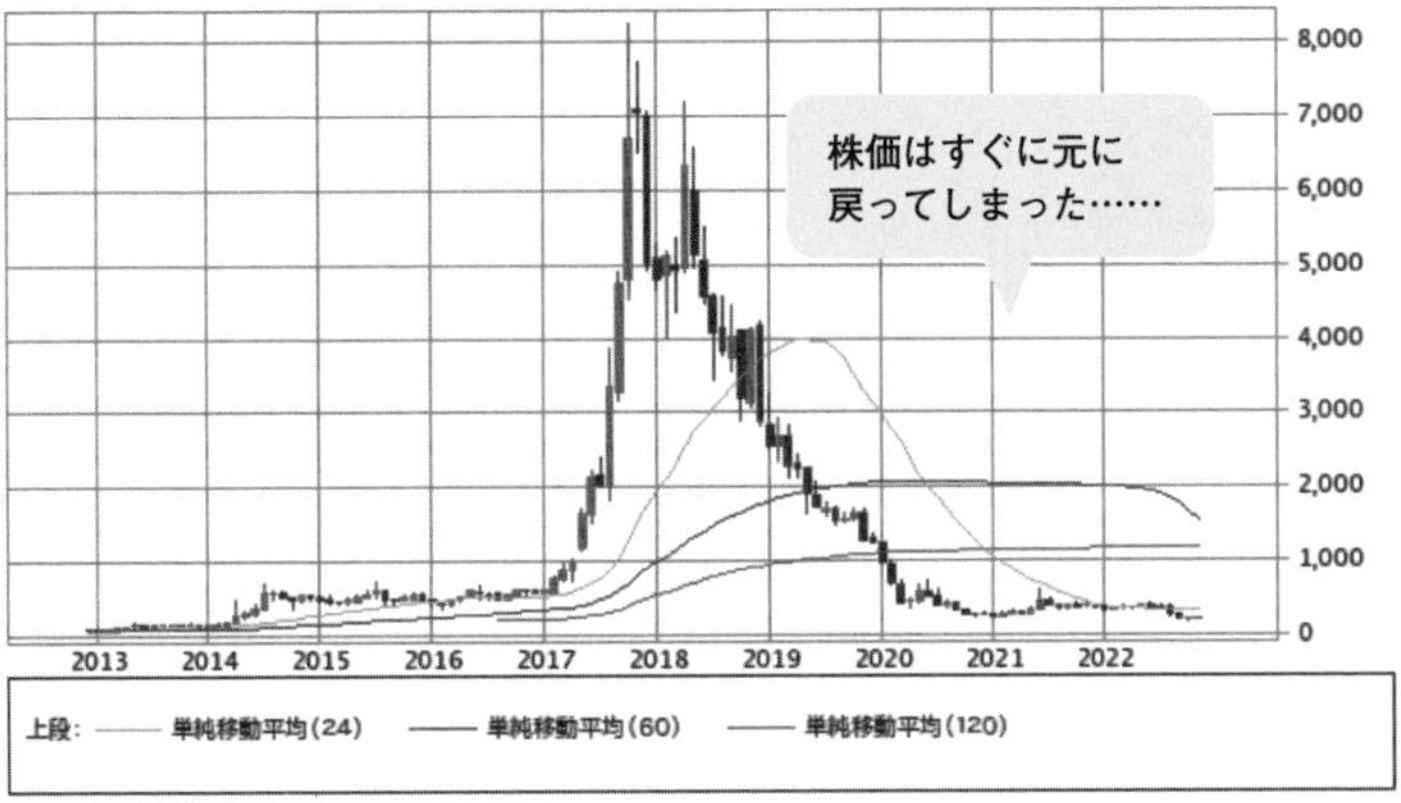

出典:SBI証券

ステーキ」が大ブームになり、株価はわずか8カ月で15倍もの急上昇となりました（それ以前を含めると140倍）。しかし、「いきなり！ステーキ」のブームは残念ながら短期で失速してしまいました（**図1－5**）。やはり、店舗拡大を急ぎ過ぎたことや、真似する店が出てきたことなどが原因です。

このように、あまりにも成長が速いと、そのこと自体がリスク要因になることもあるので注意が必要です。

自分の感覚だけでは判断を誤ることもある

牛丼は吉野家派という人も多いでしょう。**吉野家**（吉野家ホールディングス：9861）は、牛丼店のパイオニアであり海外展開でもいちはやく成功してい

て、日本の飲食業界のロールモデル（見本）ともいえる会社です。しかし、同社は2001年以降の20年間で業績をほとんど伸ばせず、その間、すき家を運営するゼンショーは、売上高を20倍に伸ばしました。今や牛丼店の圧倒的最大手はすき家です（**図1－6**）。

消費者としての感覚は重要なのですが、それだけでは判断を誤ることもあります。実際に会社の運営をうまく回して順調に成長しているのはどこなのか、ということを冷静に見極めることも大切です。

「自分はこの店が好きだけど、店舗数も業績もあまり伸びないな」というケースもありますし、「自分はあまり好みではないけど、この店はすごく伸びている」ということもあります。そういう場合には、停滞している原因や好調な理由などを考えてみましょう。

外食・小売チェーン店の成長企業の特徴としては、**出店戦略やコストコントロールの巧みさで利益を稼ぎ、その利益でさらに出店を加速させる、という好循環を生み出している**ことが挙げられます。そうした意味では**財務分析**も大事になります（第4章、第5章参照）。

図1-6 株価チャートを見れば勢いのちがいがわかる

● 吉野家ホールディングス(9861)　月足チャート

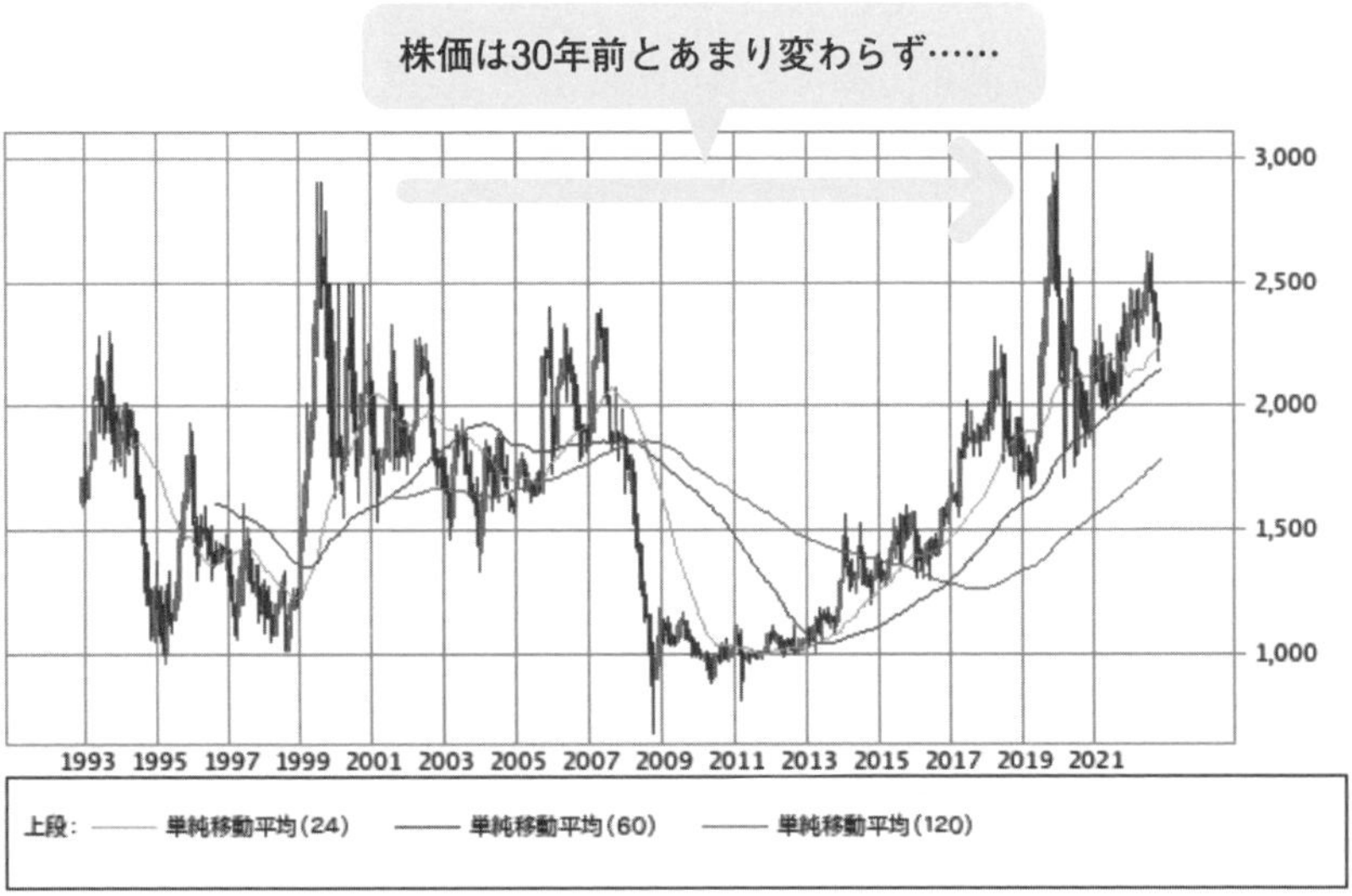

● ゼンショーホールディングス(7550)　月足チャート

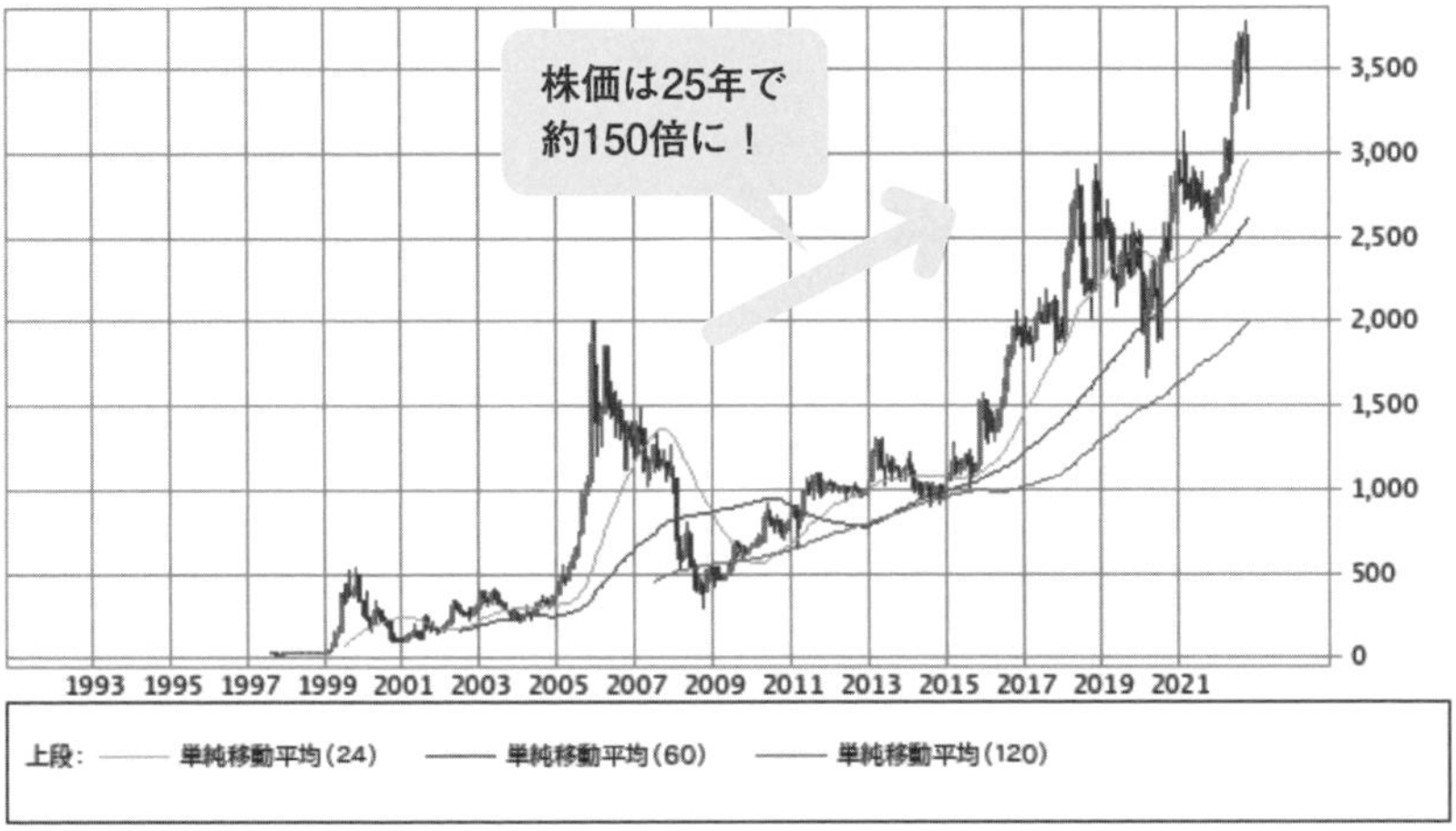

出典:SBI証券

3

注目分野② 小売・流通業

新業態と成長株が次々と出てくる業界

小売・流通業界にもこれまでさまざまな業態が生まれ、そのたびに成長株が出現してきました。

日本で初めてコンビニという業態を始めたのがセブン-イレブンです。同社の株価は、最盛期に約200倍にも成長しました。2022年現在、セブン-イレブンはイトーヨーカドーと統合して**セブン&アイ・ホールディングス**（3382）になっていますが、国内の店舗数は2・1万店、全世界では7万店以上となり、さらに成長を続ける世界的な成長企業となっています。

ユニクロを運営する**ファーストリテイリング**（9983）は、1990年代の終わりに製造小売り（SPA）という業態を始めました。これは、商品の開発・製造・小売りを一気通貫で行うビジネスモデルです。このビジネスモデルで次々とヒット商品を生み出し、同社の株価は25年間で200倍以上に上昇しました。

メガネの**ジンズホールディングス**（3046）も、この製造小売りというビジネスモデルでメガネ業界に価格破壊を起こしました。安いだけではなく、豊富なデザインやカラーバリエーション、そして、新しい機能のメガネを開発するなどして成長し、12年間で株価200倍以上となりました。

家具・ホームセンターの**ニトリホールディングス**（9843）も家具を自社で企画し、海外で生産して国内で販売するという製造小売りのビジネスモデルで大きく成長。ニトリの株価は22年間で200倍近くになっています。

「業務スーパー」を運営する**神戸物産**（3038）は、農業や畜産業、加工業、小売業と第1次産業から第3次産業まで一気通貫で行ういわゆる「第6次産業」のビジネスモデルで成長しました。独自開発のおいしくてボリュームたっぷりで安い食材を豊富に用意して、テレビ番組でもよく特集が組まれるなど、消費者にはおなじみの店の1つになりました。株価は170倍以上に成長しました。

その他にも、プロローグで紹介したドン・キホーテを運営する**PPIH**（7532）、電器量販店のケーズデンキを運営する**ケーズホールディングス**（8282）、作業服から女性向けファッションに展開してブームを起こした**ワークマン**（7564）、食品も扱うロードサイドの薬局で成長した**コスモス薬品**（3349）、アウトドアブームをけん引して成長中の**スノーピーク**（7816）など、さまざまなジャンルで新しい業態が生まれ、株価が数十倍以上になるような成長株が誕生し続けています。

小売・流通業の成長の目安

小売・流通業界の会社の成長の目安についても、全国展開に成功した場合で「店舗数1000店、売上高1000億円、時価総額1000億円」が1つの目安です。成功している小売店の場合、小規模なケースで1店舗の年間売上高が1億円くらいになります。

ただし、**図1−7**の一覧を見ると1店舗の売上高は3億円くらいの規模が多くなっています。ファーストリテイリングに至っては、6億円くらいの規模です。小売店は飲食店に比べて大規模な店が多く、人気店の場合には客の回転も速そうです。店舗数は、やはり1000店舗が全国展開の1つの目安になりそうですが、3000店舗というケースもあります。

また、海外展開が軌道に乗れば、成長の目安は大きくアップします。ファーストリテイリングは国内が約2000店舗で、海外が約1500店舗です。海外展開はすでに軌道に乗ってきていますが、国内に比べると数倍の拡大余地がありそうです。

良品計画（7453）は海外店舗が半数を超えており、今後も海外での成長が期待されます。2022年現在はコロナ禍の影響を受けてやや停滞ぎみですが、その状況を乗り越えて改めて海外での成長軌道に乗せられるかが分岐点になりそうです。**ジンズホールディングス**（3046）も中国中心に海外展開が軌道に乗ってきていましたが、やはり、コロナ禍の影響を受け2022年現在は失速ぎみです。今後、海外展開が改めて加速することが期待されます。

図 1-7 小売・流通業界の成長の目安は、ここを見る！

証券コード	会社名	店舗数	売上高	時価総額
9983	ファーストリテイリング（ユニクロ、ジーユーなど）	3549店（海外1560店）	2兆2500億円	8兆1464億円
7453	良品計画（無印良品）	1055店（海外565店）	4700億円	3341億円
7532	PPIH（ドン・キホーテ）	703店（海外98店）	1兆8900億円	1兆6653億円
3046	ジンズホールディングス（JINS）	696店（海外233店）	669億円	1121億円
3038	神戸物産	982店	3800億円	9206億円
3088	マツキヨココカラ&カンパニー（マツモトキヨシ、ココカラファイン）	3353店	9500億円	9007億円

※いずれも、2022年10月12日時点で公表されている最新データによる

4

注目分野③ IT関連、ネットショッピング

ITから大成長株が続出している

ITビジネスは現在の最大の成長分野であり、株式市場でも数多くの成長企業が生まれています。代表的なのは、アメリカのGAFAと呼ばれる巨大IT企業、アルファベット（グーグル：GOOGL）、アップル（AAPL）、メタ・プラットフォームズ（旧フェイスブック：META）、アマゾンドットコム（AMZN）の4社です。いずれもすさまじい業績拡大と株価上昇を実現し、これらの株を買って、大きく資産を増やした投資家が世界中で続出しました。

図1－8は、**アップル**の株価チャートです。15年間で株価は60倍に上昇しました。

今後、IT関連業界ではAIや量子コンピューティングなどが本格的に普及し、新たな成長企業がいろいろと出てくることが予想されます。身近なサービスでそうした関連の成長企業を見つけたら、ぜひ投資を考えたいところです。

現在、世界中のAIベンチャーを発掘し、投資して育成する事業に注力しているのがソフトバンクグループです。日本企業がこの分野で存在感を高められるのかどうか、同社の動きは注目されます。ソフトバンクグループについては第3章でも述べています。

図1-8　アップルの株価は15年間で60倍に！

出典：tradingview

ネットショッピングの成長は続く

ＩＴ関連でも特に成長している分野の１つは、ネットショッピングです。

ネットショッピングのビジネスは、世界的に年率20％程度の高成長が続いています。ネットショッピングは日本国内でも年率10％程度のペースで成長を続け、２０２０年には市場規模が19兆円と10年間で２倍以上に拡大しています。

消費に占めるネットショッピングの割合をＥＣ化率といいますが、このＥＣ化率は日本２０２２年時点でも、まだ７％程度です。先行する米国が14％程度で、さらに拡大し続けていることを考えると、日本のＥＣ化率はかなり大きな拡大余地がありそうです。

ネットショッピングの世界的な王者

は、**アマゾンドットコム**です。

同社が日本に進出したのは2000年11月ですが、まずは書籍販売から始め、その後、販売品目を広げていきました。日本でECサイトをスタートした2000年から20年間で株価は約200倍になりました。

日本の会社でネットショッピング大手である**楽天グループ**（4755）は、全国の中小小売店を集めたネットショッピングモール「楽天市場」の運営で成長が続いています。全国の特色ある中小小売店が楽天市場により、ビジネスチャンスを広げています。株価は2001年から14年間で50倍近くになりました。現在、同社は楽天市場にとどまらず、楽天証券や楽天カードなどの金融部門も収益の柱になり、さらに、楽天モバイルに社運を賭けて取り組んでいるところです。これが成功すれば、さらに飛躍できるかもしれません。楽天については104ページでも述べています。

株価が9年間で70倍以上に上昇したZOZO

カカクコム（2371）は、全国の家電ショップの提示する価格を比較しながら買い物できるというビジネスモデルを作り上げて成長しました。2つ目の柱として、グルメサイトの食べログも業界トップクラスに成長。株価は、2003年から18年間で30倍以上になりました。

ZOZO（3092）は、さまざまなファッションブランドを集めたネットショッピング

図1-9　2020年の株価は9年間で70倍以上に上昇！

ZOZO(3092)　月足チャート

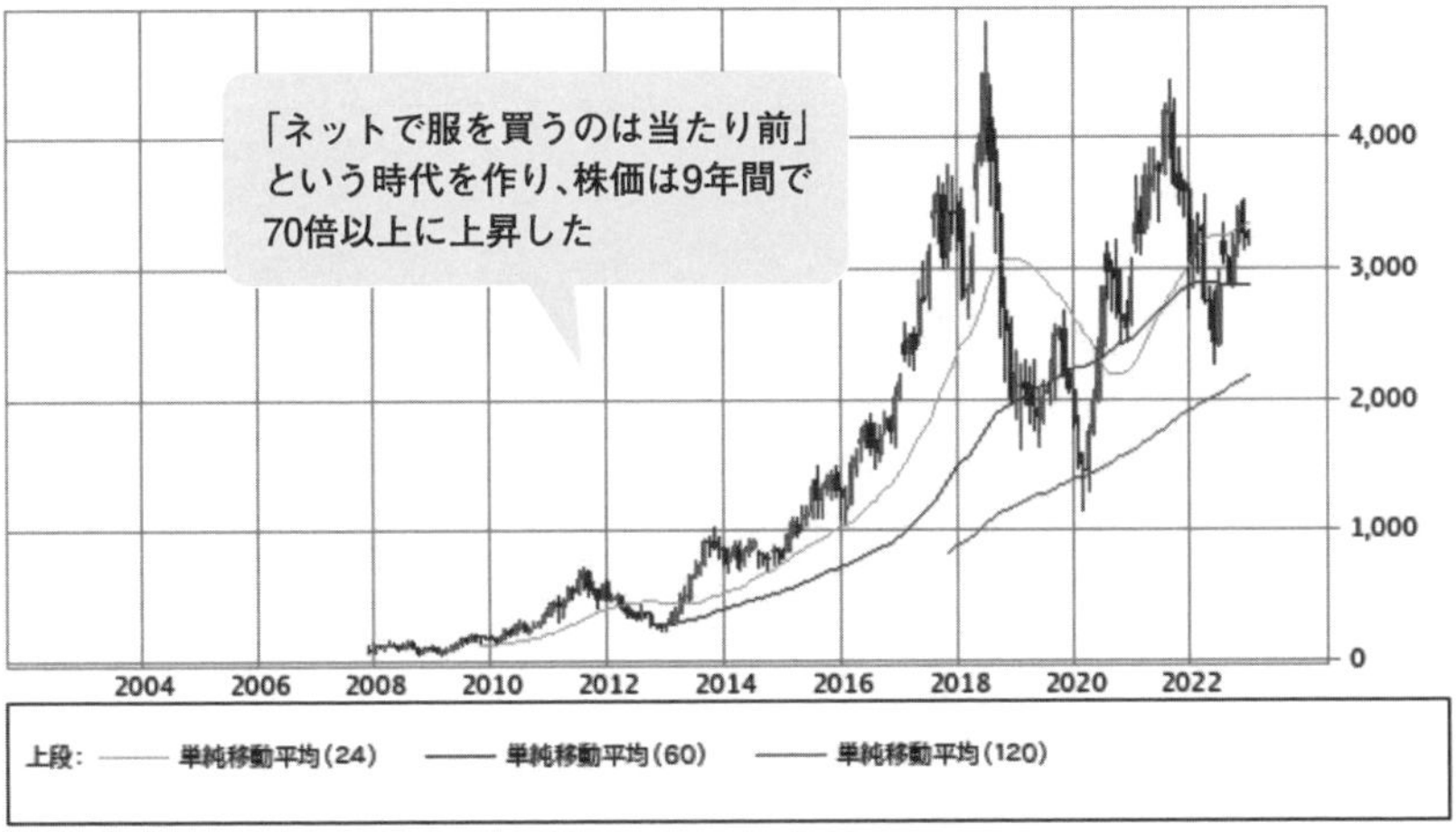

出典：SBI証券

モールというビジネスモデルで成長しました。「ネットで服を売るのは無理」という常識を、さまざまな工夫や努力で打ち破り、今では「ネットで服を買うのは当たり前」という時代を作りました。株価は、２００９年から９年間で70倍以上に上昇しました（図１－９）。

オイシックス・ラ・大地（３１８２）は、全国の高品質・高機能な野菜を扱う農家をネットワークし、配送の仕組みも含めてインターネットで販売するビジネスモデルを作り上げて売上高を大きく伸ばしています。22年３月期は大規模な配送トラブルで業績が悪化して株価が急落しました。そこから体制を立て直して再度、成長軌道に乗せられるか注目されるところです。

5

注目分野④ ゲーム

国内市場は年率7%、世界市場は10%程度の成長が続く

ゲームは国内2兆円、世界20兆円という巨大産業です（2021年現在）。

しかも、国内市場は年率7%、世界市場は10%程度の成長が続いています。これは、国内市場は10年で2倍、世界市場は10年で2・5倍程度になるペースです。

このペースでいけば、**2031年には国内4兆円、世界50兆円程度の市場に成長する計算**となります。これだけ巨大で成長性も高いゲーム業界なので、当然、成長株も多数出現しています。

日本のゲーム産業の草分けである**任天堂**（7974）は、1981年に上場してから26年間で株価が400倍になりました（**図1－10**）。現在でも豊富なキャラクターやコンテンツを抱えゲーム業界の有力企業であり続けています。

任天堂は、あまり流行りのトレンドになびかずに独自路線を歩み続けている印象です。たとえば、ゲームの主戦場がスマホになっても、任天堂自身はスマホへの事業展開をほとんどしていません。しかし、任天堂が持っている豊富なキャラクターやコンテンツ、さらに、面白いゲームを生み出し続けている力を考えると、どんな環境変化が起きてもこの会社は楽しいゲームや

図1-10　株価が26年間で400倍になった任天堂

任天堂(7974)　月足チャート

ポケモンやマリオなど豊富なキャラクターやコンテンツ、面白いゲームを生み出す能力は健在。世界的なゲーム市場の拡大の追い風を受け、新たな成長軌道に乗れる潜在性はある。

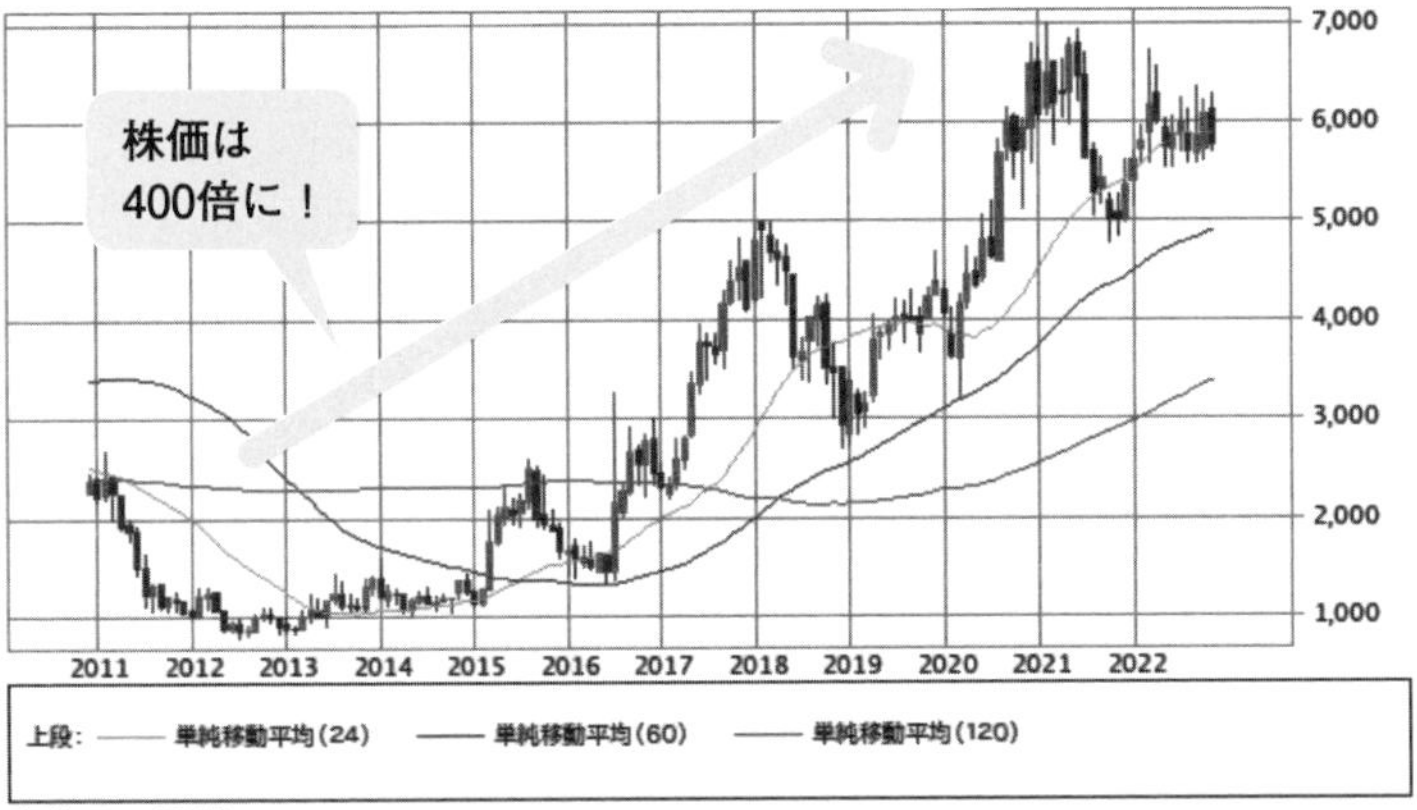

出典：SBI証券

魅力的なキャラクターを生み出す力を発揮し続ける可能性がありそうです。

２０１６年には、アメリカのベンチャー企業であるナイアンティックが任天堂の協力をえてスマホゲーム「ポケモンＧＯ」をリリースして世界中に大ブームを起こしました。任天堂のキャラクターの潜在性の大きさが感じられる出来事でした。今後、さまざまな技術やプラットフォームが出てきても、任天堂は強みを活かした事業展開をしていけるのではないでしょうか。

任天堂の事例研究は３２３ページでも行っています。

「10億人と直接つながる」という目標を掲げるソニーグループ

任天堂と並ぶゲーム業界の盟主は**ソ**

ニーグループ（６７５８）です。ソニーはＰＳ４までのゲーム機の販売台数がいずれも1億台を超え、最新のＰＳ５も1億台を超える可能性が高そうです。オンラインサービスのＰＳＮのアカウントは1億人を突破し、定額制で数百のゲームが遊べるサブスクサービスは５０００万人近い有料会員を抱えています。同社は音楽、映画でも世界有数の企業であり、「10億人と直接つながる」という長期目標を掲げています。

ゲームソフト専業では、ファイナルファンタジーやドラゴンクエストを擁する**スクウェア・エニックス・ホールディングス**（９６８４）、バイオハザード、モンスターハンター、ストリートファイターなど世界的な人気ソフトを抱える**カプコン**（９６９７）、遊戯王やメタルギアソリッドなど有力ゲームを持つ**コナミグループ**（９７６６）、歴史ゲームで中国でも人気がある**コーエーテクモホールディングス**（３６３５）、人気キャラクター「ソニック」を持ち「プロジェクトセカイ」などスマホゲームでもヒット作を持つ**セガサミーホールディングス**（６４６０）など有力な老舗企業がひしめいていて、長期的に見るといずれも株価を大きく上昇させています。

ゲームの主戦場はスマホへ

現在のゲーム市場をけん引しているのは、スマホを使ったオンラインゲームです。とくにクラウドを利用したクラウドゲームが伸びています。スマホやＰＣによるゲームは市場全体の７

割を占める状況になっています。

スマホのゲームの多くはアプリをダウンロードしただけで、無料で簡単に始められることから、一度人気に火が付くとあっという間に大ブームになる可能性があり、株価も短期で爆発的に上昇することがあります。２０１３年にパズドラがヒットした**ガンホー・オンライン・エンターテイメント**（３７６５）は１年間で株価が１００倍以上に、２０１４年にモンスターストライクがヒットした**ＭＩＸＩ**（２１２１）は約１年で株価が30倍以上になりました。

２０２１年には、**サイバーエージェント**（４７５１）の子会社サイゲームスの「ウマ娘」が爆発的なヒットとなり、サイバーエージェントの業績を大きく押し上げました。

ｅスポーツやメタバースでゲームビジネスはさらに飛躍する可能性

ｅスポーツはゲームを競技として行うもので、すでに世界中でさまざまな規模の大会が開催され、市場規模は世界で１０００億円程度にまで急成長しています（２０２２年現在）。

またゲームはＹｏｕＴｕｂｅなどで他の人がプレーしている様子を中継する番組が人気コンテンツの１つになっており、「する」だけでなく「観戦する」ものとしても定着しています。

メタバースは、インターネットの巨大な仮想世界です。参加者は、仮想世界で動作するユーザーの分身であるアバターを通じてその世界に入って活動します。５Ｇの普及とＶＲ（仮想現実）、ＡＲ（拡張現実）の技術が発達したことで、メタバースの世界が一気に拡大し始めています。メタバースの中では人々が交流したりゲームをしたりするだけでなく、現実と同じように会議をしたり、ショッピングをしたり、コンサートなどのイベントが開催されたり、まさに「もう1つの世界」がそこにあります。ゲーム会社は、仮想世界を作り上げてその中でキャラクターを動かす技術を磨いてきており、メタバースでも力を発揮できる企業が多そうです。

今大きな流れとなっているクラウドゲームは、クラウド上に巨大な仮想世界を作り、その中に同時に何十万人、何百万人もの人がインターネットを通じてアクセスしてゲームをします。まさに、メタバースといえる世界がすでに展開されています。クラウドゲームはアメリカ勢や中国勢が先行しており、利用者が1億人を超えて「億ゲー」と呼ばれるゲームもいくつか出てきています。マイクロソフトはＸｂｏｘを手掛けるなど、もともとゲーム事業に力を入れていますが、２０２２年には「億ゲー」の1つである「コール・オブ・デューティ」を運営するアクティビジョン・ブリザードを8兆円という額で買収することを発表しました。

また、フェイスブックはメタバースを主力ビジネスにする方針を打ち出して社名もメタ・プラットフォームズに変えました。ゲーム業界はこのように巨大ＩＴ企業も巻き込んで非常に大きな成長トレンドの中にいます。業界がどのような勢力図になるにせよ、面白いゲームや有力コンテンツを保有していること自体が強みになりますので、こうしたトレンドの中で日本の多くのゲーム会社が力を発揮できる可能性を秘めていると思われます。

※マイクロソフトによるアクティビジョン・ブリザードの買収の件は、独占禁止法の観点から米連邦取引委員会から待ったがかかり、22年末時点では先行きが不透明な情勢です。

6

注目分野⑤ コンテンツビジネス（映画、ドラマ、アニメ、音楽、マンガ）

東映アニメーションの株価は12年間で50倍以上に

映画、ドラマ、アニメ、音楽などのコンテンツに関しては、ネットフリックス、アマゾンプライムビデオ、ＹｏｕＴｕｂｅ、スポティファイ、アップルミュージックなど世界的なプラットフォームができて、世界中の人たちが世界中の良いコンテンツを求める時代になってきました。各プラットフォーム運営会社も、他のプラットフォームとの競争に勝つために良いコンテンツを集めるための熾烈な競争をしています。そうした意味で、良いコンテンツを豊富に持っている会社は業績を大きく伸ばす潜在性があるといえます。

アニメについては**東映アニメーション**（４８１６）がワンピース、北斗の拳など数多くのコンテンツを保有しています。世界的なプラットフォームでの需要増加の期待も高まり、株価は２００９年から12年間で50倍以上に上昇しました。

ソニーグループは、映画と音楽のどちらについても世界3大メジャーの一角を占める存在であり世界的なコンテンツ保有企業でもあります。

日本企業はプラットフォームについては世界的な企業が育っていませんが、**サイバーエージェント**（４７５１）が手がけるアベマＴＶなど、日本独自のプラットフォームが成長してきており、今後の成長性も期待されます。同社グループはウマ娘など独自のコンテンツを生み出していますし、そのような日本独自のコンテンツへの需要が高まれば、世界的な事業展開も将来的には可能になるかもしれません。

国内の動画配信プラットフォームとしてはUSEN－NEXT HOLDINGS（9418）の「U－NEXT」も順調な成長を続け、契約件数は265万件（2022年5月末現在）となっています。月額2189円と他の配信サービスと比べてやや高額ですが、毎月1200円のチケットがついて最新映画などが鑑賞できるなど、独自のサービスとコンテンツの品揃えの豊富さが受けて契約者数を増やしています。

7 注目分野⑥ レジャー

インターネットで情報提供して予約を受け付けるOTA（オンライン旅行代理店）が台頭

レジャーへの需要は時代とともに高まっています。ITなどの技術進歩によって労働時間が減少し休日が増えているということや、人々の考え方も仕事中心から生活中心にシフトしてきていることなどがその背景にあります。今後、AIやロボットなどが普及してくると私たちの仕事時間はますます減るでしょうし、余暇はますます増え、レジャーに費やす時間やお金はさらに増えていくでしょう。将来的には週休3日制や、長期休暇制度などが当たり前の社会になっていくかもしれません。また、外国人観光客も趨勢《すうせい》的に増加が続いており、インバウンドによるレジャー需要も将来的にさらに増加していく可能性があります。

旅行関連のビジネスでは、航空、ホテル、レンタカーなどの情報をインターネット上で提供してネット予約を受け付けるOTA（オンライン旅行代理店）という勢力が台頭してきています。日本では、**アドベンチャー**（6030）、**エアトリ**（6191）、**オープンドア**（3926）などが急成長しています。

テーマパークも大きく伸びています。東京ディズニーリゾートを運営する**オリエンタルラン**

ド（4661）は、東京ディズニーランド、東京ディズニーシー、商業施設のイクスピアリ、ホテルなどいずれも好調です。パークのパスポートも適宜値上げしていますが、集客は衰えず業績の拡大トレンドが続いています。オリエンタルランドの株価は、2011年から11年間で15倍の株価上昇となりました。

パチンコ・パチスロも巨大産業であり、人気の機種のメーカー、部品メーカーなどから過去にも数多くの成長株が出現しました。パチンコ・パチスロが好きな人にとっても、何か大きなヒットやトレンドに気付いたら、成長株に乗れるチャンスがあります。

現在はパチンコ・パチスロ人口が減り続けて業界は縮小傾向ですが、統合型リゾート（IR）が解禁されるとカジノ関連ビジネスが盛り上がり、パチンコ・パチスロ業界も大きなビジネスチャンスを得られる可能性があります。

8

注目分野⑦ ペット関連

需要が拡大するペット保険とペット医療

ペット関連の支出は2015年から2020年までの5年間で約3割伸びています（総務省の家計調査）が、その中でも特に大きく伸びたのはペット保険です。2010年頃まではペット保険の加入率は1%未満でしたが、**アニコム ホールディングス**（8715）が本格的にペット保険のビジネスを展開し始めてからは12%まで急拡大しました（2020年時点）。ペット保険の先進国の英国では加入率が約25%、スウェーデンでは約50%なので、まだ成長余地は大きそうです。

アニコム ホールディングスは、全国の動物病院の半分以上と提携して、動物病院の受付でアニコムの発行する保険証を提示することで、保険金を差し引いた代金を支払えばよい仕組みを作りました。それまでのペット保険は、治療費を支払った後に保険会社に保険料を請求する必要がありました。全国のペットショップの半分程度を代理店として、ペット購入時に保険の加入をすすめてもらう体制を作り上げたことも強みです。さらに、全国の動物病院からペット診療データを集め、それをビッグデータ化して分析し、それを活かしてさまざまな関連ビジネスを展開し始めています（**図1−11**）。

図1-11　8年間で株価が10倍以上になったアニコム ホールディングス

アニコム ホールディングス(8715)　月足チャート

ペット保険という分野を切り拓き大きく成長した。
保険ビジネスで集めたデータを強みに、事業領域の拡大を図っている。

出典：SBI証券

日本動物高度医療センター（6039）は、ペットの高度医療サービスで着実に成長中です。

贅沢な生活をして、人間並みにガンや心臓病にかかるペットが増えてきましたが、その需要に応えるペット用の高度な医療サービスが不足している状況が続いています。動物病院は全国に多数ありますが、ガンや心臓病など重い病気の精密検査や手術を行える病院は少なく、治療や手術を受けられないまま死んでしまうペットも多い状況です。獣医として、そうした状況に危機感を覚えた創業者が高度医療を施すために作ったのが同社です。2022年現在は川崎、東京、名古屋、大阪の4つの病院を運営し、全国主要都市に少しずつ病院を増やしていく見通しです。

9 注目分野⑧ 健康・美容

中高年の女性にターゲットを絞った体操教室などが急成長

コロナ禍の時期を除きフィットネスジムの事業を行う会社は、軒並み業績と株価を伸ばしてきました。その中でも2010年以降、特に成長したのは個室フィットネスという業態を始めた**RIZAPグループ**（2928）です（98ページ図1－12）。2カ月間で目標の体形を目指して集中的な個人指導を行って約30万円という料金のサービスで伸びました。かなり高額ですが、2017年には大量にCMをオンエアしながら一気に全国展開して急成長を遂げました。

しかし、あまりにも急速な拡大戦略が裏目に出て2018年以降は業績が停滞。コロナ禍でも打撃を受けましたが、シニア向けのプログラムや、ちょこざっぷという月額2980円の低価格のフィットネスクラブを展開し始めるなど、新たな成長戦略で再び成長軌道入りすることを狙っています。

中高年の女性にターゲットを絞った体操教室のカーブスも急成長を果たしました。カーブスの日本事業を立ち上げて全国展開した**コシダカホールディングス**（2157）は、2008年からの10年間で株価を100倍以上に上昇させました。現在、カーブスはコシダカホールディングスからスピンアウト（会社分離）して、**カーブスホールディングス**（7085）として事

図1-12 業績が低迷するRIZAPグループ

● RAIZAPグループ（2928） 月足チャート

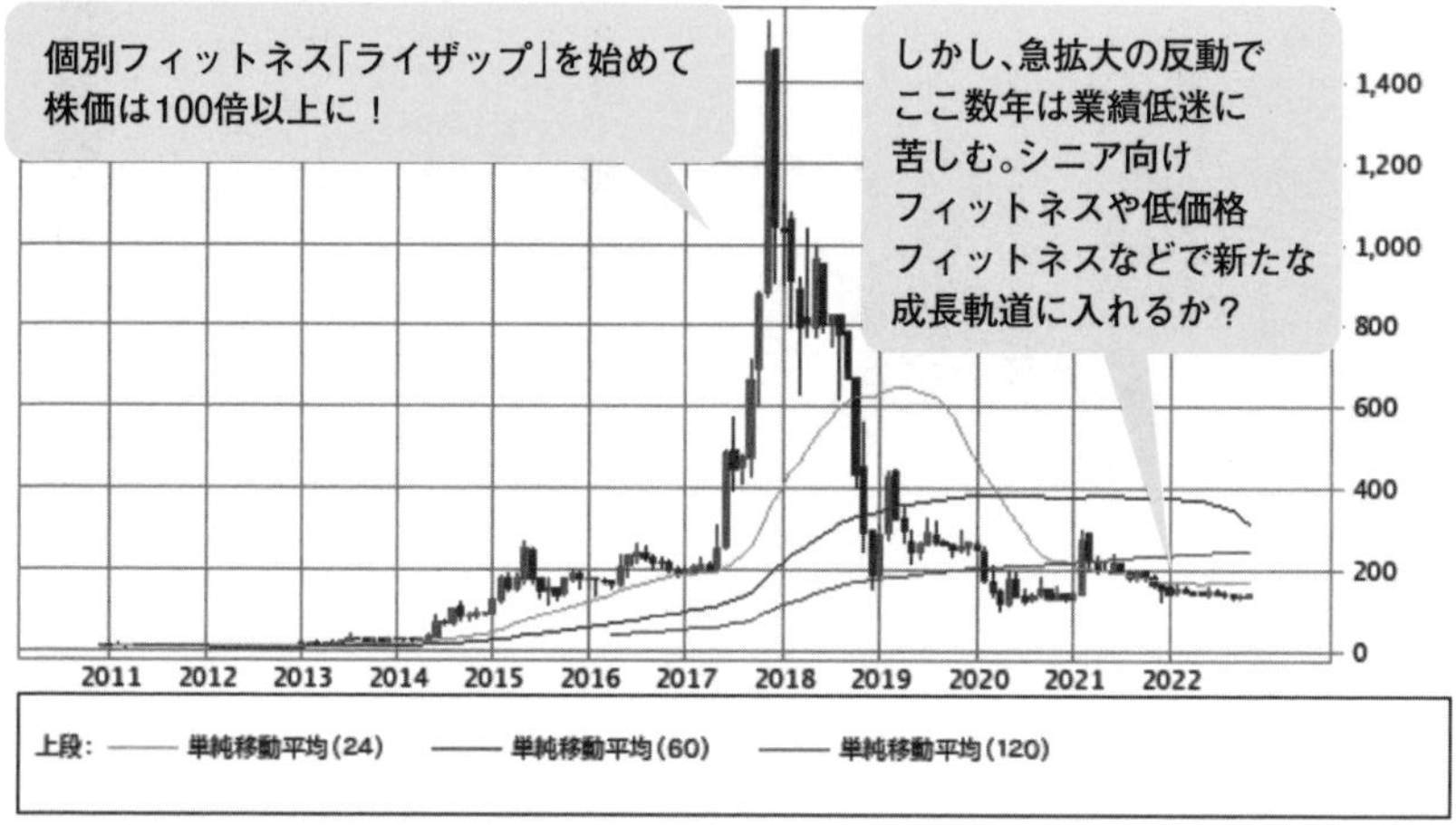

出典：SBI証券

業を行っています。

Fast Fitness Japan

（ファスト・フィットネス・ジャパン）（7092）は24時間営業の「エニタイムフィットネス」を全国で約1000店舗展開しています。料金が一般的なジムよりも低額で、会員になればどの店舗でも24時間利用できるという点が人気となっています。プールやスタジオがなく、比較的狭いスペースにでも低コストで出店できることもあり、同社は毎年100店舗ペースでの出店を続けていて、全国3000店まで拡大することを目指しています。

健康器具や健康サプリなどの事業も伸びている

その他、健康器具や健康サプリなどの

事業も伸びています。

北の達人コーポレーション（２９３０）は、オリゴ糖の「カイテキオリゴ」などがヒットして２０１７年に株価を約30倍に急騰させました。**ヤーマン**（６６３０）は、美顔器や脱毛器など数多くのヒット商品を生み出して２０１１年から7年間で株価を40倍に上昇させました。２０２１年4月期、２０２２年4月期も連続で過去最高益を更新しています。**ファーマフーズ**（２９２９）は育毛剤、まつ毛美容液、ダイエットサプリなどで成長して２００８年から13年間で株価を１００倍以上にしています。

スキンケア商品に関連した成長株も多いです。**ポーラ・オルビスホールディングス**（４９２７）は、２０１１年から7年で株価15倍、**ノエビアホールディングス**（４９２８）は、同じ時期に株価を12倍にしました。

資生堂（４９１１）は、世界的な化粧品ブランドとしてアジアを中心に売上を伸ばして長期的に成長トレンドを続けています。

10

注目分野⑨ 介護・福祉・医療

障がい者の就労支援や障害児教育などで伸びるLITALICO

社会の高齢化が進む中で介護・福祉・医療関係も需要が伸び続けています。

介護付き老人ホームを展開する**チャーム・ケア・コーポレーション**（6062）は、2012年から9年間で株価が約30倍に、訪問介護の**セントケア・ホールディング**（2374）は、2008年から13年で株価が約25倍に、同じく訪問介護の**ケア21**（2373）は、同時期に株価が約30倍になりました。人生の最後をできるだけ心地よく安心して過ごすためのホスピスへの需要も高まっていますが、この分野では**アンビスホールディングス**（7071）、**日本ホスピスホールディングス**（7061）などが急速に業績を伸ばしています。

LITALICO（リタリコ）（7366）は、「社会にある障害をなくしていくことを通して多様な人が幸せになれる『人』が中心の社会をつくる」というビジョンのもと、障がい者の就労支援、求人情報、障害児教育、発達障害ポータルサイト、障がい者向けライフプラン相談事業など、障がい者関連事業で顕著な展開を見せている会社です。大企業には法律により障がい者の雇用が一定割合で義務化されていることや、障がい者の能力や個性をどう仕事に活かすかということを多くの企業が真剣に考えるようになってきた背景もあり、業績を伸ばしています。

11

注目分野⑩ 教育・保育

少子化でも教育費用は増え続けている

少子化の流れの中で子供の数は減っていますが、都市部中心に子供への教育熱は高まっており、そうした需要に応える教育ビジネスは成長を続けています。

２０００年頃から個別指導の塾が急拡大して、明光義塾の**明光ネットワークジャパン**（４６６８）は株価60倍、**東京個別指導学院**（４７４５）は株価15倍となりました。集団塾よりもきめ細かく、家庭教師よりも低価格というシステムが受けました。ただ、個別指導は新規参入が相次いで競争が激しくなり、２０２２年現在は両社ともに業績も株価も停滞ぎみになっています。

関東や関西など大都市部では中学受験熱が高まっていますが、**早稲田アカデミー**（４７１８）はこの流れに乗って成長中です。きめ細かい指導により合格実績を上げて生徒数を増やし続けています。株価は２００１年から20年間で約20倍になり、さらに成長が続いているところです。

高校受験では公立高校、中学受験では公立中高一貫校の人気が高まっており、それらの学校への進学に特化する戦略で伸びているのが進学塾「ｅｎａ」を運営する**学究社**（９７６９）です。同社の株価は50倍になりました。

スプリックス（７０３０）は個別指導塾「森塾」で伸びていますが、M&Aも行い、AIによる自立学習塾「RED」など新規事業も行うなど、積極的に成長戦略を進めています。**ウィザス**（９６９６）は、学習塾「第一ゼミナール」とインターネットを使った広域・通信制高校「第一学院高校」の2本柱で伸びています。第一学院高校は一般コースの他、美容、ペット、eスポーツ、保育士など13もの多彩なコースを用意していて、好きなことを自由に学びたい人たちに受けて業績を伸ばしています。

塾以外では、教育関係のIT技術を開発・提供する企業も業績を伸ばしています。**ジャストシステム**（４６８６）は、ATOKなどの言語ソフトが主力事業ですが、学校教育の電子化にも長年力を入れてきています。その成果として、最近はタブレットを使った通信教育の「スマイルゼミ」を事業化して成長させ、学校の電子教科書などの事業も拡大しています。同社の株価は２００８年から10年で10倍近くに上昇しました。

オンライン学習教材を開発・販売する**すららネット**（３９９８）、学校のICT化を支援する**チエル**（３９３３）などの新興勢力も出てきていますが、教育業界を席巻する存在になるところが出てくるか注目されます。

保育業界は少子化の逆風を乗り越えて成長戦略を模索

保育業界については、２０００年以降、規制緩和によって保育園の運営が民間に開放されたことに加え、待機児童削減という国策の流れにも乗って成長しました。

特に、業界トップとなった**ＪＰホールディングス**（２７４９）をはじめ、**グローバルキッズCOMPANY**（６１８９）、**ポピンズ**（７３５８）などの保育サービス企業が大きく成長しました。ただし、子供の数が減少傾向にあることと、国策のもとでの保育園数の増加もそろそろ目標水準が見えてきたことから、今後は限られたパイをいかに取るかという競争の局面に入る可能性があります。

そうした中では、設備、保育士などの人材、おけいこなどの付加サービス、食事面のサービスなどサービス面での競争になります。保育についても教育と同じで、自分の子供にできるだけ良い保育サービスを受けさせたいと考える親が多くなっているので、その需要に応えられる企業が今後も大きく伸びそうです。そうした意味で、ここから本当にサービス力とコスト競争力など実力で勝る企業が生き残り、高い収益力を発揮していくという状況になっていきそうです。

12 注目分野⑪ 金融

インターネットで台頭した金融の新興勢力

金融業界にもITなどテクノロジーの進化によって、さまざまな変化が起き成長株が出現しています。インターネットが金融業界にもたらした最初の変化は、オンライン株取引の普及でした。それによって証券会社には新興勢力が台頭しました。

SBIホールディングス（8473）は、SBI証券からスタートして、銀行、保険、暗号資産など事業領域を金融全般で広げ業績を伸ばしています。

楽天グループ（4755）は、楽天証券がオンライン証券としてSBI証券と首位争いをする位置につけていますが、楽天カードと楽天銀行はそれを上回る収益の事業に育っています。さらに、保険事業や暗号資産の事業なども成長していて、金融事業は今やEC事業（ネットショッピングの事業）を超えて楽天グループの最大の収益部門になっています。

マネックスグループ（8698）は、傘下のマネックス証券がオンライン証券の大手の一角に成長した後、米国のオンライン証券を展開するトレードステーションや、暗号資産のコインチェックなどを子会社化して、それぞれの事業がまた成長しています。暗号資産と海外展開においては、SBIホールディングスと楽天グループをしのぐ存在になっています。

図1-13 ライフネット生命の株価は10年間で約1.5倍

ライフネット生命(7157)　月足チャート

営業部員も販売店も持たず、インターネットだけで保険商品の情報提供と契約も行う本格的なオンライン型の生命保険。大幅なコスト削減による保険料の低価格化を実現して、急速に契約者数を伸ばしている。

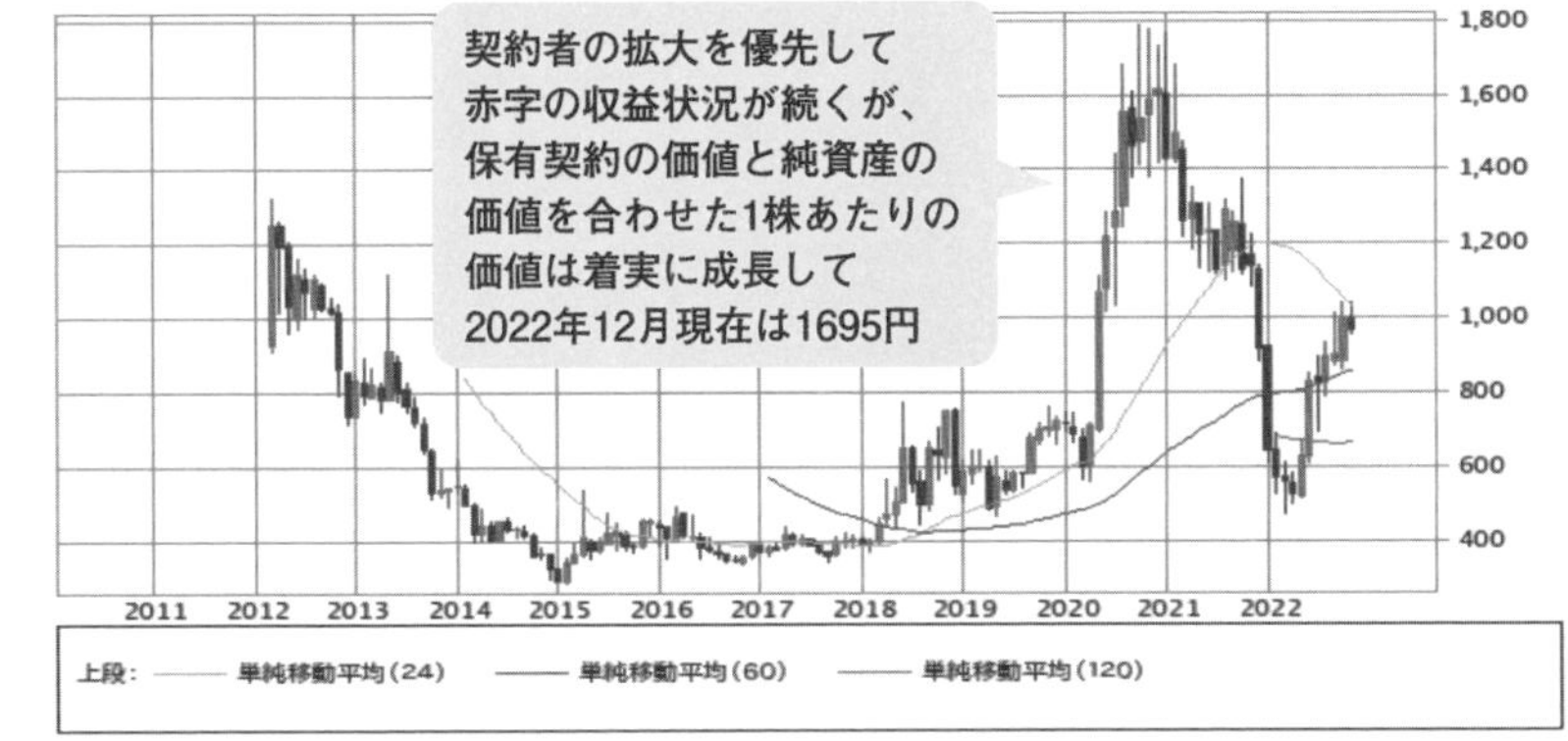

出典:SBI証券

オンライン化で大きく変わりそうな生命保険業界

オンライン化による変化が今後、最も大きくなりそうなのが生命保険の分野です。証券や銀行のサービスのオンライン利用率は6～7割程度になっていますが、生命保険はまだ4％程度にとどまっています（2022年現在）。

生命保険のオンライン化という流れの先頭にいるのが**ライフネット生命保険**（7157）です（**図1－13**）。ライフネット生命は営業部員や店舗を持たず、インターネット上で商品案内や加入手続きなどを完結させるオンライン専業の生命保険会社です。そのため大幅なコストダウンが可能になり、従来の生命保険商品に比べて、保険料も低価格な水準を実現できています。加入件数を毎年増やし、

２０２１年には50万件を突破しましたが、約2億件もの市場規模に比べるとごく一部にすぎず、大きな成長余地がありそうです。現在は、契約者数の増加を優先しているために赤字の収益状況が続いていますが、純資産と保有契約の価値を合わせた価値は1株当たり１６９５円と推定されます（同社の２０２２年度第１四半期決算説明会資料より）。

また、保険の販売方法としても、特定の保険会社だけでなく中立な立場で複数の保険会社の保険商品を比較しながら扱う保険代理店が伸びているのも最近のトレンドです。その代表例はネット中心に「保険市場」を展開する**アドバンスクリエイト**（８７９８）です。

ＩＴやＡＩの技術を駆使した新サービスの登場

金融の分野でも、ＩＴやＡＩの技術を使った新しいサービスが誕生し拡大しています。

ウェルスナビ（７３４２）は、ロボアドバイザーによる資産運用サービスで圧倒的なシェアを握ります。ロボアドバイザーとは、基本方針を設定したらあとはＡＩが自動的に資産運用をしてくれるシステムです。スマホなどに専用アプリをダウンロードして、必要な設定をすれば、その後は、自動的に世界中の資産に分散投資をして適宜リバランス（資産の再配分）をしたり、面倒くさいことをすべて自動的にやってくれます。

ウェルスナビは「モノづくりする金融機関」を標榜し、従業員の半分はエンジニアやデザイナーが占めていて、ひたすらロボアドバイザーの性能を高める作業を続けています。２０１６

図1-14　利用者が急増するウェルスナビ

ウェルスナビ(7342)　月足チャート

ロボアドバイザーの圧倒的なトップ企業。
性能の高さ、運用実績の安定性、提携金融機関の拡大などによって利用者と預かり残高が急増し、2022年6月末現在でそれぞれ、34万人、6700億円にも上っている。

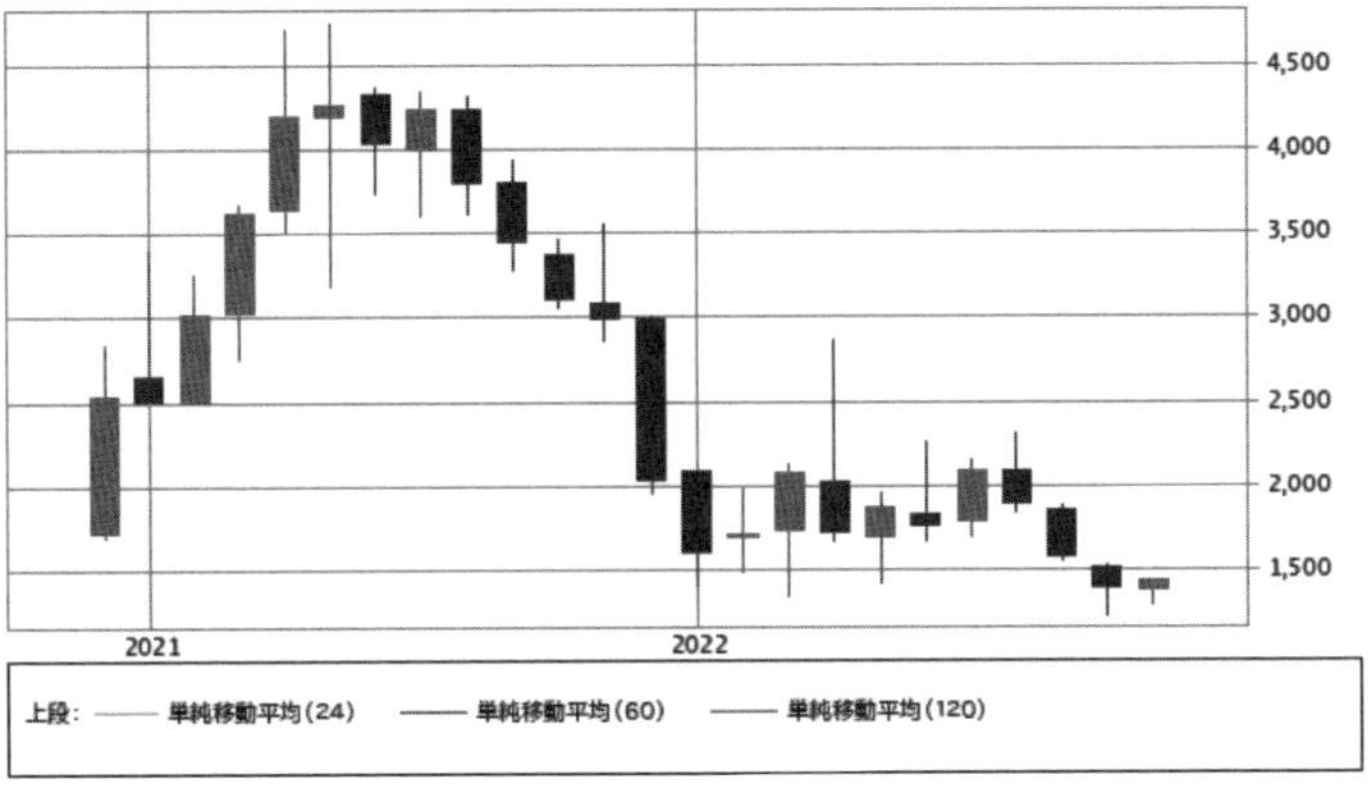

出典:SBI証券

年にサービスを開始。２０２２年６月末時点では利用者が約34万人、運用資産が約６７００億円となっています。安定した運用成果も出ていることから、さまざまな金融機関とも業務提携して利用者が急増。同社は、２０３０年代には国内個人資産６５０兆円のうち20兆円前後がロボアドバイザー市場に入ってくるとみており、かなり大きな潜在成長率があると考えています（図1－14）。

ミンカブ・ジ・インフォノイド（４４３６）は、「みんかぶ」や「株探（かぶたん）」など、個人投資家に人気のある投資情報サイトを運営しています。同社の最大の強みは、ＡＩによる情報生成技術と、数百万人に及ぶ株式情報のサイト利用者の行動データと投稿データを蓄積していることです。同社はこれらの技術やデータによって、ＡＩが情報を収集し、整理・分析し、記事にするという技術を磨き、高度なものとしています。

同社の全上場銘柄に関する豊富で正確で迅速な情報は、ＡＩ技術によるものです。このＡＩ技術を他の分野でも活かそうと、すでにスポーツ情報の分野に進出しています。

また、２０２２年にはニュースサイトやブログサービスを運営するライブドアを買収し、同社のＡＩ技術を一般のニュースやブログサービスなどにも活かして事業領域を拡大しようとしています。

革新的なサービスで大きく成長する会社が出てくる可能性がある

フリー（４４７８）と**マネーフォワード**（３９９４）は、クラウド会計のサービスを提供しています。両者ともＡＩ技術を駆使して、金融機関から自動的にデータを取り込んで自動的に仕分けをして帳簿を付けたり、確定申告の書類を作るなど、非常に便利なサービスを開発・提供して利用者が急増しています。

ＩＴやＡＩと金融は非常に相性がよく、今後も革新的なサービスで大きく成長する会社がいろいろと出てくることが予想されます。暗号資産など新しい技術も台頭してきており、非常に変化が激しく成長企業も多く出てくる可能性がある分野となっています。

13

注目分野⑫ 住宅・不動産

都心の中古マンションの取引が盛り上がる

住宅・不動産の最近のトレンドは、中古物件の取引が拡大していることです。不動産取引に占める中古物件のシェアは欧米で7~8割程度であるのに対して、日本では1~2割という状況が続いてきましたが、ここ数年、日本でも中古物件の取引が急速に拡大してきています。特に首都圏のマンションの取引は2016年以降、中古が新築を上回る状況です。

スター・マイカ・ホールディングス（2975）は、中古マンションを買い取り、新築のようにリノベーションして安く売る、というビジネスで業績を拡大させています（**図1-15**）。

東京の都心部だと新築マンション価格が平均6000万円台となっていますが、同社のような業者の中古物件の多くは、新築同然にリノベーションした状態で3000万円台で購入できるので人気が高まっています（2022年時点）。

スター・マイカ・ホールディングスは、賃貸中の中古マンションをどんどん買い取っていて、その在庫は2021年時点で3500件超、値上がりにより含み益は200億円以上となっています。同社の時価総額は2022年10月現在で約230億円であり、それに近い含み益を持っていることになります。同社は入居者がいる状態で家賃収入を得ながら、それらのマン

図1-15　着実に成長するスター・マイカ・ホールディングス

●スター・マイカ・ホールディングス（2975）　月足チャート

入居者がいる状態の中古マンションをどんどん買い取ってストックし、賃料を受け取りながら退去するとリノベーションして売却するという独自のビジネスモデルで着実に成長中。保有中古マンションは3500件以上と、業界で圧倒的にトップ（2021年末）。

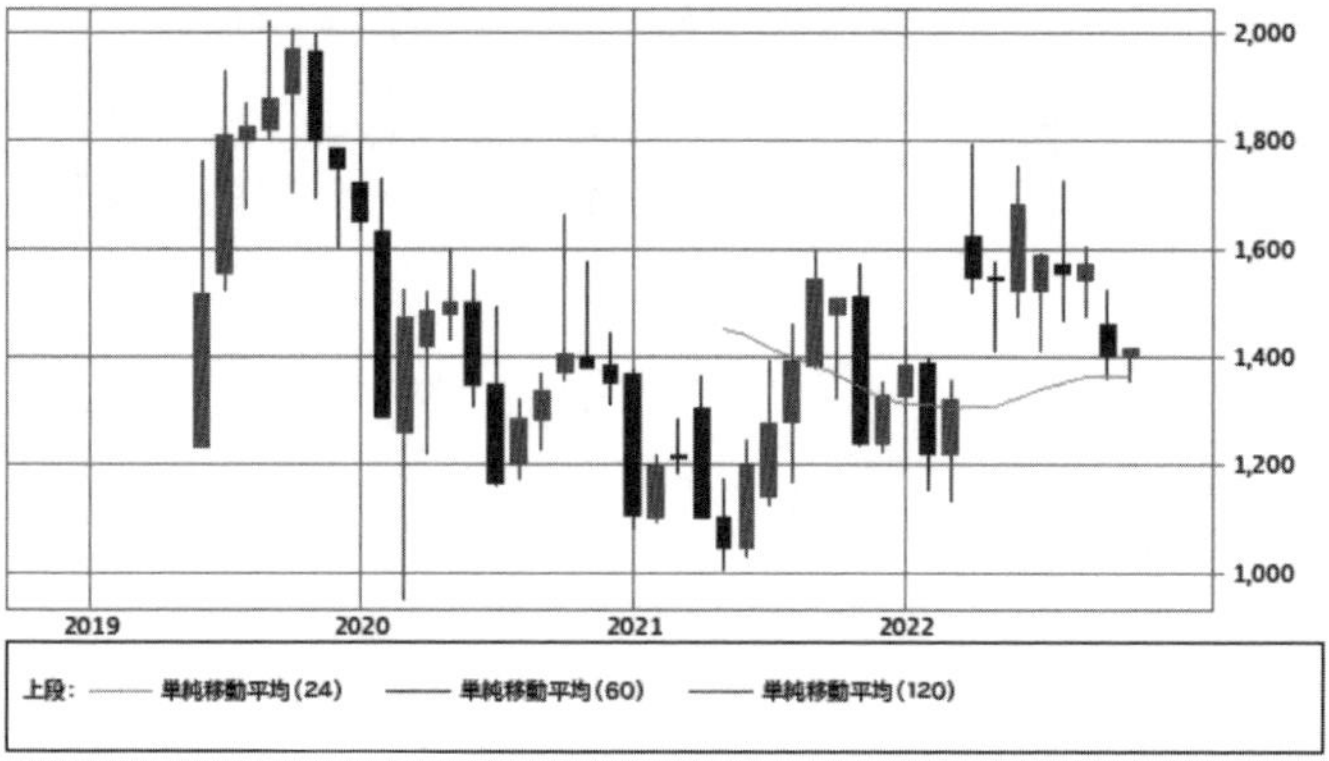

出典：SBI証券

ションを所有し続け、入居者が退去するとリノベーションして売り出します。賃貸中の中古マンションは相場よりも安く買うことができるので、それをリノベーションして価値を上げて売ると大きな利幅を取ることができます。保有中の中古マンションの家賃収入も安定的な収益源となっています。このように、スター・マイカ・ホールディングスは非常に独自なビジネスモデルを確立して着実に成長をつづけているところです。

イーグランド（3294）も中古マンションの買い取り・再生・再販のビジネスを行っていますが、主に東京郊外で2000万円台前半という低価格のファミリー向けマンションを手掛けて業績を伸ばしています。**LAホールディングス**（2986）は、逆に、都心5区（港区、千代田区、中央区、渋谷区、新宿区）を中心にした1億円～5億円という超高級マンションの買い取り・再生・再販のビジネスで伸びています。都心の高級中古物件は希少性が高く、それを仕入れるノウハウが同社の強みです。

空き家問題を解決しながら成長する企業

人口が減少する中で空き家が増加していることが社会問題となっています。2018年時点で日本の空き家は約850万戸、住宅全体の14％ほどに上っていて、2030年代には2000万戸以上、住宅全体の3分の1の割合になるとの予想も出ています。空き家が放置されると景観上、衛生上、防犯上などさまざまな点で問題が起きます。しかし、この莫大な空き家のストックが有効活用できれば、質の良い住宅が安くたくさん供給されるなど、社会的に大きなメリットが得られる可能性もあります。

カチタス（8919）は、一軒家の空き家を買い取ってリノベーションして新築のようにきれいな状態で低価格で販売するという一軒家の再生事業を行っています。一軒家の再生事業は、マンションの再生事業に比べてリノベーションも手続きも手間がかかるため、手掛ける業者がほとんどおらず同社の独擅場《どくせんじょう》です。日本に潜在的に莫大な空き家市場があることが、カチタスにとっては成長性の原動力となっており、マンションと一軒家を合わせた中古物件の販売数で圧倒的なトップ企業となっています。

不動産テックで不動産業界が変わる

不動産の業務をＩＴやＡＩなどのテクノロジーを使って大幅に効率化しようという流れも強まっています。

SREホールディングス（２９８０）は、ソニーグループから誕生した不動産関連の会社です。不動産仲介を行う他、不動産向けＡＩ技術を開発・販売して成長しています。同社が開発した不動産向けＡＩは、実際の不動産業務とソニーのＡＩ技術を融合して開発したものですが、不動産鑑定、売り手と買い手のマッチング、契約書作成など不動産独特の業務の効率性と正確性を格段に高めるため、採用する不動産事業者が順調に増えています。

アズーム（３４９６）は、遊休不動産などを借り上げて月極駐車場のサブリースを行う事業が主力で、月極駐車場紹介サイトも運営しています。

同社の強みは、自社に多くのＩＴ技術者を抱えてＩＴ技術を独自開発して、駐車場の需要予測、適正賃料の査定、その他業務の効率化や正確性を高めていることです。つまり、独自で開発している不動産テックが強みになっています。

時間貸し駐車場（コインパーキング）は、**パーク24**（４６６６）が圧倒的な首位の座を築いています。ＩＴ技術を駆使した需要予測や価格設定、その他業務の効率化を進めています。

また、同社は莫大な駐車場のネットワークと蓄積した技術を活かしてカーシェア事業に進出しており、この分野でも圧倒的トップの座を築き成長中です。コロナ禍で一時業績が大きく落ち込みましたが、今後新たな成長軌道に乗せられるか注目です。

不動産のシェアリングビジネスで伸びるティーケーピー

不動産でもシェアリングのビジネスモデルが広がりつつあり、その代表格が貸会議室で伸びているティーケーピー（３４７９）です。

従来会社で抱えている会議室は使われていない時間が多くて非効率な面が大きく、中小企業を中心に貸会議室を利用する会社が増えています。

不動産物件の所有者からも、不動産の有効活用という点から貸会議室のビジネスへの注目度が上がっています。

14

注目分野⑬ リユース、リサイクル

進化するリユースビジネス

地球温暖化など環境問題への関心の高まりから、リユース、リサイクルの事業が伸びています。リユース市場は、インターネットでの取引が急成長中であり、その流れをけん引しているのが**メルカリ**（4385）です（**図1－16**）。2022年の取扱高は年間8000億円を超え、中古品のネット取引で先行していたヤフオク！と肩を並べる水準まできています。

メルカリのフリマアプリは、スマホで写真を撮り、コメントと値段を付けるだけで簡単に出品できます。コンビニエンスストアや宅配業者の引き取りにより発送も簡単にできるため、ITに不慣れな年配者も巻き込んで、捨てる前にメルカリに出すという習慣が広がっています。メルカリについては第6章でも事例研究をしていますので参照してください。

店舗型のリユースビジネスも進歩・拡大を続けています。

そのトップ企業は**ゲオホールディングス**（2681）です。同社は、かつてはレンタルビデオで急成長した企業ですが、現在はリユース事業で成長を続けています。従来のゲオの店舗で中古ゲームソフトや中古DVDなどを扱っている他、「セカンドストリート」というブランド名で展開している総合リユース店が伸びています。

図1-16 フリマアプリで急成長したメルカリ

メルカリ(4385)　月足チャート

フリマアプリを使って誰でも簡単に売買できるフリマの仕組みを作り、あっという間に中古流通の主役に。米国事業で赤字が続くが、これを黒字化できれば大きく飛躍する可能性も。

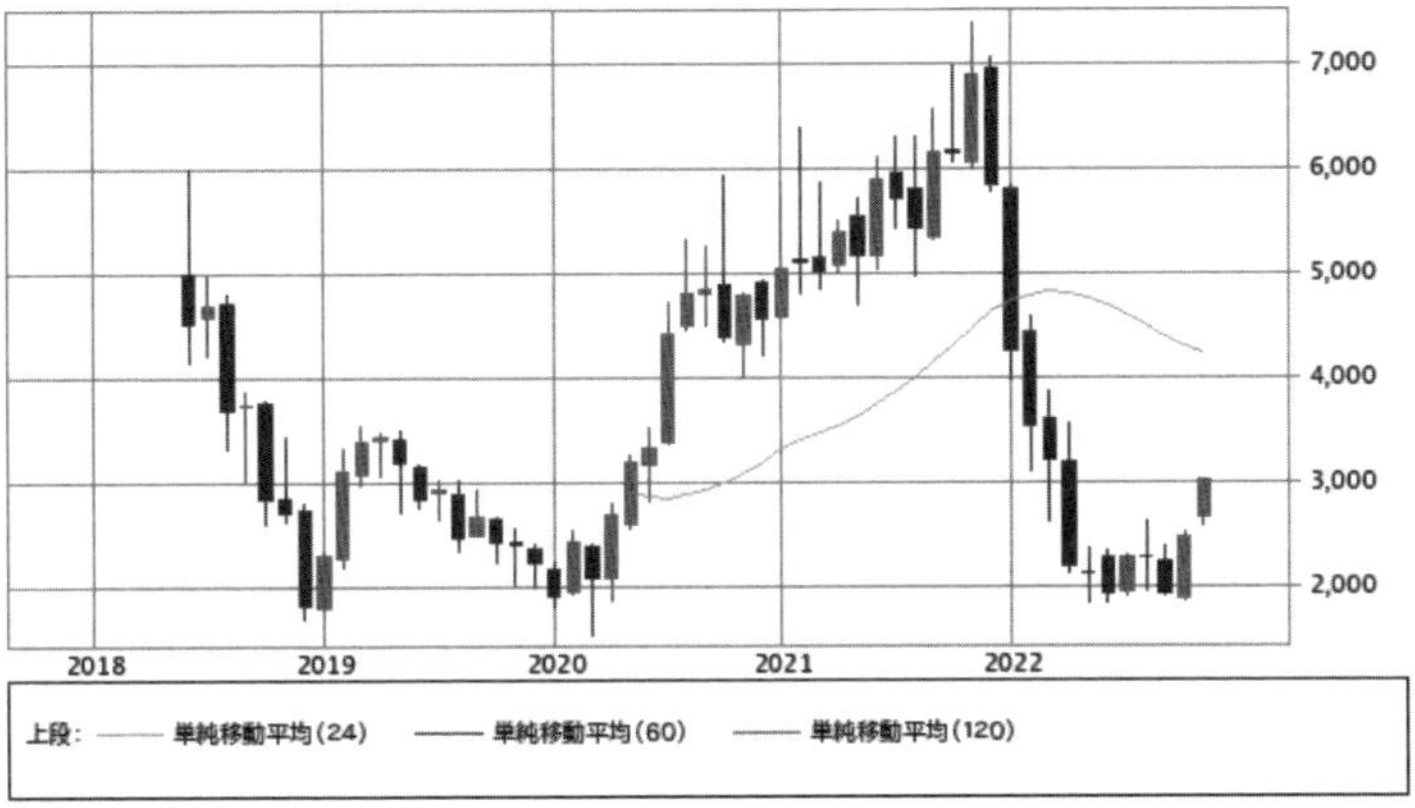

出典：SBI証券

トレジャー・ファクトリー（3093）は店舗買取り、出張買取り、宅配買取りの他、引っ越し買取り、法人在庫の買取りなど多彩な買取りチャネルがあります。そして総合リユースショップ「トレジャーファクトリー」の他、ファッション、スポーツ用品・アウトドア用品の専門店、ブランド品、家具・家電、ゴルフ用品など、さまざまなジャンルのリユースショップを展開するなど多彩な販売チャネルを持つ点を強みとして成長を続けています。

バリュエンスホールディングス（9270）は、ブランド品の買い取り専門店「なんぼや」や、骨とう品の買い取り専門店「八光堂」などを通じて買い取ったものを中古品販売業者に売るというビジネスモデルで業績を伸ばしています。

その他、**コメ兵ホールディングス**（２７８０）は高級ブランド品、**シュッピン**（３１７９）はカメラや時計、**バイク王&カンパニー**（３３７７）はバイク、**ネクステージ**（３１８６）は中古車のリユース事業で、それぞれ業績を拡大させています。

資源のリサイクル・廃棄物処理業界も成長が続いている

毎日大量に出るゴミの処理やリサイクルも社会の大きな課題であり、私たち一般の消費者も意識することが多くなりました。廃棄物処理に関する規制が厳しくなる一方で、廃棄物処理のノウハウや設備を持つ事業者は限られており、廃棄物処理という事業の付加価値は高まる傾向が続いています。事業者の努力でゴミ処理や廃棄物のリサイクルの技術やノウハウも高まっており、**図1－17**のような関連企業の多くは業績を順調に伸ばしています。
これらの中で**ミダックホールディングス**（６５６４）は、最終処理場まで運営している点が強みです。２０２２年には、それまで同社が所有していた最終処理場の7倍もの規模の最終処理場が稼働し始めました。今後は、首都圏でも最終処理場を建設することを計画しています。最終処理場に対する需要は首都圏で特に高まっていますが、それを建設するのも運営するのも特殊なノウハウが必要であり、同社に対する期待が高まっています。

図 1-17 廃棄物のリサイクル・最終処理関連の主な銘柄

証券コード	会社名	事業内容
5698	エンビプロ・ホールディングス	建設廃材や廃車を収集して鉄くずなどをリサイクル
9793	ダイセキ	廃油・廃液の中間処理・リサイクル
7456	松田産業	電子部品スクラップから貴金属を回収し、電子材料・地金の形で販売。 埼玉のリサイクル施設が2024年から段階的に稼働
5699	イボキン	発電所や工場の解体、廃棄物処理、金属のリサイクル
5857	アサヒホールディングス	スクラップの回収、貴金属のリサイクル・精錬
6564	ミダックホールディングス	産業廃棄物の回収・中間処理・最終処理を一貫して行う。 浜松に従来の同社の最終処理場の7倍の規模の最終処理場が2022年から稼働。 関東でも新しい最終処理場を開発する予定
6566	要興業	産業廃棄物の収集運搬・処理・リサイクル。23区でトップシェア
9247	TREホールディングス	廃棄物処理、資源のリサイクル、バイオマス発電
7375	リファインバースグループ	カーペットのリサイクル

15 注目分野⑭ 脱炭素・電気自動車

再生エネルギー拡大で成長株はさらに生まれるか

日本を含めた世界の主要先進国のほとんどは、2050年までに炭素排出量を吸収量との差し引きで実質ゼロとするカーボンニュートラルの実現を目標として打ち出しています。この目標に向けて、欧州の電源構成比率は化石燃料がすでに40％を切り、風力や太陽光など再生可能エネルギーが35％程度に伸びています。欧州では技術やノウハウの進歩により太陽光発電の発電コストが化石燃料とそん色ないところまで落ちています。そうした状況の中で新興のエネルギー企業から時価総額数兆円となる企業も出てきています。

日本は現状、化石燃料が約80％、再生可能エネルギーが約20％と欧州に比べて出遅れていますが、2050年カーボンニュートラルへの途中目標として2030年までに炭素を46％削減するとしており、太陽光発電、風力発電、バイオマス発電などの普及を目指しています。再生可能エネルギーの分野では、**レノバ**（9519）、**イーレックス**（9517）などの新興勢力が成長してきていますが、今後も大きく成長する会社が出てくることでしょう。

電気自動車は本格普及の段階に入ってきている

脱炭素の流れとして、アメリカのバイデン大統領は、2030年にアメリカでの新車販売の半数を電気自動車、プラグインハイブリッド車、燃料電池車にする方針を打ち出しています。その大半は電気自動車になる見通しであり、2030年代に電気自動車がガソリン車から主役の座を奪う可能性が高まってきました。電気自動車の世界の販売台数は、2021年には450万台になり、2022年には700万台程度になると予想されています。

電気自動車の販売台数が急速に拡大する流れをけん引しているのは、アメリカの電気自動車メーカーの**テスラ**（TSLA）です。テスラの2021年の販売台数は93万台と世界シェアの2割を握り、2022年には販売台数が120万台程度、営業利益も1兆円に迫る勢いです。世界の電気自動車分野で同社は販売台数、収益ともに圧倒的な存在になっています。電気自動車のキーを握る技術は電池と自動運転ですが、テスラは2008年に電気自動車を発売してから、この2つに関して技術とノウハウを蓄積してきました。時価総額ではトヨタ自動車を抜いて自動車メーカーとしては世界最大になりました。

今後は高度な自動運転機能がついた電気自動車が、2030年に向けて普及していくことが容易に予想できます。そうなると、無人タクシーやカーシェアリングなどが普及して、自動車に関連した業界全体に地殻変動が起きる可能性が高いでしょう。今後、自動車を巡るこうした変化が身の回りで顕著に起き、新興勢力や成長株が出てくると思われます。

第1章
の
まとめ

成長株探しの着眼点

1 日常生活は成長株の宝庫。まず身の回りに伸びている商品・サービスがないか見渡そう

2 会社四季報を株の最新カタログとしてチェックするのは、成長株探しの有効な手段

3 家族、子供、友達の話もよく聞いてヒントにしよう

4 外食・小売りで新勢力が台頭してきたら見逃さない

5 ネットショッピングは、まだ高成長が続く

6 ゲーム、コンテンツ配信、レジャー、おもちゃなど遊び関連も見逃さない

7 ペット関連は成長分野。今は医療や保険が伸びている

8 フィットネス業界からも新サービスが次々と出て目がはなせない

9 終末医療、障がい者教育、エドテック（教育向けテクノロジー）も伸び盛り

10 キャッシュレス決済、暗号資産、ネット保険、ロボアドバイザーなど金融分野にも成長分野がある

11 中古不動産の再生、不動産テックなど不動産分野にも新しい波が来ている

12 リサイクル、ゴミ処理は長期的に成長が続きそう

13 電気自動車は2030年代に向けて一大産業に育ちそう

銘柄発掘と分析のプロに聞く

廃棄物処理やリサイクル、再生医療、宇宙関連の分野に注目

レオス・キャピタルワークス　株式戦略部　シニア・アナリスト
大城真太郎さん

――長期投資という観点で、大城さんが有望だと思う分野やテーマを教えてください。

大城　まずは**廃棄物の処理やリサイクルの分野**です。最近は、ESGやSDGsという言葉も広まっていますが、社会全体が環境配慮型、循環型になっていくというのは一時的な流行りを超えて、不可逆な流れとして続いていくと思います。そうした大きな時代の流れの中で、この分野の需要というのは、これからも高まり続けるでしょう。

その一方で、この分野は非常に参入障壁が高くて、なかなか新規参入しづらい面があります。まず、廃棄物を処理するために非常に大きな施設や設備が必要になりますが、それを作るには、自治体や住民との交渉が必要になります。このプロセスがなかなか複雑で一筋縄ではいかないのです。廃棄物処理にはさまざまな規制がありますし、そもそも廃棄物処理施設はどこに行っても歓迎されません。そうしたさまざまな困難を乗り越えて粘り強くプロセスを踏んでいく必要がありますし、技術やノウハウの蓄積も必要になります。とてもじゃないけど新規参入の会社が簡単にできるものではありません。需要は高まり続けるけど、新規参入は困難ということで、この業界で実績・ノウハウ・技術・設備を持つ会社は非常に良いポジションを築いて

いるといえます。

廃棄物の場合、回収・運搬、中間処理、リサイクル、最終処理といろいろなプロセスがあって、どのプロセスも参入障壁は高いのですが、とりわけ**最終処分**の分野の参入障壁は断然高いです。最終処分というのは埋め立てをすることですが、埋め立て場をつくるのは非常に至難の業《わざ》なのです。ですから、そのあたりの事業を手掛ける会社は非常に有望だと思います。

——その他にも、長期的に有望と思われている分野はありますか?

大城　**再生医療**の分野も長期的にかなり大きく成長するだろうと思って注目しています。国も国策として推進していて、経済産業省の資料によると世界の市場規模は2020年に1兆円だったものが、2030年には12兆円、2050年には38兆円になると見積もられています。

特に、ノーベル賞を受賞した山中伸弥教授の影響もあり、日本には有力な企業や有力な大学の研究・技術が多いです。今後、日本にとって有力な産業になっていく可能性が高いと思います。そうした中で細胞を培養する機器のメーカーは有望ですし、細胞の培養を受託するCDMO(医薬品製造開発受託)のビジネスも成長が期待できます。再生医療における細胞の培養というのは非常に難易度が高くて、それを手掛けている会社には注目したいと思います。

それから、**宇宙産業**も今後かなり大きくなると思っていまして、私自身、今いろいろ研究したり調べたりしているところです。人工衛星の技術は、天気、防災、防衛、通信、農業、漁業などさまざまな分野を大きく変える可能性がありますし、この分野も今後かなり大きな産業分野になっていくと思います。

――個人投資家にとって親しみやすい小売や外食の分野についてうかがいます。消費者から同じように好まれているのに、片方はすごく伸びて、片方はあんまり伸びない、というようなことがよくあります。どこでそうした差がついてくるのでしょうか。個人投資家としてそういうことを見分けられたらと思うのですが。

大城　消費者として「ここはいいな」と思う感覚は大事だと思います。しかし、それだけだと小売・外食の株に投資するにはちょっと足りないと思います。小売や飲食の会社が成長できるかどうかは、**利益体質**と**出店戦略**によってかなり左右されるからです。

利益体質ということでは、特に、原価のコントロールができて売上高総利益率がきちんと確保できるかどうか、販管費をコントロールして売上高営業利益率をきちんと確保できるのかということが大事だと思います。

出店戦略については見境なく出店するのではなく、収益が確保できるように厳選して出店しているかどうか。それらのことによって、キャッシュフローをきちんと生み出して資金力を付けることが非常に大事です。そうした資金力が成長戦略の大事な裏付けになります。ですから、消費者としての感覚に加えて、ある程度財務的なチェックも必要かなと思います。

――株式投資をしていると、いろいろな投資テーマが注目され人気化することがあります。こ

うした投資テーマに対してどう接していったらいいのでしょうか。

大城　株式市場で人気化しているテーマに注目するのはいいのですが、何も考えずに買ってしまうと高値をつかんで失敗してしまうことが多いです。

何かのテーマに関心をもったら、一度きちんと自分なりに調べたり考えたりしてみることです。そして、**将来的に業績が拡大するという裏付けが自分なりに持てる銘柄のものをターゲットにして、投資テーマとして騒がれなくなって株価が十分に下がったところで買う**、というようなやり方がいいのではないかと思います。

本当に長期的に有望な銘柄であれば、そのくらいゆったり構えて投資する形でいいのではないでしょうか。たとえば、再生エネルギー関連の銘柄は２０２０年11月ぐらいに一回大きく上がりましたが、そこから相場の熱が冷めて半年ぐらいで株価が元に戻りました。私も再生エネルギーは有望な分野だと思いますが、皆が騒いでいる時には一歩引いてみて、それが落ち着いたところを見計らって買う、という感じで対応するのがいいのではないかと思います。

第2章

会社四季報を活用する

1 会社四季報はこうなっている

8ブロックのうち重要な部分は4カ所

会社四季報のおおまかな見方についてはプロローグでも紹介しましたが、本章ではさらに詳しく説明していきます。

図2－1は、第1章でも紹介したスター・マイカ・ホールディングスの会社四季報の記事です。この図のように会社四季報は、大きく8つのブロックに分けることができます。

この8ブロックのうち最重要な部分は、**①事業内容・近況**、**⑥業績**、**⑦株価指標（PER）**、**⑧株価チャート**です。この4カ所を見れば、会社がどんな事業をしているのか、業績は好調なのか、株価は割安なのか、株価トレンドや買いポイントはどこなのか、ということがある程度検討できます。まずはこれらの部分を見ていきましょう。

さらにその会社を詳しく検討したければ他のブロックも見て、さらに、成長シナリオの詳細な検討（第3章）、財務諸表の検討（第4章・第5章）、割安かどうかの検討（第6章）など分析を深掘りしていきます。

図2-1 会社四季報の構成

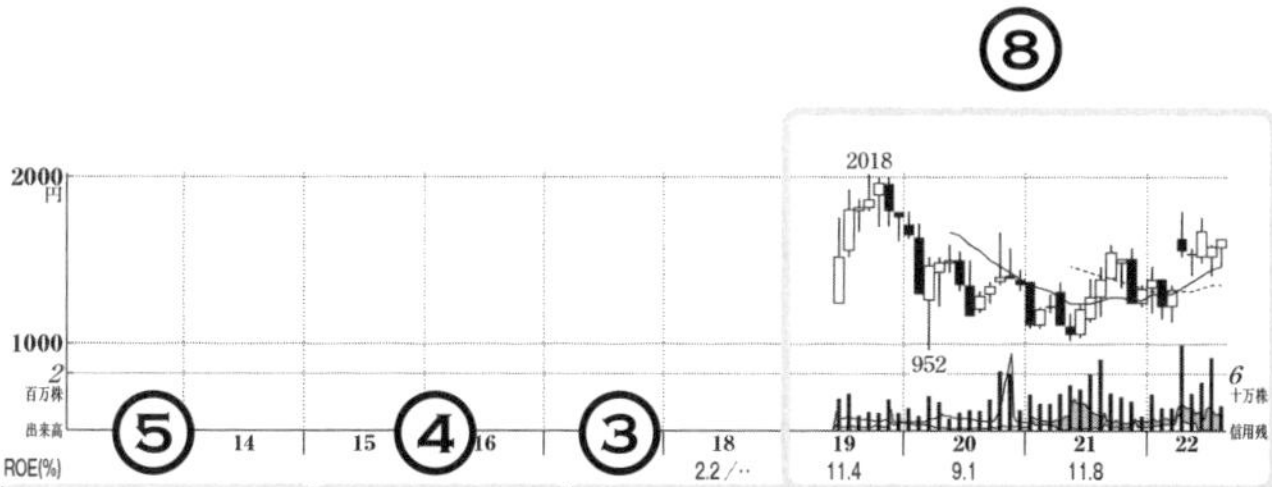

⑦

株価指標	
予想PER	(倍)
<22.11>	7.5
<23.11>	7.3
実績PER	
高値平均	16.5
安値平均	9.6
PBR	1.29
株価(8/29)	
	1562円
最低購入額	
	15万6200円

①

【不動産】

2975 スター・マイカ・ホールディングス

【決算】11月 【設立】1998.7 【上場】2019.6

➡前号並み

【特色】中古区分所有マンションへ投資し賃貸、退去後に改装し売却の独自事業。19年6月持株会社移行

【連結事業】リノベマンション98(12)、インベストメント0(68)、アドバイザリー2(49)〈21・11〉

【好調】賃料収入は安定増。リノベマンションは過去最高の1400戸(前期比27・2%増)計画。販売価格は想定上回り資材価格上昇しても会社営業益は保守的。23年11月期も仕入れ順調で販売戸数増える。

【布石】地方での中古マンション需要増にらみ福岡、仙台で支店の機能拡充。神戸で支店新設。収益多様化へ子会社で手がける投資家向け物件の仲介・管理機能強化。

③

【株主】単4,534名<22.5>	万株
水永政志	571(29.6)
自社(自己株口)	251(13.0)
日本マスター信託口	206(10.7)
日本カストディ信託口	196(10.2)
ノルウェー政府	46(2.4)
ステート・ストリート・バンク&トラスト505019	42(2.2)
JPモルガン・チェース・バンク380646	36(1.9)
KIAファンド136	31(1.6)
バンク・ピクテ&シー	28(1.4)
ノーザン・トラストAVFCリUKペンションFEL	25(1.3)

<外国>20.1% <浮動株> 6.6%
<投信>12.9% <特定株>74.8%

【役員】(社)水永政志 (取監)小滝一彦* 矢野裕史* 和田哲夫*

【連結】スター・マイカ

④

【株式】7/31 19,241千株
単位 100株 貸借
時価総額 300億円

【財務】<連22.5>	百万円
総資産	84,658
自己資本	20,186
自己資本比率	23.8%
資本金	481
利益剰余金	16,441
有利子負債	61,135

【指標等】	<連21.11>
ROE	11.8% 予17.3%
ROA	3.0% 予 4.1%
調整1株益	127.2円
最高純益(21.11)	2,402
設備投資	92 予 ‥
減価償却	77 予 ‥
研究開発	‥ 予 ‥

【キャッシュフロー】	百万円
営業CF	▲4,914(4,765)
投資CF	▲311(▲378)
財務CF	933(▲1,312)
現金同等物	3,112(7,405)

⑤

年月	【資本異動】	万株
18.11	分1→148.7	297
19. 6	交換	1,822
21. 3	現物出資	1,841
22. 3	現物出資	1,924
22. 8	消却	1,700

東証P	高値	安値
19~20	2018(19)	952(20)
21	1595(9)	1007(5)
22.1~8	1793(4)	1135(3)

	高値	安値	出来万株
22. 6	1754	1477	170
7	1591	1411	256
#8	1725	1466	123

【営業利益率】11.6%(+3.3pt)
5期平均10.4%* 増益率30.6%
【四半期進捗率】3期平均51.2%*
今期66.9%(+15.7pt)
【業種】不動産(住宅)
時価総額順位 17/102社
【比較会社】2982 ADワクス,3294 eグランド,8940 インテリク

⑥

【業績】(百万円)	売上高	営業利益	経常利益	純利益	1株益(円)	1株配(円)
連19.11	32,164	3,627	2,925	2,023	111.0	16
連20.11	39,568	3,281	2,496	1,729	94.9	32
連21.11	36,897	4,286	3,688	2,402	130.0	33
連22.11予	48,000	5,800	5,100	3,500	209.2	38
連23.11予	53,000	5,900	5,200	3,600	215.2	38~40
連21.12~5	27,601	3,773	3,453	2,383	133.3	19
連22.12~5予	30,000	3,900	3,600	2,450	146.4	19~20
会22.11予	47,410	5,643	4,916	3,385	(22.3.31発表)	

【配当】	配当金(円)
20.11	16
21. 5	13
21.11	20
22. 5	19
22.11予	19
23. 5予	19~20
23.11予	19~20
予想配当利回り	2.43%
1株純資産(円)<連22. 5>	
1,207	(1,147)

②

【本社】105-6028東京都港区虎ノ門4-3-1
☎03-5776-2785
【主要子会社】スター・マイカ☎03-5776-2701
【従業員】<21.11>連152名 単38名(35.9歳)年646万円
【証券】上東京P 幹三菱Uモル 名三菱U信 監あずさ
【銀行】三菱U,三井住友,あおぞら,みずほ,りそな
【仕入先】ー
【販売先】ー

2022年4集

https://www.starmica-holdings.co.jp/

① **事業内容・近況**　会社の強み、成長シナリオのヒントを探ろう
② **会社の概要**　従業員数、平均年収、上場している市場
③ **株主構成**　有力な企業や投資家が株主になっていないか
④ **財務状況**　資産、負債、キャッシュフローの状況はどうか
⑤ **資本異動**　発行済み株数の変化はあるか
⑥ **業績**　売上高、利益は順調に拡大しているか
⑦ **株価指標**　PERは高すぎないか
⑧ **株価チャート**　株価トレンドや買いポイントを探ろう

出典:会社四季報2022年4集より

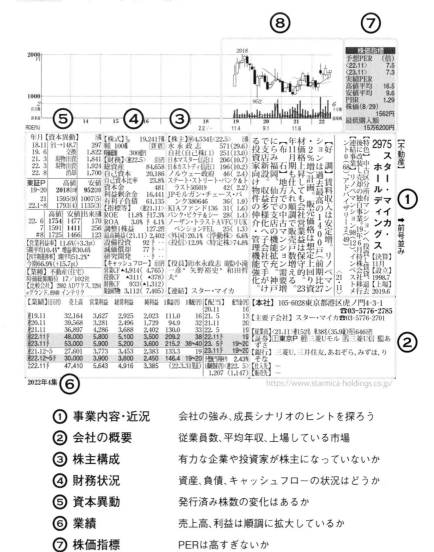

2 事業内容・近況から会社の強みや成長シナリオを探る（①、②、③）

①の記事から成長シナリオを探ろう

会社四季報の①は、事業内容と近況についての記事です。ここで会社の事業内容、会社の強み、業績の好調・不調の原因、成長シナリオを探りましょう。

127ページ図2－1①の【連結事業】には、部門別の売上高比率が載っています。カッコ内は売上高営業利益率（売上高に対する営業利益の割合）です。売上高のうちどのくらいの割合で営業利益として残るかと見る指標であり、収益体質を見る1つの目安になります。スター・マイカ・ホールディングスの場合は、リノベーションマンションの事業が売上高の98％を占め、その売上高営業利益率は12％であるとわかります。

連結する対象がなくて単体決算の会社の場合には【単体事業】となっています。子会社や関連会社を連結して決算を出している会社は連結決算の会社、そうした連結対象がない場合には単体決算の会社ということです。詳しくは296ページで説明しています。

①の部分から、この会社は中古マンションに投資して賃貸収入を得て、退去後に改装して売

却するという**独自のビジネスモデル**であり、賃料収入も販売戸数も販売価格も順調で、今後は福岡、仙台、神戸などでの事業展開を強化するというような**成長シナリオ**であることがわかります。

図2－1の②は会社の住所、電話番号、従業員数や従業員の平均年収（「年」）などが出ています。

「上」のマークは上場している取引所です。「東京」となっていれば**東証（東京証券取引所）**です。東証の中でもPは**プライム市場**、Sは**スタンダード市場**、Gは**グロース市場**ですが、東証ならどの市場でも問題はありません。

プライム市場は大型株と中型株、スタンダード市場は中型株と小型株、グロース市場は小型株の中で社歴が若い株が中心に上場している市場です。大型株、中型株、小型株については65ページを参照してください。名古屋、福岡、札幌という地方市場の場合、証券会社によっては取引できないので、その点は少し注意が必要です。

図2－1の③は株主構成と役員についての情報です。大株主に有力な企業や有力な投資家が出ていないか見てみましょう。もし有力と思われる企業が大株主に出ていたら、その会社とどのような関係にあるのか、子会社や関係会社なのか、業務提携をしているのか、などネット検索などで調べてみてもいいでしょう。

3 財務データの見方（④）

【株式】欄では、発行済み株数と時価総額を見る

図2－1の④は財務状況であり、【株式】【財務】【指標等】【キャッシュフロー】と4つのパートに分かれています。1つずつ説明していきます。

【株式】に19241千株と書かれていますが、これは発行済み株数です。7月31日の時点で1924万1000株を発行しているということです。

「**単位**」とあるのは売買単位のことですが、日本の株は原則全て100株単位です。

「**貸借**」というのは貸借《たいしゃく》銘柄《めいがら》ということであり、これは株の信用取引で信用売りができる銘柄であるということです。証券会社によっては貸借銘柄でなくても信用売りをさせてくれる場合があります（信用取引については502ページ参照）。

【財務】欄では資産や負債の状況を見る

④【財務】には貸借対照表、つまり、資産と負債の状況が書かれています。

図2-2 会社四季報の【財務】欄

スター・マイカ・ホールディングス（2975）

【財務】〈連22.5〉	百万円
総資産	84,658
自己資本	20,186
自己資本比率	23.8%
資本金	481
利益剰余金	16,441
有利子負債	61,135

出典：会社四季報2022年4集より

総資産は会社が保有している資産の総額です。現金・預金、金融資産、不動産、設備などの評価額を合計した金額です。

自己資本は、資産（あるいは総資産）から負債を差し引いて求めた純資産とほぼ同等の金額です。また、これとほぼ同じ項目に**株主資本**というのもあります。純資産、自己資本、株主資本は厳密には同じものではありませんが、ほぼ同じ金額になるものなので、**純資産≒自己資本≒株主資本**と考えてください。この金額は資産から負債を引いた金額であるとともに、株主から預かっているお金ともいえる金額です。

図２－２の記事では、総資産８４６５８百万円、自己資本が２０１８６百万円となっています。四捨五入して億単位にすると、総資産は８４７億、自己資本は

図2-3 自己資本比率とは

● 資産、負債、純資産（≒自己資本）のイメージ

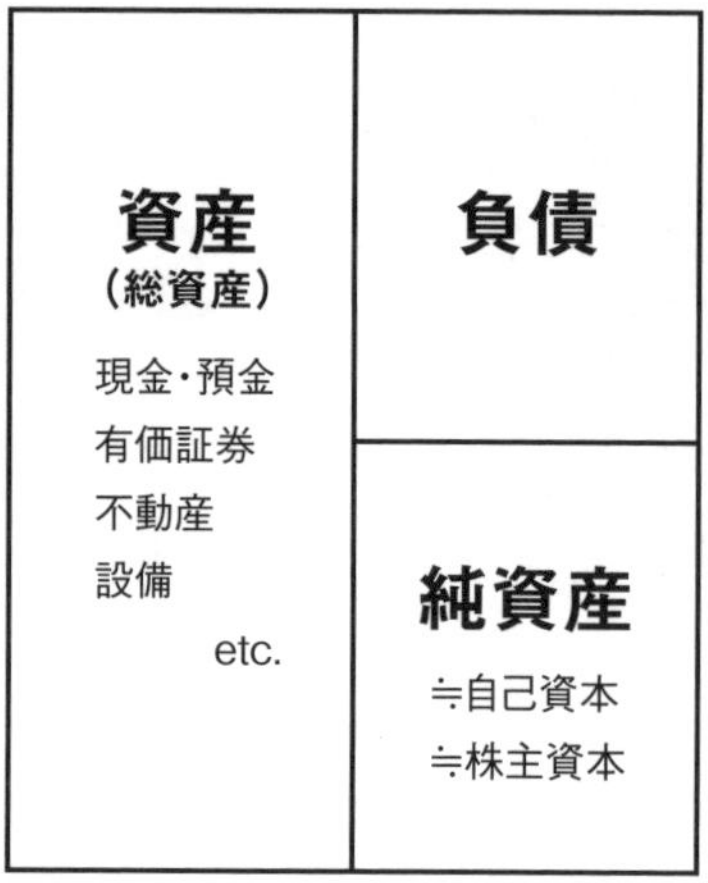

２０２億円となり、総資産から自己資本を差し引いた金額が負債のおおよその金額になります。

自己資本比率は、総資産に対する自己資本の割合であり、「**自己資本÷総資産**」で計算します（**図２－３**）。この比率が高いほど財務的な安全性が高いと判断されます。上場企業の平均は40％前後であり、40％以上ならほとんどのケースでは財務的に大きな問題はありません。自己資本比率が50％以上だとやや高めです。60％以上だとかなり高めであり、この場合、資産内容次第ではありますが、余剰資金を使って事業を拡張したり配当を増やしたりする余地が大きい可能性があります。実際に余剰資金を有効活用し始めると、それは株価の上昇要因になります。

逆に、自己資本比率が30％未満だとやや低めですが、収益面で安定して黒字を出せている場合にはそれほど心配する必要はないでしょう。不動産、金融、商社などの業種では自己資本比率が低いのが普通ですし、銀行の場合は1ケタがふつうです。

自己資本比率はあくまでも簡易的な目安です。本当に財務的に安全性が高いのか低いのかは、貸借対照表、収益、キャッシュフローの状況を総合的に見て判断する必要があります。

スター・マイカ・ホールディングスの場合、自己資本比率は23・8％と低め、つまり、負債の割合が多めということになりますが、それに対する資産としては資産性が高く割安な中古マンションを多く所有し、安定した家賃収入と売却収入を得ていますので、こうした状況を見る限りは安全性が低いとは言えないのではないかと思われます。**資産性が高い**というのは、安定して収益を生んだり、現金化しやすい資産であったり、ということです。

資本金は株を発行した時に投資家から得た資金の一部です。資本金は「事業の元手」という意味です。純資産の項目の1つです。

利益剰余金は過去の利益の蓄積であり、これも純資産の項目の1つです。会社が利益を稼ぐと、その一部を配当などの形で株主に還元しますが、それ以外は会社内に留めます。そのように蓄積された金額が利益剰余金であり、**内部留保**とも呼ばれます。これは、本来は株主に配当するべき金額を会社が預かっているという位置づけの資金であり、配当可能な金額でもあります。実際に、会社が成長投資のための資金をあまり必要としなくなった時に、利益剰余金を株主にドーンと配当として支払うケースもあります。そうしたことから、**利益剰余金は配当の支**

払い能力について分析する時に使う重要なデータになります。利益剰余金に着目した分析については390ページで詳しく紹介します。

有利子負債は利子がつく負債であり、いわゆる借金のことです。有利子負債が多くても、収益が安定して稼げていたり、資産性の高い優良な資産を多く持っている場合には、それほど問題はありません。有利子負債が少ないとかゼロという場合には、経営の安全性はかなり高いといえます。また、そういう会社は余剰資産を多く持っている可能性があり、その場合には、その余剰資産を成長戦略や配当に回せば、株価が上昇する要因になりえます。

有利子負債の水準は、純利益の5倍程度ならかなり少ないほうだといえます。現状の収益力を保てるなら、5年間で返せる借金ということになります。負債には有利子負債以外にもさまざまな項目がありますが、投資家として最も注意してみるべきは有利子負債です。その他の負債項目については第4章で詳しく説明しています。

ROEは10%以上が優秀な会社の目安

図2-1④の【指標等】では、ROEに注目します。

ROE（自己資本利益率）は、自己資本から何%の純利益が生み出されているのかという利回りであり、資本効率を見るものです。「**純利益÷自己資本**」で求めます。株主から預かっている自己資本を使って、どのくらい効率よく収益を生み出しているのかを見る指標です。

図2-4 会社四季報の【指標等】欄

スター・マイカ・ホールディングス(2775)

【指標等】	〈連21.11〉	
ROE	11.8%	予17.3%
ROA	3.0%	予 4.1%
調整1株益		127.2円
最高純益(21.11)		2,402
設備投資	92	予 ‥
減価償却	77	予 ‥
研究開発	‥	予 ‥

出典：会社四季報2022年4集より

ROEは一般的には8%が合格ラインです。10%を超えるとまずまず優秀な会社、20%を超えるとかなり優秀な会社と考えられています。日本の上場企業にはROEを意識した経営が浸透してきており、10%を超える会社がかなり増えてきました。欧米の優良企業になると20%以上が普通なので、そうした意味では日本企業の資本効率は、まだ改善余地が大きいといえます。スター・マイカ・ホールディングスの場合は、11・8%となっていますが、これは2021年11月期の実績値です。その次の期（2022年11月期）には17・3%に上昇する予想値になっています。資本効率の面では優秀な会社といえます（**図2－4**）。

ROA（**総資産利益率**）は、「**純利益÷総資産**」で計算した利回りであり、総資産がどれだけ効率的に活かされて純利益が生み出されているかを見る利回りです。5％以上あれば、まずまず優秀な会社、10％を超えるとかなり優秀な会社といえます。

調整1株益は、転換社債や新株発行権など、株に転換できる特殊な債券や証券が全て株に転換された場合を想定して計算した1株益です。そのような株に転換できる債券や証券などを**潜在株式**といいますが、潜在株式がない場合には、この項目が記載されません。スター・マイカ・ホールディングスの場合は、21年11月期の調整1株益が127円となっていますが、1株益130円とほぼ同じですから、特に気にしなくていいでしょう。調整1株益が業績欄の1株益と大きく食い違っているなら、調整1株益をその会社の実力値と考えてPERなどを計算したほうがいいでしょう。

最高純益は、業績の実績値（すでに終了して決算が確定した年度）の中で過去最高の純利益の数値です。一番直近の年度が最高純益になっていて、その後続く2年間でさらに最高を更新していく予想値となっているパターンが理想的です。

設備投資は、1年間で設備など固定資産の投資に費やした金額です。

減価償却は、減価償却費のことであり、保有している設備の評価額を1年間で引き下げた分の金額です。機械、建物、自動車などの設備は、購入後月日が経つと劣化して価値が下がっていくので、帳簿上の評価額を下げていきます。その金額分が減価償却費となり、損益計算上の費用として計算に入れるのです。

研究開発は、1年間で研究開発に費やした費用です。

設備投資、減価償却、研究開発の詳しい見方や分析法については第4章、第5章で説明します。

④【キャッシュフロー】欄では営業CFに注目

キャッシュフローは現金収支のことであり、CFと略します。

キャッシュフローという場合のキャッシュは、正確には現金と現金相当の資産を合わせた金額のことであり、現金同等物ともいいます。現金相当の資金というのは、3カ月以内に現金化できる預金が含まれます。

営業CFは、本業の活動による現金収支です。本業で現金を稼ぐ力を見るものです。

投資CFは投資活動による現金収支です。設備投資や企業買収などの投資でお金を使えばその分マイナスになり、設備やグループ会社を売却してお金が入ってくれば、その分プラスになります。企業活動を続けるには、ある程度設備投資を継続していく必要があるので、投資CFはマイナスであるのが普通です。

財務CFは財務活動による現金収支です。財務活動とは足りないお金を調達したり、余ったお金を運用したりする活動です。お金を借りれば現金が入ってくるのでプラス、借金を返済すればお金が出ていくのでマイナスになります。

現金同等物として記されている金額は、これら3つのCFの結果として、キャッシュの残高

図2-5 会社四季報の【キャッシュフロー】欄

● スター・マイカ・ホールディングス（2975）

【キャッシュフロー】	百万円	
営業CF	▲4,914	（ 4,765）
投資CF	▲311	（ ▲378）
財務CF	933	（▲1,312）
現金同等物	3,112	（ 7,405）

出典：会社四季報2022年4集より

がどのくらいになったのかを示したものです。

会社四季報に記載されている各ＣＦの金額は前期末のものであり、カッコ内の金額は前々期末のものです。▲はマイナスのことです。

図２－５のスター・マイカ・ホールディングスの事例では、前期は営業ＣＦがマイナス４９１４百万円、投資ＣＦがマイナス３１１百万円、財務ＣＦは９３３百万円、そして、この３つのＣＦの結果として現金同等物の残高が３１１２百万円となっている、ということです。億単位で示すと、営業ＣＦがマイナス49億円、投資ＣＦがマイナス３億円、財務ＣＦがプラス９億円、トータルでマイナス43億円です。

理想形は、営業ＣＦで大きな黒字を稼

いで投資CFと財務CFの赤字をまかない、トータルでプラスになることです。しかし、この事例では、営業CFが大きなマイナスになり、トータルで43億円程度のマイナスとなっています。その結果、現金同等物は前々期の74億円から、前期末には31億円に減少しています。営業CFが赤字の場合や投資CFの赤字が大きい場合は、財務諸表などを見てその原因を探り、会社の財務や収益の状況に心配な点がないか検討しましょう（第5章参照）。

スター・マイカ・ホールディングスの事例については、中古マンションの在庫を積極的に増やしていることが営業CFのマイナスの原因となっています。不動産への投資は、通常は投資CFにカウントされますが、この会社にとって中古マンションは商品として売買する対象であり、それによるお金の出入りは営業CFにカウントされるのです。

このケースでは、戦略的な意図があって積極的に在庫を増やしている結果の「営業CFマイナス」であり、これまで投資した中古マンションからは順調に家賃収益や売却収益が上がっているので、会社は悪い状態というよりも、順調に成長戦略を進めているものと判断できそうです。

このケースはやや特殊でしたが、**一般的には営業CFは安定して大きな黒字が続いていることが望ましい**です。「大きな黒字」の具体的な基準については第5章で説明します。

4 資本異動⑤

増資とは会社の資本金が増えること

図2－1⑤のブロックの【資本異動】というのは、発行済み株数が増えたり減ったりと変化することです。発行済み株数の変化はＰＥＲ（株価収益率）を計算する時に使う1株益にも影響を与えるので、そうした点で重要です。資本異動には、主に**図2－6**のような種類があります。

新株（新しく発行する株）を発行して発行済み株数が増え、会社の資本金が増えることを**増資**といいます。増資には、一般の投資家を対象にして公募で新株の買い手を募る**公募増資**と、特定の会社や個人を対象に新株を発行する**第三者割当増資**があります。どちらにしても増資をすると1株益が小さくなりますがこれを**希薄化**といいます。増資で希薄化が起こると株価が一時的に下落しやすくなります。しかし、会社が得た資金を活用して成長するのであれば、一時的に株価が下落した場面は買いチャンスになる可能性があります。

自己株式の消却とは会社が自社の株を買ってそれを消滅させることです。それによって1株益は上昇します。会社が株を買うことと1株益が上昇することで株価が上昇する要因となります。**自社株買い**は株価上昇の要因になるものであり、配当と並んで株主還元の1つです。多くのケースでは自社株買いをしても、そのまま自己株式を保有し続けます。その場合、その自己

図2-6　会社四季報の【資本異動】欄

記号	資本異動の種類	
公	公募増資	新株（新たな株）を発行して一般の投資家を対象に公募で販売すること。新株を発行した分だけ発行済み株数が増える。
三者	第三者割当増資	新株（新たな株）を発行して、特定の第三者に販売してお金を集めること。新株を発行した分だけ発行済み株数が増える。
消却	自己株式の消却	自社株を買って保有していた株を消却する（無くす）こと。消却した分だけ発行済み株数は減る。
分	株式分割	1株を2株に分割したり、1株を3株に分割したりすること。発行済み株数は、2分割なら2倍に、3分割なら3倍に増える。
併	株式併合	2株を1株にしたり、10株を1株にしたりすること。2株を1株に併合すると発行済み株数は半分になる。

株式を売れば株価が下落する要因となります。しかし、消却してしまえばもう売ることはできません。ですから、自己株式の消却というのは自社株買いよりさらに強い株価上昇の要因となるわけです。

株式分割はその名の通り1株を2株に分けたり、1株を3株に分けたりすることです。1株を2株に分割すると、発行済み株数は2倍になりますが、株価は半分になります。投資家からすると持ち株が2倍になり、株価が半分になるので、実質的な価値は変わりません。見かけ上の株価は下がりますが、実質的に株価への影響は中立です。会社にお金が入ってくるわけでもなく、資本金も増えませんので、増資でもありません。株式分割は、株を取引する金額を小さくして売買しやすくするために行います。最低購入金額

図2-7 会社四季報の資本異動

● スター・マイカ・ホールディングス（2975）

年月	【資本異動】	万株
18.11	分1→148.7	297
19. 6	交換	1,822
21. 3	現物出資	1,841
22. 3	現物出資	1,924
22. 8	消却	1,700

出典：会社四季報2022年4集より

が小さくなることで個人投資家から買いが入りやすくなり、株価上昇要因になる面もあります。東証は最低売買単位を50万円以下にするように上場企業に促しています。

株式併合は株式分割の逆で、2株を1株にしたり、10株を1株にすることです。2株を1株にする場合、株数は半分になりますが、株価が2倍になります。

⑤【資本異動】の欄の右には、発行済み株数の変化が出ており、22年8月には1700万株に減少しています（**図2－7**）。これは消却を行ったためです。④のいちばん上の【株式】欄に出ていた発行済み株数は22年7月31日（7／31）と日付が記されており、22年8月の1700万株が最新の発行済み株数ということになります。

資本異動と株価の動き

株式分割による株価の動きと分割修正チャート

このコラムでは、資本異動と株価の動きについて少し補足します。

まず、株式分割した場合の株価チャートについて。たとえば、1株を2株に2分割すると株価は半分になるので、これをこのまま株価チャートにすると図2－8の上のように株価がいきなり半値に急落したようになります。

そこで、株価チャートにおいて、分割後の1株を基準にして、分割前の株価水準を修正して表示します。分割前の1株というのは分割後の基準でいうと2株分です。つまり、分割後の基準で見れば、分割前の株価というのは2株分の値段を表示していたことになります。そこで、分割前の株価を半分に直して株価チャートに表示するのです。

以上のような修正を加えることで、株価の動きが継続的に表示されるチャートになります。これを分割修正チャートといいます。証券会社のサイトなどで表示されている株価チャートは、通常は**分割修正チャート**となっています（図2－8下）。

図2-8 株価チャートの分割修正チャート

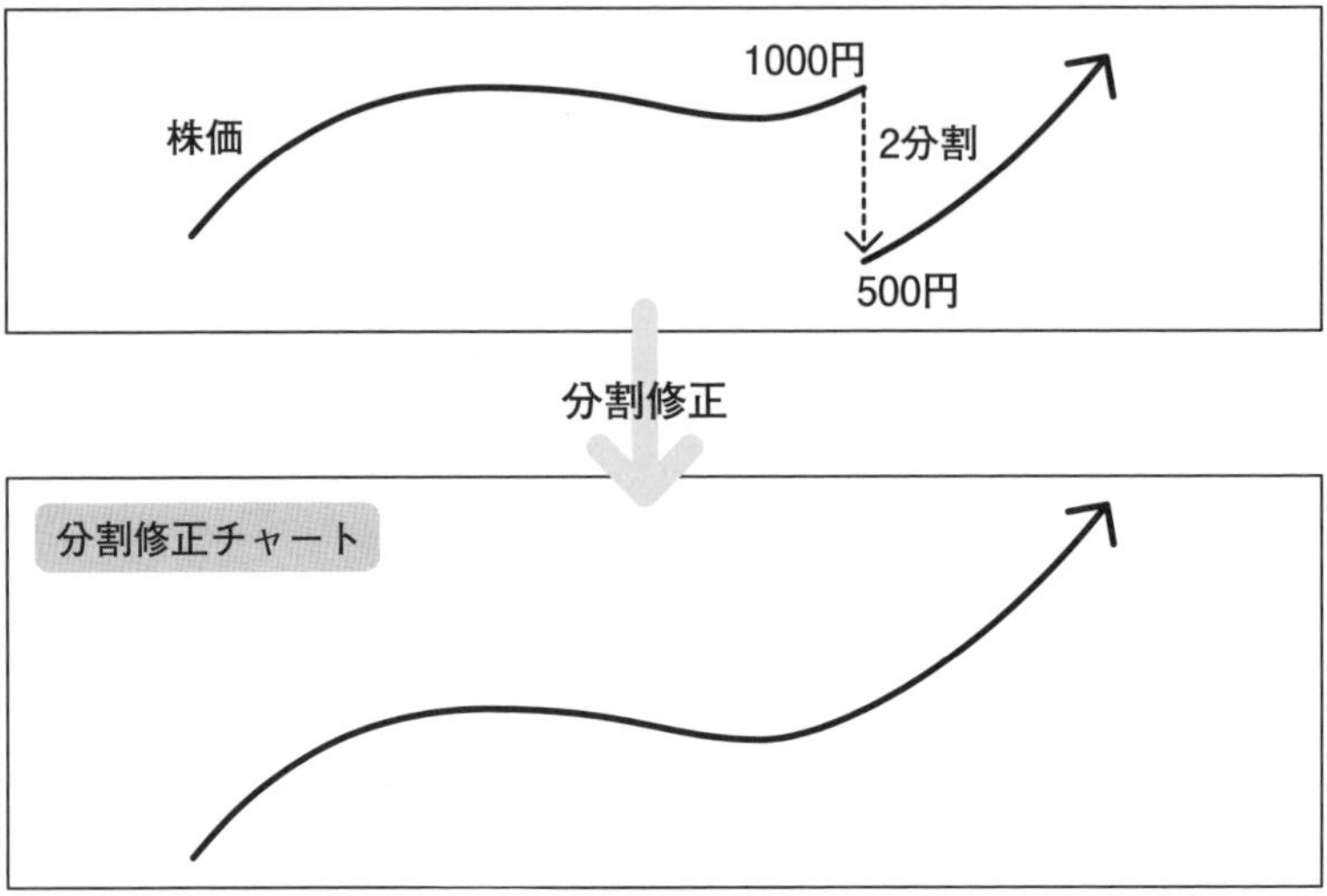

増資した場合の株価の動きについて

次に、**増資した場合の株価の動きについて**考えます。

本文でも述べたように、増資は短期的に株価が下落する要因になります。

増資すると発行済み株数が増加して、その分1株益などが薄まるからです。大型の増資ほど株価が大きく下がる傾向があり、発行済み株数の増加率が増資直後の株価下落率の1つの目安になります。

図2－9のアンビスホールディングスの事例を見てください。

同社は、2021年2月18日に発行済み株数が約10％増えるような増資を発表しました。そして、その直後に株価は10％近く急落しました。

その直前まで株価は順調に上昇を続け

図2-9 アンビスホールディングスの週足チャート

出典：SBI証券

ていましたが、この増資の発表により株価が一時的に下落したわけです。

しかし、同社は増資で得た資金で成長戦略を加速していきました。そのことによる同社の将来性への評価が投資家の間で広まると、その後株価は大きく上昇していきました。

このように、増資によって株価が急落する場面は、成長企業の株にとっては絶好の買いチャンスになる、ということがしばしばあります。

5 業績と配当情報の見方⑥

【業績】欄の概要

図2－1⑥【業績】欄は、点線で3つのパートに区切られる3段構成になっています。1段目には通期の業績推移、2段目には累計業績、3段目には今期業績の会社側予想が記載されています。この部分を拡大したのが図2－10です。

通期業績は1年間の業績、四半期は3カ月ごとの業績のことです。今期というのは現在進行中の期であり、このスター・マイカ・ホールディングスの事例（**図2－10**）では、22年11月期のことです。

今期は進行中ですがまだ終わっていないので、今期の業績については予想値です。今期予想については1段目に載っている他に、3段目にも書いてあります。1段目は会社四季報の予想値であり、3段目は会社側が出している予想値です。

【業績】欄1段目の年度ごとの業績推移の基本的な見方については、プロローグの24ページで説明しましたので、そちらを参照してください。

図2-10 会社四季報の【業績】欄

スター・マイカ・ホールディングス(2975)

1段目 年度ごとの業績推移

・売上高、営業利益、経常利益が順調に拡大しているか
・売上高営業利益率はどうか
・経常利益に対する純利益の割合に異常はないか

2段目 四半期業績

・前年と比べて伸びているか
・実際の決算の数値は、この予想を上回れるか

【業績】(百万円)	売上高	営業利益	経常利益	純利益	1株益(円)	1株配(円)
連19.11	32,164	3,627	2,925	2,023	111.0	16
連20.11	39,568	3,281	2,496	1,729	94.9	32
連21.11	36,897	4,286	3,688	2,402	130.0	33
連22.11予	48,000	5,800	5,100	3,500	209.2	38
連23.11予	53.000	5.900	5.200	3.600	215.2	38~40
連21.12~5	27,601	3,773	3,453	2,383	133.3	19
連22.12~5予	30,000	3,900	3,600	2,450	146.4	19~20
会22.11予	47,410	5,643	4,916	3,385	(22.3.31発表)	

3段目 今期の会社側の予想

・1段目に出ている会社四季報の22年11月予想と比べる

出典:会社四季報2022年4集より

同社は11月決算、つまり、年度が12月に始まり11月に終わる会社です。

年度の左横に「連」とあるのは連結決算のことです。連結決算とは子会社や関連会社などグループ企業の業績を連結した決算です。上場企業の業績は、連結決算を見ていくのが基本ですが、連結対象がない会社もあり、その場合は単体の決算の数値が書かれていて「単」という記号が記されています。

ここの業績推移を見るにあたっては、売上高や利益が順調に伸びているかどうかを見ていきます。1年ごとを見ると不調な年もあるでしょうが、トレンドとして上向いているのかどうかを見ることが大事です。多少の好調・不調はあっても、トレンドとして上向きであれば、成長トレンドの会社である可能性があります。

図**2-11** スター・マイカ・ホールディングスの売上高営業利益率

【業績】(百万円)	売上高	営業利益	経常利益	純利益	1株益(円)	1株配(円)
連19.11	32,164	3,627	2,925	2,023	111.0	16
連20.11	39,568	3,281	2,496	1,729	94.9	32
連21.11	36,897	4,286	3,688	2,402	130.0	33
連22.11予	48,000	5,800	5,100	3,500	209.2	38
連23.11予	53,000	5,900	5,200	3,600	215.2	38~40

売上高営業利益率を確認する

売上高に対して、営業利益は10%以上取れているか？

利益は異常に膨らんでいないか

純利益は経常利益の0.7倍程度が普通。異常に膨らんでいる場合は、PERをそのまま投資判断には使えない可能性あり。

出典：会社四季報2022年4集より

売上高営業利益率は10%が目安

売上高営業利益率は、売上高に対して営業利益がどのくらいの割合で残るかを見るもので、**「営業利益÷売上高」**で計算します。いちいち正確に計算しないまでも、だいたい10%なのか20%なのか、おおまかな水準を見ていくクセをつけましょう。

たとえば、**図2－11**のスター・マイカ・ホールディングスの2023年11月期の売上高の予想値は530億円です。それの10%は53億円ですし、20%はその2倍の106億円です。まずはこうした基準を頭に浮かべます。掲載されている2023年11月期の営業利益の額は59億円なので、売上高営業利益率は10%強の水準であることがわかります。もちろん電卓で正確な数字を計算してもいいですが、だいたいどのくらいの割合なのかを見るクセをつけることが大事です。

売上高営業利益率は高ければ高いほど、その会社は強い収益体質である可能性があります。一般的には10％以上ならば、まずまず良好な水準であると言えるでしょう。

業種などによってもこの指標の標準的な水準は異なります。たとえばスーパーマーケットなどは薄利多売のビジネスモデルなので、2～3％が普通で、5％もあればかなり優秀です。将来の成長に向けていろいろ先行投資している場合にも、売上高営業利益率が低くなるケースもあります。このように売上高営業利益率は業種や会社の状況・戦略によって数値は変わってくるので絶対的な基準というのは示しづらいですが、できるだけこの指標が高いことが望ましいです。会社四季報で**業績の推移を確認する時は、このように、売上高に対する営業利益の割合にも注意を向ける**ようにしてみましょう。

経常利益に対する純利益の比率を見て、「1株益の異常」をチェック

経常利益に対する純利益の割合もチェックしましょう。経常利益に対する純利益の割合は、通常は0・7倍程度です。法人の利益に対する税率が約30％だからです。

ただし、連結決算の仕方や税率の異なる海外での収益割合が多いことなどにより、この割合は0・7ではなく0・5であったり、0・8であったりすることもあります（326ページ参照）。

この「経常利益に対する純利益の通常の割合」は過去の業績を見て、「この会社は0・7くらいだな」とか「0・5くらいだな」というように見当をつけましょう。その上で、今期や来期の「経常利益に対する純利益の割合」が通常の比率から大きく膨らんでいないか確認してください。

特別利益（一時的な利益）が膨らんでいる場合には、純利益がその分膨らみます。

また、過去に大きな損失を計上していると、その損失が繰り越されて、法人税が一時的に減らされることがあります。その場合にも、純利益は一時的に膨らみます。このように、何らかの理由で「経常利益に対する純利益の割合」が本来の比率よりも大きくなると、1株益も実力値よりも膨らんでしまいます。

1株益が実力値よりも膨らんでしまっている場合には、その1株益で計算したPER（株価収益率）は実態よりも低くなってしまいます。そうなると、PERで適正な判断ができなくなります。このように、「経常利益に対する純利益の割合」が通常よりも膨らんでいて、**1株益が実力値よりも膨らんでいる株に投資したい場合には、1株益を実力値に修正してPERを考える必要**があります。その手順は次ページ図2－12の通りです。少し面倒かもしれませんが、こうしたケースでも投資したい場合には、この手順を参考にして適正なPERを計算してみましょう。

図2-12 1株益の異常値を修正する手順

①経常利益に対する純利益の通常の比率を確認する
(ほとんどのケースは0.7倍程度)

②経常利益に対する純利益の比率が通常より膨らんでいないか確認する
膨らんでいたら1株益は異常値になっているので、以下の手順で修正する

③経常利益×通常の比率＝純利益の実力値

④1株益×純利益の実力値÷純利益＝1株益の実力値……これでPERを計算する

事例研究 上の手順を使い、以下の例について1株益の実力値を求めてみましょう。

● ヒューマン・メタボローム・テクノロジーズ(6090)業績推移
2022年10月末時点

	売上高(億円)	営業利益(億円)	経常利益(億円)	純利益(億円)	1株益(円)
19年6月期	9.89	−5.26	-5.15	−5.96	−101.92
20年6月期	11.18	−0.17	−0.17	−0.48	−8.15
21年6月期	11.24	0.39	0.60	0.58	9.87
22年6月期	12.23	1.91	2.53	2.68	45.39
23年6月期予想	13.00	2.40	2.60	2.70	45.76

①経常利益に対する純利益の通常の比率　0.7倍
※過去の業績の履歴からは、この比率がわからないので0.7と想定

②23年6月期予想の経常利益2.6億円に対して純利益2.7億円は膨らんでいる異常値

③経常利益2.6億円×通常の比率0.7倍＝純利益の実力値1.82億円

④１株益45.76円×純利益の実力値1.82億円÷純利益2.7億円＝30.8円
……1株益の実力値

【業績】欄2段目　四半期業績

四半期業績というのは、3カ月ごとの決算で発表される業績のことです。年度の最初の3カ月間を第1四半期、次の3カ月を第2四半期、その次を第3四半期、最後の3カ月を第4四半期といいます。第2四半期決算は6カ月間の累計、第3四半期決算は9カ月間の累計、第4四半期決算は本決算と言い1年の累計の業績が発表されます。

スター・マイカ・ホールディングスの事例（147ページ図2－10、図2－13）では、「連21・12～5」、「連22・12～5予」と表記されていますが、連結の業績で21年12～5月、22年12～5月のそれぞれ6カ月間の業績という意味です。同社は11月決算、つまり、12月からスタートして11月で終わるという年度になっていて、その最初の6カ月間、つまり第2四半期累計の数値が掲載されているということです。四半期業績については2期分しか載っていませんが、前の期の12～5月に比べて、今期の12～5月が伸びる予想なのかどうかを確認しましょう。

また、今期12～5月の決算（第2四半期決算）が実際に発表されたら、その数値が会社四季報に記載されている予想値と比べて、予想を上回る結果なのか、予想を下回る結果なのか、ということを確認してみることで足元の業績の状況が順調なのかどうかが確認できます。

もし予想通りに行っていないようなら、会社のホームページで決算短信など詳しい情報を見てその原因を探り、成長シナリオに変化がないのかどうか検討してみましょう。

図2-13 会社四季報【業績】欄3段目　会社側の今期予想

●スター・マイカ・ホールディングス（2975）

【業績】(百万円)	売上高	営業利益	経常利益	純利益	1株益(円)	1株配(円)
連19.11	32,164	3,627	2,925	2,023	111.0	16
連20.11	39,568	3,281	2,496	1,729	94.9	32
連21.11	36,897	4,286	3,688	2,402	130.0	33
連22.11予	48,000	5,800	5,100	3,500	209.2	38
連23.11予	53,000	5,900	5,200	3,600	215.2	38~40
連21.12~5	27,601	3,773	3,453	2,383	133.3	19
連22.12~5予	30,000	3,900	3,600	2,450	146.4	19~20
会22.11予	47,410	5,643	4,916	3,385	(22.3.31発表)	

四季報の予想

比べる

会社側の予想*

出典：会社四季報2022年4集より

【業績】欄の3段目 会社側の今期予想

【業績】欄の3段目は今期の会社側の予想です（図2－13）。今期とは現在進行中の期であり、このスター・マイカ・ホールディングスの事例では、22年11月期が今期となります。

今期業績の会社側の予想は通常の本決算の発表時に示されますが、その後、適宜修正されます。スター・マイカ・ホールディングスの22年11月期の業績予想については、本決算発表（22年1月13日）で最初に示され、その後、3月31日に上方修正されています。その予想値がこの四季報の業績欄の3段目に出ています。*

この22年11月期の業績予想値については、3段目に会社側の予想値が、1段目に会社四季報の予想値が出ていて、この

図2-14 四季報営業利益予想と会社営業利益予想の乖離率

	大幅強気	乖離率が30%以上
+30%		
	会社比強気	乖離率が3%以上30%未満、または会社予想がゼロで四季報予想が黒字
+3%		
▲3%		
	会社比弱気	乖離率が▲3%以上▲30%未満、または会社予想がゼロで四季報予想が赤字
▲30%		
	大幅弱気	乖離率が▲30%以下

出典：会社四季報の記事を基に作成

2つを見比べます（図2−13）。会社四季報が会社よりも強気の予想をしていれば、「会社はこのように予想しているけど、取材した結果もっと良い業績になりそうだ」と判断していることになります。この事例では、会社側の予想値に比べて、会社四季報の予想値は上回っており、同社の業績が順調そうであることがうかがえます。

欄外の顔のマークと矢印で業績の勢いがわかる

今期業績に関しての会社側予想に対する会社四季報予想の食い違いは欄外に顔のマークで示されます。顔マークの基準は**図2−14**の通りです。

図2−15の欄外の矢印は今期の営業利益に関して、前号の予想と比べて増額しているか減額しているかを示しています。

スター・マイカ・ホールディングスの事例では、今期営業利益について、会社予想に対する会社四季報予想は

図2-15 前号からの営業利益の修正率

	↑↑	大幅増額	30%以上の増額
+30%			
	↑	増額	5%以上30%未満の増額またはゼロから黒字
+5%			
	→	前号並み	5%未満の増額・減額
−5%			
	↓	減額	5%以上30%未満の減額またはゼロから赤字
−30%			
	↓↓	大幅減額	30%以上の減額

出典:会社四季報の記事を基に作成

上振れてはいますが、その率は3%以内なので顔マークはついていません。矢印は横向きなので、今期営業利益の予想は、前号とほぼ同じであることがわかります(127ページ図2−1)。

以上のように、欄外のマークは短期的な業績の勢いを見るための1つの手がかりになります。ただし、欄外のマークが悪くても、将来性の高い会社が一時的に調子を落としていて、株価も下落して絶好の買いチャンスとなるケースもあります。逆に、上向きの矢印と笑顔マークがついていても、将来性がそれほど有望でないケースもあります。あくまでも大切なのは成長シナリオや割安さです。

【配当】欄

配当は会社が稼いだ利益の中から株主に配分されるお金のことです。配当に関しては、⑥【業績】欄に1株配のデータが出ていますが、その右の【配当】欄には、配

図2-16 スター・マイカ・ホールディングスの【配当】欄

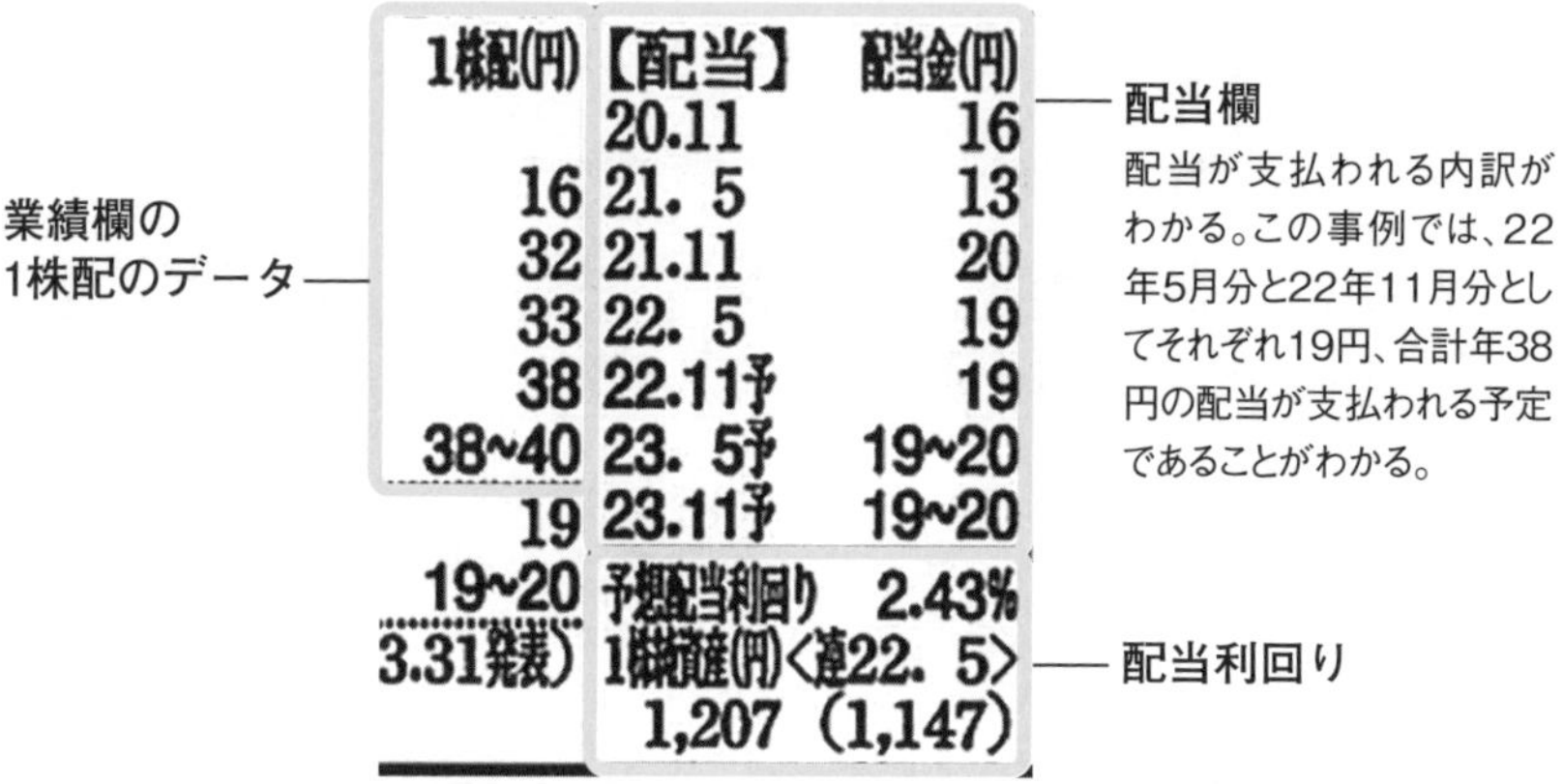

1株配(円)	【配当】	配当金(円)
	20.11	16
16	21. 5	13
32	21.11	20
33	22. 5	19
38	22.11予	19
38~40	23. 5予	19~20
19	23.11予	19~20
19~20	予想配当利回り	2.43%
3.31発表)	1株純資産(円)〈連22. 5〉	
	1,207 (1,147)	

業績欄の
1株配のデータ
配当欄
配当が支払われる内訳がわかる。この事例では、22年5月分と22年11月分としてそれぞれ19円、合計年38円の配当が支払われる予定であることがわかる。
配当利回り

出典：会社四季報2022年4集より

当が支払われる内訳が記載されています（**図2－16**）。

スター・マイカ・ホールディングスの事例では、22年5月分と22年11月分としてそれぞれ19円、合計で年38円の配当が支払予定であることがわかります。

【配当】欄の下には**予想配当利回り**が記載されています。この事例では配当利回りは2・43％となっています。これは今期予想（22年11月期予想）の1株配38円と8月29日の株価1562円（ブロック⑦に記載）で計算したものです。

1株純資産は1株当たりの純資産のことであり、純資産を発行済み株数で割って計算します。1株純資産を使って**PBR（株価純資産倍率）**という指標を計算して、資産面から株の割安さを考えることができます。

6 【株価指標】欄で割安さを確認する

好業績で低ＰＥＲの株を探す

図２－１⑦の欄にはＰＥＲ（株価収益率）、ＰＢＲ（株価純資産倍率）という株価の割安・割高をはかる株価指標が掲載されています。

ＰＥＲについてはプロローグ36ページで説明しましたが、収益面から見た割安さをはかる指標であり、**「株価÷１株益」**で計算します。株価が１株益の何倍かという倍率ですが、これが高いほど割高、低いほど割安、と考えられます。

平均的な水準は15倍程度であり、これが１つの判断の目安になりますが、成長性によって判断基準は変わってきます。将来性が高ければ20倍程度でも割安と考えられることが多いですし、将来性に不安があれば10倍でも割安とは考えられないことも多いです。

会社四季報には２年分の業績予想が出ており、それに基づいて２年分の予想値に基づくＰＥＲが出ています。**図２－17**の事例で、〈22・11〉というのは、22年11月期の予想１株益で計算したＰＥＲ、〈23・11〉は、23年11月期の予想１株益で計算したＰＥＲです。どちらも７倍台と平均的なＰＥＲの半分程度しかありません。この会社の成長が将来的に続いていくとしたら、このＰＥＲ水準はかなり割安と考えられそうです。ＰＥＲは株式市場におけるその会社に対す

図2-17 会社四季報【株価指標】欄

● スター・マイカ・ホールディングス（2975）

株価指標	
予想PER	（倍）
〈22.11〉	7.5
〈23.11〉	7.3
実績PER	
高値平均	16.5
安値平均	9.6
PBR	1.29
株価（8/29）	
	1562円
最低購入額	
	15万6200円

その会社のPERの過去3年のおおよその変動範囲を示す。詳しくは本ページ本文の実績PERの説明を参照

出典：会社四季報2022年4集より

る評価でもあります。この時点で同社に対する株式市場での評価が非常に低くなっています。成長を続けてこの評価を覆《くつがえ》せるのかどうか注目されます。

実績PERは、直近の終了年度の確定した1株益で計算したPERです。過去3決算期の株価の高値と安値における実績PERの平均値が示されていて、その会社のPERのおおよその変動範囲がわかります。

また、PERは収益構造や財務体質などによっても評価基準が異なる面もあります。たとえば、不動産業のように多額の有利子負債（借金）を抱えることが多い業種の場合には、財務リスクが多い分PERが低く評価されることが多いです。そのため、PERは収益構造や財務体質が似ている同業種どうしでも比較し

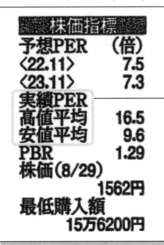

てみることも大事です。PERと財務面を合わせて割安さを考える方法については、第6章で考えてみたいと思います。

PBRで資産面からの割安さを見る

PBRは一株純資産に対する株価の倍率です。資産面から株価の割安さを計る指標です。純資産は資産から負債を差し引いた金額であり、それを発行済み株数で割ったのが**一株純資産**です。この一株純資産に対して株価が何倍なのかを計算したものがPBRです。

一般的には、PBR1倍割れというのは割安な水準であるといわれますが、実際にはPBR1倍を割り込んだまま株価の低迷が続いている会社も多いのが実態なので、PBR1倍割れというだけの理由で安易に株を買ってしまうと、あまり良い投資成果が得られない可能性があります。PBR1倍を割り込んだ株価水準で低迷している会社というのは、将来的な見通しが暗いと投資家から判断されているか、もしくは、すごく地味な存在であり、会社の価値が正当に評価されないまま、割安な水準で放置されている可能性もあります。

資産が現金・預金などの余剰資金が多くてPBRが低い場合、それを成長戦略や株主還元（配当や自社株買い）などに有効活用し始めることで株価が大きく上がるケースもあります。

PBRについては資産効率を見るROEと合わせてみる方法が有効と言われています。その方法については328ページで説明しています。

7 株価チャートで株価トレンドと買いメドを確認する（⑧）

移動平均線の向きで株価トレンドを見る

図2－1⑧のブロックは株価チャートです。

株価チャートの見方はプロローグの42ページで説明しました。会社四季報に出ている株価チャートは月足チャートであり、添えられている移動平均線は12カ月移動平均線と24カ月移動平均線です。移動平均線の向きと株価の位置で株価トレンドを見てみましょう。

株価トレンドについては**2本の移動平均線がともに上向きであれば、中長期的なトレンドは上昇トレンドである**と見ることができます。

そして、上昇トレンドの中で株価が一時的に下落する場面での買い（**押し目買い**という）のポイントとしては、これらの移動平均線の水準が1つの目安になります。12カ月移動平均線も24カ月移動平均線も押し目買いの目安になります。さらに株価が下落する場合には、60カ月移動平均線や120カ月移動平均線も押し目買いの目安になりますが、これらの線については、必要があれば証券会社のサイトの株価チャートなどで確認してください。

図2－18のスター・マイカ・ホールディングスの株価チャートを見ると、移動平均線は2つ

図2-18 移動平均線を買うタイミングの目安にする

● スター・マイカ・ホールディングス(2975) 月足チャート

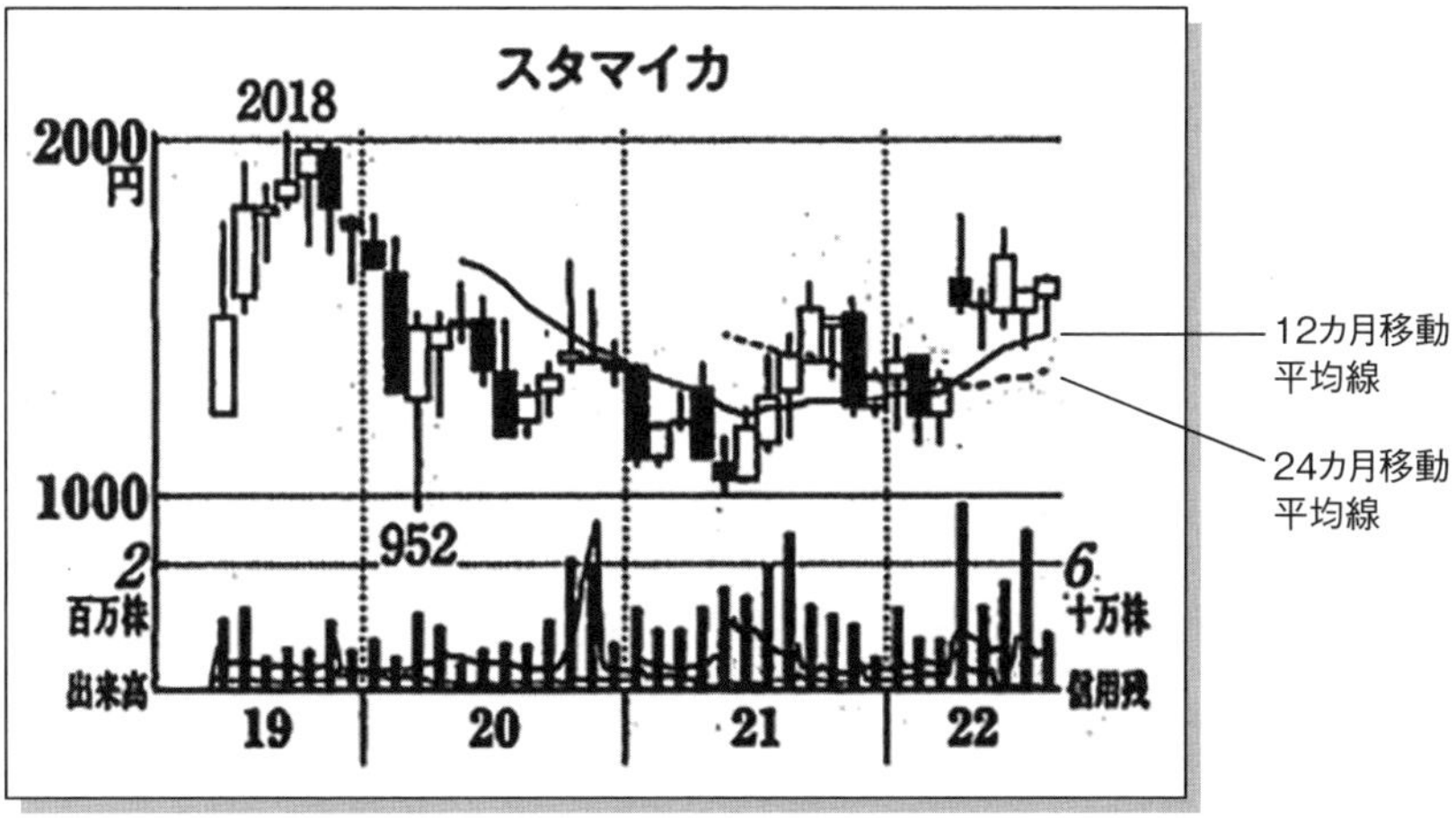

出典:会社四季報2022年4集より

とも上向きに転じているので、株価トレンドが底打ちして上昇転換したと見ることができます。そして、**株価がこれらの線のあたりまで下がってきたところが、株を買う1つの目安**になると考えられます。押し目買いの目安となる移動平均線は、会社四季報に記載されている2つを含めていくつかあります。PERなどの割安さなども考えあわせて、買う水準やタイミングを考えていきます。移動平均線を目安にしながら、2~3段階に分けて買うポイントを考えてみましょう。

第2章
の
まとめ

会社四季報の見どころ

1 最新記事で好調や不調の原因、会社の強み、成長シナリオを探る

2 【株主】に有力な企業や投資家の名前はないか

3 【株式】の**時価総額**の規模を確認。300億円以下は特に注目

4 【財務】
自己資本比率　30%以上ならほぼ問題なし。それ以下でも収益が安定しているなら大丈夫
利益剰余金　配当の支払い能力を考える時に参考になる（392ページ）
有利子負債　多くても収益が安定しているならそれほど心配ない。ゼロだと財務的にかなり余裕ある可能性

5 【指標等】
ROE　10%以上ならまずまず優秀、20%以上だとかなり優秀
最高純益　業績欄の直近の予想値がこれを超えているといい

6 【キャッシュフロー】
営業CF　大きな黒字が続いていることが望ましい
投資CF　大きな赤字なら何か大きなものに投資している可能性がある。その投資がうまくいくかどうかで、株価の行方も左右される
財務CF　黒字なら借金を増やし、赤字なら借金を減らしている可能性がある

7 【業績】
売上高、営業利益は順調に拡大しているか
売上高営業利益率は10%以上が望ましい
経常利益に対する純利益の割合に異常はないか
→70%が目安。異常ありなら、1株益の修正が必要（151ページ参照）
今期業績予想は、四季報予想（1段目）が会社予想（3段目）を上回っているなら好調

8 【配当】
配当利回り　これが低くても業績が良ければ問題ないが、高いとうれしい

第3章

成長シナリオを探る

――定性分析の方法

1 成長シナリオを2分で語れるようにする

①会社の強み、②成長余地の大きさ、③経営者のやる気と能力、の3点を考えよう

伝説的なファンドマネージャーのピーター・リンチは著書の中で、**「投資する会社について、その成長シナリオを2分間語れるように」**といっています。それはすごく多い分量ではありませんが、それなりにしっかりと会社のことを理解しないと満たせない分量です。その程度には調べて、考えて、理由を明確にしてから投資するべきだ、ということです。

成長シナリオを考えるための要素は、**①会社の強み**、**②成長余地の大きさ**、**③経営者のやる気と能力**、の3つです。それらに加えてリスク要因についても考えておきましょう（**図3－1**）。

何らかの強みがあり、それにより成長する余地が大きく、経営者のやる気と能力が高く、リスクが少ないという会社であれば、成長シナリオが描きやすいです。この4つの要素を意識して、成長シナリオを語れるかどうかを考えてみましょう。

これら成長シナリオの要素は、財務データのようにはっきり数字で示されているものではないですし、数字で把握できるものでもありません。このように、数字では捉えきれない会社の質的な面を**定性面**といい、その分析を**定性分析**といいます。

図3-1 成長シナリオを2分で語れるか

成長シナリオを2分で語れるように

① 強みは何か

商品力・製品力
ブランド力
コスト競争力
技術力・ノウハウ
研究開発力
人材
設備
顧客基盤・店舗網・販売網
サプライチェーン・調達ルート
資金力
スイッチングコスト
ネットワーク効果
地域独占
規制の壁
ニッチトップ

② 成長余地は大きいか

国内、海外、事業領域の拡大余地を考えてみる

③ 経営者にやる気と能力はあるか

ビジョンが明確か
話が合理的か
地道にやり抜く粘り強さがあるか
リスクに対する意識の高さがあるか
誠実か

④ リスク要因も考える

食中毒、品質上の欠陥
強力な代替品や新技術の登場
ブランド力の棄損・風評被害
人手不足・人件費高騰
原材料不足・原材料費高騰
競合他社の競争力向上・新規参入
地震・パンデミック・事故
規制の導入や撤廃
資金繰り
為替や金利の変動
政情不安
需要の低下
経営者の病気や死

2 「この会社の強みは何か」を常に考える

アップルの強みを考えてみよう

会社の成長シナリオを考える上では、まずその会社の強みは何か考えてみましょう。**会社が成長を続けるためには何らかの「強み」が必要**です。強みがなければ他の会社に簡単に真似されたり、新規参入されたりして、その事業は儲からないものになってしまうからです。

たとえば、世界で最も利益を稼いで時価総額が大きい会社はアメリカの**アップル**（ＡＡＰＬ）（２０２２年現在）ですが、アップルは他社が真似できない強みをいくつも築いています。

アップルの強みとしては、まず製品力とそれに支えられたブランド力を挙げることができます。ｉＰｈｏｎｅ、ｉＰａｄ、アップルウォッチ、マックブックなど、同社の製品は性能の良さとデザインの良さによって世界中の多くの人を魅了しています。その結果、アップルという名前やリンゴのマークがついた製品に価値を感じる人が多くなり、世の中の多くの人にとって「多少高いお金を出してもいいから欲しい」と思われる存在にまでなっています。製品力やブランド力を支える技術力や研究開発力も強く、世界中から優秀な人材がたくさん集まって、それらの力がさらに強化されています。品質の高さや大量生産の体制を支える**サプライチェーンも強く**、世界中の優良部材メーカーから調達する太いルートを持っています。世界一の収益水準を続けているので**圧倒的な資金力**も持ちます。

また、アップルにはｉＰｈｏｎｅの利用者数が10億人以上、サブスクリプションサービス（継続課金サービス）の利用者が7億人以上いるなど、**強固な顧客基盤を築いています**。アップルを愛用している顧客はアップルＩＤでたくさんのアプリを買い、継続的なサービスを受けているため、かりに同程度の製品が多少安く出てきたとしても、他の製品に乗り換えづらい状況にあります。つまり、**スイッチングコスト**が高い状況を作っています。

商品力・製品力

アップルのｉＰｈｏｎｅのように、性能、品質、デザインなどが非常に優れていて、顧客にとって価値が高く感じられることを**高付加価値**であるといいます。特に、他にはない魅力的な性能や特徴を備えている**差別化**された商品やサービスであり、しかも、技術面などで他者にはとても真似ができないような**参入障壁**を築いていて、「他の会社の製品・サービスに乗り換えるなんて考えられない」という**忠誠心**（**ロイヤリティ**）の強い顧客が多いと、高い製品価格を維持して高い収益性を維持することが可能になります。実際にアップルのｉＰｈｏｎｅは、10万円以上という高価格にもかかわらず日本で圧倒的トップシェアを維持し続けています。

ブランド力

ブランド力は、会社名や商品名に対して顧客に価値を感じさせる力です。その会社名を聞いただけで、品質がいい、カッコイイ、信頼できると感じる顧客が多いなら、ブランド力が高いということになります。ブランド力が高ければ、そのブランド名が刻印されているだけで価格を高めに設定できます。

ブランド力の根底には商品力・製品力の支えがあります。また、宣伝・広告活動によってブランド力を高める努力も大事です。何を目指している会社なのか、何にこだわりを持っている会社なのか、ということを会社自身が明確に意識して、顧客に伝えるために、CM、広告などをうまく打ち出してブランド価値を高める努力をしているかどうかも重要になります。

世界的なブランドの調査・コンサルティング会社であるインターブランド社が毎年発表しているブランド価値ランキングの2021年版によると、アップルには57兆円、アマゾンドットコムは35兆円、トヨタ自動車は7・5兆円、ソニーは2兆円、任天堂は1・3兆円（1ドル＝140円換算）のブランド価値があるということです。

このように、物質的実体がなく財務諸表にも載っていない資産を**無形資産**といいますが、ブランドという無形資産は現金・預金、有価証券、不動産などと同様に会社の大事な資産です。成長企業の場合には、それは目に見える資産よりも重要な資産といえるケースも多く、株式投資をする上で最重要ポイントの1つであると考えられます。

コスト競争力

コスト競争力は商品、製品、サービスを安い価格で提供できる力です。商品を仕入れたり、製品を作ったり、サービスを提供するためのコストを圧倒的に安くする力があるなら、それはその会社の大きな強みになります。価格競争に巻き込まれて収益が苦しくなるのは企業として良くない状況ですが、圧倒的なコスト競争力を持っているなら、価格競争に巻き込まれても最終的には生き残り、逆に残存者メリットを受けられるようになります。

商品力やブランド力など、高い付加価値を生み出す力とコスト競争力の両方がそろっていれば、安く作って高く売れるわけですから、大きな収益力を持つことができます。

ファーストリテイリング（9983）は、ベーシックな定番商品に絞って開発・製造・販売を一気通貫で行う製造小売りのビジネスモデルを先駆けて、圧倒的なコスト競争力を実現しました。製品の品質や機能も繊維メーカーの東レと共同開発して高めていき、次々と画期的な商品も出していきました。

ニトリホールディングス（9843）もファーストリテイリングと同じく、製造小売りのビジネスモデルを早くから手がけ、特にベトナム工場を数年かけて粘り強く軌道に乗せることで圧倒的なコスト競争力を実現しました。

ブラックボックス的な技術やノウハウ

商品力、ブランド力、コスト競争力は、技術力やノウハウによって実現できるものですが、それはできるだけ**他社が真似できないようなブラックボックス的なものであることが望ましい**です。「ブラックボックス的な」というのは、「外からではどうなっているのか全くわからない」という状態です。その反対に、製品を分解すればどういう仕組みになっているのかすぐにわかる、というのでは簡単に真似されてしまいます。

ブラックボックス的な技術やノウハウの場合、それがどのようなものかは投資家としてもよくわからないわけですが、

- **実際に他社が真似できないような良い商品やサービスや低価格が実現されている**
- **他社が追随できない状態がずっと続いている**
- **どうしても他社が真似できないような技術・ノウハウによって裏付けられているようだ**

という状況ならば、ブラックボックス的な技術やノウハウの蓄積があると見ていいでしょう。

アメリカの**コカ・コーラ社**（ＫＯ）はコカ・コーラのレシピが大きな強みの1つになっています。このレシピは独自に開発されてから100年以上非公開になっており、社内でも数人しか知らないと言われています。世界中の多くの愛飲者を抱えるあの独特の風味を誰にも真似されないからこそ、これまでやってこられたわけです。**ペプシコ**（ＰＥＰ）も独自の風味で定番

商品の地位を確立していますが、他にコーラ類で大きく成功している例はなく、世界に広がる莫大なコーラ需要をコカ・コーラとペプシ・コーラが寡占している状況です。両社ともにコーラを主軸として清涼飲料水全般に商品ラインナップを拡充し、世界の清涼飲料水市場で強大な地位を築いています。コカ・コーラの株価は1980年頃から40年間で約100倍の上昇となり、配当込みで考えると約300倍のパフォーマンスになっています。

ヤクルト本社（2267）の乳酸菌飲料「ヤクルト」は、その独特の味とそれに含まれているシロタ株によって世界中で愛飲者を獲得しています。シロタ株は、ヤクルト創始者の代田稔博士が1930年に発見したもので、生きたまま腸まで届き、腸内で人体にとって良い働きをする菌を増やすという特殊な乳酸菌です。それにより、腸の調子がよくなったり、便通がよくなったり、病気にかかりにくくなるなどの効果を実感して飲み続けている愛飲者が世界中で増え続けています。このシロタ株の培養方法はブラックボックス的ノウハウとなっており、ヤクルト本社以外の会社が作ることはできません。

またヤクルト本社は、ヤクルトに関するノウハウ・技術を核として乳酸菌の研究を進め、医薬品、化粧品、さらには、ヤクルトの効用を強めたヤクルト400、ヤクルト1000などを開発し、多くの定番商品やヒット商品を生み出しています。2022年には、シロタ株の含有量を大幅に増やして効果を増強させた「ヤクルト1000」がブームといえるほどの売れ行きとなっており業績を押し上げています。

研究開発力

研究開発力は技術・ノウハウを高め、高付加価値な製品や価格競争力を生み出す力です。説明会資料、中期経営計画の資料、統合報告書などから、

・経営者が研究開発に積極的なのか
・実際の研究開発費の金額はいくらか、増加傾向にあるか
・研究開発がどのような方向で進められているのか
・研究開発のための優れた人材がいるのか
・実際に優れた商品やサービスが開発されているのか
・優れた研究開発の仕組みがあるのか

などのポイントをできるだけ探ってみましょう。

研究開発に熱心に取り組み、研究開発のための人材も優れていて、実際にその成果が出ているなら、研究開発力があると見ていいでしょう。

研究開発は、個人投資家にとってはなかなか判断しづらい面はありますが、なるべく意識しておきたいポイントです。

人材

優秀な人材がたくさんいることは、その会社にとって大きな力になります。

特に今、ＩＴ業界では人材不足が深刻です。ＩＴ業界は専門性が求められる分野であり、高いスキルを備えた人材をどのくらいそろえているかということが、ＩＴ関連企業を見る際の大きなポイントになります。会社の資料やホームページなどに、どのような人材がどのくらいいるのかという説明があれば、注目してみましょう。

優秀な人材を集める仕組みを作っているかどうかも、チェックしてみてください。リクルーティング、適正な人事評価・報酬体系、人材育成、柔軟な働き方、福利厚生、従業員の健康を維持するしくみなども重要です。こうした仕組みは外からではわかりづらいですが、これらの点で優れた仕組みを持っているのであれば要注目です。

働き方、健康、生活の充実などひっくるめて従業員の**ウェルビーイング**（幸福）が、会社経営の重要なテーマの1つとして意識されることが多くなってきました。従業員が健康で幸福な生活を送れることを真剣に考え、そのような仕組みを作っていることが、優秀な社員を多く集め、クリエイティブに働いてもらうためにも重要な条件になってきています。

また、最近は人材の**多様性（ダイバーシティ）**への意識も高まっています。性別、年齢、国籍、障がいの有無など、さまざまな人たちが、それぞれの特長を活かしながら仕事をすることが新しい価値を生み出す上で重要だという考え方です。女性、若手、高齢者、障がい者、性的マイノリティの方など、これまでどちらかといえば、会社の主流とは見なされなかった人たちが、いかに能力を発揮して独自の発想を生み出していける職場なのかどうか。そうした環境を整える努力をしている会社であるかという点も重要になります。

ZOZO（3092）は、働き方やウェルビーイングという点で先端的な取り組みをしています。2012年には1日6時間労働の仕組みを働き方の選択肢の1つとして導入しました。短時間で集中して仕事を済ませ、家庭生活や趣味の時間を充実させることで、仕事の生産性を向上させようという狙いでした。疑問視する声も多かったのですが、その後、ZOZOは10年で売上を4倍、営業利益を6倍に伸ばし、「長時間働くよりも、短時間集中して働く方が生産効率が上がる」ということを証明してみせました。

設備

お金と年月をかけて作り上げ、そこに、目に見えない技術やノウハウが詰まっているような設備であれば強力な強みになります。ただし、技術・ノウハウ・戦略性などが伴わずに単に大金を出して作っただけの設備の場合には、強みにならないどころか重荷になることもあります。いかに収益を生み出す設備であるか、そして、一朝一夕では作り上げられない設備であるか、という点が重要です。製造業、運輸、物流、通信などでは、特に設備が強みになります。

アマゾンドットコム（AMZN）は、長い年月にわたって投資し続けることで、世界中で稼働するシステムを支えるデータセンターや最新鋭の物流センターなどを独自に作り上げました。それにより世界中の情報と商品の流れを支える仕組みを握り、ネットショッピングとコンテンツ配信の世界的なプラットフォーマー（サービス提供を行う基盤を提供・運営する会社）の地位を確立したのです。

ヤマトホールディングス（9064）や**SGホールディングス**（9143）などの宅配業者も全国に配送網を作り上げ、ネット通販などによって物流量が増加する中で成長を享受できる体制ができています。これも他社が真似できない強みになっています。

日本電信電話（NTT：9432）、**KDDI**（9433）、**ソフトバンク**（9434）などの通信大手は、日本中に通信網を張り巡らせており、この通信網が大きな強みになっています。全国的な通信網は、なくてはならない生活インフラである上、新たに作り上げることはかなり困難です。

一方、**楽天グループ**（4755）は、第4の通信キャリア（自前の通信網を持つ通信事業者）として2020年に事業を開始しましたが、2022年現在は大幅な赤字が続いています。特に、大都市圏では通信設備を設置するための場所の確保に苦労し、先行する3社に比べて顧客基盤も弱く、顧客獲得にも莫大な時間とお金がかかっています。

しかし、楽天としてはネットショッピングと金融に続いて通信を第三の柱にするべく、巨額の赤字を出しながらも、社運を賭けた事業として粘り強く取り組み続けています。「世界初となるエンドツーエンドの完全仮想化クラウドネイティブネットワーク技術の実用化で、業界に価格破壊を起こす」として業界参入し、実際に業界の価格破壊を起こしました。さまざまな困難を乗り越えて、高いコスト競争力を持つ新しい通信キャリアとなれるでしょうか。

顧客基盤・店舗網・販売網

顧客基盤・店舗網・販売網も莫大な年月と資金と労力を使って作り上げるものであり、大きな強みとなります。強い顧客基盤・店舗網・販売網があれば、新製品や新サービスの良さをすぐに顧客に伝えてセールスにつなげることが可能になります。また、顧客基盤・店舗網・販売網が大きければ、商品や原材料などの仕入れ先に対しても交渉力が持てるようになるなど、スケールメリットが活かせます。

ネットフリックス（NFLX）は、世界で約2億人の会員を抱え毎月莫大なサービス料が会員の口座から引き落とされて振り込まれてきます。1件あたりおよそ2000円として、毎月4000億円近いキャッシュが流れ込んでくるわけです。この莫大なキャッシュをもとに優良コンテンツを大量に制作し、世界中の有力な制作会社からコンテンツを買って、会員に提供しています。この新鮮で豊富なコンテンツが顧客を引き寄せています。しかし2022年はコロナ禍による特需がはげ落ちて、会員が純減するという逆風にさらされました。会社としては大きな試練を迎えていますが、顧客基盤が強大であることには変わりがありません。会員減少を止めて再度、成長トレンドに乗れるのか注目されます。

楽天グループ（4755）は、2022年6月時点で月間3700万人のアクティブユーザー数、2600万枚以上のクレジットカード会員を抱えています。会員にできる限り楽天のサービスを使ってもらうような仕組みの〝楽天経済圏〟と呼ばれるエコシステムを築いていることが強みになっています。

コンビニ大手3社は、日本全国に店舗網を張り巡らせています。店舗数は2022年の時点で、セブン-イレブン2・1万店、ファミリーマートは1・6万店、ローソンは1・4万店です。海外も入れるとセブン-イレブン7・2万店、ファミリーマート2・5万店、ローソンは1・8万店となります。特にセブン-イレブンは、米国を中心として海外でも店舗数が5万店を超え、圧倒的な店舗網を持ちます。セブン-イレブンを傘下に収める**セブン&アイ・ホールディングス**（3382）は中期的なビジョンとして、「セブン-イレブン事業を核としたグローバル成長戦略と、テクノロジーの積極活用を通じて流通革命を手動する世界トップクラスのグローバル流通グループをめざす」としています。

サプライチェーン

サプライチェーンは、日本語では**供給網**であり、部品、原材料、商品などの調達ルートのことです。鉄鉱石や天然ガスなどの天然資源、小麦・大豆・牛肉などの農産物などの原材料をいかに安定的に仕入れるかということは製造業や飲食業にとって大きなテーマです。また、「半導体をいかに安定的に調達するか」ということも、電子機器や自動車など多くの製造業にとって重要な課題になっています。

２０２２年に起きたウクライナ危機では、ロシアとの取引が全面的に止まりサプライチェーンの問題が顕在化しました。このように、さまざまなトラブルや情勢変化に対応できるように、柔軟で強固なサプライチェーンを持つことは多くの企業、特に製造業にとっては重要な課題ですし、実際に柔軟で強固なサプライチェーンを持っていれば、それは企業として大きな強みになります。

トヨタ自動車（７２０３）をはじめ日本の自動車メーカーは、柔軟で強固なサプライチェーンが大きな強みの１つとなり高いシェアを握り続けてきました。ただし、２０２２年には半導体不足でトヨタ自動車も生産調整を余儀なくされており、サプライチェーンの重要性がより一層意識されるところとなっています。

資金力

資金力が豊富なら、優秀な人をたくさん雇えますし、研究開発にも力を入れられます。優れた設備を作ることもできますし、企業買収もできます。

また、配当など株主還元も厚くできます。資金力は会社にとって重要な力であり、特に成長志向の高い会社にとってそれは大きなエネルギーになります。

資金力は、現金・預金などの金融資産をいかに多く持っているか、有利子負債がいかに少ないか、銀行などからの資金調達ルートがいかに太いかということによりますが、最も重要なのは、**営業キャッシュフローをいかに安定して稼げるか**ということです。

これらは主に財務諸表の分析の領域になるので、第4章・第5章で詳しく述べたいと思います。

スイッチングコスト

スイッチングコストは、別の製品やサービスに乗り換える際にかかるコストのことです。スイッチングコストを高くすることができれば、顧客を囲い込みやすくなります。

・乗り換えるための金銭的なコストや手間
・乗り換えることの心理的な抵抗
・乗り換えることによるリスク

などがスイッチングコストになります。

携帯電話の通信契約は、解約手続きも契約手続きもそれなりにコストや手間がかかるので、「よほどの違いがない限りそのままでいいや」と思う人が多く、一度顧客を獲得してしまえば、比較的安定して収益を上げ続けられます。少しでも有利な通信契約を求めて、手間暇を惜しまずに通信契約を変える人もいますが、スイッチングコストに囲い込まれて1つの業者で契約し続けている人たちがかなりの規模で存在します。そのため、既存の大手通信キャリアは非常に安定して高収益を享受し続けています。

クレジットカード、保険、銀行、証券などの金融サービスにもスイッチングコストがあり、一度使い始めると、なかなか他社には乗り換えづらい面があります。クレジットカードはさまざまな引き落としの設定をしていたり、ネット通販サイトで支払いの登録などをしていたりする場合は、他のカードに乗り換えるのは面倒です。ポイントやマイルなどのサービスも他のカードに乗り換えづらくする戦略の1つです。

生命保険や医療保険も一度契約してしまうと、わざわざ他の保険商品に乗り換えるのが面倒であり、乗り換えが起きづらいです。

銀行や証券も一度メインの取引先として使い始めると、そこからお金を動かすのが億劫になり、1つの銀行や証券でさまざまなサービスを利用することが多くなります。

また医療機器も、普段から使い慣れていて安全性の高さも確認されている機器類については、なかなか他のものに乗り換えづらいです。他の物に乗り換えて事故が起きたら大変なので、普段から使い慣れて安全性を確認しているものを使い続ける傾向があります。

業務用のソフトやシステムも、乗り換えるとなると、業務の流れを見直す必要が出てきたり、乗り換え時にシステムがうまく動かないというような業務上の混乱をきたすリスクが出たり、さまざまなコストやリスクが生じる可能性があるために、非常にスイッチングコストが高いといえます。

ネットワーク効果

ネットワーク効果は、利用者が多くいることによって生まれる価値です。「皆が使っているからこれを使うのが便利」という状態がネットワーク効果が発揮された状態です。ある分野で絶大なネットワーク効果を獲得して「他の製品やサービスを使うことは考えられない」という地位を築いた場合、それをライバルが切り崩すのはかなり難しくなります。

ネットオークションのヤフオク!、フリマアプリのメルカリなどは強力なネットワーク効果を確立している典型的事例です。この2つのサービスには、すでに多くの出品者と買い手が登録してさかんに取引が行われており、ネットワーク効果ができあがっています。後発組がいくら良い仕組みをつくっても、この2社を切り崩すのはかなり困難な状況となっています。

メルカリ（4385）は、月に1回でもサイトやアプリにアクセスした利用者数であるマンスリー・アクティブ・ユーザー（MAU）が2022年時点で約2000万人。流通総額は月額2000億円程度あり、なお増加傾向が続いています。非常に多くの顧客基盤を抱えてネットワーク効果を発揮しています。メルカリについては333ページで事例研究しています。

メッセージアプリのLINEも、日本国内ではネットワーク効果を発揮しています。スマホを利用している人でＬＩＮＥを利用していない人は、ほとんどいないでしょう。海外では競合がひしめいていますが、台湾やタイでは日本以上の普及率となっています。インドネシアでも急速にシェアを伸ばして、主要なメッセージアプリの一角に名を連ねるところまできています。ヤフオク！やＬＩＮＥを展開する**Ｚホールディングス**（４６８９）は、ソフトバンクグループと資本関係を含めて経営上の強いつながりがあり、ＺＯＺＯ、ＰａｙＰａｙ、出前館、アスクル、イーブックイニシアティブジャパン、一休、カービューなども傘下に収め、日本のインターネットビジネスにおける一大勢力を形成しています。

地域独占

地域独占は、特定の地域で独占的な地位を築いていて、他が新規参入することが困難な状況になっていることです。

鉄道がその代表例です。大都市の鉄道事業は高収益ですが、新たに鉄道を敷設することはかなり困難であり、ほぼ不可能です。地価が高いですし、すでに建物などが密集しているので土地を買収することは難しいです。特に大都市圏の鉄道は、駅や駅周辺の不動産の価値が高く、そこを商業施設などとして開発して、不動産業者としても高い収益を得ることが可能です。

東日本旅客鉄道（ＪＲ東日本：９０２０）、**西日本旅客鉄道**（ＪＲ西日本：９０２１）などは、関東や関西の大都市圏を事業基盤として持ち、長期的に着実な収益拡大を実現しています。**東**

海旅客鉄道（ＪＲ東海：９０２２）は都市鉄道ではありませんが、東京、名古屋、大阪という大都市を短時間で結ぶ大動脈として収益を伸ばしています。いずれの鉄道会社もコロナ禍の中にあっては収益を大きく落ち込ませましたが、地域独占の強みは、引き続き維持されると思います。

規制の壁

規制の存在が会社の強みになっているケースもあります。

ゴミの中間処理施設や最終処理施設などは需要が大きいのですが、設置規制が厳しく簡単に作ることができません。ゴミ処理事業は参入障壁が高く、規制に守られている面が強い業種といえます。ゴミのリサイクルやゴミ処理関連の会社は１１６ページで紹介しましたが、これらの会社は皆規制の壁に守られている面が強い会社といえます。

特に、大規模なごみの最終処理施設を新規で作って増やしている**ミダックホールディングス**（６５６４）は、厳しい規制に対応するノウハウを蓄積している数少ない会社です。

堀場製作所（６８５６）は、２０００年代以降の世界的な自動車排ガス規制の強まりの中で業績と株価を大きく伸ばしました。

２００３年には東京・神奈川・千葉・埼玉でディーゼル車の排ガス規制がスタートして首都

圏の空気がかなりきれいになりました。その規制に対応するために排ガスを計測するエンジン計測器に特需が生まれ、この製品で世界シェア８割を握っている堀場製作所が業績を大きく伸ばし、株価は5年で6倍以上に上昇しました。

今後は、エンジン車そのものを禁止する方向に世界的な規制の流れが向かっています。そうした中で、電気自動車への需要が急速に高まっており、電気自動車メーカーはもとより、電気自動車の部材を製造するメーカーが大きな恩恵を受けそうです。堀場製作所はこうした流れにいち早く危機感を抱き、半導体や電池など新たな分野での事業を伸ばしてきました。今や半導体向けの計測器が稼ぎ頭になり、電池など電気自動車関連の計測器も伸びています。時代ごとの規制の変化にうまく対応しながら、ビジネスを展開させて成長を続けています。

エフピコ（７９４７）は、プラスチックの食品トレーに対する規制が強まる中で業績を飛躍させました。

食品トレーはスーパーなどで使う総菜、刺身、弁当などの容器です。これらの食品トレーについては１９９５年以降容器包装リサイクル法が段階的に施行されていき、メーカーやスーパーに食品トレーのリサイクルが義務付けられました。これによりコストが大幅に増えた食品トレーメーカーは軒並み収益が大幅悪化しましたが、その逆風の中でエフピコだけは業績を大きく伸ばしました。

エフピコは、環境配慮の重要性を１９８０年代から意識して食品トレーのリサイクルを研究し、法律施行に先行して1990年には独自のシステムで食品トレーのリサイクル事業を手掛け始めていました。リサイクル事業は、当初はコストがかさみ収益を圧迫して会社としては苦しみましたが、環境に配慮した循環型のビジネスモデルを完成させたいという信念を貫いて目先の収益を犠牲にして取り組み続けました。その結果、法律が施行されて食品トレーのリサイクルが義務付けられる頃には、他のメーカーがコスト負担増に苦しむのを横目にエフピコはリサイクル事業が収益化し始め、逆に規制導入という出来事を他メーカーからシェアを奪うビジネスチャンスにしたのです。同社はリサイクルの技術やトレーの品質・コスト競争力を磨き続け、現在では国内シェア30%を握る食品トレー業界の巨人になっています。

また、障がい者の雇用率が全従業員の12%以上と、上場企業の中で圧倒的な高さを誇ります。障がい者雇用にも早くから真剣に取り組み、障がい者ごとの特性を活かせる業務を割り当てて高い生産性を実現することに成功しています。こうして蓄積した障がい者雇用のノウハウを他社にコンサルティングする事業でも稼げるようになっています。

時代に合わなくなった規制が緩和されたり撤廃されたりする場合にも、多くの新規参入が生まれて、その中から成長株が出てきます。

1990年代に金融に関するさまざまな規制が緩和される「金融自由化」が起きて、新興のネット証券やネット銀行など新しい金融関連企業が多く誕生して成長しました。

2000年代前半には、保育園の運営が民間に開放されて、保育園運営で成長する会社が続出しました。

2016年には、電力の小売りが全面自由化され、やはり、この関連で成長する新興企業が続々と生まれました。

以上のように、時代の流れの中で新しい規制が生まれたり、古い規制が緩和されたりしますが、どちらについても成長株が出現する要因となります。

ニッチトップ

ニッチトップとは、規模の小さい業界でトップシェアを持っているということです。規模の小さい業界の場合、技術力や資金力や知名度のある大手企業が参入しづらいです。そうした業界の中で、その業界独特の技術やノウハウを長い年月をかけて蓄積してトップシェアをとっている企業が存在する場合にはなおさらです。時間と労力をかけてその業界に攻勢をかけても、大手企業としては得られる収益が小さいからです。それだったらその業界への参入をあきらめるか、必要ならニッチトップ企業と手を組んでしまったほうが合理的です。

ニッチトップ企業は、株式市場でも高い株価パフォーマンスとなるケースが多いです。**図3－2**、**図3－3**は主なニッチトップ企業を一覧にしたものですが、いずれも各業界で長年の実績を持ち高いシェアを維持している会社です。日本は特色のあるニッチトップ企業が数多く存在します。

図3-2 ニッチトップ企業の一覧

2022年11月13日時点のデータに基づき作成

証券コード	会社名	事業内容・会社の強み	売上高営業利益率(%)	自己資本比率(%)
7730	マニー	手術用縫合針で国内シェア7割。 錆びにくく強くて折れにくいステンレスを使った手術用縫合針の開発に世界で初めて成功し、それ以降ステンレスの加工技術を高め、それを強みに眼科用ナイフ、歯科根管治療機器と領域を広げ、いずれも国内外で高シェアとなっている。	31	93
2815	アリアケジャパン	畜産系天然調味料の国内最大手で国内シェア約6割。業務用ラーメンスープやガラスープでも国内トップシェア。 独自の技術・ノウハウを蓄積し、高度なコンピュータ制御による大型プラントで原料から最終製品までの一貫生産体制を作り上げたことが強み。 外食、中食、食品加工など2万社以上に供給。米欧中東南アジアなど世界7極体制を作り世界売上も伸ばす。	21	88
7716	ナカニシ	歯科用ドリルで世界トップシェアの約27%。20年間で7%から約4倍にアップした。 加工精度が高く軸ブレしない、軽量・小型、静音、耐久性などの高性能を実現して、シェアを上げ続け、40%を目指してなお拡大中。 コア技術を活かして外科手術用機器や工作機器へも事業領域を拡大。世界135カ国に販売している。	28	88
6272	レオン自動機	自動包あん機を世界で初めて開発して国内シェア約9割。肉まん、ピロシキ、あんぱんなど、あんを包む形の食品の製造機械を多数手掛ける。 海外売上も成長中で、海外売上比率は7割近くに。自社機械によるレシピを1万以上ストックして無償提供。300種類以上のオプションを用意している。	8	77

図3-3 ニッチトップ企業の一覧

2022年11月13日時点のデータに基づき作成

証券コード	会社名	事業内容・会社の強み	売上高営業利益率(%)	自己資本比率(%)
6289	技研製作所	無騒音・無振動でくい打ちができる圧入式くい打ち機を開発し、世界シェア9割。国内の大都市の工事ではほぼ100%同社のくい打ち機が使われている。 このノウハウを使ったインプラント工法は、躯体と基礎が一体となって地盤に打ち込まれるために災害に非常に強い。さらに、仮設工事が不要で省スペース・短時間で行うことができ、CO_2排出も大幅に削減可能。護岸工事や道路・橋梁の工事に革命を起こしている。 世界的に売上を伸ばして2031年に売上高1000億円を目指す。	15	77
7747	朝日インテック	カテーテルの挿入を補助するガードワイヤで国内約8割、中国で約6割、欧米・中東で約5割、米国で約3割のシェア。米国のシェア拡大に注力中で24年6月期には5割を目指す。 産業技術で培ったワイヤーの加工技術を活かし、加工技術の高さ、操作性の高さなど圧倒的な品質で高シェアを実現している。 26年6月に売上高1000億円を目標として成長戦略を推進中。	19	78
6268	ナブテスコ	ロボットの関節に使う精密減速機で世界シェア約6割。 独自技術により振動が少なく、位置決め精度が高く、制御しやすく、壊れにくい特長を持つ。ロボット産業の発展に欠かせない存在になっている。 自動ドア、ホームドアでも高シェア。	10	50
6405	鈴茂器工	すしロボット、海苔巻きロボットで国内シェア8割。 ごはん盛り付けロボットも販売拡大している。 日本食人気が拡大する中で、世界での売上も伸ばしている。	14	81

マニー（7730）は、ニッチトップというポジションを戦略的にかなり意識しており、その地位を維持・発展させるために「やらない経営」を標榜しています。

「やらない経営」の行動基準として、

（1）医療機器以外扱わない

（2）世界一の品質以外は目指さない

（3）製品寿命の短い製品は扱わない

（4）ニッチ市場以外に参入しない

の4つをかかげ、これらを厳格に守り続けて長期的な成長を目指す方針を明確に示しています。要するに、**自社の圧倒的な強みを発揮できる分野で、比較的小さなマーケットしか狙わない**ということです。それによって、高い収益性を実現しています。

他のニッチトップ企業も、自社の強みを徹底的に磨く、自社の強みを生かせる分野に集中する、大きすぎるマーケットには参入しないなどの方針は共通しており、その結果として高い収益性を実現しています。

また、高収益を長年続けている結果として好財務も実現しています。図3－2、図3－3のニッチトップ企業の事例には、各分野でのシェアや事業内容の他に、売上高営業利益率と自己資本比率も載せました。収益性が高く自己資本比率の高い企業が多いことがわかります。

3 成長余地を考える

同業トップ企業と比較して考えてみる

成長余地は正確に見積もれるわけではありませんが、大まかに**「今の何倍くらいの売上高になりそうだ」**というような見通しは立てたいところです。

成長余地については、次のような観点で考えてみましょう。

①同業のトップ企業との比較
②国内市場での成長余地
③海外市場での成長余地
④事業領域の拡大可能性

まず、同じ業種や似た事業の先行者、特にトップ企業と比較して考えてみましょう。

たとえば、「今はトップ企業の10分の1の時価総額だけど、製品・サービスの魅力や現在の成長の勢いからしてトップ企業を超えていく可能性がありそう」「少なくとも、今の時価総額はトップ企業と比べて明らかに安すぎる。最低でもあと2~3倍はあってもいい」というような結論に至れば、それは大きな投資チャンスになるかもしれません。

ただし、時価総額がトップ企業と大きな開きがあるのには、それなりの理由もあるはずです。

そうした点も十分検討した上で、やはりトップ企業と比較してあまりにも割安だと考えられるかどうか判断しましょう。

国内、海外での成長余地を考える

国内でまだ売上規模が小さい場合には、国内売上の成長余地を考えてみましょう。全国的に売上高や店舗数などを伸ばせる可能性があるでしょうか。第1章で述べたように、飲食や小売の場合、全国的なチェーン店として成功する場合には、「1000店舗、売上高1000億円、時価総額1000億円」というのが1つの目安となります。

国内での売上拡大に成功している会社なら、海外での売上拡大の可能性も考えてみましょう。

飲食や小売の場合には、まずは、国内と同程度の規模にまで拡大できればかなりの成功といえます。もちろん、海外市場は国内よりも10～20倍くらい大きいですから、国内売上よりもはるかに大きな売上高を実現できる可能性もあります。

ただし、海外での展開は、商習慣、文化、規制などさまざまな壁があり、国内で成功した方法が通用しづらい面があります。ファーストリテイリングのような日本を代表する成長企業でも、海外進出した当初はなかなか黒字化できず、数多くの失敗を重ねながら苦労して軌道に乗せていきました。日本で成功している企業でも、海外事業が軌道に乗るまでには5年程度はかかると考えておいたほうがいいです。

海外展開については、サービス業よりも製造業で進んでいますし、比較的スムーズに軌道に乗りやすいようです。性能や品質がよければ、商習慣や文化などの壁に影響を受けづらく、売上を伸ばしやすい面があるからだと思われます。トヨタ自動車やソニーグループなどをはじめとした製造業の主力企業や業績を伸ばし続けている企業の多くは、主戦場を海外にしています。

事業領域の拡大可能性

事業領域を拡大していく可能性についても考えてみましょう。

プロローグで取り上げた**PPIH**（ドン・キホーテ）は、ディスカウントストアの「ドン・キホーテ」から始まり、スーパーを買収したことで生鮮食料品を扱うノウハウも得て「メガドンキ」の業態を開発して、新しい業態で成長余地を拡大しました。

リクルートホールディングス（6098）は、新卒採用募集の広告事業から始まり、中途採用、派遣、集客用の広告媒体（じゃらん、ホットペッパーなど）、店舗運営効率化のシステム（エアレジなど）などに拡大。さらに最近では、採用や人事の仕事を根本的に効率化するHRテック（人材関連テクノロジー）など、中核ビジネスからその関連ビジネスにどんどん事業領域を広げて成長を続けています。海外展開も進めていますし、HRテックでは世界的なシェア拡大を狙っています。

4 経営者にやる気と能力があるか

経営者の良しあしを見極める5つのポイント

上場企業の経営者は基本的には皆優秀ですし、プレゼンも上手な人が多いので、経営者の話を聞いたり読んだりすると、「ああ、この人は優秀だな」と思ってしまいます。実際に会社を上場させたり、上場している企業の経営者になるだけでも十分に優れているといえます。しかし、投資家として求めるべきは、そこからさらに会社が成長していくことです。そうした能力と熱意が、その経営者にあるでしょうか。**上場ゴール**と言って、上場すること自体が目標であり、上場時点が業績や株価においてピークになってしまうような会社も一定数見受けられます。会社をさらに発展させていってくれる優秀な経営者かどうかを判断するポイントは、①ビジョンが明確か、②話が合理的か、③地道にやり抜く粘り強さがあるか、④リスクに対する意識の高さがあるか、⑤誠実か、の5点です。以下、それぞれについて詳しく述べます。

①ビジョンが明確か

経営者にとって最も重要な仕事は、会社のビジョンを明確にして会社全体に浸透させることです。ビジョンというのは、「将来的に会社がこうなりたい」という目標やイメージです。

会社の今やっている事業や会社が今もっている技術・ノウハウなどから考えて合理的なものであり、従業員の多くがそれによってやる気が出て、その実現に向かって会社全体が力を発揮できるようなビジョンを明確に打ち出せるかということが大事になります。

②合理性があるか

合理性があるというのは、言っていることと行っていることに納得できる根拠や裏付けがあり矛盾がない、ということです。経営者が語るビジョンや成長戦略が一見魅力的に感じられても、投資家としては、それが合理的なものなのかどうかを見極めたいところです。その際考えるべきポイントは次の3点です。

- **その会社の経営資源や強みを活かしたものなのか**
- **その会社ならできることなのか**
- **その会社こそやるべきことなのか**

たとえば、流行だからとか、儲かるからという理由だけで事業領域を広げるのは、その会社にとって合理的ではありません。かりにそれによって短期的に株価や利益が上がったとしても、その会社の強みが活かせる事業でないと、やがて激しい競争に巻き込まれて収益面で足をひっぱる事業になる可能性があります。目先の利益や流行に惑わされず、経営者の言っていることや行っていることに合理性があるのかどうか、長期的な会社の発展につながるものなのかどうかを冷静に見極めることが大切です。

③地道にやり抜く粘り強さがあるか

革新的な技術を生み出すにせよ、他が真似できないノウハウや仕組みを作るにせよ、長い時間をかけて地道に粘り強く努力を重ねる姿勢が欠かせません。革新的な技術・ノウハウについては、何かパッとひらめいただけでそれが生み出されるわけではありません。それを実現するために、気の遠くなるほどのトライアンドエラーを重ね、いくつもの問題を解決することを繰り返して、ようやく画期的な技術として完成します。仕組みづくりも同じです。新しいビジネスモデルに関してアイデアがひらめいてもそれは出発点にすぎません。さまざまな問題点をクリアして実際に人や物がスムーズに動く仕組みを作るには、地道な努力の積み重ねが必要です。

ZOZO（3092）は同社のインターネットファッションモールに出店してもらうために、自社店舗でしか販売しないという方針のブランドに何度も粘り強く通って説得するなど、地道な営業活動を重ねて、他のネットモールが真似できない店ぞろえを実現しました。

カカクコム（2371）も、最初は秋葉原の各電気店の製品価格を調べて回って、手作業で毎日情報更新するという泥臭い作業を続けていく中で、最大手の価格比較サイトとしての地位を確立していきました。同社の事業の2つ目の柱である食べログについても、飲食店に対する地道な営業努力を重ねて主要なグルメサイトの一角の地位を占めるようになりました。

④リスクに対する意識が高いか

会社には、ときどき予想外の危機が訪れることがあります。それを前提に、リスク管理をきちんとして備えていることが経営者にとっては大事です。

「今、大震災やパンデミックなどに襲われたら経営は危機的な状況になる」という状態になってはいないでしょうか。借金などが多すぎると、いざという時に耐えられなくなる可能性がありますので、ある程度財政的な規律を設けることも必要になってきます。

ソフトバンクグループ（9984）は、借金によって事業を拡張している代表的な企業です。借金で事業を拡張すること自体は悪いことではありませんが、それなりにリスクも高くなりますし、危機に対する耐性も弱くなります。ソフトバンクグループは不測の事態になっても耐えられるように、**「ローン・トゥ・バリュー（LTV）」**を財務的な規律の指標として使用しています。ローン・トゥ・バリューとは、保有株式の時価総額に対する純有利子負債（有利子負債から現預金を差し引いた金額）の割合ですが、ソフトバンクグループはこの比率を通常時は25％、非常時でも35％を上限とするという規律を導入しています。この規律によって、どんな状況になっても借金で資金繰りが滞らないように財務をコントロールしているわけです。

⑤誠実さ

長期的に成長を続けるためには、経営者がすべての関係者に対して正直で誠実であることが重要です。重要な事実を隠したり、できもしない成長戦略を発表したりする会社は顧客や取引先、投資家から信頼を失います。もちろん、会社には社外秘の情報もありますから、なんでも洗いざらい情報を提供するべきだということではありませんが、不都合な事実でも開示するべきものは開示して、可能な限り説明責任を果たすなど、迅速に対応することが望ましい姿です。

良い経営者は逆境の原因を環境のせいにせず、自社の内部に改善点を見つけて修正する努力をし、逆境にも耐えながら成長を続けられる企業体質にすることを目指します。逆境をむしろチャンスに変えようとします。会社の問題点を総点検して体質改善を図り、一段と成長力を向上しようとします。ですから良い経営者が率いる良い会社は、逆境を乗り越えるたびにその後、業績が大きく伸びます。

また、ビジョンや中期経営計画などは、その会社が本当に可能なもので、本気で実現しようと考えているものを掲げているでしょうか。業績予想は未達ばかり、中期経営計画も大幅な未達ばかりという会社は不誠実な会社である可能性があります。

以上のような観点でその会社の経営者が誠実かどうかを検討する場合には、業績が低迷したりトラブルが起きたりした時のような苦しい時期の決算短信や説明会資料などを見て、どのような説明をしているかを見てみると、参考になることが多いです。

5 経営資源×経営者で会社の4つのパターンを考える

経営資源と経営者を考える

会社の成長性は、経営資源と経営者の掛け合わせで決まります。

経営資源というのは、その会社が保有している経営に使える資源のことです。現預金、不動産、設備など目に見える資産はもちろん、技術、ノウハウ、ブランド力、顧客基盤、取引先のネットワーク、人材、開発体制など目に見えない資産も大事な経営資源となります。これらの経営資源の中からその会社の「強み」は何かという観点を前節で述べました。

こうした経営資源を経営者がどのように活用して事業展開していくのか、ということで会社の将来性が決まってくるわけです。そして、この2つの掛け合わせから会社を以下の4つのパターンに分類することができます。

会社のパターン①
優れた経営資源×優秀な経営者……優良成長企業型

優れた経営資源を抱える会社を有能な経営者陣が舵取りをしている場合、その会社はかなり着実に成長していくことが期待できます。株価は、高くなりすぎたり下落することもあるでしょうが、これらの条件が変わらない限り企業としての成長は続き、それに伴って株価の長期的な上昇トレンドが継続する可能性もあります。

ただし、永遠に栄華が続くということもありません。技術的なトレンドや経済のトレンドが変わったりした時に、その流れについていけなくなったり、経営陣が変わった時に舵取りが間違った方向に行くという可能性もあります。過去にも、誰もが認める優良企業だったのにその後衰退トレンドに入ってしまったという例もあります。そうした点には十分注意を払いながら投資を検討し、実際に投資した後も監視していく必要があります。

会社のパターン②
優れた経営資源×ダメな経営者……復活企業型

バフェットはいくつかの斜陽産業への投資での失敗経験から、**「経営陣がバカでも大丈夫な会社を選べ」**と言っています。誰が経営しても潤沢に利益を生み続けるような強固なビジネスを持った会社を選ぶべきだということです。ただし、バフェットは経営者を軽視しているわけではありません。それどころか経営者が優秀な会社にこだわって投資しています。つまり、バフェットは、経営資源も経営者も飛び切り優秀な会社を選りすぐって投資しているわけです。

バフェットが投資して成功した代表的な企業の1つがコカ・コーラです。コカ・コーラは170ページでも紹介した通り抜群に優れた経営資源を持つ会社ですが、1970年代には労働問題や環境問題や独占禁止法の問題などさまざまなトラブルが重なり低迷しました。当時の経営陣は業績回復を目指して浄水事業、エビの養殖、ワイナリー経営など経営の多角化に取り組みましたが、どれも本業との関連性が薄くてうまくいかず経営はさらに混迷しました。

そうした中、１９８０年にロベルト・ゴイズエタが経営トップになり、就任後ただちに管理職や現場責任者たちから聞き取り調査をして問題点を洗いざらいリストアップしました。そして、本業と関連性が低い事業からは撤退して本業に集中し、さらに海外戦略を推し進めることで業績を回復軌道に乗せて、株価を十倍ほどに上昇させました。

もともと抜群に優れた経営資源を持つコカ・コーラ社にゴイズエタという優れた経営者が現れて、経営が回復軌道に乗り始めたことに目をつけたバフェットは、１９８７年になってから同社の株に大量投資しました。バフェットが目論んだ通りその後、コカ・コーラ社は飛躍的に成長して、バフェットは資産を大きく増やしました。

このように、優れた経営資源を持っているのに業績や株価が停滞している企業というのは、経営者が変わることで大きく復活できる可能性を秘めています。

会社のパターン③ 乏しい経営資源×優秀な経営者……ベンチャー企業型

乏しい経営資源×優秀な経営者というパターンはベンチャー企業にあてはまります。ベンチャー企業はできたばかりで経営資源は乏しいけれども、優秀な経営者が優れたアイデアやノウハウを持って大きく成長しようという野心を持っている企業です。こうした会社に関しては、経営者の優秀さや経営ビジョン・経営戦略が正しいのかどうかが投資判断の分かれ目になります。もしその見極めができてうまく投資できれば、大きな投資パフォーマンスが得られる可能性があります。アップル、アマゾン、ファーストリテイリング、ソフトバンクなども最初はベンチャー企業でした。こうした会社の初期段階に経営者のビジョンの正しさや手腕を評価できて投資できていたら何十倍、何百倍という投資成果が得られたことになります。

会社のパターン④ 乏しい経営資源×ダメな経営者

このパターンの会社は、ほぼ投資対象になりません。そもそも経営資源に魅力がない場合には、そこに優秀な経営者が引き寄せられる可能性も低いです。

経営資源が乏しいどころかマイナスの会社もあります。文字通り、資産よりも負債が多い債務超過企業で、技術力や人材などの目に見えない資産も価値がないどころか「お荷物」になっているようなケースです。立て直しようがないくらいの斜陽ビジネスであり、人件費や設備費などの固定費が莫大にかかれば、赤字を垂れ流してしまうことになります。

一見、現預金などをたくさん抱えて資産が豊富に見えても、トータルの株主価値*や企業価値はマイナスと考えられるケースもあります。主力のビジネスがあまりにも斜陽な状態で、赤字を垂れ流すだけになっているようなケースです。赤字を垂れ流すくらいなら廃業するべきなの

＊企業価値のうち、株主に属する価値。発行済み株式を全て足し合わせた価値。それについている価格が時価総額。

ですが、古くから続けているビジネスは従業員や取引先などをたくさん抱えていて簡単にやめられないことが多いです。実際に事業を清算したら、良い資産をほとんど食いつぶしてしまったという状況になる可能性もあります。

ウォーレン・バフェットは一代で何兆円もの資産を築いた投資家ですが、過去にいくつか大きな失敗をしています。それは次のような会社への投資でした。

・新興国の安売り攻勢に防戦一方の繊維メーカー
・技術力が乏しく激しい安売り競争にさらされているだけの農機具メーカー
・立地が悪く、何の特徴もない二流の百貨店

繊維メーカーというのは、バークシャー・ハサウェイ社であり、バフェット自身が経営者として全力で経営立て直しに尽力しますが、どうしても繊維メーカーとしてのビジネスを立て直すことができず、最終的には繊維メーカーとしての事業を廃業することになりました。こうした経験からバフェットは、事業に関して大きな強みを持つ会社、そうした意味で経営資源が魅力的な会社にしか投資しなくなりました。

ただし、バークシャー・ハサウェイ社に関しては繊維業を廃業した時点では金融資産などがまだ豊富に残っており、それを元手にしてバフェットはこの会社を投資会社として再生させて、その後、世界有数の時価総額の会社へと成長していきます。バークシャー社の場合には、買収したバフェットが桁外れに優秀な経営者であったために比較的早い段階でリストラをして

ビジネスをがらりと変えて再生することに成功しました。斜陽産業を立て直すのは、優秀な経営者でも難しいということを示すと同時に、優秀な経営者というものが、いかに企業価値を高めてくれるかを実感させてくれる事例でもあります。

以上、経営資源と経営者の掛け合わせで4つのパターンを見ましたが、投資家として狙いたいのは、**優良成長企業型**、**復活企業型**、**ベンチャー企業型**です。このいずれのパターンも、高いパフォーマンスを実現するためには経営者がカギを握ります。特に、ベンチャー企業と復活企業型は、完全に経営者次第となります。

6 優れたビジョンを持っているか

ビジョンとは会社の目指す将来像

経営者にとって最も大事な仕事は**明確なビジョンを示して会社全体に浸透させること**ですが、長期的な成長を目指すための優れたビジョンとはどのようなものかについて考えてみましょう。日本企業のビジョンの事例として有名なのはソニーグループです。

ソニーグループ（６７５８）が１９４６年に東京通信工業として設立された時の趣意書では、**「技術者たちが自由闊達に創造性を発揮する理想工場の建設」**というビジョン、そして、当時成長が期待された製品であるラジオに関する技術を高めて、戦後の日本経済の復興の役に立ちたいというビジョンが明確に示されています。

実際にソニーグループは、このビジョンを実現して急成長しました。

２０１０年代以降に急成長して世界を席巻するようになった米国巨大ＩＴ企業も、それぞれ優れたビジョンを掲げています。特に次の2社のビジョンは有名です。

アマゾンドットコム

「地球上で最も顧客中心の企業となり、人々が買いたいものがなんでもオンラインで見つけら

れる場所を作る」

グーグル（アルファベット）

「世界中の情報を整理し、世界中の人々がアクセスして使えるようにする」

この両社はこれらのビジョンに向けて歩み続けて大きく成長しました。このように明快で人の心を揺さぶるビジョンは、会社の成長にとって重要な要素になることがあります。

ビジョンの他に**理念**、**パーパス**、**ミッション**などの言葉が使われることもありますが、ビジョンはこれらの言葉の意味を全て含んでいると考えられます。

理念は、企業としての基本哲学、基本姿勢などです。企業がどんなことに価値を置いていて、どのような行動基準をもっているのかを示すものです。たとえば、「お客様の立場に立って考える」「社会の発展に貢献する」「顧客、社員、取引関係者の幸福を最大化する」というようなものです。誠実、情熱、社会貢献、革新など、その会社が大事にするキーワードが理念として掲げられることもあります。

パーパスは、会社の存在理由です。パーパス（ＰＵＲＰＯＳＥ）は目的という意味なので、直訳すると「会社が設立された目的」「会社が存続し続ける目的」ということになります。

その会社がなくなったら社会はどのように困るのか、というような観点から考えられることが多いです。その会社がなくなったら社会が困る、という会社こそ価値ある会社であり、そうなるためにその会社が目指す姿がパーパスです。

ミッションは会社の使命です。会社として「これをぜひ成し遂げよう」と設定する目標です。

さらに、**中期経営計画**を発表する会社も増えています。これは向こう3～5年程度の期間の経営計画であり、利益を3割増やすとか5割増やすというように具体的な数字が示されることが多いです。

これらの言葉はかなり重なり合う部分もありますし、明確に区分できるものでもありませんから、これらの言葉の使い方に厳密にこだわる必要もありません。会社の打ち出しているビジョンが、理念なのかパーパスなのかミッションなのかにかかわらず、大事なのは、その会社がどのような将来像や理想像を描いているのかということです。

社運を賭けた大胆な目標（BHAG）で会社は急成長する

経営ビジョンについての研究の第一人者である経営学者のジム・コリンズは、長期的に成長を続けた企業のビジョンについて研究する中で、そうした企業の多くは時に社員たちが奮い立つような社運を賭けた大胆なビジョンを掲げ、それに向かって全社一丸となって尋常でなく熱心に地道に粘り強く取り組んで達成してきた、と指摘しています。

このように達成へのハードルがものすごく高いミッションのことを、コリンズは**BHAG**《ビーハグ》と呼んでいます。BHAGは、Big Hairy Audacious Goalの略です。hairyは身の毛もよだつように恐ろしいとか、困難なという意味であり、audaciousは大胆なという意味です。直訳すると「身の毛がよだつほど恐ろしく非常に大胆な目標」

ということになりますが「**社運を賭けた大胆な目標**」と翻訳されています。

ＢＨＡＧは、一か八かの勝負ではなく、その会社がこれまで蓄積してきた技術やノウハウなどを十分に活用して、さまざまなリスクも計算し尽したうえで、会社の大半の経営資源と社長や従業員のエネルギーをそこに集中的に注ぎ込むことで達成できる可能性が十分にあると考えられる合理的な目標です。

非常に高い目標だけれど無茶な目標ではない、ということです。目標がただ大きいだけで、それを成功させるための裏付けが全くない絵空事は、ＢＨＡＧともミッションとも呼べません。その会社にとって十分現実的で、なおかつ、全社一丸となって取り組めるわくわくするような目標がＢＨＡＧであり、それが達成されれば会社は飛躍的に成長する可能性が高いと考えられます。投資家としては、社運を賭けた大胆な目標に取り組んでいる会社にはぜひ注目して、その目標が達成できる可能性が高いと思われる場合には、投資対象として考えたいところです。

事例1　ファーストリテイリング（9983）
——究極の普段着を開発して世界に普及させる

ファーストリテイリングはユニクロやジーユーなどの店舗を運営し、カジュアルウエアを開発・製造・販売と一気通貫で行う製造小売りのビジネスモデルで大きく成長してきました。

ファーストリテイリングは、企業理念として、

「服を変え、常識を変え、世界を変えていく」

ミッションとして、**「本当に良い服、今までにない新しい価値を持つ服を創造し、世界中のあらゆる人々に、良い服を着る喜び、幸せ、満足を提供します」「独自の企業活動を通じて人々の暮らしの充実に貢献し、社会との調和ある発展をめざします」**ということを掲げています。

さらに、こうした企業理念やミッションを凝縮した言葉として「ＬｉｆｅＷｅａｒ」というコンセプトを掲げ、店舗などでも前面的に打ち出していて、顧客にも浸透しています。

これは着心地や機能を究極的に高めて値段も手ごろな「究極の普段着」ということです。この究極の普段着「ＬｉｆｅＷｅａｒ」を開発して提供する世界唯一の会社であることを標榜し、徹底的にこれを極める努力を日々しているということです。

究極の普段着を世界中の人たちに着てもらうことで、世界を着る喜びで満たし、人々の幸福感と活動を高めて世界を変えていく、ということを目指しているわけです。これがファーストリテイリングのパーパス（存在理由）であり、ミッション（使命）です。

実際にファーストリテイリングは、このＬｉｆｅＷｅａｒというコンセプトのもとでヒートテック、ウルトラライトダウン、エアリズム、ブラトップなど革新的な製品をいくつも生み出し、毎年億単位の枚数を供給するような定番商品へと育てていますし、将来的にもカジュアルウエアに革新を起こし続けるように、基礎研究や開発活動に熱心に取り組み続けています。

そして、カジュアルウエアというごく日常的な製品を扱いながらも、世界的に非常にユニークなポジションを築いています。

事例2　ソフトバンクグループ（9984）
——情報革命の資本家としてAI起業家たちとともに未来を創る

ソフトバンクグループは、携帯通信キャリアのソフトバンク、世界最強と言われる半導体設計会社アームなど、国内外の通信・IT関連の有力企業を傘下に収め、中国最大のネットショッピングTモールを運営するアリババの大株主として経営に関与する巨大コングロマリット（複合的な巨大企業）です。創業者の孫正義氏が一代で世界的なIT企業グループを作り上げ、なお、強烈な成長志向で経営戦略を推進し続けています。

ソフトバンクの経営理念は、**「情報革命で人々に幸せを」**です。創業以来、情報革命で社会を変えることを目指して邁進してきた企業であり、それをそのまま経営理念にしています。

そして、ビジョンは**「世界の人々から最も必要とされる企業グループを目指して」**です。また、**「300年間成長し続ける企業グループを目指す」**ということも常日頃から打ち出しているので、これもソフトバンクグループのビジョンといえるでしょう。

今現在、ソフトバンクグループが掲げているミッションは、**「情報革命の資本家としてAI起業家たちとともに未来を創る」**です。これは同社が正式にミッションとして掲げているものではありませんが、会社のホームページなどにも掲げられている言葉です。現在のソフトバンクグループは経営の軸足を思い切りAIに移しており、**「情報革命の資本家としてAI起業家**

たちとともに未来を創る」は現在のパーパスであり、ミッションともいえるでしょう。

具体的なアクションとして2017年からAIベンチャーに投資する10兆円規模の「ソフトバンク・ビジョン・ファンド」の運営を開始しています。

それ以降、このスローガンを全面的に掲げながら経営の軸足を完全にAIに移し、世界中に約300人の人材を配置して世界中の有力AIベンチャーを徹底的にリサーチして積極的に投資しています。2019年には「ソフトバンク・ビジョン・ファンド2」をスタートさせ、この路線を一段と拡大していく姿勢を明確にしています。この「ソフトバンク・ビジョン・ファンド」の事業は、ソフトバンクグループがまさに社運を賭けて取り組んでいる事業であり、この事業を通じて実現しようとしている「情報革命の資本家としてAI起業家たちとともに未来を創る」というミッションは、社運を賭けた目標といえるでしょう。

ソフトバンクグループは2022年3月現在、ソフトバンク・ビジョン・ファンドを通じて300社以上のAIベンチャーに投資をしています。これらの中からAI関連の有力企業を数多く輩出しソフトバンクグループがAIの世界的企業群を形成できれば、その目標が達成されたといえるでしょうし、その時には業績も株価も一段と飛躍している可能性もあります。

7 リスク要因を考える

成長シナリオを考える時は、リスク要因についても考えておく

成長シナリオを考える時には楽観的な見通しばかりでなく、リスク要因についても考えておきましょう。会社の強みに「絶対」はなく、それがひっくり返る可能性はリスクとして意識しておくべきところです。製品力や技術力を強みとする会社は、その**製品の欠陥**が見つかったり、**強力な新技術の台頭**がリスクとなります。品質への信頼感を失ったり、時代遅れという評価が高まったりすると、長年かけて培ったブランド力も転落してしまいます。

代替品の脅威は別のカテゴリーの商品に需要が取られてしまう脅威です。カメラの需要がスマホに奪われてしまったのが典型例です。

人材難や原材料高騰は事業の拡張をさまたげたり、コスト高を通じて収益面に打撃を与えたりします。

競合他社や新規参入などにより競争激化していないでしょうか。競争が激化する中で疲弊しているような会社については、投資対象としてとても魅力的とはいえません。競争が起こりづらい中で高収益を享受している状態か、激しい競争の中でも競争をリードして収益力を増していけるような企業が望ましいです。

地震・パンデミック・事故などについては予想外に突然襲ってくるものですが、そうしたリスクに備えがあるか、そうしたリスクに対する耐性はどうなのか、ということも少し考えておく必要があります。

規制の導入や撤廃はビジネスチャンスを生みますが、既存の会社にとってはリスクにもなります。規制の恩恵を受けていたらその撤廃はリスクになりますし、規制の緩い状態で稼いでいたなら規制強化はリスクになります。

資金繰りができなくなれば会社は倒産します。約束通りにお金が払えなければ、その会社は信用を失い、多くの取引先が一気に取引を停止する可能性があります。成長戦略を熱心に進めることはいいですが、成長を急ぎ過ぎるとちょっと計算が狂っただけで資金ショートして経営が傾くこともあります。

為替変動の影響を大きく受ける会社は、為替変動もリスク要因となります。海外からたくさん仕入れたり製造したりして国内で販売する場合などは円安がリスクになりますし、海外売上高が多い場合は円高がリスクとなります。また、借金の多い会社は金利上昇が収益を圧迫する要因になる可能性があります。

海外に大きな生産拠点があったり、収益に占める海外の割合が高かったりする会社の場合、現地で**政情不安**が起きた場合などはそれがリスクとなります。

市場が衰退していくことも大きなリスクになります。2010年代には保育園不足の解消が政治課題にもなって保育園の数がどんどん増えましたが、待機児童の問題が解消した後は、少子化が進む中で需要の頭打ちが意識されるようになります。需要が頭打ちになったあとは、淘汰される企業も出てくるかもしれません。少子化でも逆に教育熱心な親は増えているので、質の高い教育サービスなどが提供できれば、保育園ビジネスでさらに成長できるチャンスもあるでしょうが、そのような進化に失敗した会社は生き残れなくなる可能性もあります。

経営者の病気や死もリスクとして意識しておきましょう。特に、強力なリーダーであるほど、万一その人を失った場合のリスクは大きくなります。強力なリーダーがいることは成長への期待を高めてくれますが、後継者が育っているのかも気になるところです。

第3章
の
まとめ

成長シナリオを探るポイント

1 「投資する会社について、その成長シナリオを2分間語れるように」する

2 成長シナリオを考えるための要素は、
①会社の強み、
②成長余地の大きさ、
③経営者のやる気と能力、の3点で考える

3 会社の強みには、商品力・製品力、ブランド力、コスト競争力、ブラックボックス的な技術やノウハウ、研究開発力、人材、設備、顧客基盤・店舗網・販売網、サプライチェーン、資金力、スイッチングコスト、ネットワーク効果、地域独占、規制の壁などがある

4 成長余地については、
①同業のトップ企業との比較、
②国内市場での成長余地、
③海外市場での成長余地、
④事業領域の拡大可能性、という4点で考える

5 経営者のやる気と能力を判断するポイントは、
①ビジョンが明確か、
②話が合理的か、
③地道にやり抜く粘り強さがあるか、
④リスクに対する意識の高さがあるか、
⑤誠実か、の5点で考える

6 リスク要因についても考える。たとえば、製品の欠陥、新技術の台頭、代替品の脅威、人材難、原材料高、競合他社、新規参入、地震・パンデミック・事故、規制の導入・緩和、資金繰り、為替変動、政情不安、市場の衰退、経営者の病気や死など

第4章

財務諸表を読みこなそうＩ

【貸借対照表編】

1 財務諸表を読むコツ

財務諸表について最低限の知識を身につけよう

財務諸表は、会社の状況を数値で示した報告書です。主なものとして貸借対照表、損益計算書、キャッシュフロー計算書の3つがあり、**財務3表**《ざいむさんぴょう》と呼ばれています（**図4－1**）。

財務諸表は一般的に難しいものだとイメージされていますが、日常的によく使う用語、感覚的にわかりやすい用語もたくさんでてきますし、そうした項目を中心に見ていくだけでもいろいろと気づくことがあります。

少し難しいですが重要な用語というのもいくつかあります。それらの中で特に重要な受取手《うけとりて》形《がた》・売掛金《うりかけきん》、棚卸資産《たなおろししさん》、のれん、利益剰余金、売上原価などの用語についてはは念入りにわかりやすく説明します。これらの用語さえ理解すれば、財務諸表はかなりスムーズに読めるようになります。財務諸表は会社ごとの事情を反映して、その他にもたくさん知らない用語が出てくることがありますが、金額が小さい数値については、基本的には無視しても問題ありません。

財務諸表を見る上で注目すべきは、

- **大きくて目立つ金額**
- **前の年と比べて変化が目立つ金額**

図4-1 財務3表とは

財務3表

貸借対照表	BS	資産、負債、純資産の状況を示したもの
損益計算書	PL	損益の状況を示したもの
キャッシュフロー計算書	CF	キャッシュの増減を示したもの

です。そうした項目でこの本にも書いておらず理解できない用語があれば、インターネットで検索してみましょう。

財務諸表は、決算短信や有価証券報告書などに掲載されています。

決算短信は決算発表の資料であり、対象となる期間の収益、期末の財務状況やキャッシュフローの状況が載っています。本章では、物語コーポレーション（3097）の2022年6月期本決算の決算短信を事例として見ながら、決算短信の見方を説明していきます。

物語コーポレーションは、飲食店の運営で成長を続ける企業です。主力業態は低価格の「焼肉きんぐ」や「丸源ラーメン」です。コロナ禍で苦しんだ時期の決算短信になります。

2 決算短信の最初のページで業績トレンドをつかむ

成長トレンドが続いているか、停滞しているのかを確認

決算短信の最初のページには、財務諸表全体の概要が簡単に記されていますので、ここを見て、この会社のだいたいの状況を把握しましょう。

その中でまず売上高や営業利益などの収益状況を見て、成長トレンドが続いているのか停滞しているのかを確認します。決算短信の最初のページ（もしくは次のページ）には、業績の結果と予想が合計で3年分載っています。

実例を見てみましょう（**図4－2**）。この決算短信では、上のほうに**2022年6月期の連結業績**とあって、そこに2022年6月期の業績が記され、その下には2021年6月期の業績も書いてあります（①）。これらは、すでに終了した年度の結果です。

一番下には、**2023年6月期の連結業績予想**が記されています（②）。**第2四半期（累計）**とあるのは、最初の6カ月間の業績予想です。そして、**通期**と書いてあるほうが2023年6月期の1年間を通した業績です。3年分の業績を整理すると、**図4－3**のようになります。単位は百万円となっている項目が多いですが、百万円単位の場合には、下2ケタを隠すと残りの部分が億円単位となります。

図 4-2 決算短信は、こうなっている！

2022年６月期　決算短信〔日本基準〕（連結）

2022年８月10日

上場会社名	株式会社 物語コーポレーション		上場取引所　東
コード番号	3097　ＵＲＬ　https://www.monogatari.co.jp/		
代表者	（役職名）代表取締役社長	（氏名）加藤　央之	
問合せ先責任者	（役職名）取締役 常務執行役員 財務・成長戦略担当	（氏名）津寺　毅	ＴＥＬ　0532-63-8001
定時株主総会開催予定日	2022年９月27日	配当支払開始予定日	2022年９月28日
有価証券報告書提出予定日	2022年９月27日		

決算補足説明資料作成の有無：有
決算説明会開催の有無　：有（機関投資家・アナリスト向け）

（百万円未満切捨て）

①

1．2022年６月期の連結業績（2021年７月１日～2022年６月30日）

（1）連結経営成績　（%表示は対前期増減率）

	売上高		営業利益		経常利益		親会社株主に帰属する当期純利益	
	百万円	%	百万円	%	百万円	%	百万円	%
2022年６月期	73,277	14.4	2,873	12.4	6,167	44.5	3,727	36.6
2021年６月期	64,018	10.4	2,555	△15.7	4,265	40.8	2,727	497.1

（注）包括利益　2022年６月期　3,757百万円（38.7%）　2021年６月期　2,708百万円（504.8%）

	１株当たり当期純利益	潜在株式調整後１株当たり当期純利益	自己資本当期純利益率	総資産経常利益率	売上高営業利益率
	円 銭	円 銭	%	%	%
2022年６月期	308.56	307.24	17.6	13.1	3.9
2021年６月期	226.08	224.95	14.7	9.8	3.9

（参考）持分法投資損益　2022年６月期　－百万円　2021年６月期　－百万円
（注）当社は、2021年３月１日付で普通株式１株につき２株の割合で株式分割を行っております。前連結会計年度の期首に当該株式分割が行われたと仮定して、「１株当たり当期純利益」及び「潜在株式調整後１株当たり当期純利益」を算定しております。

（2）連結財政状態

	総資産	純資産	自己資本比率	１株当たり純資産
	百万円	百万円	%	円 銭
2022年６月期	46,196	22,960	49.0	1,870.37
2021年６月期	47,752	19,961	41.0	1,625.38

（参考）自己資本　2022年６月期　22,649百万円　2021年６月期　19,615百万円
（注）当社は、2021年３月１日付で普通株式１株につき２株の割合で株式分割を行っております。前連結会計年度の期首に当該株式分割が行われたと仮定して、「１株当たり純資産」を算定しております。

（3）連結キャッシュ・フローの状況

	営業活動によるキャッシュ・フロー	投資活動によるキャッシュ・フロー	財務活動によるキャッシュ・フロー	現金及び現金同等物期末残高
	百万円	百万円	百万円	百万円
2022年６月期	8,778	△7,383	△7,251	8,464
2021年６月期	5,789	△5,776	4,225	14,214

2．配当の状況

	年間配当金					配当金総額（合計）	配当性向（連結）	純資産配当率（連結）
	第１四半期末	第２四半期末	第３四半期末	期末	合計			
	円 銭	円 銭	円 銭	円 銭	円 銭	百万円	%	%
2021年６月期	－	50.00	－	35.00	－	724	26.5	3.9
2022年６月期	－	30.00	－	35.00	65.00	786	21.0	3.7
2023年６月期（予想）	－	35.00	－	35.00	70.00		22.2	

（注）当社は、2021年３月１日付で普通株式１株につき２株の割合で株式分割を行っております。
2021年６月期の第２四半期以前の配当金については当該株式分割前の実際の配当金の額を記載しております。

②

3．2023年６月期の連結業績予想（2022年７月１日～2023年６月30日）
（%表示は、通期は対前期、四半期は対前年同四半期増減率）

	売上高		営業利益		経常利益		親会社株主に帰属する当期純利益		１株当たり当期純利益
	百万円	%	百万円	%	百万円	%	百万円	%	円 銭
第２四半期（累計）	42,830	20.5	2,896	91.8	2,891	△25.6	1,731	△29.6	143.33
通期	87,658	19.6	6,259	117.8	6,250	1.3	3,802	2.0	314.80

太線で囲った2カ所から3年分の業績を読み解く

出典：物語コーポレーションのホームページより

図 **4-3** 物語コーポレーション(3097)の3年分の業績

	売上高	営業利益	経常利益
21年6月期	640億円	25.6億円	42.7億円
22年6月期	733億円	28.7億円	61.7億円
23年6月期予想	877億円	62.6億円	62.5億円

売上高は、四捨五入して↓640億円↓733億円↓877億円と拡大傾向が続き、新年度も続きそうなことがわかります。

営業利益は、25・6億円↓28・7億円↓62・6億円となっています。新年度はコロナ禍の影響も少なくなり、大幅に利益が改善される予想です。

経常利益は、42・7億円↓61・7億円↓62・5億円となっています。営業利益と違い、経常利益は新年度の伸びが今一つです。これは後ほど詳しい資料を見るとわかりますが、2021年6月期と2022年6月期には、コロナ関連と思われる助成金が大きく経常利益に加えられていたことが原因と考えられます。おそらく新年度は、これが大きく減少するか無くなるという想定なのでしょう。

そうしたことを考えると、このケースでは営業利益のほうが会社の実態を表しており、業績はコロナ禍も乗り越えて、順調に拡大傾向が続いている様子がわかります。

その他、財政状況やキャッシュフローや配当の概要が書かれています。**財政状況**については貸借対照表、**キャッシュフローの状況**はキャッシュフロー計算書に詳細が書かれています。なお、キャッシュフローの情報については、多くの企業は年に1回本決算の資料にだけ掲載されます。

決算短信の2ページ目以降は、**発行済み株数の状況**や単体決算の概況が出ていて、さらに、**事業の状況**や**財務状況**や**キャッシュフローの状況**が言葉で説明されているページが続きます。このページで、数字だけではわからない**定性的情報**がある程度、得られます。

そして、その後に、貸借対照表、損益計算書、キャッシュフロー計算書の財務3表やその他の財務資料が記載されています。

次に、財務3表の見方について詳しく説明していきます。

3 貸借対照表　資産の部

貸借対照表は資産、負債、純資産の3つに分かれる

貸借対照表は、**資産**、**負債**、**純資産**から成り立っています。

資産には、現金、預金、有価証券（株や債券）、受取手形・売掛金、棚卸資産《たなおろししさん》、土地、建物、設備、さらに、特許権や商標権などの権利も含まれます。これらは経済的に価値のある有形無形のさまざまなものです。

受取手形・売掛金は、売上代金のうち未回収の金額であり、**売上債権**《うりあげさいけん》ということもあります。支払う側が支払いの約束をした証券を発行したものを受取手形といいます。そうした証券類が特になく、伝票処理で済ます場合には売掛金といいます。受取手形のほうが銀行を介在した取引である分、信用力がある債権だと言えます。

棚卸資産とは在庫のことであり、商品、製品、仕掛品、半製品などと表記されることもあります。**仕掛品**《しかかりひん》は、生産途中の製品、**半製品**は製品にする途中の状態で販売する製品です。これらを含めて棚卸資産といいます。

資産にはその他、貸倒引当金《かしだおれひきあてきん》、建設仮勘定《けんせつかりかんじょう》、減価償却累計額《げんかしょうきゃくるいけいがく》、繰延税金資産《くりのべぜいきんしさん》、のれん、など少し難しい項目もありますが、金額が大きくない場合には、それほど重要ではありません。

これらの難しい項目についても別途説明しますので、必要に応じて参考にしてください。

224ページ**図4－4**は、物語コーポレーションの貸借対照表の資産の部です。数字が2列ありますが、右側が最新の数値で、左がその1年前の数値です。金額の単位は千円となっているので、下5けたを隠すと億単位になります。

右側の最新の数値を見ると、**現金及び預金**は84・6億円ですが、左側の前会計年度の金額は142・1億円ですから、57・5億円ほど減少しています。

売掛金は、すでに販売した商品・製品・サービスの代金の入金予定額であり、これが24・3億円ほどあります。

商品及び製品、**原材料及び貯蔵品**というのは、**棚卸資産**つまり**在庫**です。店舗で出す食材や販売する食品として仕入れたり製造したりして、ストックしているものの金額がこの項目になっています。商品及び製品は、四捨五入して4・9億円、原材料及び貯蔵品も四捨五入して1億円と、この貸借対照表の中では、あまり目立つ金額ではありません。ほとんどの食材は日々仕入れて、比較的短期間で使い切ってしまうということなのでしょう。

貸倒引当金は、通常はかなり小さい金額なので、あまり気にしなくていい項目ですが、入金予定先の会社の信用度に基づいて、一定割合で入金されないリスクを計算して計上しておく項目です。これは流動資産の中にあってマイナスの項目となります。受取手形・売掛金や貸付金などは、予想外のリスクなどに見舞われて一定程度支払われないリスクも考えられますので、相手の信用力に応じて貸倒引当金として計算しておきます。

図 4-4 物語コーポレーションの貸借対照表の資産の部

(株)物語コーポレーション(3097)2022年6月期　決算短信

3.連結財務諸表及び主な注記
(1)連結貸借対照表

(単位:千円)

	前連結会計年度 (2021年6月30日)	当連結会計年度 (2022年6月30日)
資産の部		
流動資産		
現金及び預金	14,214,915	8,464,866
売掛金	1,674,257	2,426,268
商品及び製品	383,121	487,714
原材料及び貯蔵品	80,833	96,990
その他	1,752,855	1,654,173
貸倒引当金	△598	△829
流動資産合計	18,105,383	13,129,183
固定資産		
有形固定資産		
建物及び構築物(純額)	20,046,107	22,096,023
機械装置及び運搬具(純額)	380,561	328,444
工具、器具及び備品(純額)	1,705,134	2,598,468
土地	1,437,296	1,437,296
リース資産(純額)	17,857	12,308
建設仮勘定	472,109	214,095
有形固定資産合計	24,059,067	26,686,636
無形固定資産	339,652	500,663
投資その他の資産		
投資有価証券	9,009	182,860
繰延税金資産	704,743	868,693
差入保証金	4,384,573	4,540,223
その他	150,232	288,409
投資その他の資産合計	5,248,558	5,880,187
固定資産合計	29,647,279	33,067,487
資産合計	47,752,662	46,196,671
	1年前の数値	最新の数値

出典:物語コーポレーションのIR資料を基に作成

図 4-5　営業循環とは何か

営業循環とは……

本業の活動の中で、現金・預金、棚卸資産、受取手形・売掛金などが増減するサイクルのこと。
このサイクルをグルグル回しながら現金・預金が増えていく形が望ましい。

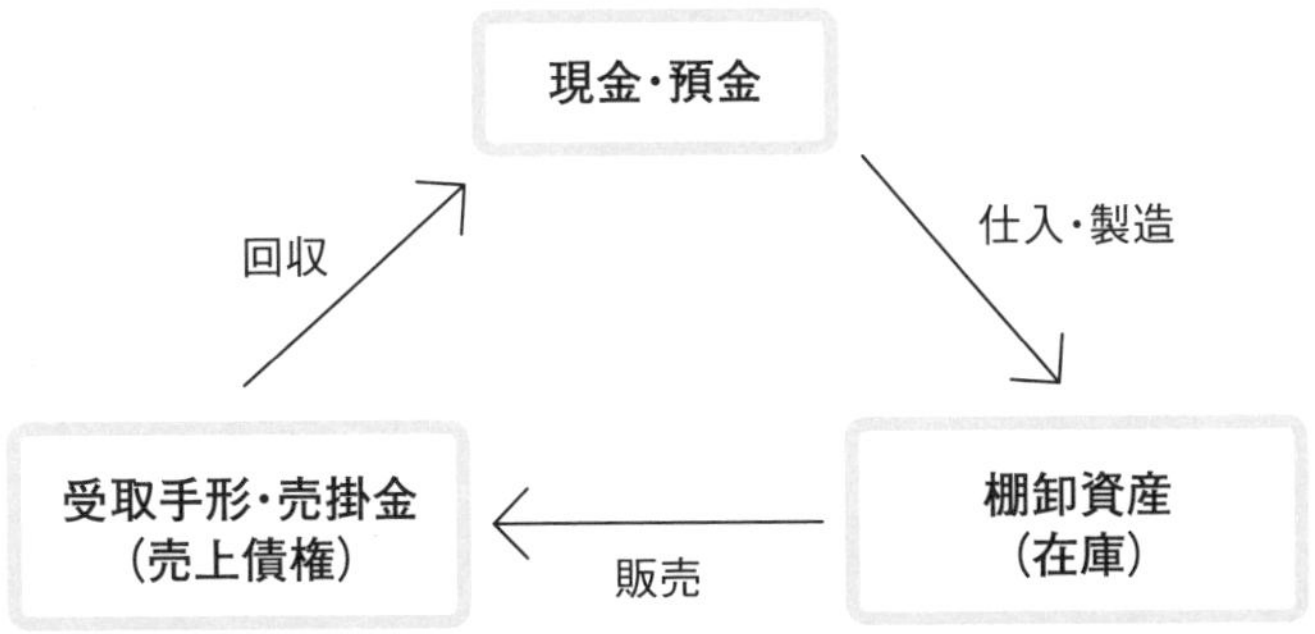

営業循環の中で生じる資産に注目

ここまで見た項目の中で、**現金・預金**、**受取手形・売掛金**、**棚卸資産**は営業循環の中で回っている資産であり、本業の状況を知るのに重要な項目です。

営業循環というのは、**図4－5**のように、本業における資産の動きのことです。仕入れや製造を行うと現金・預金が減って棚卸資産が増え、その棚卸資産を販売すると、棚卸資産が減って、受取手形・売掛金が増えます。最後に、代金を回収すると、受取手形・売掛金が減って、現金・預金が増えます。

受取手形・売掛金を経ずに、販売すると同時に現金・預金が増えるケースももちろんありますが、図4－5の循環を基本形として理解してください。この営業循環が順調にグルグル回転しながら現金・預金が増える形が理想的です。

受取手形・売掛金や棚卸資産の増加が目立つ時には要注意です。売上高が増えれば受取手形・売掛金や棚卸資産も増えますが、売上高が1・5倍にしかなっていないのに、受取手形・売掛金や棚卸資産が2倍とか、3倍になっていたら何か異常が発生している可能性があります。

受取手形・売掛金が、売上高の増加率を超えて異常に膨らむケースは特に注意です。こうした場合には、大きな取引先の支払い状況に異常が出ていないか確認したいところです。

棚卸資産の増加に関しては、**意図した在庫増加**なのか、**意図しない在庫増加**なのかによって判断は分かれます。新製品の発売に向けて意図的に在庫を増やしているケースもあります。こうした場合には、棚卸資産の増加をポジティブに捉えることもできます。

しかし、そうした狙いが特にあるわけでもなく、想定よりも売上高が上がっていないために棚卸資産が積み上がっているのだとしたら要注意です。

流動資産は短期的な資金繰りに役立ち、固定資産は長期で本業を支える

224ページの物語コーポレーションの資産の部を見ると、資産がいくつかのカテゴリーに分かれています。まず、資産全体が流動資産と固定資産の2つに区分されます。繰延《くりのべ》資産《しさん》とい

う区分もあるのですが、ほぼ登場することはありませんし、登場しても無視できる程度の金額であるケースがほとんどです。難しい項目である上、重要度はかなり低いのでここでは割愛します。ですから、資産は流動資産と固定資産の2つに区分する、と覚えてください。

流動資産というのは、現金か現金にしやすい資産であり、**固定資産**とは、現金にしづらい資産、あるいはすぐに現金にする予定がない資産です。流動資産は短期的な資金繰りに役立つ資産であり、固定資産は本業の活動を長期的に支える資産、ということになります。

流動資産と固定資産を区分するルールとして、営業循環基準と1年基準があります。

営業循環基準は「**営業循環の中で発生する資産は流動資産に区分する**」というルールです。**1年基準**は営業循環の中で発生する資産でないものを区分するルールであり、「**1年以内に現金化する予定の資産は流動資産、1年以内に現金化する予定のない資産を固定資産とする**」というルールです。

このルールを当てはめると、**流動資産とは**、「**営業循環の中で発生する資産と、それ以外の資産で1年以内に現金化する予定の資産**」ということになります。先ほど見た営業循環の中で生じている棚卸資産と受取手形・売掛金は流動資産となります。また、それ以外の資産でも、1年以内に現金化されることが見込まれる資産は流動資産に区分されます。

そして、**固定資産とは**「**営業循環の中で生じる資産以外で、1年以上現金化する予定がない資産**」ということになります。

当座資産は、特に現金にしやすい資産

流動資産の中で特に現金にしやすい資産を**当座資産**といいます。流動資産の中の現金・預金、受取手形・売掛金、有価証券がそれに該当します。棚卸資産も売ろうと思えばすぐに売れる品であれば現金に近いといえますが、一般的には販売するのにある程度時間がかかったり、売れ残るリスクがあったりするので、流動資産の中では比較的現金にしづらい資産と考えられます。流動資産は主に当座資産と棚卸資産で成り立っている、といえます。

有価証券は株や債券のことです。有価証券は固定資産の項目としても出てきます。売買目的で保有している有価証券は流動資産、関連会社や取引先の株を安定株主として保有しているなど当面売ることを予定していない有価証券は固定資産に分類します。

流動資産の中の有価証券は売買目的で保有しているものですから、基本的には市場取引が簡単にできるものであり、必要な場合には簡単に現金化できるものであると考えられます。そのような理由から「現金にかなり近い資産」と考えられ、当座資産に分類されます。

その他の流動資産について

前払費用は今後受け取る予定の商品や製品の代金を前払いしたものです。「お金は支払ったけど、モノはまだ受け取っていない」という場合にこの項目を資産の中に計上します。

たとえば、100万円の機械を現金や預金で買えば、貸借対照表では現金・預金が100万円減って、その分100万円の機械が増えます。しかし、機械がまだ引き渡されていない場合には、現金・預金を100万円減らした代わりに前払い金という項目を100万円増やします。機械が引き渡されれば、前払い金が100万円減って、機械という項目が100万円増えることになります。100万円を支払ったことで、今後100万円相当の品やサービスを受ける権利を得たと考えて、この項目を載せているわけです。

貸付金も資産としてカウントされます。返済の確実性が高いのであれば、それは預金と同じような性質のものだからです。1年以内に返済される予定の貸付金は流動資産になり、返済予定が1年よりも長いものについては**長期貸付金**として固定資産に区分されます。

繰延税金資産というのは、将来の所得に対する課税額を減らす効果があると考えられる分の金額です。

230ページ**図4－6**にあるように、たとえば、純利益が100億円の赤字になれば、翌年以降にその100億円を繰り越して（これを**繰越欠損金**という）、課税対象となる利益から差し引いて、その分税金を減らすことができます。次の年に300億円の純利益が出たら、そこから繰り延べた赤字の100億円を差し引いて、200億円が課税対象になります。税率が3割だとすると、課税対象が100億円減った分、税金は30億円減らすことができます。この30億円分税金を減らす効果の金額は、この効果が行使されるまで繰延税金資産として計上することになります。

図4-6 繰延税金資産とは

繰延欠損金(損失を翌年以降に繰り延べた金額)などが存在する時には、
それは利益が出た場合に発生する税金を減らす効果があり、その税金を減らす効果分を
資産として計上したもの。

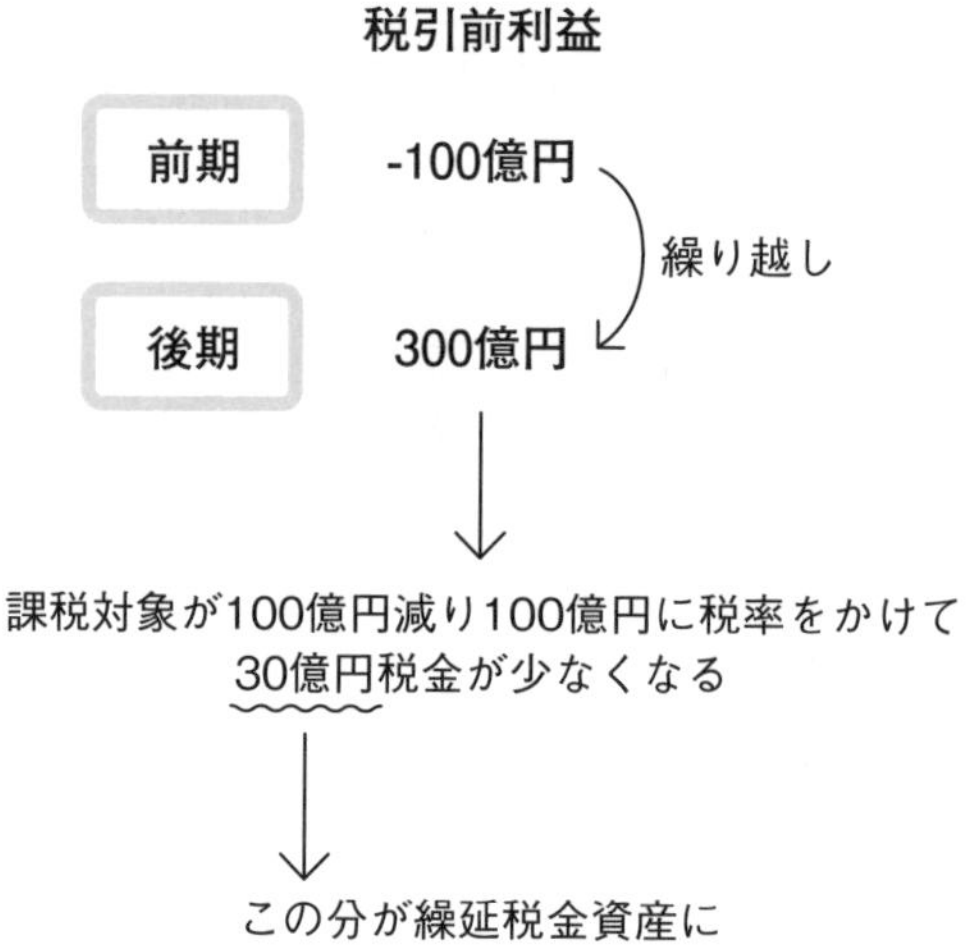

このように、繰延税金資産というのは実際に使える資産があるわけではなく、将来的に会社が利益を出さなければ効果が得られることもありませんので、現金・預金や有価証券に比べると実態性が薄く、資産性という点では質の低い資産ということになります。

固定資産は3つに区分される

固定資産は長期的に事業を支えるための資産です。正確には「営業循環の中で生じる資産ではなく、1年以内に現金化する予定がない資産」です。

固定資産は、有形固定資産、無形固定資産、投資その他資産の3つに区分されます。

有形固定資産はその名の通り、姿かたちが見える資産です。土地、建物、設備、備品などが有形固定資産に区分されます。

無形固定資産は、姿かたちが見えないけれど、経済的な価値のある資産です。特許権、商標権、借地権などの権利や、のれん、ソフトウェアがこれに区分されます。のれんとソフトウェアは少し難しい項目ですが、後ほど詳しく説明します（235、237ページ）。

投資その他資産は、このどちらにも入らない資産、たとえば、長期保有目的の有価証券や来年以降の税金を減らすと考えられる繰延税金資産などが、このカテゴリーに入ります。

物語コーポレーションの事例（224ページ）で、固定資産のところを見てみましょう。

まず、有形固定資産の中で**建物及び構築物**が約221億円となっています。この大半は店舗だと思われますが、資産の部の最大の金額となっています。しかも、前の年度（200億円）から大幅に増加しています。積極的に店舗数の拡大をしている様子がうかがえます。**建設仮勘定**というのは、建設途中の建物ということです。建物をたくさん所有する一方で**土地**は14億円強しか保有していませんし、前年から全く増えていません。土地を買わず、あくまでも借りた土地に店舗を立てて出店している様子がわかります。

機械装置及び運搬具は食材をカットしたり料理したりする機械や、食材を仕入れて運ぶためのトラックなどと思われます。**工具、器具及び備品**は、調理器具や店舗の備品などです。

リース資産も機械や自動車などです。これはリース契約して使用している資産ですが、毎月使用料を支払って最後は会社の資産になり、途中解約すると買い取らなければならないという契約のものです。実質的にローンで買っているのと同じなのでリース資産として資産に計上しているのです。それとセットで、負債には実質的なローンの残高である**リース負債**が計上されています。

ところで、建物及び構築物、機械装置及び運搬具、工具、器具及び備品、リース資産のうしろに（**純額**）と書いてあります。これは、次に説明する減価償却に関係のある用語です。まずは、減価償却について説明していきます。

毎年価値が下がる資産は減価償却する

建物、**設備**、**機械**、**自動車**、**器具**など時間とともに劣化して価値が下がる資産であるため、貸借対照表に計上する場合には毎年評価額を落としていきます。これを**減価償却**といいます。

減価償却の仕方は品目ごとに法律で定められていますが、**定率法**と**定額法**の2種類から選択できます。定率法は残存価値に対して毎年一定の比率で減価償却する方法、定額法は毎年定額で減価償却する方法です。定率法のほうが早めに大きな金額を減価償却することになり、その分短期的には利益が圧迫されますが、上場企業は定率法を採用している会社が多いです。

たとえば、500万円の自動車を買って定率法で減価償却するとします。自動車を定率法で減価償却する場合、毎年0・333の割合で評価額を落としていきます。購入後1年たった時点では、500×0・333＝167万円が減価償却費として損益計算に計上されます。正確には端数が出ますが、ここでは四捨五入して万単位で示しています。そして、貸借対照表に載るこの自動車の残存価値は500万円から167万円を引いて333万円となります。

2年目は、333万円に0・333を掛けて111万円が減価償却費となり、222万円が残存価値となります（234ページ図4−7）。

このように、**設備や機械や自動車を貸借対照表に載せる場合の評価額は、減価償却した後の残存価値**ということになります。224ページの物語コーポレーションの建物及び構築物、機械装置及び運搬具、工具、器具及び備品などの項目に（純額）と書いてあるのは、購入時の評価額から毎年の減価償却費分の累計を差し引いた金額を表示しているという意味です。

ここで大事なのは、実際にお金を払うタイミングと、経費計上に時間的なズレが生じるということです。この自動車の代金は1年目に500万円を支払います。

しかし、1年目に経費計上できるのは167万円のみで、後は翌年以降に分割して経費とし

図4-7　減価償却とは

●500万円の自動車を買って、定率法で減価償却した場合

	減価償却額		残存価値
購入時			500万円
		×0.333	
1年目	167万円		333万円
		×0.333	
2年目	111万円		222万円
		×0.333	
3年目	74万円		148万円
⋮	⋮		⋮

毎年の経費に　　貸借対照表に

て計上されます。自動車は固定資産であり、長期的に本業を支えるための資産です。その費用の計上は、それを買った年に一気に行うのではなく、買った後の各年度に分割して計上するようにした方が実態に合う、ということからこうした会計方法が取られています。

　減価償却により、自動車を買った1年目はたくさんお金が出ていったのに経費計上は少し、2年目以降はお金を支出していないのに経費計上される、ということになりま

す。**減価償却が利益とキャッシュフローのズレの一因になっていますが、数年単位で考えるとズレはなくなります。**詳しくは第5章で改めて考えます。

また、減価償却以上に著しく価値が落ちていると考えられる場合には、それらの資産の評価額をさらに引き下げるという減損処理をする必要が出てきます（237ページ参照）。

「のれん」は企業買収で発生する調整項目

のれんは、会社の買収金額から純資産を引いた金額です。

たとえば、A社という会社が純資産100億円のB社の株を150億円で100％買って買収したとします。この場合、純資産を超過した50億円がのれんです。この50億円は貸借対照表だけでは捉えられないB社の価値に対して付けられた値段です。貸借対照表だけでは捉えられない会社の価値というのは、技術力、ノウハウ、ブランド力、顧客基盤、そして会社組織自体も含めて貸借対照表に載っていないあらゆる経営資源です。

のれんの価値というのは、通常は貸借対照表に載せません。のれんは実態が捉えづらいですし、価値の算定が一筋縄ではいかず、見積もる人によって考え方や計算の仕方が異なってしまうからです。

しかし、企業買収が行われた時には、値段がはっきりとつきますし、150億円支払っているのに100億円の資産しか得られないとなると50億円の損失が発生したことになってしまいます。そこで、150億円支払って、「100億円の純資産＋50億円ののれん」を買ったという形にして財務的に処理するわけです。

のれんの会計処理については、1つ注意点があります。

のれんは、日本の会計基準では償却するルールになっていますが、国際会計基準や米国基準では償却しないルールになっています。日本の会計基準を採用している会社で大型の企業買収をしたケースなどは、**のれん償却費**が毎年計上されている可能性があります。

たとえば、会社を買収して200億円ののれんが発生したとします。日本の会計基準では、これを20年以内に償却することになっています。毎年10億円ずつ償却していくと、毎年ののれん償却費として10億円が計上されて、その分営業利益から差し引かれることになります。本来の営業利益が20億円だとして、のれん償却費が10億円計上されると、営業利益が10億円になってしまいます。

純資産よりも買収金額が安いケースもあります。たとえば、純資産が100億円の会社を70億円で買収した場合、差額の30億円を**負ののれん**といい、取引があった年度の損益計算で利益として加算します。要するに、100億円の資産を70億円で買って、その差額分をその年の利益として計算するということです。**正ののれん**（通常ののれん）とは処理の仕方が異なるわけです。

ソフトウェアについて

ソフトウェアは、基本的にはそれを作ったり購入したりするために要した金額を計上します。社内で作った場合には、人件費を含めてそれに要した費用を計上し、外部に委託した費用があればそれも計上します。

ただし、そうした金額を計上するためには、そのソフトウェアがその金額に見合うだけの経済的な効果を将来にわたってもたらすことが確実であると、合理的に説明できることが必要となります。このように、ソフトウェアも資産としての実態はあいまいな面があります。ソフトウェアを資産として取り扱うには、それを製品として他に販売したり、社内の業務を効率化したり、という形で将来的に収益に貢献するのかどうかがポイントですが、これは決算短信などの資料からは判断しづらいです。そのため、悪質な場合には粉飾決算に利用されるケースもあります。

減損処理について

ここまで見てきたように**資産の中でのれん、ソフトウェア、繰延税金資産については実態があいまいな資産**ですが、これらの資産に共通するのは、これらの資産の評価が今後の会社の収益状況次第だということです。

のれんというのは、一言でいえば買収した会社の収益力を評価して付けた値段であるわけです。ソフトウェアも、それによって収益を増やす効果があるということを前提に価値を見積もって計上しています。繰延税金資産も、今後赤字が続くようでは、その効果が享受できません。

そうしたことから、会社の収益状況が悪くなり、今後も改善の見通しが立たなくなってきたと判断されたら、これらの評価額を実態に見合うところまで下げたり、場合によっては価値をゼロにしたり、という会計処理をする必要があります。これを**減損処理**《げんそんしょり》といいます。これらの資産を減らした分の金額は、減損損失として損益計算書のマイナス要因として計上します。

このようにこれらの資産を持つということは、収益が悪化した場合に減損処理によってさらに業績を押し下げる要因になるので、その点は留意しておきましょう。

減損処理は設備や機械などの有形固定資産でも必要に応じて行います。機械や設備などは売却して現金にしづらいですし、仮に現金化するとしてもあまり高い値段がつかない可能性があります。機械や設備などを資産として貸借対照表に載せている根拠は、現金化できる資産としてというよりは、事業に役立ち収益に貢献するものであるということです。ですから、機械や設備なども、会社の収益が予想以上に低迷して回復メドがたたなければ、「その機械や設備は思うように収益に貢献していない」とみなされて、実態に合うように評価額を減らさなければなりません。

また、流動資産の中の棚卸資産（在庫）についても、販売価格を下げざるを得ない状況になったり、販売見通しが立たなくなってきたりした場合には、その実態に合わせて評価額を落とすこと、つまり、減損処理をすることが必要になります。

投資その他資産

投資その他資産は、長期保有目的の株や債券、期間が1年以上残っている定期預金、長期の貸付金、長期前払い金、退職給付に係る資産、繰延税金資産などです。

前払費用や繰延税金資産については228、229ページで説明しましたが、モノやサービスの受け渡しが1年以上先の前払金、税金を減らす効果が1年以上先になると思われる分の繰延税金資産などがこの区分に入ります。

退職給付に係る資産は、やや難しい項目です。

従業員にすでに働いてもらった期間に対応して、将来支払いが発生すると想定される退職金の合計を**退職給付債務**といいます。退職給付債務に対して、積立金の合計では足りない金額を退職給付に係る負債といいますが、退職給付債務よりも積立金のほうが上回っている時には、その上回った分を退職給付に係る資産といいます。

4 貸借対照表　負債の部

負債は支払い予定リスト

負債というのは支払わなければならない金額のことであり、有利子負債と無利子負債とに分けられます。

有利子負債は利子が付く負債であり、借金のことです。**銀行借り入れ**や社債やコマーシャルペーパーなどがこれに区分されます。有利子負債がゼロの会社を**無借金経営**の会社といいます。**社債**は証券を発行してお金を調達して金利を支払い期限が来たら返す必要があるので、借り入れと同じ性質の負債です。**コマーシャルペーパー**も社債と同様に証券を発行して資金を調達するものであり、短期的な資金調達の方法です。これも金利が発生し、償還期限も決まっているものなので実質的に借金となります。

無利子負債は利子の発生しない負債であり、借り入れや社債などの借金以外の負債です。支払手形・買掛金、前受金、預り金、引当金、繰延税金負債、退職金に係る負債などがこれに分類されます。

図4－8は、物語コーポレーションの貸借対照表の負債の部です。

負債の項目をざっと見渡すと、短期借入金、1年内償還予定の社債、1年内返済予定の長期

図 4-8 物語コーポレーションの貸借対照表の負債の部

(株)物語コーポレーション(3097)2022年6月期　決算短信

(単位:千円)

	前連結会計年度 (2021年6月30日)	当連結会計年度 (2022年6月30日)
負債の部		
流動負債		
買掛金	1,846,732	2,659,787
短期借入金	6,200,000	−
1年内償還予定の社債	−	1,000,000
1年内返済予定の長期借入金	1,209,414	1,124,808
未払法人税等	691,574	1,514,025
賞与引当金	276,652	294,469
株主優待引当金	24,257	33,783
ポイント引当金	14,822	1,085
店舗閉鎖損失引当金	56,597	5,175
その他	5,624,737	5,696,018
流動負債合計	15,944,787	12,329,153
固定負債		
社債	6,852,487	5,864,231
長期借入金	2,775,155	2,600,526
退職給付に係る負債	430,026	612,777
資産除去債務	552,361	613,749
その他	1,236,315	1,215,940
固定負債合計	11,846,345	10,907,225
負債合計	27,791,133	23,236,378

出典:物語コーポレーションのIR資料を基に作成

借入金、社債、長期借入金というように有利子負債の項目が並んでいます。

流動負債の有利子負債に注意を

貸借対照表の中で負債項目は**流動負債**と**固定負債**とに分けられています。負債に関する流動と固定の分類も、資産の分類と同じように営業循環基準と1年基準が適用されます。

まず、営業循環の中で発生する負債は流動負債に分類されます。支払手形と買掛金がこれに該当しますが、物語コーポレーションの例では買掛金が計上されています。

支払手形・買掛金は商品・製品・サービスを提供してもらい近いうちに代金を支払う予定の金額です。222ページで説明した受取手形・売掛金は受け取る側から見た項目ですが、支払手形・買掛金は、これと全く同じものを支払い側から見た項目となります。この支払手形・買掛金は金利が発生するわけではなく借金ではありませんが、支払いの義務があるものなので負債ということになります。

営業循環で生じるものではない負債については、**1年基準**が適用されます。1年以内に支払いをしなければならないものは流動負債、支払期限が1年よりも先のものが固定負債です。要するに、流動負債は支払いが迫っている負債であり、固定負債は支払いまで時間的余裕がある負債ということです。そうした意味で流動負債は注意が必要な負債ですが、その中でも特に注意が必要なのが**有利子負債**です。

負債であればどれも支払う必要はあるわけですが、有利子負債以外の負債というのは、本業の活動を回す中で立て替えてもらっているという性質の負債であり、支払ってもすぐにまた立て替えてもらうという形になるのが普通です。

たとえば、図4-8の物語コーポレーションの場合、買掛金は前年度が18億円で、当年度は約27億円となっています。この買掛金のほとんどは食材を買って発生しているものだと思われます。会社としては、食材を仕入れて、すぐに店舗で調理して提供して、売上金を得て、その中から支払う、という形になっています。そしてまた、売掛金によって材料を仕入れて……という営業循環を繰り返しているわけです。そうした中で売掛金の水準は基本的にキープされ、事業規模が大きくなればそれに応じて大きくなります。

一方、有利子負債は金利も発生しますし、金融機関や投資家の意向次第で、返済させられてもう借り換えすることができない、ということになる可能性もあります。もちろん、有利子負債も借り換えがスムーズにできている場合には、それほど大きな問題にはなりません。物語コーポレーションのようにコロナ禍の中でも業績好調をキープする高収益企業であれば、銀行も喜んでお金の借り換えに応じてくれるでしょう。

しかし、業績が不振な会社は、有利子負債の借り換えがスムーズに行われるかは気になります。特に、金融危機が起きたり、経営が不調になった場合などには、金融機関が途端に手のひらをかえして、借り換えに応じてくれなくなる可能性もあります。そうした意味で、**流動負債の有利子負債は、特に注意を要する負債**ということになります。

流動資産と流動負債を見比べてみる

会社の財務的なリスクを考える上では、流動資産と流動負債が重要になります。流動資産と流動負債を見比べて、流動資産で流動負債が十分に賄えるならば、特に現金・預金が多い場合には問題なしと考えていいでしょう。収益やキャッシュフローの状況も併せて考える必要はありますが、少なくとも貸借対照表上は問題ないといえます。

物語コーポレーションの負債の部（241ページ）をもう一度見てください。

流動負債合計は123億円です。

流動負債の中で特に注意するべきなのは有利子負債ですが、物語コーポレーションの場合は、

1年内償還予定の社債　10億円
1年内返済予定の長期借入金　11億円
流動負債の中の有利子負債合計　21億円

となっています。

一方、224ページ図4－4を見ると流動資産は131億円あり、流動資産の中で特に資金繰りに役立つのは、

現金及び預金　85億円

売掛金　24億円

当座資産（現金及び預金＋売掛金）　109億円

となっています。

流動負債に対する流動資産の比率を**流動比率**といいます。物語コーポレーションの場合は、流動資産131億円を流動負債123億円で割って、1・1倍となっています。一般的に流動比率が2倍を超えていれば、資金繰りの安全性はかなり高いとされていますが、業績面や財務面で特に問題なく順調に回っている企業の場合、流動比率が1倍程度の会社も多いです。

流動比率が高くても、流動資産の中身が良くなくて、業績も悪化していて金融機関も融資に消極的になっている場合には、一気に資金繰りが悪化する可能性もありますし、そうした事例も過去にあります。

しかし、物語コーポレーションの場合は、流動資産の中身も当座資産、特に現金及び預金が多いですし、業績も順調で金融機関にとっても良い融資客であると考えられますから、借り換えも問題なく行われるでしょう。少なくとも、この決算短信の時点では資金繰りには問題がなさそうです。

流動負債に対する当座資産の割合を**当座比率**といいます。この事例の場合には、当座資産109億円を流動負債123億円で割って0・89倍となります。当座比率が1倍以上だとかなり安全性は高いと判断されます（246ページ**図4－9**）。物語コーポレーションの場合、こ

図 4-9 資金繰りの余裕度の判断法

① 流動比率 $\dfrac{\text{流動資産}}{\text{流動負債}}$ 一般的に200%以上が望ましいとされるが、収益力が安定している会社は100%程度でも大丈夫

② 当座比率 $\dfrac{\text{当座資産}}{\text{流動負債}}$ 100%ならかなり余裕がある

③ **流動資産の中の有利子負債**を上回る**現金・預金**があれば、資金繰りは比較的余裕があるといえる

の当座比率は0・89倍と1倍には達していませんが、0・9倍近くならまずまず高いといえます。利益やキャッシュフローなど収益面も順調であり、現金及び預金85億円というのは、流動負債の有利子負債21億円を大幅に上回っているので、この点でも安全性は高いといえます。

前受金・前受収入

前受金や**前受収益**は、商品・製品・サービスの提供に先立ってお客さんから前もって支払ってもらった代金です。前払金・前払い費用を受け取る側から見た項目です。

　商品・製品・サービスの引き渡しが終わっていないのに代金を事前にもらった

図4-10　繰延税金負債とは

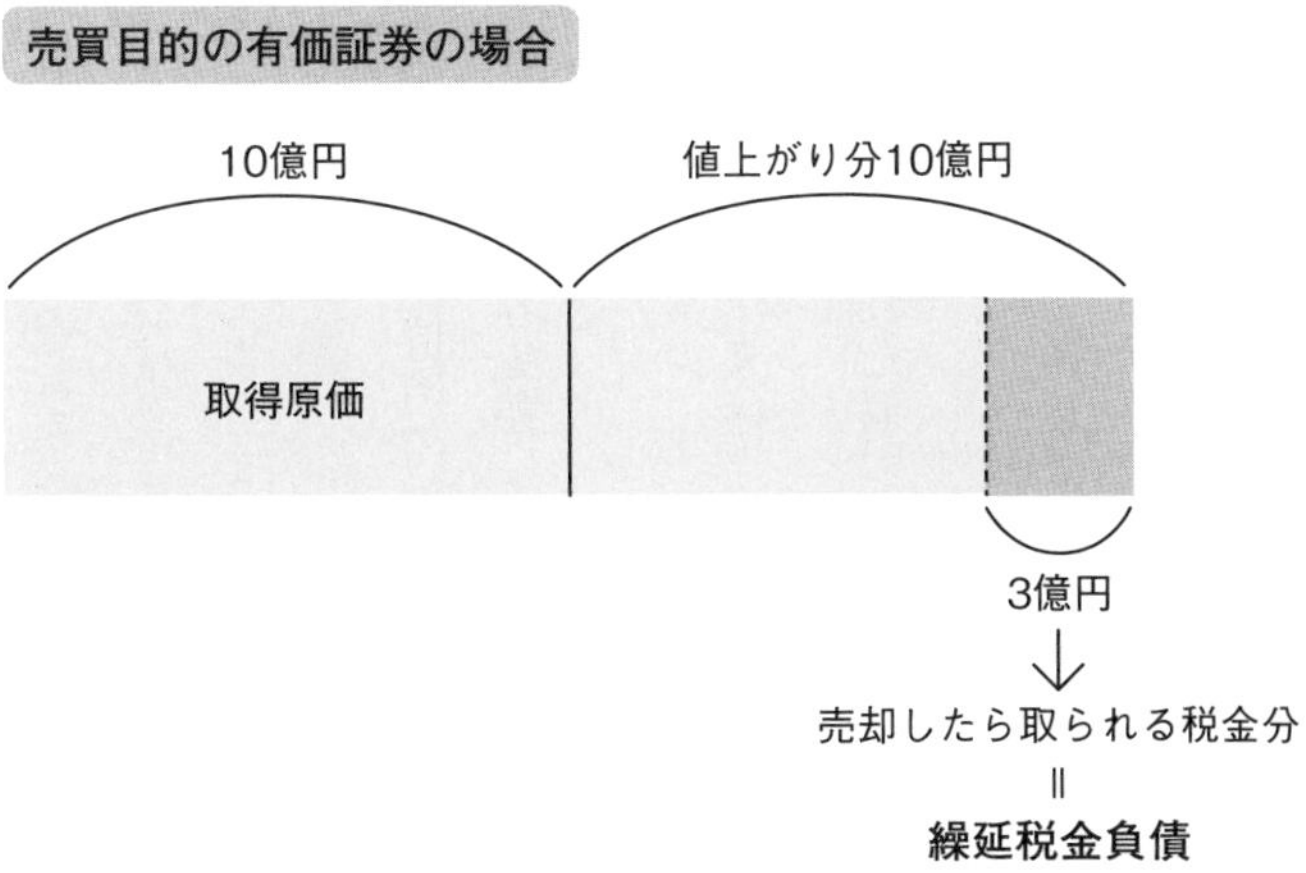

分については、お客さんから預かっている資産ということになります。何らかの理由で取引がキャンセルになれば返済の義務がありますし、また、取引が成立すれば、商品・製品・サービスを引き渡すことになり、その分資産を使うことになります。言い方を変えれば、現金もしくは現物で支払う義務を負っているので、負債ということになるわけです。

繰延税金負債

繰延税金資産については229ページで説明した通り、今後の利益に対して課される税金を減らす効果がある金額分ということです。

それに対して、**繰延税金負債**は将来支払うと想定される税金分をあらかじめ支払い義務として認識して負債に計上しておくというものです（**図4－10**）。

たとえば、売買目的の有価証券を10億円分取得して、それが値上がりして20億円の時価になっているとします。

単純に考えると10億円の含み益があることになります。しかし、これを20億円で売却して10億円の利益を実際に確保すると、それに対して約3割の税金が取られます。つまり、3億円ほど税金が取られることになります。ですから、このケースでは資産の部に有価証券20億円という時価を計上しつつ、負債の部に繰延税金負債として3億円計上するという形にします。そうすると、「有価証券は20億円の価値だけど、3億円の税金が差し引かれる」ということが織り込めることになり、より実態に近い姿を表すことができるわけです。

引当金は、将来の支払いに備える項目

引当金《ひきあてきん》は、すでに行われた取引によって、将来的に支払う可能性が高くなったと考えられる分の金額です。引当とは、引っ張ってきて充当する、という意味です。支払いの可能性が高まった金額についてきちんと認識して準備しておく、という意味合いのある項目です。

物語コーポレーションの事例では、賞与引当金、株主優待引当金、ポイント引当金、店舗閉鎖損失引当金などが負債として計上されています。

賞与引当金はボーナスの支払い予定額です。すでに働いてもらった日数に応じて支払いが確

定した金額で未払いの分を引当金として計上しているものです。ここで少し注意するべきなのは、将来的に支払う可能性のあるボーナスを何年分も引当金にするわけではない、ということです。あくまでも、すでに働いてもらった分に対応した金額を引当金にするのです。

株主優待引当金はすでに確定している株主優待を実施するのに必要な金額を、引当金として計上する項目です。

ポイント引当金は店舗で食事をしてもらった人に付与したポイントの残高を計上したものです。利用客に付与したポイントは、将来的に食事の代金として利用されることが想定されています。その分だけ料理を提供しなければならないので、そのコスト分を引当金として計上するわけです。買い物客にポイントを付与する小売店などでも発生する項目です。

店舗閉鎖引当金は、すでに閉鎖を決定した店舗に関して、実際に店舗を閉鎖した時に想定される損失額をあらかじめ引当金として計上するものです。

主な引当金については、**図4-11**で一覧表にまとめました。これらの中で貸倒引当金だけは資産の部に計上するものであり、マイナスの項目として計上します。

退職給付引当金は退職金の支払いのために準備しておくべき金額です。ただし、連結決算では、この退職給付引当金に相当する項目は退職給付に係る負債という名称で出てきます（239ページ参照）。

図 4-11 主な引当金一覧

●主な引当金

貸倒引当金	受取手形・売掛金などのうち回収不能になる可能性のある金額を見積もって、あらかじめ差し引いておく金額。資産の部にマイナスの項目として計上する
製品保証引当金	販売した商品や製品の品質保証にかかると予想される費用
売上割戻引当金	販売代理店に売上高に対して一定の割合を割り戻す約束をしている場合に、実際に販売してもらった金額に対して割り戻す金額を計算し計上するもの
返品調整引当金	販売した商品や製品のうち返品されると予想される割合から計算した損失額
賞与引当金	従業員にすでに働いてもらった期間分に対応する今後のボーナスの支給予定金額
工事補償引当金	行った工事について、瑕疵《かし》などがあった場合の補償に充てるために必要であると見積もられた金額
修繕引当金	その会社の固定資産の修繕費として今後、見込まれる金額
ポイント引当金	買い物客に付与したポイントのうち、将来の買い物で行使されると予想される分の金額
退職給付引当金	従業員のこれまで働いてもらった期間分に対応する退職金の支払い予定額。連結決算では退職給付に係る債務という名称になる

5 貸借対照表 純資産の部

純資産は「株主の払い込んだお金＋利益の蓄積」でできている

純資産は資産から負債を差し引いて残った金額です。

純資産は、株主が最初に出した元手金と、それをもとに事業を展開して積み重ねた利益の蓄積を合わせたもの、ということもできます（２５２ページ**図4－12**）。

株主が最初に出した元手金は**資本金**と**資本剰余金**に振り分けられます。半分ずつに振り分けることが多いです。厳密には、資本剰余金にはそれ以外の金額も少し入り込んできますが、おおむねこのように理解してください。

利益剰余金というのは、会社が稼いだ利益のうち、配当などを支払った後に残った分を蓄積したものです。内部留保とも呼ばれます。それは会社を成長させるための投資に使われることが多いですが、現金や預金としてため込んでいる企業もあります。

利益剰余金は、本来株主に配当するべきお金を成長投資のために預かっているという性質のお金であり、配当や自社株買いなど株主に還元することが可能な金額でもあります。配当原資とか配当可能金額などとも呼ばれます。この点は配当をテーマにした第8章でくわしく説明したいと思います。

図4-12　純資産は「株主の払い込んだお金＋利益の蓄積」でできている

純資産

＝

株主が払ったお金　資本金・資本剰余金

＋

利益の蓄積　利益剰余金

自己株式は自社株を買って保有している分です。これはマイナスの項目ですが、なぜマイナスの項目になるのかは256ページで説明します。その他にもいくつかの項目が加わりますが、ほとんどのケースではかなり小さい数値になります。

純資産＝自己資本
＝株主資本

物語コーポレーションの貸借対照表の純資産の部を見てみましょう（**図4－13**）。

資本金28・6億円、**資本剰余金**26・8億円、合計で約55億円です。これが株主が最初に払い込んだお金です。

そして、**利益剰余金**は四捨五入して172億円です。資本金＋資本剰余金の

図 4-13 物語コーポレーションの貸借対照表の純資産の部

（単位：千円）

純資産の部	前連結会計年度（2021年6月30日）	当連結会計年度（2022年6月30日）
株主資本		
資本金	2,749,484	2,863,744
資本剰余金	2,563,475	2,677,735
利益剰余金	14,379,893 →	17,157,917 ④
自己株式	△3,630	△4,689
株主資本合計	19,689,223	22,694,708 ②
その他の包括利益累計額		
その他の有価証券評価差額金	4,607	3,664
為替換算調整勘定	△67,837	10,324
退職給付に係る調整累計額	△10,451	△58,838
その他の包括利益累計額合計	△73,681	△44,848
新株予約権	345,987	310,432
純資産合計	19,961,529 ③	22,960,292 ①
負債純資産合計	47,752,662	46,196,671 ⑤

出典：物語コーポレーションのIR資料を基に作成

約3倍以上も積み上がっています。利益剰余金が厚くなっているのは、その会社がこれまでにたくさん稼いできたことの結果であり、その会社の収益性の高さの証にもなります。また、先述のとおり、配当など株主に還元する原資がたっぷりあるということでもあります。

ただし、利益剰余金は必ず現金や預金の状態で蓄えられているわけではありません。成長のための投資を熱心に行っている会社の場合などは、利益剰余金が事業を行うための設備や投資した企業の株式などの形になっていることが多く、その場合には、利益剰余金の全てをただちに配当に回せるわけではありません。その点は留意していただければと思います。

自己株式は自社株を買い戻して保有しているものです。資本金と資本剰余金を調達するために発行した株を買い戻しているので、その分資産が減ってしまいます。その分だけマイナスする項目です。自己株式はだいたいの場合は小さい金額ですが、自社株買いを積極的に行っている会社の場合には大きな金額になることもあります。やや難しい項目ですが、重要になることもある項目なので、256ページであらためて詳しく説明します。

ここまでの合計、つまり、資本金、資本剰余金、利益剰余金、自己株式（マイナス項目）の合計が**株主資本**です。

その他の項目については難しい項目ですが、金額がかなり少なくて、投資家として無視してもあまり問題ないと思います。物語コーポレーションの事例を見ても、当連結会計年度の数値としては、純資産合計が四捨五入して230億円（図4－13①）であるのに対して、株主資本合計は227億円（図4－13②）です。その他の項目については合計しても3億円程度、率にして1％強しかありません。

つまり、**純資産というのはほぼ株主資本と同じこと**、**純資産≒株主資本**なのです。**自己資本**は、株主資本にその他包括利益累計という区分を加えたものですが、これも株主資本とほとんど変わらない金額です。つまり、**純資産≒自己資本≒株主資本**です。厳密には少しずつ異なるのですが、ほとんどのケースでは、この3つはほぼ同じものとみなして問題ありません。結局、純資産の大半を占める大事な部分は株主資本であるということになります。そして、特に、自己株式を除いた3項目、資本金、資本剰余金、利益剰余金が多くを占めています。

純資産合計は230億円ですが、前会計年度は四捨五入して200億円（図4－13③）であり、30億円ほど増えています。その主な要因は、利益剰余金が144億円から172億円へと28億円増えたこと（図4－13④）。つまり、利益の蓄積が増えたのです。このように、**順調に収益を稼いでいる会社は、毎年利益剰余金を積み重ね、自己資本を増やしていきます**。

純資産合計230億円は負債合計232億円（241ページ図4－8）と合計して、負債純資産合計462億円となります。これが最終ラインに記されています（図4－13⑤）。そして、この負債純資産合計が資産合計462億円と一致します（224ページ図4－4参照）。

自己株式はなぜマイナスの項目になるのか

自己株式は、自社の株を買ってそのまま保有している分です。これは発行した株を買い戻した分であり、マイナスの項目となります。

1億円分の他社の株を買って保有すると、現金・預金が1億円減り、有価証券が1億円増えて、資産の合計金額は変わりません。そして、純資産の金額もそのまま変わりません。

しかし、**自己株式を買った場合、その自己株式は資産にはなりません**。自社が発行した株を保有しても配当金はもらえませんし、株としての価値は発揮されないからです。他人が自分宛に書いた借用書を持っていればそれは資産になりますが、自分が書いた借用書を自分が持っていても資産にならないのと同じことです。ですから、1億円で自社株を買った場合、資産の変化としては1億円分減ることになります。1億円の現金を費やして、他の資産項目が増えることはないからです。ですから、自己株式を保有している場合には、それを買った分だけ純資産が減ります。そのことを示すために、自己株式の項目はマイナスで示すのです。

内部留保をため込むのは悪いことか

大企業が内部留保をため込んでいることを非難する風潮がありますが、内部留保とは利益剰余金のことであり、多くの企業では、そのお金を人員拡大や研究開発費、設備投資や企業買収、新規事業立ち上げなどに使っています。

ただし、明確な理由もなく内部留保金を現金や預金としてため込んでいるのは、上場企業の姿勢としては非難されても仕方ありません。そのような会社は、自己資本を積み上げながら有効活用していないわけですから、ＲＯＥ（自己資本利益率）も低くなりますし、株価も低迷することが多いです。しかし、そうした会社は潜在的に改善の余地が大きい、とも考えられます。現金・預金をため込んでいる会社が、その資金を成長戦略や株主還元を積極化に使う方針に転換すると、途端に株価が急上昇することが多いです。

２０１５年には、金融庁と東京証券取引所が**コーポレートガバナンス・コード**という上場企業の指針を出して、上場企業が最低でもＲＯＥ８％以上を目安にして資本効率の向上を考えるべきだという基準を示しました。さらに、上場企業にはこれに合意するか、合意しないかを明示して、合意しない場合にはその理由も明示することを迫りました。事実上、上場企業は資本を効率的に活用する努力が迫られるようになり、日本でもＲＯＥを意識して余剰資金を有効活用するという流れが強まっています。今後も引き続き、余剰資金の有効活用をする動きは強まり、それによって株価が上昇するような動きも、いろいろと出てくるのではないかと思われます。

第4章
の
まとめ

貸借対照表のチェックポイント

1 貸借対照表を見る時には、まず、
①大きくて目立つ金額
②前の年と比べて変化が目立つ金額
に注目して、会社の状況や変化を確認しよう

2 金融資産（現金・預金、有価証券）を確認しよう。
それが豊富にあれば、それを有効活用することで株価が上がる可能性もある

3 現金・預金→（仕入れ・製造）→棚卸資産→（販売）→受取手形・売掛金→（回収）→現金・預金……という営業循環（本業の循環）が順調に回っているかを意識しよう

4 売上高に比べて、棚卸資産（在庫）や受取手形・売掛金の増加率が異常に増えている場合には、営業循環の歯車が狂い始めている可能性もあるので注意しよう

5 受取手形・売掛金が急増している場合、取引先に異変はないか気を付けよう

6 棚卸資産（在庫）が急増している場合、意図した在庫増（一気に売上拡大を目指すための在庫増）なのか、意図しない在庫増（売れ行き不振による在庫増）なのかを探ろう

7 流動負債、特に、その中の有利子負債（借入金、社債）を確認しよう。
それは流動資産、営業ＣＦでまかなうことができる金額か

8 繰延税金資産、のれん、ソフトウェアは資産性が低く、収益が悪化すれば減損処理の対象になる

9 利益剰余金が厚いのは収益力が強い証。配当を増やす余地の高さも示す

第5章

財務諸表を読みこなそうII

【損益計算書とキャッシュフロー計算書編】

1 売上総利益は真の収益力を探る手がかり

利益には、売上総利益、営業利益、経常利益、税引き前利益、純利益の5つがある

損益計算書は、売上高からさまざまな費用を差し引いて利益を計算するものです。利益は、売上総利益、営業利益、経常利益、税引き前利益、純利益と何段階かあります（図5－1）。最終的には、全ての経費と税金を差し引いて純利益を計算します。

損益計算書でまず計算される利益は**売上総利益**です。売上総利益は**粗利**《あらり》とも呼ばれます。売上総利益は会社四季報などには掲載されていませんが、会社の利益の源泉になるものであり、その会社の事業の収益性を考える上でとても大事な項目です。

売上総利益は、売上高から**売上原価**を差し引いて計算します。

原価というのは「元の値段」という意味であり、仕入れ値や製造コストのことを指します。りんご1個を200円で仕入れて300円で売った場合、仕入れ値200円が原価で、売値から仕入れ値を引いた100円が売上総利益です。このように、大まかには「売上原価＝仕入れ値」というイメージですが、仕入れのためにかかる人件費や輸送費なども売上原価の中に含まれます。

製造業の場合の原価は、製品を製造するために要する費用であり、**製造原価**※とも呼ばれます。

※製造原価のうち、実際に販売した製品にかかった製造原価分が売上原価となる。

図5-1 損益計算書の概要

損益計算書の概要

売上高	100
− 売上原価	30
売上総利益（粗利）	70
− 販売費・一般管理費（販管費）	55
営業利益	15
＋ 営業外利益	8
− 営業外費用	2
経常利益	21
＋ 特別利益	3
− 特別損失	4
税引き前利益（税金等調整前当期純利益）	20
− 税金（約30%）	6
純利益（親会社株主に帰属する当期純利益）	14

損益計算書の概要です。

損益計算書は、
売上高からさまざまな経費や
損失を差し引いて、
何段階かに分けて
利益を計算し、最終的に
純利益を求める形に
なっています。

この図中の数値は、理解を助けるためにサンプルとして入れたものです。

サービス業の場合には、仕入れたり製造したりすることの比率があまり高くないので売上原価を計上しないことも多いです。その場合には売上総利益も計算しません。しかし、サービス業でも外部に仕事を委託した場合などは、それが仕入れと同じと考えられて売上原価として計上されることもあります。

サービス業の中でも飲食業は、料理を作るための費用が製造原価として計算され、それが売上原価となります。

そして、**売上総利益**は、製品・商品そのものが生み出す利益です。売上総利益がどのくらい取れるかは、その会社の収益体質を左右します。**売上総利益は、会社の収益性をはかるための大事な数値**なのです。

売上高のうち売上総利益として残る率を**売上高総利益率**といい、その会社の事業の収益体質をみる指標として注目されます。粗利益率とか粗利率とも呼ばれます。たとえば、売上高が100で売上総利益40なら、売上高総利益率は40%ということになります。

この売上総利益率がしっかり取れるかどうかが、その会社の収益性の高さを判断する大きなポイントの1つです。売上総利益がしっかり取れた状態で売上高が伸びていれば質の高い成長といえますし、成長の持続性も高い可能性があると考えられます。

これは業種によっても異なりますが、おおよその目安は、飲食業は6~7割、小売りは3~5割、製造業は2~3割くらいです。**図5-2**の損益計算書から、物語コーポレーションの2年分の売上高総利益率を計算してみましょう。

図5-2 物語コーポレーションの2年分の連結損益計算書

（単位:千円）

(株)物語コーポレーション(3097)2022年6月期 決算短信 連結損益計算書	前連結会計年度 (自2020年7月1日 至2021年6月30日)	当連結会計年度 (自2021年7月1日 至2022年6月30日)
売上高	64,018,515 →	73,277,762
売上原価	21,906,615	25,457,585
売上総利益	42,111,900 →	47,820,177
販売費及び一般管理費		
給与及び手当	17,036,448	19,146,371
賞与引当金繰入額	273,876	291,355
退職給付費用	66,214	140,529
賃借料	4,778,973	5,212,005
減価償却費	2,604,422	3,033,144
株主優待引当金繰入額	24,257	31,203
ポイント引当金繰入額	△12,864	△13,737
その他	14,785,337	17,105,483
販売費及び一般管理費合計	39,556,664	44,946,355
営業利益	2,555,235	2,873,821
営業外収益		
受取利息及び配当金	15,341	15,297
受取賃貸料	12,753	12,660
為替差益	122,694	174,111
協賛金収入	22,220	23,362
助成金収入	1,591,115	3,102,255
その他	40,857	40,578
営業外収益合計	1,804,984	3,368,265
営業外費用		
支払利息	30,135	35,267
賃貸収入原価	9,038	8,861
控除対象外消費税等	7,261	7,995
その他	48,242	22,186
営業外費用合計	94,678	74,311
経常利益	4,265,541	6,167,775
特別利益		
関係会社清算益	36,133	−
特別利益合計	36,133	−
特別損失		
固定資産除却損	279,289	299,640
減損損失	71,840	110,776
店舗閉鎖損失	214,839	41,268
店舗閉鎖損失引当金繰入額	56,597	5,175
新型コロナウイルス感染症関連損失	−	245,825
その他	6,583	−
特別損失合計	629,150	702,686
税金等調整前当期純利益	3,672,523	5,465,088
法人税、住民税及び事業税	979,770	1,806,135
法人税等調整額	△34,719	△68,653
法人税等合計	945,050	1,737,482
当期純利益	2,727,472	3,727,606
親会社株主に帰属する当期純利益	2,727,472	3,727,606

出典：物語コーポレーションのIR資料を基に作成

21年6月期（左の列）と22年6月期（右の列）のデータを四捨五入して抜き出すと、

前年度
売上高640億円、売上原価219億円、売上総利益421億円、売上高総利益率　66％

当年度
売上高733億円、売上原価255億円、売上総利益478億円、売上高総利益率　65％

となっています。

前年と比較すると、売上高は640億円➡733億円と15％近く伸び、売上総利益は421億円➡478億円と14％近く拡大しています。売上高総利益率は若干落ちましたが、65％と飲食業としてはまずまずの水準をキープしています。

2 営業利益は本業による利益

販売費は販売に要するコスト

売上総利益から**販売費・一般管理費（販管費）**を差し引くと**営業利益**となります。営業利益は本業にかかる費用を全て差し引いて求める利益であり、本業による利益といえます。

販売費はその名の通り販売に要するコストです。広告宣伝費やマーケティングや営業部のコストがこの費用の中に入ります。

一般管理費は本社機能に要する費用です。人事部、総務部などにかかる費用がこれに入ります。今現在販売している商品・製品・サービスの開発費や改善のための費用ではなく、将来の新商品の開発のための費用は一般管理費に入ります。

このように販売費と一般管理費は商品や製品に直接かかるコストではありませんが、本業を支えるために必要な活動のコストということになります。この2種類の費用は販売費及び一般管理費というようにセットにして考えることが多く、合わせて販管費とも言います。

263ページの物語コーポレーションの損益計算書の事例では、販売費と一般管理費の内訳が書かれていません。この項目で給与及び手当、賞与引当金繰入額、退職給付費用は人件費になりますが、それらは販売や本社機能に携わる従業員の人件費ということになります。

賃借料は本社や店舗などの賃貸費用、減価償却費は本社や店舗の建物や設備や機械の減価償却費ということです。

「××引当金繰入額」という項目がいくつかありますが、これは、「コストとしてはほぼ確定しているのに、まだ支払いが発生しておらず、引当金に組み入れる金額」という意味です。支払いは来期にずれるけど、今期のコストとして認識していますよ、ということです。

先行投資で営業利益は少なくなる

営業利益の計算で留意しておきたいことは、**成長のための先行投資としての費用をかけた場合には、その多くが販売費・一般管理費として計上されて、その分、その期の営業利益が少なくなる**ということです。

たとえば、研究開発費については将来に向けて行われている分は一般管理費の中に入ります。企業買収も成長戦略の一環として行われるものですが、それによって発生するのれんの償却費も一般管理費に入ります。先行投資として大量に広告宣伝費を使うことがありますがこれは販売費に入りますし、人材を増やすための採用コストも一般管理費に入ります。

ですから、成長のための先行投資をさかんに行っている会社の場合は、その分だけ販売費・一般管理費が膨らんで営業利益が少なくなりますし、場合によっては営業赤字になってしまうということもあります。

先行投資は会社の将来のためには非常に重要な出費であり、そのことによって将来大きく成長できる可能性が高いのであれば、足元の収益を犠牲にしてでも行う価値はあります。

投資家としては、そうした会社の株への投資を検討する場合には、**販売費・一般管理費のうち、どのくらいが先行投資といえる金額なのか、それを除いたらどのくらい営業利益が増えるのか、そういうことまで考えたい**ところです。

正確に計算するのはなかなか難しいケースが多いですが、決算短信や決算説明会資料などからそうした情報を探して検討してみましょう。

このように、明らかに先行投資を優先して営業利益が少なくなっている場合には、売上総利益も併せてチェックして、収益トレンドや収益性などを判断するといいと思います。

売上高が順調に拡大し、それに伴って売上高総利益率を維持しながら売上総利益も拡大しているのに、先行投資を急増させて営業利益があまり伸びていない、あるいは減少しているようなケースもあります。そのような可能性がある場合には、決算短信の中の説明や説明会の資料などを見て、どうして営業赤字が圧迫されているのか、その原因を探してみましょう。

本来の収益性は高いのに、先行投資によって営業利益が圧迫されている場合、そして、**それによって株価が下落している場合などは、その株を買うチャンス**になることもあります。

3 収益性を同業他社と比べてみる

同業他社と比較して2年分をみる

ここまで売上高、売上原価、売上総利益、販管費、営業利益の5つの項目について説明してきました。**会社の収益性を考えるには、この5つを時系列で見ることと、同業他社と比較することが大事**です。時系列で見る場合には、5年分とか10年分を見るのが理想的ですが、1つの決算短信に2年分のデータが並べられているので、最低限でもそれは見てみましょう。

図5－3は、物語コーポレーションと同じく焼肉チェーンを展開する**あみやき亭**（2753）と**安楽亭**（7562）のデータを5年分比較したものです。金額は全て各社の決算短信から拾い、四捨五入しました。売上原価、売上総利益、販管費、営業利益に関しては、売上高に対する割合を%表示してカッコ内で示しました。最新年度については、会社が決算短信で発表した予想値ですが、詳細な数字は入手できないために、売上高と営業利益だけの記載となっています。

3社を比較してまず目につくのは、物語コーポレーションがコロナ禍の中でも一貫して売上高を伸ばしているのに対して、他の2社は売上高を減らした年もあることです。

また、物語コーポレーションは、コロナ禍の中でも営業利益の落ち方が比較的緩やかであるのに対して、他の2社は赤字に転落していることです。

図5-3 物語コーポレーション、あみやき亭、安楽亭のデータ5年比較

2022年8月末時点の公表データより作成

	売上高	売上原価	売上総利益	販管費	営業利益
物語コーポレーション(3097)					
19年6月期	589億円	203億円(34%)	386億円(66%)	347億円(59%)	39.3億円(6.6%)
20年6月期	580億円	200億円(34%)	380億円(66%)	350億円(60%)	30.0億円(5.2%)
21年6月期	640億円	219億円(34%)	421億円(66%)	396億円(62%)	25.5億円(4.0%)
22年6月期	733億円	255億円(35%)	478億円(65%)	449億円(61%)	28.7億円(3.9%)
23年6月期予想	877億円				62.6億円(7.1%)
あみやき亭(2753)					
19年3月期	321億円	118億円(37%)	204億円(63%)	176億円(55%)	27.6億円(8.6%)
20年3月期	319億円	119億円(37%)	200億円(63%)	181億円(57%)	18.6億円(5.8%)
21年3月期	221億円	84億円(38%)	138億円(62%)	162億円(73%)	△24億円
22年3月期	216億円	86億円(40%)	130億円(60%)	164億円(76%)	△34億円
23年3月期予想	298億円				10.8億円(3.6%)
安楽亭(7562)					
19年3月期	164億円	59億円(36%)	104億円(63%)	102億円(62%)	1.9億円(1.1%)
20年3月期	153億円	56億円(37%)	98億円(64%)	96億円(63%)	1.9億円(1.2%)
21年3月期	265億円	96億円(36%)	169億円(64%)	182億円(69%)	△13億円
22年3月期	235億円	90億円(38%)	145億円(62%)	169億円(72%)	△24億円
23年3月期予想	309億円				6.4億円(2.0%)

☞ 各社とも決算短信の数字を四捨五入してまとめました。最後の年度については予想値であり、売上高と営業利益だけしかデータが得られませんでした。

物語コーポレーションの強さは、コロナ禍の中でも売上高の増加傾向をキープできていることと、売上原価が2社に比べて一貫して低いことです。

売上原価率（売上高に占める売上原価の割合）は、物語コーポレーションは30％台前半、他の2社は30％台後半で、2〜3％の差がついています。物語コーポレーションは原価を低く抑えながらも、売上高を伸ばすことができているわけです。

販管費率（売上高に占める販管費の割合）についても、物語コーポレーションはおおむね60％前後という水準で安定してコントロールできています。物語コーポレーションと比べると、他の2社は販管費のぶれかたも大きく、水準的にも比較的高くなっています。

コロナ前の時期だけを取ると、あみやき亭は物語コーポレーションよりも販管費を低く抑えています。しかし、物語コーポレーションは店舗物件の取得や建設や人員拡大などの先行投資的な費用をしっかりかけて、実際に店舗拡大とともに収益を伸ばし続けているようです。そうしたことは販管費の明細にははっきり書かれてはいませんが、231ページで見たように、物語コーポレーションは毎年、有形固定資産への投資を高水準で続けています。それに伴って、減価償却費や開店費用や人員拡大費用などがかかっていると考えられます。そして実際に、コロナ禍の時期も含めて毎年着実に売上高を伸ばし続けています。

このように見ると、物語コーポレーションはむやみに成長路線を推し進めているのではなく、財政規律をきちんと守りながら成長投資もきちんと行い、コストを抑えつつ魅力的なメニューづくりや店づくりをして、売上高を安定して伸ばし続けている様子が見て取れます。

4

経常利益は継続的な業務からの利益

経常利益は営業利益と近い数字になるケースが多い

営業利益に営業外収益を加え、営業外費用を差し引くと**経常利益**になります（261ページ図5−1）。

経常利益とは継続的に行っている通常業務による利益のことです。通常業務の大半は本業ですから、経常利益は営業利益と近い数字になるケースが多いです。

本業以外の通常業務というのは主に財務活動です。財務活動というのは、足りないお金を調達したり、余剰資金を運用したり、というようにお金のやりくりを行う業務です。

お金のやりくりを行うことによって、利益が生まれたり、損失が出たり、経費が掛かったりします。本業以外の通常業務による利益を**営業外利益**、損失や経費を**営業外費用**といい、営業利益にそれらを足したり引いたりして、経常利益を求めるわけです。

営業外利益と営業外費用の主な項目については272ページ**図5−4**にまとめました。

受取利息や**受取配当**は、お金を銀行預金にしたり、有価証券に投資している場合に受け取る収益であり、営業外利益に区分されます。**支払い利息**は、お金を借りていることにより発生する経費であり、営業外費用となります。

図 **5-4** 営業外損益の種類は、いろいろある

受取利息 支払利息	預金などから得られる受取利息は営業外利益、借金をしていて支払う利息は営業外費用になる
受取配当金	保有している株式のうち子会社や関連会社以外の株から得られる配当は営業外利益になる
有価証券評価益 有価証券評価損	子会社や関連会社など長期保有目的ではなく売買目的の株は時価評価するが、株価変動によって評価益が出たら営業外利益に、評価損が出たら営業外費用になる
有価証券売却益 有価証券売却損	売買目的で保有している有価証券を売却して利益が得られたら営業外利益に、損失が出たら営業外費用になる。ただし、株の売買が本業の場合、これらの損益は営業利益の中にカウントされる
仕入割引 売上割引	仕入割引とは、商品や原材料の仕入れ代金を早く支払う代わりに代金を割引いてもらうことであり、これは営業外利益になる 売上割引は販売した商品や製品の代金を早く受け取る代わりに代金を割引くことであり、これは営業外費用になる
持分法による投資利益 持分法による投資損失	関連会社の純利益や純損失を持ち株比率に応じてカウントしたものが持分法による投資利益と持分法による投資損失
為替差益 為替差損	保有している外貨建て資産について、為替変動に伴って増加した分を為替差益、減少した分を為替差損として、それぞれ営業外利益と営業外費用にカウントする

売買目的の有価証券の売買益・売買損は営業外利益や営業外費用となります。売買目的の有価証券の場合、売却しない状態で評価益・評価損が出た場合でも営業外利益や営業外費用となります。

長期保有目的の有価証券の場合は、価格が大幅に下落しない限り評価額を原価のまま変えないので評価損益は発生しませんし、売却して損益が出た場合には、損益計算の次の段階で特別損益として計算します。

持分法による投資利益・損失というのは、関連会社の純利益のうち、その会社に属すると考えられる利益・損失のことです。関連会社というのは、子会社ではないグループ会社であり、連結決算では持分法という考え方を用いますので持分法適用会社ともいいます。

例えば、関連会社の純利益が100億円で、その会社の株を20％保有していたとすると、100億円のうちその比率分だけを持分法による投資利益として営業外利益に加算します。この例の場合には、100億円×0・2＝20億円を営業外利益に加算することになります。

また、関連会社の純利益がマイナスの場合、たとえば、100億円の純損失になっている場合にも、同様に20億円を持分法による投資損失として営業外費用に加算します（296ページ参照）。

為替差益・為替差損は、為替の変動による損益です。自動車メーカーのように海外との外貨建ての取引が多い場合には、為替差益・為替差損が大きくなることがあり、会社の損益に大きな影響を与えることがあります。

仕入割引とは、商品や原材料の仕入れ代金を早く支払う代わりに代金を割引いてもらうことであり、これは営業外利益になります。

売上割引は、販売した商品や製品の代金を早く受け取る代わりに代金を割引くことであり、これは営業外費用になります。

263ページ図5－2の物語コーポレーションの例では、営業外収益に受取利息及び配当金、為替差益があり、営業外費用に支払利息と賃貸収入原価があります。その他にもいくつかの項目が記載されています。会社の事情により、さまざまな項目が出てくることがありますが、金額が小さい場合には気にしなくていいでしょう。もし気になる場合には、ネットで検索してみましょう。

また、この事例では**助成金収入**が22年6月期は31億円、21年6月期も16億円と、この会社としては目立つ金額が計上されています。20年6月期以前までさかのぼって決算短信を見ると助成金は計上されていないので、これはコロナ禍関連の助成金のようで、次の期には消える可能性があります。220ページで見たように、23年6月期は、売上高と経常利益は大幅に増加予想になっている割に経常利益は小幅の増加予想にとどまっていますが、これは助成金が消えることを想定しているためでしょう。

こうしたことを考えると、この会社の2022年現在の状況に関しては、経常利益よりも営業利益の方が本来の収益トレンドを示していると思われます。

5 純利益は、全ての経費と税金を引いて残った利益

国際会計基準や米国基準では、経常利益という項目はない

経常利益に特別利益を足して特別損失を引くと**税引き前利益**になります。

税引き前利益は、「税金等調整前当期純利益」と表記されますが、一般的には「税引き前利益」とか、さらに略して「税前利益」と呼ばれることが多いです。

国際会計基準や米国会計基準では経常利益の計算がなく、これらの会計基準を採っている会社の場合には、営業利益の次の段階の利益はこの税引き前利益になります。

特別利益・特別損失というのは、一時的な利益や損失ということです。

長年保有していた有価証券や不動産を売却したことによる損益や、災害・事故・事件などによる損失などが特別利益や特別損失になります。

物語コーポレーションの22年6月期は、特別利益はゼロで特別損失は合計で7億円です（263ページ図5－2）。これが経常利益61・7億円から差し引かれて、税引き前利益（税金等調整前当期純利益）は54・7億円となっています。

税引き前利益の次の段階としては、税金を差し引いて**当期純利益**を求めます。

税金に関する項目は、**法人税、住民税及び事業税**という項目と**法人税等調整額**という2つの

項目があります。法人税、住民税及び事業税は実際に支払った税金です。「法人税、住民税及び事業税」は税務署に届け出た税金額ですが、税務上の計算は会計上の計算とはズレがあります。「法人税等調整額」は、そのズレを調整して、会計上の考え通り、その期の企業活動から発生したと考えられる税金額を計算するための項目です。

純利益の次には、非支配株主に帰属する当期純利益を差し引いて、**親会社株主に帰属する当期純利益**を計算します。物語コーポレーションの場合は「非支配株主に帰属する当期純利益」がゼロのため、当期純利益と親会社株主に帰属する当期純利益が同じ金額になっています。

非支配株主に帰属する当期純利益というのは、子会社の親会社（つまり自社）以外の株主に属する分の当期純利益、という意味です。持ち株比率が１００％ではない子会社を連結している場合に、この項目が発生します。たとえば、子会社を連結したことで10億円の純利益がもたらされるけど、その子会社の持ち株比率が６割という場合、その10億円の４割分の４億円については、非支配株主に帰属する当期純利益ということで差し引くわけです（２９６ページ参照）。

そして、最終的に残った利益が、親会社株主に帰属する当期純利益です。

このように、連結決算の場合には非支配株主に帰属する分の調整が入るので純利益が2種類出てくることになってしまいますが、最終ラインに出ている「親会社株主に帰属する当期純益」が本来の純利益です。会社四季報に掲載されたり、１株益を計算する純利益はこの最終ラインの純利益になります。

6 3つのキャッシュフローの意味

キャッシュフロー計算書は、キャッシュの出入りを示した財務資料

キャッシュフロー計算書は、キャッシュの出入りを示した財務資料です。

キャッシュは現金のことですが、ここでは「**現金及び現金同等物**」の意味で使われています。現金同等物とは、普通預金や満期まで3カ月以内の定期預金など、比較的すぐに現金化できる預金のことです。また、キャッシュフローは略してCFとも表記されます。

キャッシュフロー計算書では会社の活動を営業活動、投資活動、財務活動の3つに分けて、それぞれの活動によるキャッシュの出入りを示します。

キャッシュフロー計算書は、年4回の決算のうち本決算のみで公表され、四半期の決算短信には記載されていないのが普通です。

営業キャッシュフローは本業の活動による現金収支です。
本業によりどれだけキャッシュが増減したかを示すものです。本業の活動で入ってきたキャッシュから出ていったキャッシュを差し引いて計算します。必要経費として支払ったキャッシュはもちろん、税金として支払ったキャッシュも差し引きます。

投資キャッシュフローは投資活動による現金収支です。

投資活動とは設備投資や企業買収などの活動のことです。投資活動を盛んに行うと、それだけお金が出ていくので投資キャッシュフローはその分マイナスになります。逆にリストラなどで資産を売却すればお金が入ってくるので、投資キャッシュフローはその分プラスになります。

財務キャッシュフローは財務活動による現金収支です。

財務活動はお金を調達したり、余剰資金を運用したりする活動です。お金を調達するというのは、銀行からお金を借りたり、株や債券を発行して投資家からお金を集めたりすることです。余剰資金の運用というのは、銀行にお金を預けたり、株や債券を買ったりすることです。

お金を借りれば借金は増えますが、手元の現金は増えるので財務キャッシュフローはその分プラスになります。逆にお金を返済すれば借金は減りますが、手元のお金も減るので財務キャッシュフローはその分マイナスになります。株や債券を買ったり、長期の定期預金にお金を預けたりする場合にも手元のキャッシュが減りますから、財務キャッシュフローのマイナス要因になります。

また、自社株買いや配当の支払いなども財務活動の一環ですが、これはお金を支出する活動ですから、財務キャッシュフローの赤字要因になります。

7 キャッシュフローの判断基準

キャッシュフローの理想形

営業キャッシュフローについては、安定して大きなプラスになることが理想です。

しかし、投資キャッシュフローと財務キャッシュフローについては、「プラスだから良い」とか「マイナスだからダメ」とは一概にいえません。会社が通常に運営されていれば投資キャッシュフローはマイナス状態が普通ですし、成長のための投資を熱心に行っている場合には、さらにマイナスが膨らみます。財務キャッシュフローも、借金を返したり、余剰資金を資産運用に回したり株主還元をすればマイナスになるので、マイナスであることがポジティブに評価できることが多いです。

典型的な優良企業のパターンは、営業キャッシュフローが安定的に大きなプラスで、それによって成長投資や借金返済や株主還元を十分に行うことで投資キャッシュフローや財務キャッシュフローはマイナス、トータルの収支でプラスを維持、というパターンです。

ただし、これはあくまでも一般論で、実際にはさまざまなパターンが考えられますし、どれが正解かはその会社の状態、成長段階、戦略にもよります。大きく成長する1つのプロセスとして、時には大きな投資をし、投資キャッシュフローのマイナスを営業キャッシュフローや手持ちのキャッシュでもまかないきれずに借金でお金を調達する、ということもあるでしょう。

いずれにしても、典型的な優良企業のパターンから外れている場合には、その都度キャッシュフロー計算書やその他の資料などを調べて状況を判断していく必要があります。

営業キャッシュフローが最低限クリアすべき水準は減価償却費

一般的に**営業キャッシュフローのプラスの最低ラインとして意識されるのは、減価償却費をまかなえる水準**と考えられます。

減価償却費は設備や機械の費用であり、事業を営んでいく上で重要な経費の1つです。減価償却費は、その設備や機械などの価値がその年に下がった分を損益計算で経費として計上するものです。その期には現金の支出が伴わない項目ですから、営業キャッシュフローの金額は減価償却費を差し引かない金額となっています。

しかし、減価償却費というのはその期にお金を払っていないというだけであり、実際にはそれに相当するお金は他の期に払っています（その分、出資した年の投資キャッシュフローの赤字になる）。

また、設備などの買い替えや建て替えが必要になったら、そのための費用をまとめて払うことになります。つまり、期がずれているだけでお金の支払いは発生するわけです。このように、減価償却費は営業キャッシュフローの計算では差し引かないわけですが、事業を営んでいく上で支払いが必要になる金額なので、最低でもこの金額を営業キャッシュフローでプラスにしないと活動を持続させられません。

そして、営業キャッシュフローから減価償却費を引いた金額、つまり、**「営業キャッシュフロー－減価償却費」が純利益にほぼ相当するもの**となります。毎年の数字にはズレがあっても、数年単位で考えると、合計金額はだいたい一致してくるはずです。大きくずれたままの場合、特に、営業キャッシュフローがいつまでも小さすぎる数字の場合、本業の流れに何か異常が出ている可能性があります。

営業キャッシュフローに異常が出ていると感じたら、キャッシュフロー計算書を見て原因を探りましょう。売上債権（受取手形・売掛金）、棚卸資産が急増していることが本業の不調の兆しになることもあるので、これらの金額が売上高の伸びを大幅に上回るような増え方をしていたら要注意です。

フリーキャッシュフローが豊富だと先行投資や株主還元がたくさんできる

営業キャッシュフローから事業の維持に必要な費用を差し引いた金額を、自由に使えるお金という意味で**フリーキャッシュフロー**といいます（282ページ**図5－5**）。

フリーキャッシュフローは純利益に相当するものですが、計算上の利益と実際の現金収支とは時間的なズレが生じることがあります。会社を運営していく上では、実際に手元でどのくら

図5-5 フリーキャッシュフローとは

営業キャッシュフローの黒字のうち自由に使える金額分のこと。この金額が大きいほど成長投資や株主還元などをする余力が大きいといえる。営業キャッシュフローから現状維持に必要な設備投資関連費用を除いて計算する。

フリーキャッシュフローの実態に近い計算式

営業キャッシュフロー － 減価償却費

フリーキャッシュフローの簡易的な計算式※

営業キャッシュフロー ＋ 投資キャッシュフロー

い現金が増えているかが重要であり、そうした意味でフリーキャッシュフローこそ真の利益であると言われることもあります。フリーキャッシュフローが毎年たくさん稼げれば、成長投資や株主還元（配当や自社株買い）もたっぷりできます。

一般的には「営業キャッシュフロー＋投資キャッシュフロー」※をフリーキャッシュフローと呼ぶことが多いです。しかし、「営業キャッシュフロー＋投資キャッシュフロー」をフリーキャッシュフローと考えるのはあくまでも簡便的なものです。投資キャッシュフローは、先行投資によるキャッシュフローの支出分を差し引いているからです。先行投資を積極的にやっている会社の場合には、「営業キャッシュフロー＋投資キャッ

※この式は足し算の形になっていますが、投資キャッシュフローは通常はマイナスの数字なので、「営業キャッシュフローから投資キャッシュフローのマイナスを差し引く式」と考えてください。

シュフロー」がゼロ近くになったり、マイナスになったりすることもありますが、その場合には収益性が劣るとか、資金繰りが苦しいということは必ずしも言えません。

投資キャッシュフローには事業を維持するための設備投資だけでなく、事業を拡張するための先行投資も含まれているわけですが、その内訳がどうなっているのかを判断するのは難しいです。しかし、事業を維持するための費用は、おおよそ減価償却費くらいと考えていいでしょう。ですから、本当に自由に使えるという意味での**フリーなキャッシュのおおよその金額は、「営業キャッシュフロー－減価償却費」**と考えられます。

キャッシュフローの金額を純利益と比べてみよう

キャッシュフローは本決算の決算短信の最初のページに出ており、細かい明細はキャッシュフロー計算書に出ています。まず、決算短信の最初のページを見てみましょう。物語コーポレーションの決算短信の最初のページの一部分を284ページに再掲しました（**図5－6**）。

21年6月期と22年6月期の純利益（親会社株主に帰属する当期純利益）は、それぞれ四捨五入して27・3億円と37・3億円、合わせて約65億円になります（図5－6①）。

営業キャッシュフローは、57・9億円と87・8億円で、合計で約146億円（図5－6②）

投資キャッシュフローは、△57・8億円と△73・8億円で、合計△132億円（図5－6③）

財務キャッシュフローは、42・3億円と△72・5億円で、合計△30・2億円（図5－6④）

図5-6 物語コーポレーションの決算短信の最初のページの一部

（百万円未満切捨て）

1．2022年６月期の連結業績（2021年７月１日～2022年６月30日）

（1）連結経営成績

（%表示は対前期増減率）

	売上高		営業利益		経常利益		親会社株主に帰属する当期純利益	
	百万円	%	百万円	%	百万円	%	百万円	%
2022年６月期	73,277	14.4	2,873	12.4	6,167	44.5	3,727	36.6
2021年６月期	64,018	10.4	2,555	△15.7	4,265	40.8	2,727	497.1

（注）包括利益　2022年６月期　3,757百万円（38.7%）　2021年６月期　2,708百万円（504.8%）　①

	１株当たり当期純利益	潜在株式調整後１株当たり当期純利益	自己資本当期純利益率	総資産経常利益率	売上高営業利益率
	円 銭	円 銭	%	%	%
2022年６月期	308.56	307.24	17.6	13.1	3.9
2021年６月期	226.08	224.95	14.7	9.8	3.9

（参考）持分法投資損益　2022年６月期　－百万円　2021年６月期　－百万円

（注）当社は、2021年３月１日付で普通株式１株につき２株の割合で株式分割を行っております。前連結会計年度の期首に当該株式分割が行われたと仮定して、「１株当たり当期純利益」及び「潜在株式調整後１株当たり当期純利益」を算定しております。

（2）連結財政状態

	総資産	純資産	自己資本比率	１株当たり純資産
	百万円	百万円	%	円 銭
2022年６月期	46,196	22,960	49.0	1,870.37
2021年６月期	47,752	19,961	41.0	1,625.38

（参考）自己資本　2022年６月期　22,649百万円　2021年６月期　19,615百万円

（注）当社は、2021年３月１日付で普通株式１株につき２株の割合で株式分割を行っております。前連結会計年度の期首に当該株式分割が行われたと仮定して、「１株当たり純資産」を算定しております。

（3）連結キャッシュ・フローの状況

	営業活動によるキャッシュ・フロー	投資活動によるキャッシュ・フロー	財務活動によるキャッシュ・フロー	現金及び現金同等物期末残高
	百万円	百万円	百万円	百万円
2022年６月期	8,778	△7,383	△7,251	8,464
2021年６月期	5,789	△5,776	4,225	14,214
	②	③	④	

3．2023年６月期の連結業績予想（2022年７月１日～2023年６月30日）

（%表示は、通期は対前期、四半期は対前年同四半期増減率）

	売上高		営業利益		経常利益		親会社株主に帰属する当期純利益		１株当たり当期純利益
	百万円	%	百万円	%	百万円	%	百万円	%	円 銭
第２四半期（累計）	42,830	20.5	2,896	91.8	2,891	△25.6	1,731	△29.6	143.33
通期	87,658	19.6	6,259	117.8	6,250	1.3	3,802	2.0	314.80

出典：物語コーポレーションのホームページより

ここで△はマイナスの記号です。決算短信の最初のページでは、新しい年度が上で古い年度が下になっているので注意してください。右にまとめた金額は古い年度、新しい年度の順に記しています。営業キャッシュフローは投資キャッシュフローのマイナスをやや上回っていて、差し引きすると、２年合計で14億円のプラスとなります。

この営業キャッシュフローと投資キャッシュフローの2年合計のプラスの金額は、純利益の2年合計の黒字65億円に比べると、だいぶ小さくなっています。その原因は、２８８ページでキャッシュフロー計算書の詳細を見るとわかりますが、投資キャッシュフローのマイナスの合計（１３２億円）が減価償却費の合計（26・８億円と31・４億円、合計約58億円）を74億円も超過していることです。この分がおおむね先行投資の分と考えられます。

財務キャッシュフローについては、２年合計で30・２億円のマイナスになっています。自己資本比率が41％から49％に改善しているので、おそらく、借金返済をしているのだろうと想像できます。これについても、キャッシュフロー計算書で確認できます。

３つのキャッシュフローの増減の結果、期末のキャッシュ（現金及び現金同等物）の残高は約85億円です。これは、２２４ページに掲載している貸借対照表の資産の部の現金及び預金の金額と全く同額です。

※この物語コーポレーションの事例では、減価償却費は損益計算書にも掲載されています。これはキャッシュフロー計算書に掲載されている金額とほぼ同じですが、やや少ない金額になっています。それは、販管費に計上される減価償却費のみが記載されているからです。キャッシュフローの分析をする時には、キャッシュフロー計算書に記載されている減価償却費を使いましょう。

8 キャッシュフロー計算書の明細の見方

営業キャッシュフローの明細の見方

次に、物語コーポレーションのキャッシュフロー計算書を見ていきましょう（288ページ**図5－7**）。

営業キャッシュフロー、投資キャッシュフロー、財務キャッシュフローをそれぞれ計算して、合計してキャッシュ（現金及び現金同等物）が合計してどのくらい増減したかを計算し、それを期首残高に加えて、期末のキャッシュの残高を求める形になっています。

まず、営業キャッシュフローから見ていきましょう。

営業キャッシュフローの計算は、損益計算書の税引き前利益（税金等調整前当期純利益）からスタートして、

①実際にはお金を払っていないのに経費や損失として差し引いた項目を足し戻す
②実際にはお金を払っているのに経費や損失として差し引いていない項目を差し引く
③実際にはお金が入っていないのに収益として加えた項目を差し引く
④実際にはお金が入っているのに収益として加えていない項目を加える

という調整をして、最終的に営業活動によってどのくらいキャッシュが増減したのかを示す形

になっています。

「実際には払っていない」とか、「実際には入っていない」というのは、あくまでも該当する期に関する話です。前の期にすでに払っているとか、後の期で払うことになっているとか、そのように時間的なズレが生じているということです。

営業キャッシュフローの計算でもう1つ注意するべきなのは、損益計算書で経常利益や純利益の段階で入ってくる項目もこの計算に入っていることです。要するに、投資活動と財務活動に入る項目以外の全てが営業キャッシュフローの計算の中に入っています。

「①実際にはお金を払っていないのに経費や損失として差し引いた項目を足し戻す」に該当するのは、減価償却費、のれん償却費、減損損失などです。これらはキャッシュの支出を伴わない経費です。どれも、帳簿上の資産の評価を減らして、それを経費や損失として計算したものだからです。

機械や設備やのれんなどは、過去にお金を支払って得た資産であり、先立ってお金の支出は行われているのですが、その期にはお金の支出はありません。ですから、キャッシュフローの計算においては、減価償却や減損処理の費用や損失を足し戻すわけです。

「②実際にはお金を払っているのに経費や損失として差し引いていない項目を差し引く」に該当するのは、棚卸資産を増やした金額などです。

図5-7 物語コーポレーションの連結キャッシュフロー計算書

(単位:千円)

(株)物語コーポレーション(3097)2022年6月期　決算短信 連結キャッシュ・フロー計算書	前連結会計年度 (自2020年7月1日 至2021年6月30日)	当連結会計年度 (自2021年7月1日 至2022年6月30日)	
営業活動によるキャッシュ・フロー			
税金等調整前当期純利益	3,672,523	5,465,088	
減価償却費	2,682,431	3,142,250	②
減損損失	71,840	110,776	
貸倒引当金の増減額(△は減少)	71	230	
賞与引当金の増減額(△は減少)	276,652	17,816	
株主優待引当金の増減額(△は減少)	△4,927	9,526	
ポイント引当金の増減額(△は減少)	△12,864	△13,737	
店舗閉鎖損失引当金の増減額(△は減少)	56,597	△51,421	
退職給付に係る負債の増減額(△は減少)	45,653	113,529	
受取利息及び受取配当金	△15,341	△15,297	
支払利息	30,135	35,267	
為替差損益(△は益)	△122,774	△173,190	
固定資産除去損	163,872	217,462	
店舗閉鎖損失	178,775	5,050	
新型コロナウイルス感染症関連損失	−	245,825	
関係会社清算損益(△は益)	△36,133	−	
売上債権の増減額(△は増加)	△237,144	△749,665	④
棚卸資産の増減額(△は増加)	△34,966	△117,152	
その他の流動資産の増減額(△は増加)	△409,742	124,441	
仕入債務の増減額(△は減少)	△291,124	802,977	③
未払い消費税等の増減額(△は減少)	△124,491	153,666	
未払い費用の増減額(△は減少)	113,761	343,316	
その他の負債の増減額(△は減少)	326,821	211,105	
預かり保証金の増減額(△は減少)	27,330	17,800	
その他	67,568	142,162	
小計	6,424,524	10,037,830	
利息及び配当金の受取額	2,678	3,512	
新型コロナウイルス感染症関連損失の支払額	−	△197,573	
利息の支払額	△26,371	△22,702	
法人税等の支払額	△611,624	△1,042,368	
営業活動によるキャッシュ・フロー	5,789,207	8,778,698	①
投資活動によるキャッシュ・フロー			
有形固定資産の取得による支出	△5,500,948	△6,799,763	⑥
無形固定資産の取得による支出	△74,275	△255,156	
投資有価証券の取得による支出	−	△175,200	
差入保証金の差入による支出	△433,174	△325,876	
差入保証金の回収による収入	227,198	158,185	
その他	4,632	13,989	
投資活動によるキャッシュ・フロー	△5,776,567	△7,383,822	⑤
財務活動によるキャッシュ・フロー			
短期借入金の純増減額(△は減少)	5,500,000	△6,200,000	
長期借入れによる収入	−	1,000,000	
長期借入金の返済による支出	△6,832,721	△1,259,235	
新株予約付権社債の発行による収入	6,110,328	−	
株式の発行による収入	2,436	12	
配当金の支払額	△542,010	△785,239	
その他	△12,482	△7,053	
財務活動によるキャッシュ・フロー	4,225,550	△7,251,515	
現金及び現金同等物に係る換算差額	88,633	106,591	
現金及び現金同等物の増減額(△は減少)	4,326,824	△5,750,048	
現金及び現金同等物の期首残高	9,888,090	1,4214,915	
現金及び現金同等物の期末残高	1,4214,915	8,464,866	⑦

出典:物語コーポレーションのIR資料を基に作成

※図5−7の①〜⑦の箇所の説明は、291〜294ページを参照してください。

棚卸資産を増やすと、その分お金を使いますから、お金が減ります。しかし、このお金の支出は損益計算に入れません。損益計算では、あくまでも売れた棚卸資産分の金額だけを費用として計算に入れます。

逆に、棚卸資産が減った場合には、昨年までに仕入れたり製造したりした棚卸資産を売っているわけですから、その分に相当する金額は実際には支払っていないのに経費にしているので①に該当して足し戻すことになります。

「③実際にはお金が入っていないのに収益として加えた項目を差し引く」に該当するのは、売上債権の増加分です。売上債権というのは受取手形・売掛金であり、これは売上高としてカウントしているけれど、実際には未回収の代金分です。「お金が入っていないのに売上高としてカウントした金額」ともいえます。

「④実際にはお金が入っているのに収益として加えていない項目を加える」に該当するのは、売上債権が減少した場合です。売上債権が減少した場合、その減少分は昨年から持ち越された売上債権が回収された金額になります。これはその期の売上高にはカウントされませんが、お金が入ってきているので営業キャッシュフローの計算では、その金額分を加えることになります。

物語コーポレーションの事例では、さまざまな引当金に関連した項目が多く見られます。引当金は248ページで説明しましたが負債の項目です。その期に発生した費用ですが、その期には支払いが発生せず、来期以降に支払う可能性が高い項目です。

引当金が増えるということは、「経費として計上したけれど、その期にお金を払わなかった」という金額が増えるということなので、キャッシュフローの計算では足し戻す要因になります。

逆に、引当金が減るということは、その減少分は前期から持ち越された引当金を支払ったということです。「その金額分は、その期には経費として計上していないけどお金は支払った」ということなので、その分だけお金が減っているわけですから、キャッシュフローの計算では差し引く対象となります。

営業キャッシュフローの計算の見どころ

とても複雑な営業キャッシュフローの計算ですが、非常に役立つ資料でもあります。それは、

①減価償却費をすぐに確認できる

②営業キャッシュフローの異常の原因がわかる

ということです。

281ページでも述べたように、純利益に減価償却費を加えたものが営業キャッシュフロー

におおむね相当する金額になります。逆に、営業キャッシュフローから減価償却費を引いたものが純利益におおむね相当します。時間的なズレはありますが、数年程度を合計するとだいたい同じくらいの金額になるはずです。

もしその金額的な差が大きいままなら、その原因を調べて問題がないかどうか検討したほうがいいでしょう。その原因は、キャッシュフロー計算書の要因からある程度わかります。とりあえず、決算短信などには2年分の数字が出ているので、それを合計して比べてみましょう。

288ページの物語コーポレーションの事例で21年6月期と22年6月期の2年分の数値を合計してみると、営業キャッシュフローは約146億円（図5－7①）、減価償却費は58億円（図5－7②）、差し引きで88億円です。

それに対して、純利益の2年合計は約65億円であり、その差は23億円です。営業キャッシュフローがプラスの方向にブレている分には、資金繰りがうまくいって余裕が持てているわけですから、特に問題はないですが、一応その原因を探ってみましょう。

その原因を288ページ図5－7のキャッシュフロー計算書から探すと、単独で大きな原因があるわけでなくて、細かい要因がいろいろ重なってズレが出てきているようです。その中でも比較的大きいのが、当会計年度の仕入れ債務がプラス8億円の要因になっていることです。前年はマイナス2・9億円の要因になっていますが、差し引きでプラス5・1億円の要因になっています（図5－7③）。

仕入れ債務は支払手形・買掛金のことで、仕入れ業者に立て替えてもらっているお金であり、この金額が大きくなると、キャッシュフローはプラスになります。

その一方で、売上債権（売掛金、受取手形等）は2年合計で10億円近くマイナス要因になっています（図5－7④）。売上債権はあまりにも急激にたくさん積み上がると注意が必要ですが、売上高の増加率程度に増えるのは問題がないですし、他の要因で打ち消せる程度なら問題ありません。このケースでも結局、差し引きで営業キャッシュフローはプラス方向にぶれているので、気にするような増加幅ではないといえます。

キャッシュフロー計算書で注意するべきケース

問題となるのは、営業キャッシュフローから減価償却費を差し引いた金額がかなり少なくなっているケース、特に、マイナスになっていてその状態が続いているような場合です。

その原因が、そもそも収益が落ち込んでいて税引き前利益（税引等調整前当期純利益）が減り、減価償却費も賄えなくなっているという場合は問題です。そういう状況から脱する見通しが立てられないなら、投資対象にすることは避けましょう。

また、見かけ上の収益がそれほど悪くなくても、売上債権や棚卸資産（在庫）が急増して営業キャッシュフローがマイナスになっているような場合には、何か悪い兆候である可能性があります。

売上債権が急増しているのは、大口の取引先の支払い能力に問題が生じている可能性がありますし、棚卸資産が急増している場合は、思うように売上が上がらずに在庫がたまってしまっている可能性があります。

売上債権や棚卸資産は貸借対照表の資産の項目ですが、キャッシュの流れを悪くする二大ポイントにもなりますし、業績が悪化していく兆候にもなる重要な項目です。

この2つの項目は売上高との比で見ていきましょう。たとえば、通常の場合年間売上高の0・2倍くらいが普通だったのに、0・4倍まで急増しているというように、明らかに異常に積み上がりの動きがある場合などは、どうしてそうなっているのか、決算短信や説明会資料などから探したり、会社に問い合わせたりして知りたいところです。

投資キャッシュフロー、財務キャッシュフローの明細について

キャッシュフロー計算書の投資キャッシュフロー以下の部分を見ていきましょう。

物語コーポレーションの投資キャッシュフローは前会計年度がマイナス57・8億円、当会計年度がマイナス73・8億円、合計してマイナス約132億円（図5-7⑤）。営業キャッシュフローの明細から減価償却費の合計を求めると58億円ですから、74億円ものズレがあります。この金額はおおむね先行投資に相当するものと考えられます。

投資キャッシュフローの明細を見ると、マイナスの中身のほとんどが有形固定資産の取得に

よる支出となっています（図５－７⑥）。この会社の場合、これは店舗を増やすための投資をしていると考えられます。過去にさかのぼって決算短信を見ていても、減価償却費を大幅に超えて有形固定資産の取得を続けていることがわかります。

その結果として収益をずっと伸ばしていますし、新年度においても、売上高は19・６％増の８７７億円、営業利益は１１７・８％増の62・６億円という予想数値を出しています（２１９ページ図４－２②）。

財務キャッシュフローについては、借入金によるお金の出入りが大きな要因になっています。新株予約権を発行して投資家から振り込まれたお金もここでカウントされています。株式発行による収入というのは、新株予約権が行使されて実際に新株を発行した時に投資家から振り込まれたお金であると考えられます。配当金の支払いもここでカウントされています。

そして、為替変動などによる差益や差損などを「現金及び現金同等物に係る換算差額」として少し計上しています。最後にキャッシュ（現金及び現金同等物）の期首の残高、この期に増減した金額、そして、その期の期末の残高が記されています。

最終的に計算された期末残高は、貸借対照表の現金及び預金と同じ金額になっています（図５－７⑦）。会社によっては、この金額が少しずれることもあります。キャッシュフロー計算書の現金同等物は３カ月以内の定期預金まで、貸借対照表の預金は1年以内の現金までが含まれるため、その金額に差が生じることがあるからです。

第5章
の
まとめ

損益計算書、キャッシュフロー計算書のチェックポイント

1 売上高が伸びて、売上原価率や販管費率などは抑えられていて、営業利益が順調に伸びているのが理想形

2 売上高は伸びているけれど、営業利益が不調の場合、原因は売上原価か販管費か、その原因を探る

3 売上高が伸びて、売上高総利益率が維持できていれば、収益状況は良好と判断して良さそう

4 営業利益の不調の原因が販管費の場合、販管費のどの部分が増加しているのか調べる。成長戦略を加速するための費用が膨らんでいるなら、逆に今後の業績の伸びが期待できるかもしれない

5 営業キャッシュフローが安定して大きな黒字を稼ぎ、投資キャッシュフローの赤字をカバーできているパターンが理想的。営業キャッシュフローは、減価償却費をまかなえる黒字は欲しいところ

6 キャッシュフローは1年ごとのブレがある程度出てしまうことがあるので、3年や5年など複数年で見てみるのが良い。少なくとも2年分は見てみよう

7 投資キャッシュフローが営業キャッシュフローを大きく超えている場合には、何か大きな投資をしている可能性がある。その勝算が大きければ、今後業績拡大が加速する可能性もある

連結決算のしくみ

連結決算は、子会社や関連会社の数値を持ち株比率に合わせてくっつけた決算です。子会社については原則として全ての数字をくっつけていきます。つまり、同じ会社の別部門という取り扱いをしていきます。

しかし、持ち株比率が100％の子会社ではない場合には、非支配株主持ち分（親会社ではない株主に属すると考えられる分）を差し引きます。貸借対照表では純資産の部に非支配株主持ち分というマイナスの項目が、損益計算書には最終ラインの1つ上のラインに非支配株主に帰属する当期純利益というマイナスの項目があります。物語コーポレーションの例ではこれらの項目がたまたまありませんでした。

子会社ではない関連会社を連結する場合には、**持分法**という方法で連結します。この場合、連結対象となる関連会社を**持分法適用会社**といいます。

持分法適用会社については、貸借対照表では固定資産の投資その他資産のところに関連会社株式として記載されます。また、損益計算書では、持ち株比率に応じて、関連会社の純利益や純損失を営業外利益、営業外費用のところに加算します。たとえば、関連会社の純利益が100億円で、その会社の持ち株比率が20％なら、持分法による投資利益として20億円を営業外利益として加えます。

財務分析のプロでひふみ投信の運用担当者に聞く

売上高に比べて、在庫の伸びが著しい企業は要注意

レオス・キャピタルワークス　株式戦略部　シニア・ファンドマネージャー
佐々木靖人さん

――財務面から成長株を見極める方法を教えてください。

佐々木　まず、利益だけでなく、売上高もしっかり伸びているかを見ることです。人や設備をリストラして販管費などを減らせば一時的に利益を増やすことはできます。しかし、売上高を伸ばしていかないと、利益を持続的に伸ばしていくことはできません。

それから、売上高や利益が伸びていても、どうして伸びているのか、決算短信や説明会の資料や動画などをよく見てその背景を調べることです。今収益が伸びている背景を探って、その収益拡大は持続的なものなのか、一時的に伸びているだけの可能性はないのか、ということを考えてみることが大事です。

――売上高は伸びているけど、利益はマイナス、でも将来有望という銘柄もありますよね。そうした銘柄の判断法を教えてください。

佐々木　赤字だけど将来有望、という銘柄の見分け方は難しいです。アマゾンドットコムの成長期はそういうパターンでしたが、それは、設備投資、顧客獲得、研究開発などの先行投資を

しっかりやっていて、その先行投資が非常に戦略的で勝算があると判断できるケースですね。これを判断するにはやはり財務データだけでは限界があって、事業の内容とか成長戦略とか定性的なところも調べて判断する必要は出てきます。また、営業利益などは赤字でも、売上総利益はしっかり伸びていることが望ましいです。

赤字企業の場合、どんなに有望でも、相場環境が悪いと大きく売り込まれる可能性があるので、そうしたリスクも考えて、投資金額があまり大きくなり過ぎないように慎重にやっていく必要はあります。

――有望なビジネスだと思えたとしても、会社全体としての売上高は縮小して、利益も低迷している、というケースはどうでしょうか。

佐々木　伸びている事業があり、他の部門をリストラしてその事業に集中しようとしているケースなら、目先の収益面が停滞していても良い投資対象になる可能性はあります。

その場合、伸びている事業は現状として、どのような売上高や利益になっているのか、リストラが一巡したらどういう収益状況になっているのかを考えて投資を検討していくことが必要です。

――業績好調なのに株価が落ち始めて、気づいたら業績も悪化しているというケースもあります。業績好調の中で悪い兆候を見つけるにはどうしたらいいのでしょうか。

佐々木　「売上高の伸びの割に利益の伸びがいま一つ」という時は、それが業績悪化の兆候になる可能性があります。

たとえば、売上高10％、営業利益20％くらいのペースの成長が続いている時に、売上高の伸びは20％に加速したのに、営業利益の伸びは15％と鈍った、というような場合は、何か問題が起きていないかよく検討してみる必要はあります。

それから、**業績悪化の兆しは在庫に表れることがあります**。

たとえば、売上高の伸びが10％なのに、在庫が20％も増えているというように、売上高に比べて在庫の伸びが著しい場合には要注意です。新製品発売に向けて戦略的に在庫を積み増している場合は、売上高の伸びにつながる可能性はありますが、売上が予想よりも鈍っているために在庫が増えているケース、いわゆる**「意図せぬ在庫増」**の場合は注意が必要です。

特に、製造業などの場合、在庫が増えると一時的に見かけ上利益が増えてしまうことがあります。在庫には製造コストなどが含まれ、人件費などの固定費が在庫のほうにカウントされて、損益計算上のコストがその分減ってしまうことがあるからです。そういう場合は、利益は一見好調なのに、実は悪化の兆しが在庫に表れている、という可能性も考えられます。

――財務的な安全性や健全性の判断法について教えてください。自己資本比率が10％台とか1ケタの会社もありますが、そうした会社についてはどう考えたらいいでしょうか。

佐々木　自己資本比率が低いということは、負債の割合が多いということです。特に有利子負債が多いと気になります。ただし、大事なことは、借金などで調達した資金でどのくらい安定して収益を生み出しているか、ということです。

借金をたくさんしていたとしても、それで高い収益性が生み出されているのであれば問題ありません。そうした意味では、**収益やキャッシュフローを安定して稼げていれば特に問題はない**と思います。

逆に、自己資本比率が高くても、収益性の低い設備などをたくさん持ってしまっていると、減損処理が行われるリスクもあります。収益面が不安で、資産の内容もあまり良くないようだと、いくら自己資本比率が高くても安心できませんし、PBRが低くても割安とは言えません。

――結局は収益面やキャッシュフローが大事だという結論だと思いますが、キャッシュフローの見方について教えてください。

佐々木　**営業キャッシュフローと投資キャッシュフローの合計を5年分くらい見て、それが黒字になっているなら財務的には大きな問題はないと考えていい**のではないかと思います。

営業キャッシュフローの黒字を超えるほど投資キャッシュフローの赤字が大きくなっている場合には、かなり大きな投資をしている可能性があります。

そうした場合はもちろん注意が必要ですが、どんな戦略に基づいてどんな投資をしているのかを検討して、その投資が合理的なもので勝算ありと判断できるなら、将来的に収益が大きく伸びる可能性も考えられます。

第6章

割安な株価で買う方法

1 PER（株価収益率）を使う

株を割安で買うために

株式投資で成功するための二大プロセスは、①良い株を探して、②割安な株価で買う、ということであり、主に①のプロセスの話を第5章までしてきました。本章では②の「割安な株価で買う」ということを掘り下げて考えます。

割安な水準で買うために一番大事なことは、**その会社の1株当たりの価値を見極めること**です。その株の価値（＝適正価格）を見積もって、それから考えて明らかに安いと思える水準で買うわけです。

「どう考えても安い」という判断の基準としては、「適正価格の半値」を一つの目安として意識しましょう。つまり、**「株価2倍は狙える」というチャンスを探す**わけです。

成長率とPERの対応関係

株の割安さをはかる指標としてもっともシンプルであり、もっともよく使われるのは**PER（株価収益率）**です。PERについてはプロローグ36ページ、第2章157ページでも説明し

図6-1 1株益と適正PERの目安

数年後の1株益（現状の予想PERと比べた倍率）	適正PERの目安
0.5倍	7.5倍
1倍	15倍
1.5倍	22.5倍
2倍	30倍
3倍	45倍
5倍	75倍
7倍	105倍

ました。繰り返しになる部分もありますが、大事なポイントなので改めてPERを見る基本について整理します。

PERは1株益に対する株価の倍率であり、**「株価÷1株益」**で計算します。平均的な水準は15倍前後ですが、成長性によってPERの基準は変わり、その対応関係はおおよそ**図6－1**（39ページ図0－9の再掲）のように考えられます。

ここで「数年後の1株益」といっているのは、だいたい3年後くらいのイメージです。長くても5年くらいと考えてください。アナリスト予想や会社の中期経営計画で出される業績予想はだいたい3年先くらい、長くても5年先くらいまでの数値であることが多く、投資家が比較的強く意識するのは3年後、長くても5年後くらいまでと思われるためです。

会社の利益が、数年後に2倍になる可能性が高いと考える投資家が多くなれば、PERは平均的な水準（15倍）の2倍の30倍程度が取引される際の1つの目安になります。同じように、数年後に利益が3倍になる可能性が高いと考える投資家が多くなればPER45倍、4倍になる可能性が高いと考える投資家が多くなればPER60倍程度が意識されます。

逆に、PER30倍で取引されている株というのは、利益が2倍に伸びるところまで織り込まれている（計算している）と考えられますし、PER45倍で取引されている株は、利益が3倍に伸びるところまで織り込まれていると考えられます。

さらに、PER100倍となると、利益は7倍程度になるところまで織り込まれていると考えられますし、PER7～8倍ということになると、利益が半分になることを織り込んで取引されていると考えられます。

長期的な成長率も考慮してPERを考える　2段階成長モデル

会社の成長にはさまざまなパターンがあり、一筋縄では捉えきれません。

特に、足元で高成長が続いている会社については、今後の成長パターンを捉えるのが難しくなります。高い成長率が永遠に継続することはないからです。

そうした高成長企業の長期的な成長イメージを比較的シンプルに捉える方法が**2段階成長モデル**です。2段階成長モデルは、会社の成長プロセスを高成長期と安定成長期に分けて考えます。

たとえば、**「今後数年で利益が2倍になり、その後は年率5％くらいの成長になる」**というように考えます。安定成長期の成長率は、長期的に可能だと考えられる成長率です。

長期的な成長率を正確に見積もることは困難なので、その会社の事業内容や経営の質など定性面から、1段目の成長が終了した時点でのＰＥＲについて、

「まだ高成長の時期が続く」と考えられるなら……ＰＥＲ30倍くらい

「安定成長が続く（数パーセント程度の成長率）」と考えられるなら……ＰＥＲ20倍くらい

「横這い（横這いかごくわずかな成長）」と考えられるなら……ＰＥＲ15倍くらい

「衰退していく」と考えられるなら……ＰＥＲ10倍以下

「急速に悪化していく」と考えられるなら……ＰＥＲ5倍以下

というようにごくおおざっぱな分類で考えればいいでしょう（３０６ページ**図６－２**）。これを３０３ページの図６－１の対応表と合わせて考えます。

たとえば、「３年後に利益が2倍になり、その後も長期的な成長が続く」と考えられるなら、「３年後に利益が2倍になった時点でＰＥＲ20倍くらいになる」と考えて、現状の１株益で考えると、２×20＝40倍を適正なＰＥＲ水準と考えます。大まかですが、だいたいこのように見積もれます。そして、現状の予想１株益が１００円なら、１００円×40倍＝４０００円を適正株価と考えます。

３年後の利益を基準にしているので、この４０００円という水準は「３年後の目標株価」で

図6-2　2段階成長モデルとは

適正PER
（数年後の目標株価を計算するPER）
＝
数年後までの利益成長倍率 × 長期成長性に対応したPER

長期シナリオごとの「数年後のPER」の目安

もう少し年率10％以上の高成長が続く	30倍
年率数％の安定成長が続く	20倍
横這いないしわずかな成長が続く	15倍
衰退し始めるリスクがある	10倍以下
急悪化するリスクがある	5倍以下

あり「3年後の適正株価」というほうが適切かもしれませんが、数年程度の時間的なズレであれば単に適正株価といってしまってもいいのではないかと思います。

また、多くの投資家がその成長シナリオの実現可能性が高いと考えるようになると、3年を待たずに比較的早く、その株価水準が達成される可能性も高まります。

ただし、この適正株価や目標株価は、あくまでも成長イメージが間違いではなかった場合に達成される可能性があるもので、その成長シナリオに狂いが出れば成り立たなくなります。その点は十分留意しましょう。そうした意味で、やはり、第3章で考えた成長シナリオというのが非常に重要になってくるわけです。

2 PERを使った2つの投資戦略

PERを使った投資戦略① 安定成長が続きそうな会社をPER15倍以下で買う——くら寿司（2695）の事例研究

安定した成長が続きそうな会社の場合、PER15倍以下なら割安感は強いといえます。事業内容が自分にとってわかりやすくて魅力的であり、財務面にも特に問題がなければ、その株を買うことを検討してみましょう。

くら寿司の会社四季報2014年3集（6月に発売）の記事を見てください（308ページ**図6－3**）。当時の社名は「くらコーポレーション」となっています。同社は低価格回転ずしのチェーン店を展開していますが、低価格の回転ずし業態は外食の中でも人気が高く、その中でくら寿司はあきんどスシローとともに業界内で2強体制を全国的に固めているところでした。

くら寿司は値段の割においしいこと、メニューの豊富さ、ITやロボット・機械を駆使した効率経営などを強みとしています。休日などは家族連れでにぎわい、1時間待ちはあたりまえという状況で、店を作れば業績が伸びていくという状況でした。図6－3の会社四季報を見ても、そうした状況を反映して順調に業績が伸びています。

こうした会社の強みや人気の状況にもかかわらず、PERが12～13倍というのは、かなり割

図6-3 くらコーポレーションの四季報記事と株価チャート

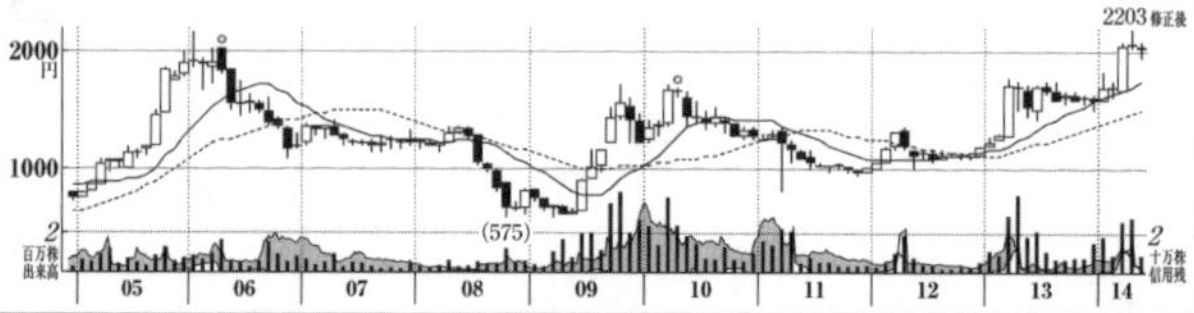

株価指標
予想PER （倍）
〈14.10〉 13.0
〈15.10〉 12.1
実績PER
高値平均 15.8
安値平均 9.9
PBR 1.89
株価（5/26） 2040円
最低購入額 20万4000円

2695 (株)くらコーポレーション

【決算】10月 【設立】1995.11 【上場】2001.5

【特色】関西圏地盤。ロードサイド型の回転ずし店「くら寿司」を直営で展開。店舗運営のIT化先行

【連結事業】回転ずし100

↑増額（予想営業益の前号比）

【大幅増益】直営出店は期初計画の16（前期23）から上振れ公算。コーヒー、イベリコ丼など新商品投入が効き、客単価上昇。消費増税の影響なく、GW後も客足途切れず。営業増益。下期減速とみる会社計画は慎重。

【台湾】秋口にも台北に1号店開店か。現法設立で情報収集力が高まり、2店目の展望容易に。準備に数年かけ、大手回転ずしで初のフグネタを期間限定で提供開始。 〈13・10〉

【株主】㊝17,823名〈13.10〉 万株
(株)ウォルナットコーポレーション 517(25.0)
田中信 231(11.1)
田中邦彦 175(8.4)
田中節子 103(4.9)
BBHフィデリティLPSF(プリンシパルASSP) 55(2.6)
日本トラスティ信託口 38(1.8)
自社従業員持株会 36(1.7)
日本マスター信託口 27(1.3)
日本マスター信託口(紀陽銀) 19(0.9)
モルガン・スタンレー・アンド・カンパニー 15(0.7)
〈外国〉12.5% 〈浮動株〉22.8%
〈投信〉 1.7% 〈特定株〉59.2%

【役員】㈳田中邦彦 ㈶伊藤敬人 葛木啓之 亀井学 田中節子 久宗裕行 田中信 馬場邦行 (常監)河野好行 ㊞中野正信 大田口宏

【連結】Kula Sushi USA

【株式】5/30 20,699千株
単位 100株 優待
時価総額 422億円

【財務】〈連14.1〉 百万円
総資産 36,705
自己資本 22,339
自己資本比率 60.9%
資本金 2,005
利益剰余金 17,935
有利子負債 550

【指標等】〈連13.10〉
ROE 11.5% 予14.5%
ROA 6.9% 予 8.9%
調整1株益 ―円
最高純益(13.10) 2,502
設備投資 5,671 予 ‥
減価償却 3,104 予 ‥
研究開発 1 予 ‥

【キャッシュフロー】 百万円
営業CF 6,178(5,982)
投資CF ▲3,429(▲3,428)
財務CF ▲2,081(▲1,721)
現金同等物 5,846(4,972)

年月【資本異動】		万株
04. 6	分1→2	4.7
04.10	公0.4万株 (345320円)	5.1
06. 5	分1→2	10
08.10	消却	10
10. 5	分1→200	2,069

東証	高値	安値
01~11	2590000(01)	810(11)
12	1378(4)	1001(5)
13	1777(3)	1207(1)
14.1~5	2203(4)	1592(1)

	高値	安値	出来万株
14. 1	1847	1592	184
2	1753	1607	87
3	2090	1663	260
4	2203	2033	279
#5	2097	1941	90

【会社業績修正】上方1 下方0
経常益÷期初会社予想 1.0倍
【格付】―

【業績】(百万円)	売上高	営業利益	経常利益	純利益	1株益(円)	1株配(円)
単11.10	74,430	2,936	3,563	1,510	73.0	12
単12.10	78,971	3,782	4,070	2,067	99.9	12
連13.10	88,144	3,995	4,452	2,502	120.9	12
連14.10予	94,000	5,200	5,600	3,250	157.0	12
連15.10予	98,000	5,600	6,000	3,500	169.1	12
中13. 4	42,862	2,438	2,723	1,551	75.0	0
中14. 4予	47,200	2,800	3,000	1,750	84.5	0
四12.11- 1	21,044	986	1,137	613	29.7	
四13.11- 1	23,390	1,154	1,257	743	35.9	
会14.10予	92,182	4,188	4,534	2,521	(13.12.12発表)	

【配当】	配当金(円)
08.10	800
09.10	2400
10.10	12
11.10	12
12.10	12
13.10	12
14.10予	12
予想配当利回り	0.59%
1株純資産(円)〈連14. 1〉	1,079 (1,054)

【本社】599-8253堺市中区深阪1035-2 ☎072-239-8071
【店舗】東北6, 関東101, 甲信越17, 東海40, 近畿123, 中国13, 四国8, 九州25, 米国7 計340 【工場】大阪2, 埼玉, 福岡 【研修センター】大阪狭山
【従業員】〈13.10〉連1,030名 単1,006名(28.9歳) 年431万円
【証券】上東京 幹みずほ, 三菱Uモル, いちよし, 岡三 名三井住友信 監トーマツ
【銀行】三菱U, 紀陽, 三井住友, みずほ, 京都
【業種別時価総額順位】外食・娯楽サービス 32/134社

【小売業】

2014年3集 http://www.kura-corpo.co.jp/

優待 飲食券

出典：会社四季報2014年3集

	14年6月	18年5月
1株益	169円	260円
	×	×
PER	12倍	32倍
	॥	॥
株価	2040円	8340円

出典：SBI証券

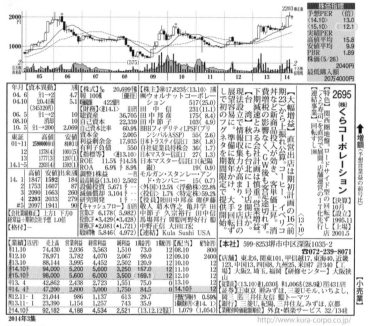

安感が強かったといえます。

1株益は15年10月期予想で169円、この時の株価は2040円でPERは12倍です。18年5月には、1株益260円（18年10月期予想）、PER32倍となり、株価は8340円まで上昇します。

1株益は1・5倍の伸びでしたが、PERは2・7倍に上昇し、掛け合わせて4倍以上の株価上昇となりました。

PERを使った投資戦略② 高成長が続きそうな会社をPER30倍以下で買う——アニコム ホールディングス（8715）の事例研究

次に、**アニコム ホールディングス**の会社四季報2014年3集（6月発売号）を見てください（310ページ**図6－4**）。売上高も営業利益も急速な伸びが続いており、5年間で売上高は2・3倍、経常利益は3・5倍となっています。

アニコム ホールディングスについては95ページで述べた通り、全国の動物病院やペットショップと提携して、病院窓口で保険証を見せるだけで保険料が自動精算できる仕組みと、ペットを買う時に同時にペット保険への加入を促してもらうビジネスモデルを作り、ペット保険の普及率を急拡大させることに貢献して業績を伸ばしてきました。

図6－4の会社四季報が発売された2014年6月の状況では、来期予想1株益43円、PER17倍、株価は745円でした。

図6-4 アニコム ホールディングスの四季報記事と株価チャート

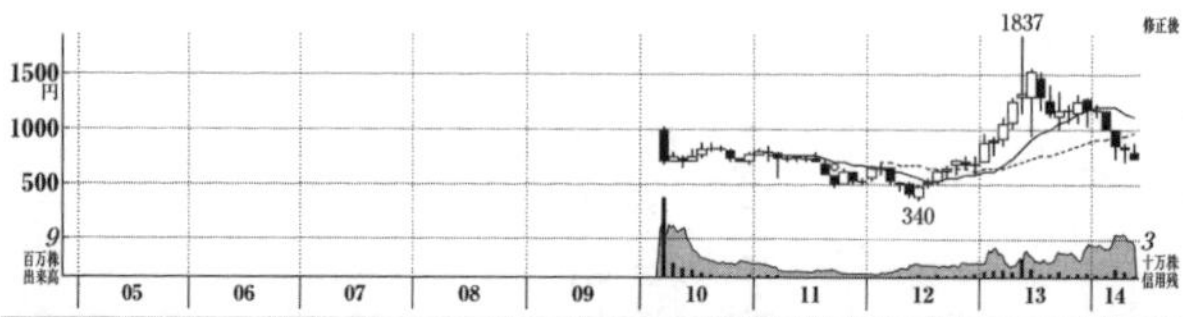

【株価指標】
予想PER (倍)
〈15.3〉 25.9
〈16.3〉 17.2
実績PER
高値平均 50.0
安値平均 18.7
PBR 1.57
株価(5/26) 745円
最低購入額 7万4500円

8715 アニコム ホールディングス
【決算】3月【設立】2000.7【上場】2010.3

【特色】ペット保険の草分け。中核のアニコム損保ほか動物病院支援も。主要代理店はペットショップ
【連結事業】損害保険(ペット保険)99(4)、他1(4) 〈14・3〉

【利益足踏み】ペットショップなど代理店数拡大牽引し新規契約は続伸。保険料値上げ効果が発現の一方で、損害率上昇や継続率小幅低下のマイナス面も出る。消費増税に伴う支払い費用増重なり利益伸び緩慢。
【野心的】消費増税対策へ6月に保険料を平均1割強値上げ。新設の専門子会社で動物先進医療研究を強化、損害率改善等につなげる構え。代理店手数料は拡充の方向。

➡前号並み(予想経常益の前号比)

年月	【資本異動】	万株
09. 6	分1→200	316
10. 3	公75万株(2000円)	391
10. 3	三者12万株(OA)	404
11.10	分1→4	1,651

東証Ⓜ	高値	安値
10~11	**4050**(10)	462(11)
12	751(11)	**340**(6)
13	1837(5)	687(1)
14.1~5	1221(1)	712(4)

	高値	安値	出来万株
14. 1	**1221**	1100	82
2	1170	977	73
3	1000	739	212
4	880	**712**	157
#5	872	717	63

【会社業績修正】 上方1 下方1
経常益÷期初会社予想 0.9倍
【格付】—

【株式】6/30 17,356千株
単位 100株
時価総額 129億円
【財務】〈連14.3〉 百万円
総資産 18,634
自己資本 8,249
自己資本比率 44.3%
資本金 4,282
利益剰余金 ▲147
〈単〉運用資産 13,815
資産運用利回 0.64%
事業費率27.3% 損害率66.7%
支払余力比率 295.1%
【指標等】 〈連14.3〉
ROE 5.4% 予6.1%
ROA 2.4% 予2.7%
調整1株益 24.1円
最高純益(13.3) 640
【キャッシュフロー】 百万円
営業CF 2,009(1,507)
投資CF ▲2,052(▲1,852)
財務CF 60(85)
現金同等物 1,301(1,283)

【株主】単3,107名〈14.3〉 万株
日本マスター信託口 252(14.5)
日本トラスティ信託口 177(10.2)
KOMORIアセットマネジメント㈱ 122(7.0)
ソニー損害保険 120(6.9)
野村信託銀行投信口 91(5.2)
C B C 66(3.8)
UBSロンドンIPBセグリゲイテッド・クライアント 58(3.3)
小 森 伸 昭 44(2.5)
JPモルガン・チェース・バンク380084 36(2.1)
自社従業員持株会 31(1.8)
〈外国〉11.1% 〈浮動株〉 8.5%
〈投信〉24.3% 〈特定株〉58.7%
【役員】㈳小森伸昭 ㈿百瀬由美子 ㈬須田一夫 小林英三 中出哲 ㈿監猪俣吉彦 ㈼岩本康一郎 藤田信一郎 岡部紳一 (6. 25予)
【連結】 アニコム損害保険, アニコム パフェ, アニコム フロンティア

【業績】(百万円)	経常収益	正味保険料	経常利益	純利益	1株益(円)	1株配(円)
連11. 3*	11,107	10,858	342	421	25.8	0
連12. 3	13,845	13,592	337	465	28.2	0
連13. 3	16,186	15,781	837	640	38.1	0
連14. 3	18,366	18,087	733	447	26.0	0
連15. 3予	21,800	21,400	800	500	28.8	0
連16. 3予	25,000	24,400	1,200	750	43.2	0~5
中13. 9	8,849	8,716	300	186	10.8	0
中14. 9予	10,300	10,100	240	150	8.6	0
会15. 3予	21,790	‥	800	509	(14.5.8発表)	

注)資産運用利回～支払余力比率はアニコム損保の数値

【配当】	配当金(円)
09. 3	0
10. 3	0
11. 3	0
12. 3	0
13. 3	0
14. 3	0
15. 3予	0

予想配当利回り —%
1株純資産(円)〈連14. 3〉
475.3 (454.7)

【本社】 161-0033東京都新宿区下落合1-5-22 アリミノビル ☎03-5348-3911
【主要子会社】 アニコム損害保険☎03-5348-3777, アニコム パフェ, アニコム フロンティア, 日本どうぶつ先進医療研究所
【従業員】〈14.3〉連275名 単9名(37.8歳) 年781万円
【証券】上東京Ⓜ 幹(主)野村 (副)三菱Uモル, SMBCフ, SBI, マネックス, 高木 名三菱U信 監新日本
【銀行】 三菱U, 三井住友, みずほ
【業種別時価総額順位】 損害保険 4/4社

【保険】

2014年3集

http://www.anicom.co.jp/

出典:会社四季報2014年3集より

	14年6月	20年5月
1株益	43円	96円
	×	×
PER	17倍	56倍
	≒	≒
株価	745円	5340円※

出典:SBI証券

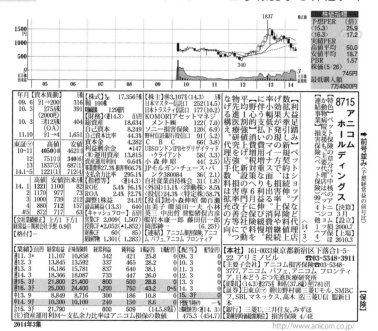

ＰＥＲは今期予想で26倍、来期予想でも17倍と、いずれも15倍を超えていましたが、利益がその後数年間で数倍になる成長性を考えると割安といえる水準でした。結果論ではありますが、この時点で同社の成長性を見極められていれば、絶好の投資チャンスを得られたことになります。

２０２０年５月には、来期予想１株益は96円、ＰＥＲは56倍にまで上がり、株価５３４０円となりました（分割修正後の実際の株価は１３３０円）。

この約４年間で１株益は２・２倍の拡大でしたが、ＰＥＲは３・３倍に拡大し、掛け合わせて株価は７倍になりました。

この事例のように高成長企業が実際に高成長を続けると、その株が人気化してＰＥＲもかなり高くなる傾向があります。

かりにＰＥＲが高くならなくても、業績がしっかり期待通りに伸びてくれた分の株価上昇は実現した可能性が高いですが、投資家からの評価や人気が上がったことでＰＥＲが上がり、株価上昇は一段と拡大したわけです。

3 PERで注意するべき2つのパターン

PERで注意するべきパターン① 高すぎるPERの修正
——JPホールディングス（2749）の事例研究

次に、**JPホールディングス**が13年5月に高値を付けた時の状況を見てみましょう（**図6－5**）。同社は「アスク」という名前で展開する保育園運営の最大手企業です。

この当時は、保育園の運営が規制緩和によって民間にも開放され、保育園の民間運営が急速に拡大しているところでした。それまでの保育園運営は、地方自治体が行う他には特定の社会福祉法人が独占していて、非効率で不透明な経営が指摘されることも多い状況でした。

そこに運営能力の高い民間企業が参入して、あっという間にシェアを拡大していったわけです。その中でも圧倒的なトップ企業がＪＰホールディングスでした。この当時の同社は売上高、営業利益ともに4年で倍増以上という高成長を続けていました。

この時にはさらに、安倍晋三政権がスタートして待機児童ゼロが主な政策テーマの１つとして打ち出されていたこともあり、ＪＰホールディングスの株が人気化しました。

ピークを付けた時の株価は３９４０円ですが、２０２２年時点から分割修正してみると７８８円となります。２０１４年３月期の分割修正した１株益は10円です。ＰＥＲは79倍となり、あまりにも過熱していたといえます。

図6-5 JPホールディングスの株価は3分の1に

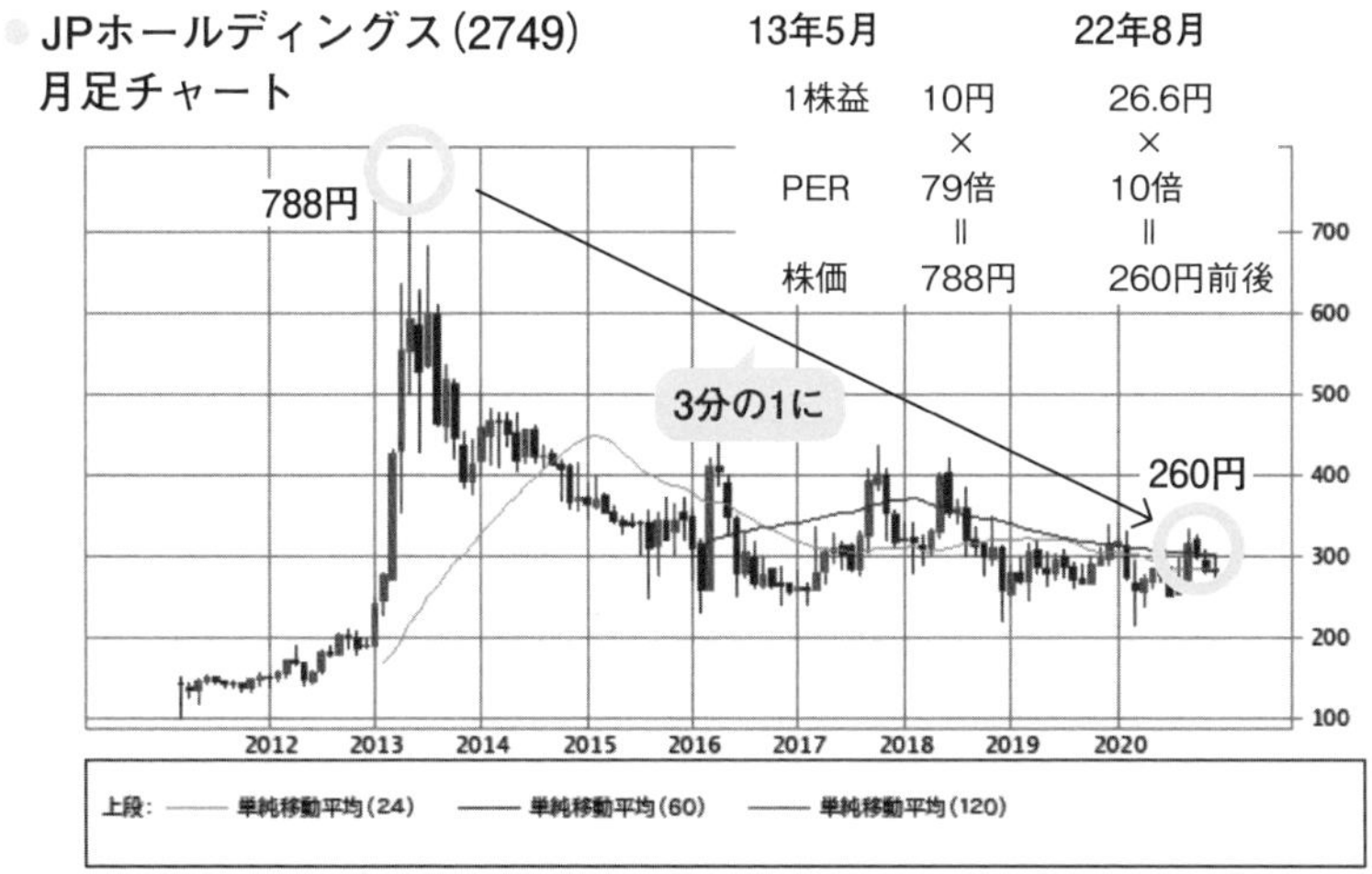

月足チャート

	13年5月	22年8月
1株益	10円	26.6円
	×	×
PER	79倍	10倍
	＝	＝
株価	788円	260円前後

上段：　　　 単純移動平均(24)　　　 単純移動平均(60)　　　 単純移動平均(120)

出典：SBI証券より

ＪＰホールディングスはその後も業績を順調に拡大し続けて、２０２３年３月期の１株益予想は26・６円となっています（２０２２年８月現在）。９年間で１株益を２・６倍にしたわけですが、株価は２６０円前後と９年前の３分の１の水準に落ち込んでいます。ＰＥＲが79倍から10倍へと約８分の１に下がったからです。

このように、**あまりにも高いＰＥＲで株を買ってしまうと、その会社がその後頑張って業績を伸ばしても、株価は長期的に低迷してしまう**ことがあります。

ＪＰホールディングスは、長期的に業績を着実に伸ばし続けていますし、２０２２年３月期時点で３４４億円まで伸ばした売上高を、今後さらに１０００億円に拡大する目標を打ち出しています。同社は保育園事業を核にしながら、最大手としての運営ノウハウの蓄積と高度なIT化を武器にして、児童クラブ、児童館、給食事業、学習プログラムの開発などへ事業領域を広げ、総合的な子育て支援事業会社として成長戦略を推進しています。こうしたビジョンを実現しながら成長が続くのであれば、2022年時点でのPER10倍前後の水準は、かなり割安といえるかもしれません。

PERで注意するべきパターン②
低PERのバリュートラップ　MIXI(2121)

バリュートラップというのは「割安さに隠れた罠」という意味であり、割安になっている背景には危険が潜んでいる可能性があることを示す言葉です。

ミクシィの2019年3月の例を見てみましょう（**図6－6**）。

ミクシィは2013年から2016年にかけてスマホ用ゲーム「モンスターストライク」が爆発的にヒットして、業績と株価を飛躍的に伸ばしました。しかし、その後は徐々に業績が下降線をたどるようになり、株価も下降トレンドを描いていきました。

そして、2019年3月の時点では、株価がピークから半値以下に落ち、PERが8倍にまで低下しました。一見、かなり割安で魅力的な株価水準にも思われるところでした。

しかし、その割安さにつられて株を買うには危険な状況でした。実際、株価はそこからさらに半値にまで落ち込んでいったのです。

図6-6 ミクシィ(2121)のバリュートラップ

● ミクシィ(2121)　週足チャート

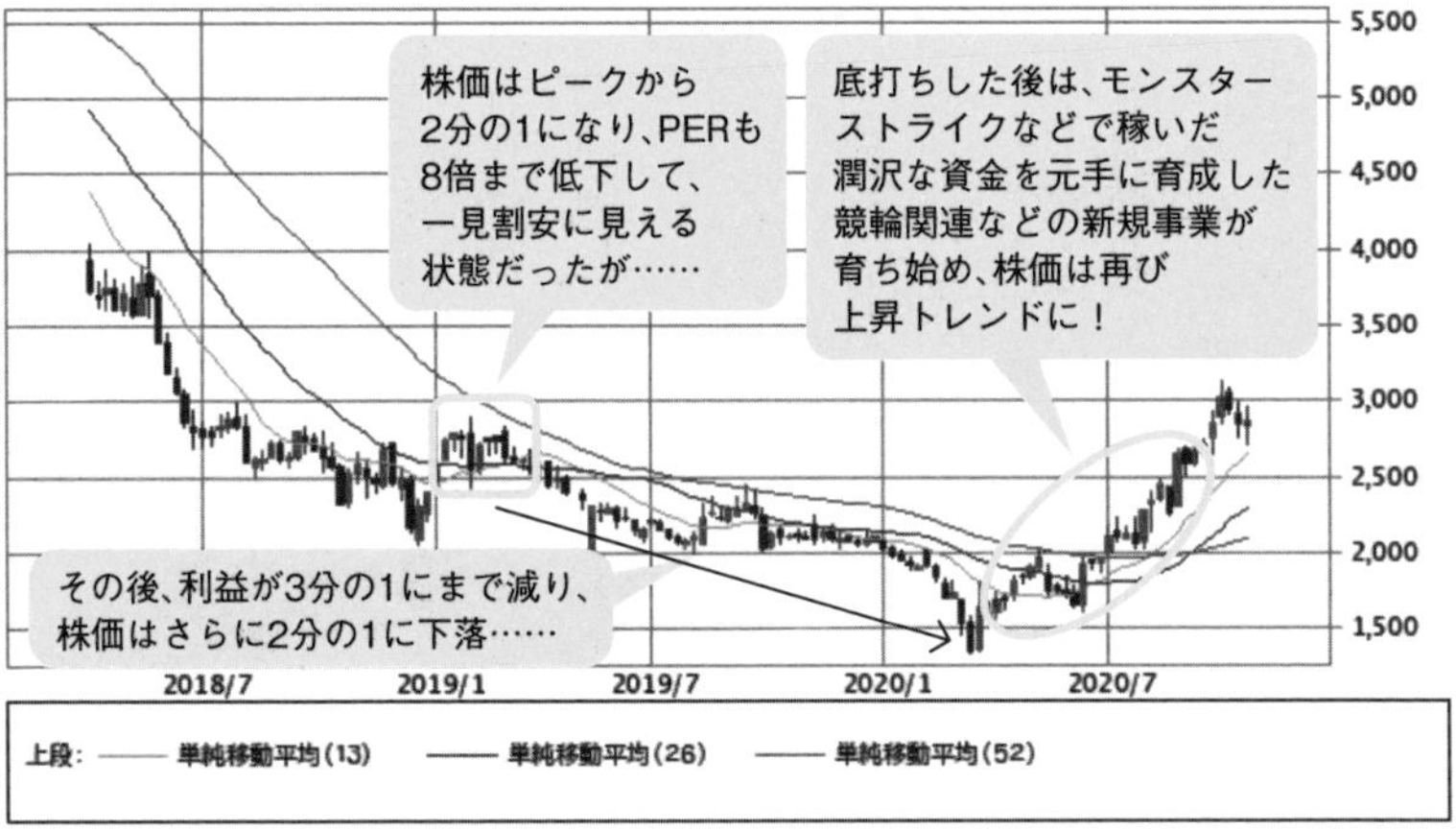
株価はピークから
2分の1になり、PERも
8倍まで低下して、
一見割安に見える
状態だったが……
底打ちした後は、モンスター
ストライクなどで稼いだ
潤沢な資金を元手に育成した
競輪関連などの新規事業が
育ち始め、株価は再び
上昇トレンドに！
その後、利益が3分の1にまで減り、
株価はさらに2分の1に下落……
5,500
5,000
4,500
4,000
3,500
3,000
2,500
2,000
1,500
2018/7
2019/1
2019/7
2020/1
2020/7
上段: 単純移動平均(13)　単純移動平均(26)　単純移動平均(52)

出典：SBI証券より

ミクシィの株価がさらに下落したのは、利益が3分の1へと激減してしまったからです。この事例からもわかるように、PERが低いというだけでは、その株がお買い得であるとは言えません。**PERが低い場合には、「どうしてPERが低いのか」を考える必要があります。**

そして、業績が大きく悪化していく可能性があると考えられるのなら、PERが低くてもその株への投資を避けたほうがいいでしょう。

しかし、その会社の将来性が明るいと思われるのに、相場全体が低迷していることにつられて割安になっているとか、時価総額が小さくて目立たないために割安に放置されているだけだと判断できるなら、それは絶好の買いチャンスとなります。

4 PERを使ってシナリオを考える

1株益とPERでシナリオを考える①

ファーストリテイリング（9983）

第3章で述べた通り、ファーストリテイリングはLifeWear（究極の普段着）を開発して世界に広めるというコンセプトで長年商品開発を進め、国内事業で業界トップの体制を確立しつつ、海外展開も軌道に乗せてきました。海外売上高は国内売上高に並ぶところまで育ち、今後は海外売上高を大きく伸ばして国際的な企業として飛躍していくことが期待されます。

売上高は2018年8月期に2兆円に乗せた後は、コロナ禍などもあり足踏みしていますが、中期的に3兆円を目標としています。3兆円を達成したあとも海外での拡大余地は大きく、LifeWearの提供という強みを向上させていくことができれば、長期的な安定成長を続けることも可能ではないかと思われます。

2022年8月時点での1株益、PER、株価の状況は図6－7の通りです。

1株益は過去最高の水準で、PERは33・4倍超とかなり高くなっています。同社の強みや将来性の高さが市場ですでに高く評価されています。

過去の利益増加ペースは5年で1.5倍程度であり、そのペースが順調に続くというのが5年後のシナリオ①です。これまで通りの順調な成長が続けば、市場では高い成長率がさらに続

図6-7 ファーストリテイリングの2つのシナリオ

2022年8月時点

1株益		PER		株価
2447円	×	33.4倍	＝	81950円

5年後のシナリオ①

1株益		PER		株価
3600円	×	30倍	＝	108000円（32%上昇）

5年後のシナリオ②

1株益		PER		株価
2500円	×	15倍	＝	37500円（54%下落）

く期待が維持されて、ＰＥＲも30倍前後をキープできる可能性があるでしょう。そうなると、株価は10万８０００円という計算になります。比較的強気なこのシナリオでも、株価上昇はそれほど大きくは期待できない計算になります。

一方、思い通り成長できず、１株益が５年後にも現状維持に留まるシナリオ②も想定しておきましょう。その場合、成長期待ははげ落ち、ＰＥＲは標準的なレベルの15倍くらいに落ちることも考えられます。そうなると、株価は３万７５００円程度という計算になります。

以上のように強気シナリオと弱気シナリオを想定した場合、強気シナリオなら株価が32％の上昇、弱気シナリオでは54％の下落となります。

うまくいく場合のリターンと、失敗する場合の損失の比率を**リスク・リウォードレシオ**といいますが、このシナリオに基づくリスク・リウォードレシオは、32÷54≒0.6です。リスク・リウォードレシオは、2倍以上が望ましいので、これはあまり良い数値とはいえません。

しかし、PER20倍の5万円程度で買えれば、強気シナリオで116％上昇、弱気シナリオで25％の下落となり、このシナリオに基づくリスク・リウォードレシオは、116÷25≒4.6とグンと良くなります。

1株益とPERでシナリオを考える②

トヨタ自動車（7203）

トヨタ自動車は日本で最も多くの利益を稼ぎ、時価総額も日本最大を誇る会社です。自動車メーカーとして世界で最も稼いでいる会社でもあります。

営業利益は横這いで伸び悩んでいますが、売上高と経常利益は順調に伸びています。グループ全体として伸びているという状況です。

しかし、2022年8月時点ではPERは12倍前後と比較的低い状態となっています。

トヨタ自動車に対して投資家たちが今一番不安に思っているのは、電気自動車や自動運転の時代に入りつつある中で、その対応が遅れているのではないかということです。

同社は、もともとガソリン車、ハイブリッド車、燃料電池車、電気自動車（EV）と全方位的に取り組んでいく戦略を採っており、電気自動車についても前面的に打ち出していなかっただけで、着々と技術的な蓄積やノウハウの蓄積は行っていました。

そして、2021年12月には、「2030年までにEVを乗用車から商用車までフルラインナップで30車種投入し、年間350万台の販売を行う体制を整える」ことを発表しました。さらに、「2030年までにEVに4兆円の投資を行うこと」や、「電池を含めて2030年分までの材料も確保できている」ということなども発表しました。

電気自動車の生産・販売台数や収益で圧倒的な世界トップ企業はテスラであり、現在のところ、電気自動車分野で圧倒的な優位性を築いているのはテスラであることに間違いないでしょう。

しかし、トヨタ自動車もEVに関する技術力や部材の調達体制は整えてきており、これまで培ってきた生産体制・販売体制・ブランド力・技術力・資金力などはEV分野でも大きな力となると考えられます。テスラだけで世界のEVの需要を全て満たせるわけではなく、主要なプレーヤーは何社か併存することになる可能性がありますし、その一社にトヨタ自動車が入ってくる可能性もあります。

トヨタ自動車が今後どうなるかは成り行きを見守らなければならない面もあり、楽観シナリオと慎重シナリオを考えておく必要があるでしょう。320ページ**図6－8**はその1つの例です。

図6－8で示した5年後の楽観シナリオ①は、ある程度成長性を取り戻し、1株益が250

図6-8 トヨタ自動車の2つのシナリオ

2022年8月時点

1株益		PER		株価
172円	×	12.2倍	＝	2101円

5年後のシナリオ①

1株益		PER		株価
250円	×	15倍	＝	3750円（78%上昇）

5年後のシナリオ②

1株益		PER		株価
150円	×	10倍	＝	1500円（29%下落）

円に伸びて、ＰＥＲも15倍まで回復、その掛け合わせで株価は３７５０円になる、というものです。

一方、慎重シナリオ②は、１株益は伸び悩んで１５０円程度となり、ＰＥＲはさらに下がって10倍になり、その掛け合わせで株価は１５００円になるというものです。

楽観シナリオだと株価は78％プラス、慎重シナリオだと株価は29％の下落となります。このシナリオに基づくリスク・リウォード・レシオは、78÷29≒２・７とまずまずの水準です。もともとのＰＥＲが比較的低いので、楽観シナリオになった場合のプラスが大きく、慎重シナリオになった場合のマイナスが比較的小さくなっています。

5 金融資産をたくさん保有している会社のバリュエーション（価値算定）

純金融資産を加味したバリュエーション

事業に使わない余剰資産をたくさんため込んでいるケースでは、その会社の**株主価値**（発行済み株式を合計した価値）は、322ページ図6－9のように、「**株主価値＝税引き後営業利益×妥当なPER＋金融資産－有利子負債**」と考えることができます。

税引き後営業利益というのは、営業利益から税金を引いた後に残る利益です。日本の法人の税率は約30％なので日本企業のほとんどでは「税引き後の営業利益≒営業利益×0.7」と考えていいでしょう。これが会社の事業価値と考えられます。ただし、税率が異なる海外での収益が多い会社の場合には、掛け目を0.7以外の比率にした方がいいケースもあります（327ページ参照）。

ここで経常利益や純利益を使わないのは、これらの利益には非事業資産からの収益（配当や金利など）が入ってしまうからです。非事業資産からの収益も考えた事業価値を計算し、さらに非事業資産も加えてしまうと、2重にカウントすることになってしまいます。

金融資産は、現金・預金、有価証券、投資有価証券などの合計金額です。**そこから有利子負債を差し引いたものが純金融資産**（非事業価値）です。

図6-9 純金融資産を加味したバリュエーションとは

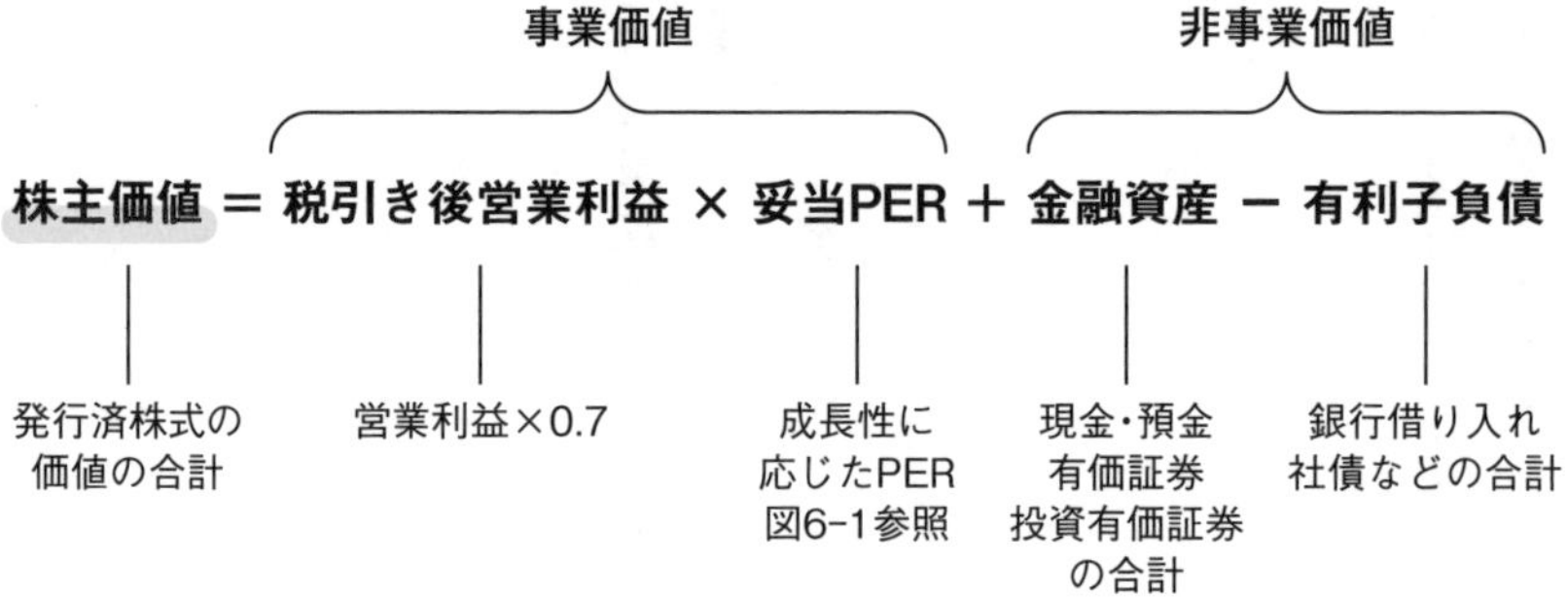

金融資産以外でも事業に使用していない不動産などがあれば、それを含めて**「非事業価値＝余剰資産－有利子負債」**と考えることもできます。

任天堂（7974）の事例研究

324ページ**図6－10**の貸借対照表の資産の部と負債の部から金融資産と有利子負債をピックアップして任天堂の純金融資産を計算すると、

現金・預金　1兆2065億円
有価証券　5044億円
投資有価証券　3127億円
有利子負債　0円
純金融資産　＝1兆2065億円＋5044億円＋3127億円－0円＝2兆236億円

となります。

次に、**事業価値**について考えます。計算式は図6－9にある通り、税引き後営業利益×妥当PERです。

2023年3月期の予想営業利益は5000億円（2022年8月時点）で、過去の業績を見る限り税率は3割程度のようなので、営業利益に対する掛け目を0・7にします。

任天堂は世界的に人気の独自コンテンツを数多く持ち、同社ならではの楽しいゲームを次々と生み出す力も持っています。今後、ゲーム業界のトレンドがどのようになるかは流動的で不透明ですが、任天堂の独自の世界観・キャラクター・楽しさなどの魅力は、どのようなフォー

図6-10 任天堂の資産の部と負債の部

（単位:百万円）

任天堂株式会社（7974）2022年3月期 決算短信 連結貸借対照表	前連結会計年度 （2021年3月31日）	当連結会計年度 （2022年3月31日）
資産の部		
流動資産		
現金及び預金	1,185,151	1,206,506
受取手形及び売掛金	1405,70	141,087
有価証券	557,238	504,385
棚卸資産	86,817	204,183
その他	50,692	70,147
貸倒引当金	△94	△98
流動資産合計	2,020,375	2,126,212
固定資産		
有形固定資産		
建物及び構築物（純額）	42,230	42,571
工具、器具及び備品（純額）	4,783	4,498
機械装置及び運搬具（純額）	1,591	1,477
土地	34,785	35,337
建設仮勘定	178	1,280
有形固定資産合計	83,569	85,164
無形固定資産		
ソフトウェア	11,106	10,241
その他	3,815	7,073
無形資産合計	14,922	17,315
投資その他の資産		
投資有価証券	214,832	312,663
退職給付に係る資産	8,205	8,597
繰延税金資産	82,819	87,996
その他	22,194	24,434
投資その他の資産合計	328,051	433,692
固定資産合計	426,543	536,172
資産合計	2,446,918	2,662,384
負債の部		
流動負債		
支払手形及び買掛金	114,677	150,910
賞与引当金	5,227	5,459
未払法人税等	157,307	99,520
その他	249,119	284,836
流動負債合計	526,331	540,726
固定負債		
退職給付に係る負債	21,001	2,5063
その他	24,970	27,284
固定負債合計	45,972	52,347
負債合計	572,304	593,074

出典：任天堂のIR資料を基に作成

マットでも活かして成長を続けられるのではないかと思います。

成長性が高い世界のゲーム市場の中で、任天堂は独自のポジションを築いて成長を享受していける可能性が高いと考えると、同社の妥当PERは長期的に安定成長を続ける前提の20倍程度には評価できそうです。

そうした前提で事業価値を計算すると、

事業価値＝5000億円×0・7×20倍＝7兆円

となります。

事業価値と純金融資産を合計し、これを発行済み株数で1株あたりの価値を求めると、

株主価値＝7兆円（事業価値）＋2兆236億円（非事業価値）＝9兆236億円

1株あたりの価値＝9兆236億円÷1・17億株＝77125円

となります。

なお、SBI証券の予想※による2023年3月期予想営業利益は6161億円となっています（2022年8月現在）。これを使って事業価値、株主価値、1株あたりの価値を計算すると、

事業価値＝6161億円×0・7×20倍＝8兆6254億円

株主価値＝8兆6254億円＋2兆236億円＝10兆6490億円

1株あたりの価値＝10兆6490億円÷1・17億株＝91017円

となります。

2022年8月時点での任天堂の株価は、約5万7000円ですから、これらの計算から考

※ SBI証券のアナリストレポートは、口座開設者はログインしたウェブサイトから閲覧できます。

えると、割安な状態になっていると考えられます。

税率を確認する

2022年現在、日本における法人の税金負担率は通常は約30％です。通常の税金負担率のことを**法定実効税率**といい、2022年現在の日本では31％ですが、だいたい30％くらいと覚えておいていいでしょう。税率は時代とともにある程度変化するので、「今、法人税率はどのくらいか」ということは、できるだけ把握しておきたいものです。

会社によっては、税金負担率が法定実効税率とズレている場合があります。税金負担率が法定実効税率と大きくずれている場合、その原因については有価証券報告書に記載されています。ただし、四半期の報告書には載っていないことが多いです。

図6－11は、シマノ（7309）の2021年12月期の有価証券報告書から抜粋したものです。法定実効税率31％に対して、シマノの法人税負担率（税効果会計適用後の法人税等の負担率）は25％前後となっています。

その原因となる項目が出ていますが、海外子会社等の適用税率の差異が5％強のズレを生じさせた要因となっていることが記されています。

つまり、**海外での税金の支払いが多く、それによってシマノの税金負担率が25％前後になっ**

図6-11 シマノの法定実効税率

2　法定実効税率と税効果会計適用後の法人税等の負担率との差異の原因となった主要な項目別の内訳

	前連結会計年度 （2020年12月31日）	当連結会計年度 （2021年12月31日）
法定実効税率	31.0%	31.0%
（調整）		
交際費等永久に損金に算入されない項目	1.2%	0.5%
受取配当金等永久に益金に算入されない項目	△0.1%	△0.6%
税額控除	△2.6%	△1.5%
海外子会社等の適用税率の差異	△5.1%	△5.3%
評価性引当額	0.1%	△0.1%
その他	0.6%	0.5%
税効果会計適用後の法人税等の負担率	25.1%	24.5%

海外での税金の支払いが多く、それにより税金の負担率が25%前後になっている。

出典：シマノのホームページより

ているということです。

ですから、シマノの場合も「税引き後営業利益」などを計算する場合に、掛け目は0・7ではなくて0・75にするべきだ、ということになるわけです。

このように、有価証券報告書には決算短信に載っていない細かい情報まで記載されています。決算説明会資料にも細かい情報が書いてあることがあります。「この項目についてもっと詳細が知りたい」ということがあれば、有価証券報告書や決算説明会資料も見るようにしましょう。

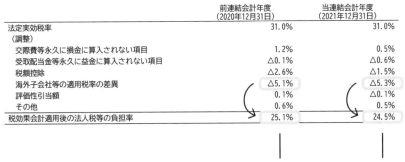

6 PBRとROEを組み合わせて使う

PERとROEの対応関係の公式

PBR（株価純資産倍率）は、資産面から見た割安さをはかる指標です。株価÷1株純資産で計算して、株価が1株純資産の何倍かを見るものです。

一般的には1倍を**解散価値**といい、割安・割高の分岐点といわれています。

しかし、PBRについても、1倍以下だから割安で1倍以上だから割高と単純にはいえません。会社にとって資産とは、あくまでも事業のために使って収益を上げるために保有しているものです。どれだけ資産を持っているかということだけでなく、それをいかに有効に活かせているるか、という観点を欠かすことができません。

純資産≒自己資本≒株主資本であり、これらの項目は株主から預かっているお金だといえますが、これを有効に活かしているかどうかをみる指標が**ROE（自己資本利益率）**です。

この指数は**「ROE＝純利益÷自己資本」**で計算します。自己資本を活用してどのくらいの利回りで純利益を生み出しているかをみる指標です。一般的にはROE＝8％が、上場企業にとって最低限クリアすべき基準だといわれています。

市場平均のROEは、2022年現在、米国20％、欧州15％、日本10％くらいとなっていま

図6-12 PBRとROEの対応関係の公式

8%超では、ROEの水準に応じてPBRが0.15倍ずつ高まる

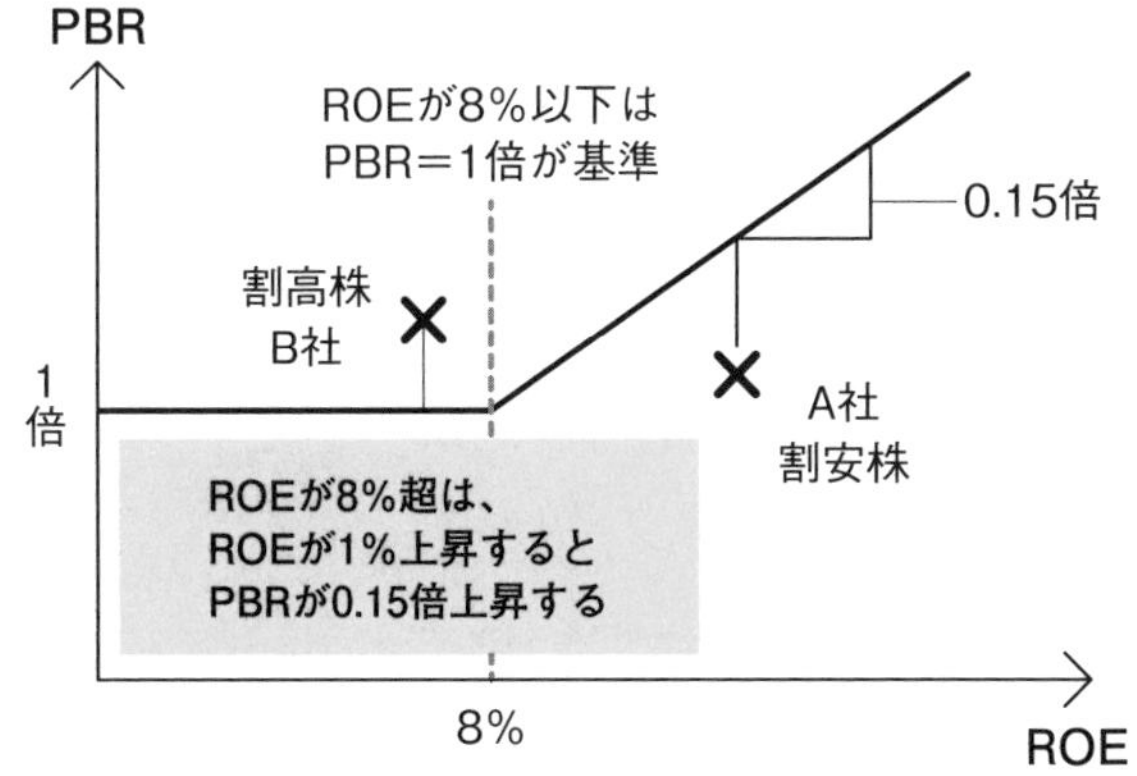

出典:ニッセイアセットマネジメントのホームページより
https://www.nam.co.jp/market/column/quantstopics/2017/170921.html

す。欧米では早くから「資本効率を高めてＲＯＥを改善しよう」という意識が高く、現在ではＲＯＥの水準は日本に比べてかなり高くなっています。日本では２０１０年代以降にそうした意識が高まり、現在、改善傾向にあります。

資本効率を高める努力というのは、収益性を高めることはもちろん、有効活用されていない資産を探して有効活用することを考えたり、有効活用できなければ株主還元したり、というような施策を行うことです。有効活用されていない資産が有効活用され始めれば、当然収益力はアップしますし、株価も上昇する可能性が高まります。

また、株主還元を積極化することも株価を高めることにつながります。

ＰＢＲは、ＲＯＥと相関関係が強いことがさまざまな研究から知られています。

ニッセイアセットマネジメントの研究によると、ＰＢＲとＲＯＥには**図6−12**のような相関関係がみられるということです。

この関係を公式にすると、**「妥当なＰＢＲ水準＝1＋（ＲＯＥ−8）×0・15」**となります。

ＰＢＲとＲＯＥによる分析のケーススタディ①

トヨタ自動車（7203）

トヨタ自動車については318ページでＰＥＲから見たシナリオを考えてみました。同社のＰＥＲは比較的低い水準でしたが、ＰＢＲも1・1倍と低めになっています（2022年8月現在）。

トヨタ自動車のＲＯＥは9・0％です。日本で最も稼ぎ続けている会社のＲＯＥとしては少し低い印象です。先の公式に当てはめると、1＋（9・0−8・0）×0・15＝1・15となり、現状のＰＢＲ1・1倍というのは、妥当な水準とほぼ一致するということになります。

同社は、利益水準そのものは非常に高いですが、ＰＥＲから見ても、ＰＢＲから見ても極めて平凡な評価にとどまっています。それは、同社の事業が成熟しきっていて、成長性もなく、収益性も平凡な状態になっているという評価です。

318ページで考えたように、これまで蓄積した生産能力、調達網、販売力、技術力などを活かしてＥＶ分野などで新たな成長シナリオが見出せるかどうかがカギになります。
もし、新たな成長シナリオが描けるようになれば、ＰＥＲやＰＢＲなどのバリュエーションが改善して、株価上昇につながっていく余地が大きくなる可能性もあります。

ＰＢＲとＲＯＥによる分析のケーススタディ②

シュッピン（３１７９）

シュッピンは高級カメラ、高級時計などの中古品の買い取り・販売を主にネットで行う会社です。取扱商品ごとに屋号を変え、屋号ごとに実際の店舗は１店舗だけ構えて、あとはインターネットで取引を行うというユニークなビジネスモデルです。

特に、高級カメラのサイトはカメラ愛好家の間で知名度が高く、海外の愛好家にも知名度や利用が広がっています。業績は３３２ページ**図６－13**のように順調に成長が続いています（２０２２年８月８日現在）。

株価は２０１８年の高値をピークにやや調整ぎみの動きが続いていますが、おおむね右肩上がりのトレンドを継続しているところです。

この会社の２０２２年８月末現在のＰＢＲは４・８倍とやや高い水準、ＲＯＥは44％とかなりの高い水準です。図６－12の式を使い、このＲＯＥで妥当なＰＢＲを計算すると、１＋（44－８）×０・15＝６・４倍となります。

２０２２年８月現在のデータでは、同社の１株純資産は２６０円、株価は１２３６円という

図6-13 シュッピン(3179)の業績と月足チャート

(単位:百万円)

	売上高	営業益	経常益	税引益	1株益(円)	配当(円)
19/3	346.08	14.44	14.33	9.82	41.11	14.00
20/3	346.58	17.53	17.35	11.93	50.55	16.00
21/3	339.60	16.13	16.23	10.67	45.19	16.00
22/3	434.53	31.40	31.87	22.07	102.58	28.00
23/3予	482.59	35.06	34.76	23.98	114.35	30.00

(2022年8月末現在)

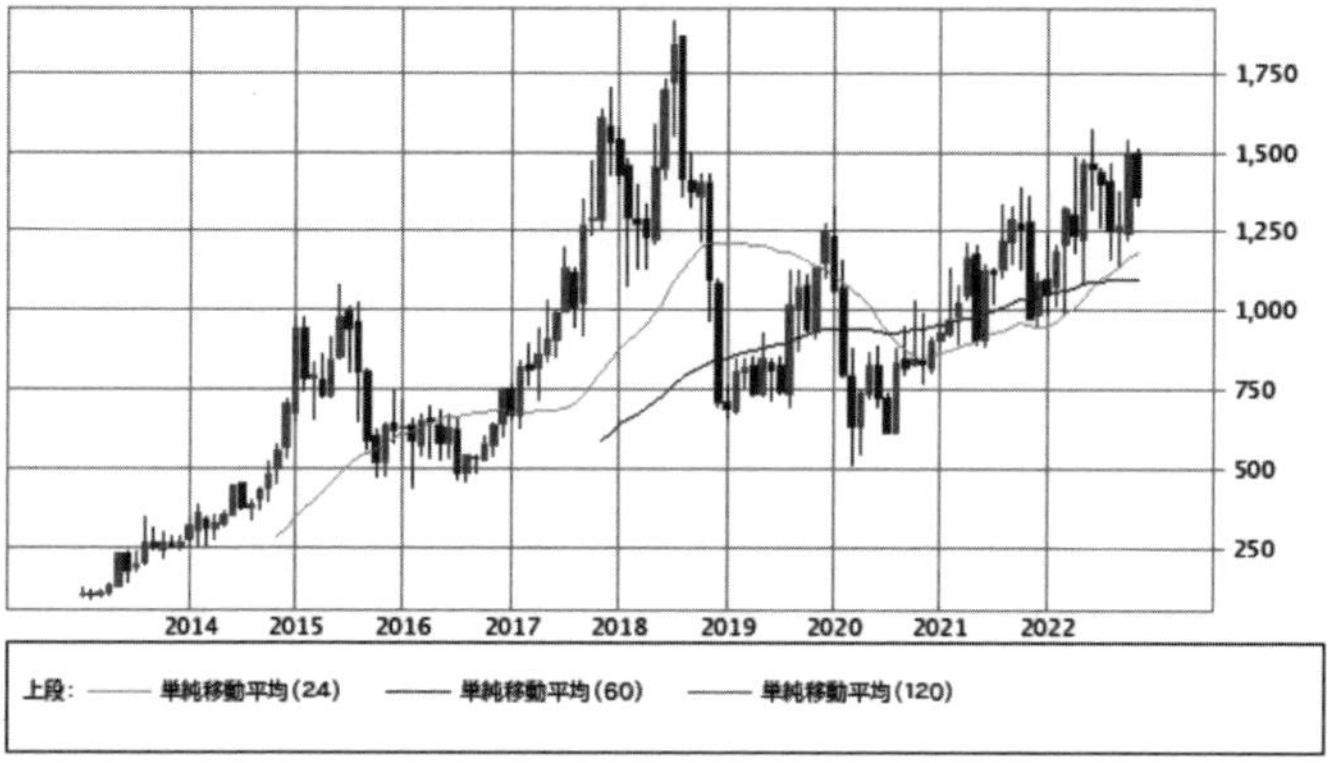

出典:SBI証券

ことですが、PBR6・4倍を当てはめると、株価1664円と計算できます。

あくまでも現状の収益を前提とした計算であり、業績が悪化すれば、この妥当株価水準の計算の前提も崩れます。

しかし、収益の拡大が続いて、PBRやROEがさらに上昇するようだと、妥当株価水準もさらに上がることになります。

※シュッピンは2023年2月6日に、2023年3月期の予想1株益を114.35円→76.26円と下方修正しました。主力のカメラ事業は好調ですが、時計事業で高級時計の価格が急落したことが響きました。今後、時計事業が回復して成長軌道に戻せるかどうか注目されます。

7 赤字の成長企業のバリュエーションをどう考えるか

赤字企業の分析法① 先行投資を差し引いて収益力を考える

メルカリ（4385）

メルカリは、フリマアプリという私たちになじみの深いサービスを展開している会社であり、売上高の面では勢いよく成長が続いていますが、利益面では赤字が続いています。株価は2022年8月末時点で2299円と、1年前に比べて3分の1の水準となっています。

赤字の場合、1株利益がマイナスになってしまいPER計算ができません。PBR（株価純資産倍率）は9倍以上とかなり高いですし、利益がマイナスなのでROEもマイナスになってしまい、PBRから価値を考えることもできません。

このように、メルカリのような赤字会社の場合、一般的によく使われる指標で評価するのは難しいです。

同社の株価は1年で3分の1に下落しましたが、それでも時価総額は約3700億円もあります。事業そのものは成長著しく魅力的にも思えますが、収益や資産からみたら割高にも感じられてしまいます。こうしたケースは、どのように判断したらいいのでしょうか。

メルカリは、目先の利益よりも先行投資を優先して売上高を伸ばしているベンチャー型企業です。こうしたベンチャー型企業の場合には、**将来的な収益の予測を基にバリュエーションを**

見積もる方法が考えられます。

たとえば、3年後とか5年後にどのくらいの純利益を上げている可能性がある、ということがある程度合理的に見積もれるなら、それを基にPERなどでバリュエーションを考えてもいいでしょう。

また、**現在の損益計算の中で先行投資的な出費を除いた場合に、どのくらい利益を出せるのか分析をする方法**もあります。費用の内訳については、決算短信だけでなく、有価証券報告書、決算説明会資料などを見ながらできるだけ詳しく調べる必要があります。

図6－14は、メルカリの2022年6月期の決算短信の損益計算書です。営業利益がマイナスとなり、それ以下の利益もマイナスとなっています。337ページ**図6－15**の決算説明会資料によると、日本のフリマアプリ事業であるメルカリJPの売上高は850億円で、営業利益は225億円となっています。主力事業である日本のフリマアプリ事業では、かなり黒字になっていることがわかります。

さらに、図6－15の下にはメルカリJPのコストの内訳が書かれています。この資料によると、**広告宣伝費**が売上高の24％を占めていることがわかります。売上高850億円のうちの24％ということは、204億円ということです。この広告宣伝費は、2018年6月期には35％にも上っていて、そこから比べると割合は下がってきてはいますが、売上高に対してかなりの割合でこの費用がかかっていることがわかります。

eコマース関連の主な会社の広告宣伝費を決算資料から調べてみると、ZOZOは売上高の

図6-14 メルカリの連結損益計算書

株式会社メルカリ（4385）2022年6月期　決算短信

連結損益計算書

（単位:百万円）

	前連結会計年度（自2020年7月1日 至2021年6月30日）	当連結会計年度（自2021年7月1日 至2022年6月30日）	
売上高	106,115	147,049	
売上原価	24,312	51,905	
売上総利益	81,802	95,143	
販売費及び一般管理費	76,617	98,859	
営業利益又は営業損失（△）	5,184	△3,715	
営業外収益			
受取利息	30	50	
還付消費税等	27	28	マイナス
助成金収入	74	4	
その他	45	26	
営業外収益合計	177	110	
営業外費用			
支払利息	232	129	
為替差損	31	149	
社債発行費	111	11	
その他	11	0	
営業外費用合計	387	290	
経常利益又は経常損失（△）	4,975	△3,896	
特別利益			
投資有価証券売却益	6,942	15	
投資有価証券清算益	―	16	
その他	65	1	マイナス
特別利益合計	7,008	32	
特別損失			
固定資産除却損	―	51	
投資有価証券評価損	109	82	
特別損失合計	109	133	
税金等調整前当期純利益又は税金等調整前当期純損失（△）	11,874	△3,997	
法人税、住民税及び事業税	6,981	4,718	
法人税等調整額	△631	△1075	
法人税等合計	6,349	3,642	
当期純利益又は当期純損失（△）	5,524	△7,640	
非支配株主に帰属する当期純損失（△）	△195	△70	
親会社株主に帰属する当期純利益又は親会社株主に帰属する当期純損失（△）	5,720	△7,569	マイナス

出典：メルカリのIR資料を基に作成

2％、楽天グループは売上高の5％ほどです。これらの会社に比べて、**メルカリの広告宣伝費のかけ方はかなり突出している**といえます。先行投資として広告宣伝費を大量に投入して、フリマアプリでの地位を徹底的に固めていこうという戦略だと思われます。

メルカリのサービスは、顧客が主にスマホのアプリを使って、売り手にも買い手にもなるのが特徴であり、特に売り手になった場合には、売上金がメルカリに預り金としてストックされていき、それがまた買う時に使われます。顧客が一度こうした循環に入ると、ネットで中古品を売買するなら、最初にメルカリで行うという形になり、リピーターがストックされていきます。

もしも国内事業において成長期が一段落した場合には、広告宣伝費もZOZOや楽天並みに落ちていく可能性があります。仮に楽天並みに5％まで落とせたとすると、850億円の売上に対しては162億円も経費が削れて、営業利益は387億円となります。

メルカリはフリマサービスを土台としながら、業者が消費者に販売するメルカリショップや、預り金などを使ったキャッシュレス決済のメルペイなどサービス領域を広げて、成長性も維持される可能性があります。そうしたことを前提に、国内事業のPERをやや長期成長率が高めの評価として20倍とすると、

国内事業の価値＝387億円×0・7×20倍＝5418億円

となります。

メルカリは次の収益の柱の1つとして**アメリカのフリマアプリ事業**に注力していますが、国

図6-15 メルカリJPの決算説明会資料

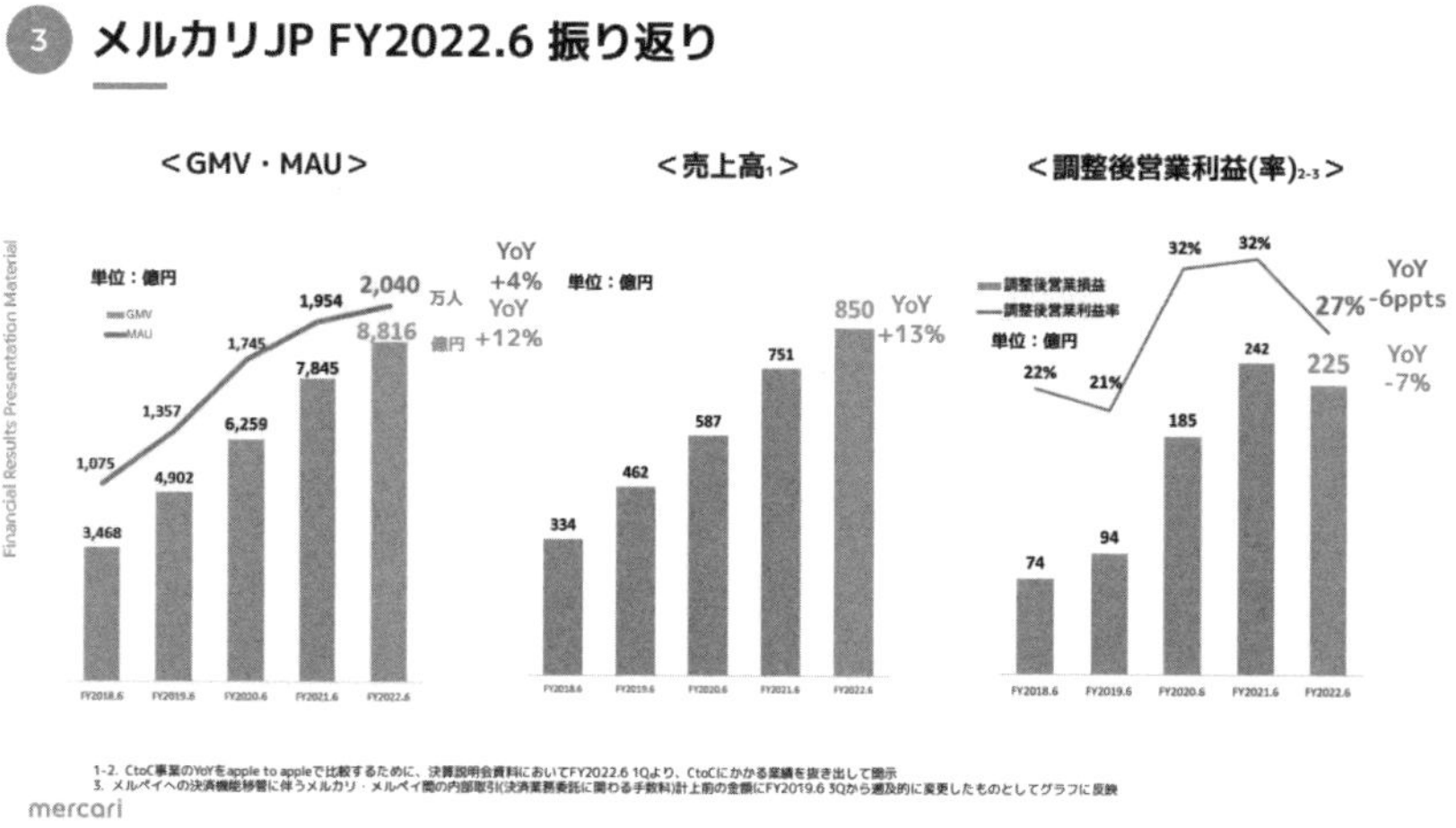

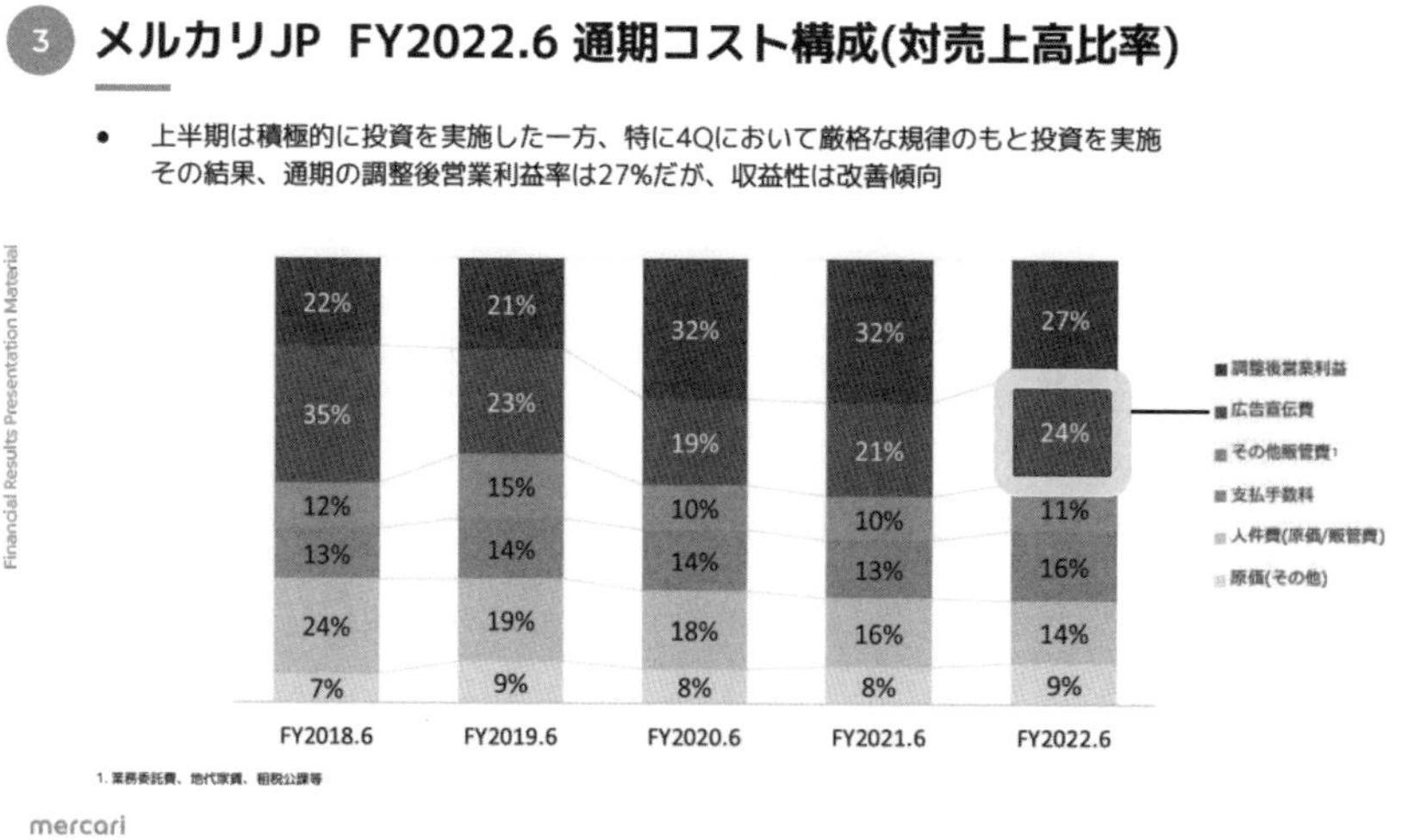

出典：メルカリのホームページより

内事業に比べるとかなり苦戦し、赤字が続いています。この事業が将来的に収益に貢献してくるようになると、株主価値はさらに上積みされていきます。仮に失敗となって撤退する場合には、一時的な損失が膨らむ可能性がありますが、長期的には国内事業に集中して国内事業の価値をさらに高める可能性もあります。

メルカリの**時価総額**は8月末で約3700億円、株価は2299円です。株主価値が5418億円以上に見積もれるとすると、時価総額の1・46倍になり、これに対応する株価としては、2299×1・46＝3357円となります。

メルカリの強みの1つは現金・預金を多く持っていて、それが毎年増え続けていることです（**図6−16**）。2022年6月時点では2114億円の現金・預金を保有し、前年より約400億円も増加しています。現金・預金の多さは、フリマアプリで売却した代金をそのまま預り金として置いている顧客が多いことが原因です。負債の部には、預り金として1391億円が計上されています。

有利子負債は、

短期借入金　543億円
1年内返済予定の長期借入金　13億円
転換社債型新株予約権付社債　500億円
長期借入金　257億円
合計　1313億円

図6-16 メルカリの連結貸借対照表

株式会社メルカリ(4385)2022年6月期　決算短信

連結財務諸表

（単位:百万円）

	前連結会計年度 （2021年6月30日）	当連結会計年度 （2022年6月30日）
資産の部		
流動資産		
現金及び預金	171,463	211,406
売掛金	2,413	4,454
未収入金	47,001	80,287
前払費用	2,336	2,805
預け金	6,251	7,093
その他	876	2,156
貸倒引当金	△2,416	△4,807
流動資産合計	227,926	303,396
固定資産		
有形固定資産	2,623	3,462
無形固定資産	658	666
投資その他の資産		
投資有価証券	215	117
敷金	1,631	1,614
繰延税金資産	2,362	3,417
差入保証金	26,767	26,774
その他	344	413
投資その他の資産合計	31,321	32,337
固定資産合計	34,603	36,466
資産合計	262,529	339,862
負債の部		
流動負債		
短期借入金	19,602	54,254
1年内返済予定の長期借入金	35,398	1,348
未払金	177,75	18,217
未払費用	1,147	1,915
未払法人税等	6,140	1.525
預り金	117,099	139,094
賞与引当金	1,683	1,389
ポイント引当金	802	359
株式報酬引当金	152	91
その他	5,529	6,525
流動負債合計	205,331	224,722
固定負債		
転換社債型新株予約権付社債	－	50,000
長期借入金	16,148	25,749
退職給付に係る負債	92	75
資産除去債務	126	126
繰延税金負債	183	162
その他	633	1028
固定負債合計	17,184	77,141
負債合計	222,516	301,864

前年より約400億円増加（現金及び預金 211,406）

顧客からの預り金（預り金 139,094）

出典：メルカリのIR資料を基に作成

となっています。

現金・預金から有利子負債を差し引くと801億円で、これが計算上は純金融資産となります。ただし、預り金がこれ以上にあるので株主価値の計算には純金融資産は入れませんでした。

しかし、顧客からの預かり資産がどんどん積み上がっていくビジネスモデルというのは、メルカリの大きな強みです。それだけの顧客を資金とともに囲い込むことで、メルペイなどの決済事業や、事業者に物販の場を提供するメルカリショップなど、新規の事業を有利に展開しやすくなるわけです。

フリー(4478)の事例研究

フリーはクラウド会計サービスの事業で売上高の高成長は続いているものの、営業利益の赤字も続いている状況です(2022年8月現在)。

2022年6月期の損益計算書を見ると、売上高144億円に対して売上高総利益が115億円。売上高総利益率は80%とかなり高くなっています(**図6-17**)。

会計ソフトを手掛ける大手2社、TKC(9746)、ミロク情報サービス(9928)と比べると、売上高総利益率はTKC71%、ミロク情報サービス62%となっていて、フリーの高さが際立ちます。

売上総利益が非常に高い水準なのに、営業利益がマイナスになってしまっているのは販売

図6-17　フリーの連結損益計算書

フリー株式会社(4478)2022年6月期　決算短信

連結損益計算書

(単位:千円)

	前連結会計年度 (自2020年7月1日 至2021年6月30日)	当連結会計年度 (自2021年7月1日 至2022年6月30日)
売上高	10,258,082	14,380,373
売上原価	2,100,024	2,840,832
売上総利益	8,158,057	11,539,541
販売費及び一般管理費	10,599,995	14,582,223
営業損失(△)	△2,441,937	△3,042,681
営業外収益		
講演料等収入	750	303
還付消費税等	2,816	617
法人税等還付加算金	－	5,950
償却債権取立益	－	1,057
その他	645	3,234
営業外収益合計	4,212	11,162
営業外費用		
支払利息	－	4,385
匿名組合投資損失	474	481
為替差損	－	27,437
資金調達費用	94,248	－
投資事業組合運用損	19,223	5,372
株式交付費	157,032	1,730
譲渡制限付株式報酬償却損	－	116,673
その他	10,437	3,282
営業外費用合計	281,416	54,363
経常損失(△)	△2,719,141	△3,085,882
特別利益		
新株予約権戻入益	324	73
関係会社株式売却益	－	8,670
特別利益合計	324	3,743
特別損失		
固定資産除却損	827	2,663
減損損失	－	9,221,296
投資有価証券評価損	27,756	－
その他	－	409
特別損失合計	28,584	9,224,369
税金等調整前当期純損失(△)	△2,747,401	△12,301,508
法人税、住民税及び事業税	8,775	16,709
法人税等調整額	－	△709,193
法人税等合計	8,775	△692,484
当期純損失(△)	△2,756,177	△11,609,024
親会社株主に帰属する当期純損失(△)	△2,756,177	△11,609,024

売上高総利益率は80%

販管費率は101%と高い!

出典:フリーのIR資料を基に作成

費・一般管理費が非常に高くなっているからです。

販管費率（販売費・一般管理費の売上高に対する比率）は、フリーは１０１％と売上高を超えてしまっています。一方、ＴＫＣ52％、ミロク49％といずれも50％前後です。

フリーの販管費率が異常に大きくなっている主要因は、顧客獲得に非常に大きなコストをかけていることです。こうした先行投資をせずに他社並みの販管費比率にすれば、販管費は売上高の半分の72億円程度となります。

この場合、営業利益は売上総利益１１５億円から販管費72億円を差し引いて43億円。営業利益が43億円であれば、売上高営業利益率は30％となります。会社の説明会資料を見ると、将来的に売上高営業利益率が30％程度になる可能性が示されていますが、こうした計算からも会社の説明の根拠が裏付けられます。

先行投資を除いて計算した営業利益43億円に０・７をかけて税引き後の利益を計算し、それに成長性がやや高めの評価でＰＥＲ20倍で計算すると、

事業価値＝43億円×０・7倍×20倍＝６０２億円

となります。

フリーは現金・預金を４２５億円、投資有価証券を5億円所有し、有利子負債は1億円未満とほぼゼロです（３４４ページ**図６－18**）。したがって、純金融資産は４３０億円です。これを事業価値に加えて計算すると、

株主価値＝６０２億円＋４３０億円＝１０３２億円となります。

これを発行済み株数０・５７億株で割ると、

１株あたりの価値＝１０３２÷０・５７＝１８１１円となります。

フリーは、２０２７年６月期に売上高５００億円以上を目指す中期経営計画を掲げています。２０２２年６月期から３割成長を続ければ、２０２７年６月期に５３５億円になります。これまで４割以上の成長を継続してきているので、ある程度現実味のある目標といえるでしょう。

会社は毎年30億円弱の最終赤字を出しながら、顧客を拡大してきています。今後もこの赤字ペースを続けながら顧客拡大を続けるとすると、５年で１５０億円の現金を失うことになりますので、２０２７年３月期の純金融資産は２８０億円と想定できます。

ただし、会社は２０２７年６月期には赤字がなくなると説明しているので、今後赤字は徐々に減少する想定をしているのかもしれません。そして、この想定通りならば、もう少し赤字の合計額は少なくなり、純金融資産の残額も増えるかもしれません。

「２０２７年３月期の売上高５００億円、売上高営業利益率３割、ＰＥＲ20倍、純金融資産２８０億円」として株主価値を計算し、それを発行済み株数で割り算して１株当たりの価値を計算すると、

図6-18　フリーの連結貸借対照表

フリー株式会社（4478）2022年6月期　決算短信

連結貸借対照表　　（単位:千円）

	前連結会計年度（2021年6月30日）	当連結会計年度（2022年6月30日）
資産の部		
流動資産		
現金及び預金	47,643,365	42,546,956
売掛金	1,314,115	1,691,129
その他	441,917	1,495,420
貸倒引当金	△11,183	△15,264
流動資産合計	49,388,215	45,718,242
固定資産		
有形固定資産		
建物附属設備	180,297	113,003
減価償却累計額	△107,701	△113,003
建物附属設備（純額）	72,596	−
工具、器具及び備品	369,955	281,418
減価償却累計額	△173,822	△281,418
工具、器具及び備品（純額）	196,133	−
有形固定資産合計	268,729	−
無形固定資産		
のれん	3,885,552	−
ソフトウェア	871,346	−
ソフトウェア仮勘定	57,748	−
その他	218,000	−
無形固定資産合計	5,032,647	−
投資その他の資産		
投資有価証券	340,008	518,939
敷金及び保証金	236,147	1,040,603
その他	48,126	150,449
貸倒引当金	△27,559	△15,166
投資その他の資産合計	596,722	1,694,826
固定資産合計	5,898,100	1,694,826
資産合計	55,286,315	47,413,069
負債の部		
流動負債		
1年内返済予定の長期借入金	62,610	−
未払金	1,109,701	2,137,546
未払費用	853,243	1,290,446
未払法人税等	256,418	174,046
前受収益	4,899,119	6,296,100
賞与引当金	39,306	1,314,050
短期借入金	−	550,000
その他	484,855	186,926
流動負債合計	7,705,254	10,766,471
固定負債		
社債	−	26,000
長期借入金	229,436	−
長期未払金	480,000	10,000
会員預り金	−	136,933
その他	−	45,041
固定負債合計	709,436	217,974

純金融資産は430億円

出典：フリーのIR資料を基に作成

2027年3月期時点の株主価値
＝500億円×0・3×0・7倍×20倍＋280億円＝2380億円
（フリーは売上高に対する営業利益の割合が30％程度になるという想定のため0・3という倍率を掛けた。また、0・7は税引き後の営業利益を求める倍率）
1株当たりの価値＝2380億円÷0・57＝4175円
となります。

第6章
の
まとめ

良い株を割安で買うために

1 年率数％の安定成長が続きそうならPER15倍以下、年率10％以上の高成長が続きそうならPER30倍以下を目安に買いを考えよう

2 PER50倍は利益が3倍以上になることを、PER100倍は利益が7倍くらいになることを織り込んでいる。それよりさらに高い成長イメージが描けないと、その株は買えない

3 PERが低いだけで買うのも危険。何かの危険を織り込んだ低PERの可能性もあるので、将来性や財務をよく検討してみよう

4 急成長株は2段階成長モデルで考えよう

適正PER＝数年後までの利益成長倍率 × 数年後以降の長期成長性に対応したPER

長期成長性に対応したPERは、安定成長が続きそうなら20倍、成長性が衰えるリスクがあるなら10倍……など（詳しくは306ページ）

5 株価＝1株益×PERの公式で今後の株価シナリオを考えてみよう（316ページ）

6 金融資産が多い場合には、
「株主価値＝税引き後営業利益×妥当PER＋金融資産－有利子負債」の公式で考えてみよう（321ページ）

7 妥当PBR＝1＋（ROE－8）×0.15

第7章

業績トレンドの変化を捉える

──四半期決算や月次データを使いこなそう

1 決算スケジュールと各決算の見どころ

上場企業は3カ月ごとに決算発表がある

上場企業は3カ月ごとに決算発表をします。それに加え、必要に応じて業績予想の修正をします。さらに、毎月売上高を開示する会社もあります。こうした会社の業績発表を受けて、会社四季報も予想数値を変えてくることがあり、それによって株価が動くことも多いです。本章では、このような決算情報やそれに関連した情報の見方を説明していきます。

図7－1は3月決算企業について、決算発表の大まかなスケジュールと見どころをまとめたものです。

3月決算企業にとって、第1四半期は4～6月、第2四半期は7～9月、第3四半期は10～12月ですが、第2四半期決算は7～9月の3カ月の業績ではなくて、4～9月の6カ月間累計の業績が発表されますし、第3四半期決算は10～12月の3カ月間の数値ではなくて、4～12月の9カ月間累計の業績が発表されます。

進捗率とは、予想や計画に対する達成率のことです。たとえば、通期で100億円の予想に対して、最初の3カ月で30億円達成したら進捗率は30％になります。通期に対する3カ月の進捗率は単純計算で25％が目安になるので、もし30％なら順調そうだなと判断できます。

図7-1 決算発表の大まかなスケジュールと見どころ

● 決算発表スケジュールと注目ポイント　3月決算企業の場合

時期	発表する決算	注目ポイント
4月後半～ 5月半ば	**本決算** 通期(1年間)の決算	・事前の予想値を達成できたか ・前年、終了年度、新年度と3年分の業績推移は順調か
7月後半～ 8月半ば	**第1四半期決算** 3カ月間の決算	・第2四半期や通期の予想と比べて、前年比の伸び率は順調か ・通期の予想に対して、進捗率はどうか(25%が目安)
10月後半～ 11月半ば	**第2四半期決算** 6カ月間の決算	・予想値を達成できたか ・通期の予想と比べて、前年比の伸び率は順調か ・通期の予想に対して、進捗率はどうか(50%が目安)
1月後半～ 2月半ば	**第3四半期決算** 9カ月間の決算	・通期の予想と比べて、前年比の伸び率は順調か ・通期の予想に対して、進捗率はどうか(75%が目安)

4月決算の会社は、これから1カ月ずつ後にずらして考えてください。

同じく、5月決算企業は2カ月、6月決算企業は3カ月というように後にずらして考えてください。

2 本決算発表で最も注目されるのは新年度予想

新年度予想で株価は動きやすい

本決算の見どころの1つは、終了した年度（決算短信では「当会計年度」と記載）が、事前の予想をクリアできたかどうかです。事前の予想は会社四季報や、3カ月前の決算短信などに記載されている予想数値です。

しかし、**本決算の最大の見どころは新年度予想です**。**終わった年度が多少不調だとしても、新年度予想で良い予想値を出してくると、それによって株価が上昇することが多い**です。

逆に、終わった年度が絶好調な数字となったとしても、新年度予想が良くない数値だと、株価はネガティブに反応しやすくなります。

図7－2は**ウィザス**（9696）の2021年3月期本決算の決算短信の最初のページです。同社は関西地区で学習塾や通信制高校などを手掛けて成長しています（102ページ参照）。

同資料から2020年3月期、2021年3月期、2022年3月期予想の3年間の業績を整理すると、352ページ**図7－3**のようになります。

図7-2 ウィザスの2021年3月期本決算の決算短信の最初のページ

2021年3月期　決算短信〔日本基準〕（連結）

2021年5月14日

上場会社名　株式会社ウィザス　　上場取引所　東
コード番号　9696　　URL　http://www.with-us.co.jp/
代表者　（役職名）代表取締役社長　　（氏名）生駒　富男
問合せ先責任者　（役職名）取締役　統括支援本部長　　（氏名）赤川　琢志
定時株主総会開催予定日　2021年6月24日　　配当支払開始予定日　2021年6月10日
有価証券報告書提出予定日　2021年6月24日
決算補足説明資料作成の有無　：有
決算説明会開催の有無　：無

1．2021年3月期の連結業績（2020年4月1日～2021年3月31日）
（1）連結経営成績　（%表示は対前期増減率）

	売上高		営業利益		経常利益		親会社株主に帰属する当期純利益	
	百万円	%	百万円	%	百万円	%	百万円	%
2021年3月期	16,277	△7.5	1,110	△21.1	1,331	△9.6	576	77.3
2020年3月期	17,592	3.7	1,407	19.2	1,473	19.2	325	△43.4

	1株当たり当期純利益	潜在株式調整後1株当たり当期純利益	自己資本当期純利益率	総資産経常利益率	売上高営業利益率
	円 銭	円 銭	%	%	%
2021年3月期	60.48	59.91	11.8	9.0	6.8
2020年3月期	34.23	33.88	7.0	10.4	8.0

（参考）持分法投資損益　2021年3月期　△4百万円　2020年3月期　16百万円
（2）連結財政状態

	総資産	純資産	自己資本比率	1株当たり純資産
	百万円	百万円	%	円 銭
2021年3月期	14,742	5,348	34.6	534.14
2020年3月期	14,801	4,900	31.6	490.79

（参考）自己資本　2021年3月期　5,099百万円　2020年3月期　4,674百万円
（3）連結キャッシュ・フローの状況

	営業活動によるキャッシュ・フロー	投資活動によるキャッシュ・フロー	財務活動によるキャッシュ・フロー	現金及び現金同等物期末残高
	百万円	百万円	百万円	百万円
2021年3月期	1,807	△348	△1,166	7,072
2020年3月期	1,862	△856	475	6,780

2．配当の状況

	年間配当金					配当金総額（合計）	配当性向（連結）	純資産配当率（連結）
	第1四半期末	第2四半期末	第3四半期末	期末	合計			
	円 銭	円 銭	円 銭	円 銭	円 銭	百万円	%	%
2020年3月期	―	6.00	―	10.00	16.00	151	46.8	3.3
2021年3月期	―	6.00	―	10.00	16.00	151	26.5	3.1
2022年3月期(予想)	―	6.00	―	12.00	18.00		25.4	

3．2022年3月期の連結業績予想（2021年4月1日～2022年3月31日）
（%表示は、対前期増減率）

	売上高		営業利益		経常利益		親会社株主に帰属する当期純利益		1株当たり当期純利益
	百万円	%	百万円	%	百万円	%	百万円	%	円 銭
通期	17,700	8.7	1,500	35.1	1,600	20.2	600	4.2	62.91

3年分の業績推移を確認する。特に新年度の業績予想（一番下）は注目！

出典：ウィザスのホームページより

図7-3　ウィザスの3年間の業績

	売上高（億円）	営業利益（億円）	経常利益（億円）	純利益（億円）	1株益（円）
20年3月期	176	14.1	14.7	3.3	34
21年3月期	163	11.1	13.3	5.8	60
22年3月期予想	177	15.0	16.0	6.0	63

コロナ禍前の2020年3月期の業績を超える見通し

21年3月期はコロナ禍の影響を大きく受けた初年度ですが比較的浅い落ち込みで済み、22年3月期はコロナ禍前の2020年3月期の業績を超える見通しになっています。コロナ禍を乗り越えて順調に伸びていると感じられる業績です。

予想1株益は約63円、この時の株価は580円前後ですから、PERは約9倍という水準です。

3 本決算直後の会社四季報は来期予想に注目

〝初登場〟の年度予想は要注目

本決算発表直後に発売される会社四季報では、今期だけでなく来期（新年度の次の年）の業績予想も新たに載っています。ウィザスの本決算発表直後、２０２１年６月半ばに発売された会社四季報を見てみましょう（３５４ページ**図7－4**）。

会社四季報では、今期（現在進行中の期）と来期（その次の期）の２期分の業績予想が記載されていますが、前号では21年３月期と22年３月期の予想値が掲載されていました。

ところが本決算発表により21年３月期の業績が確定。それに代わり23年３月期の業績予想が新たに登場したわけです。この23年３月期の業績予想が、22年３月の業績予想よりさらに伸びています。過去最高純益（太線で囲った箇所のうち上の方）は21年３月期の５８１百万円、つまり、約５・８億円ですが、22年３月期の純利益は６・０億円、23年３月期の純利益は７・０億円と連続して過去最高益を更新する予想となっています。コロナ禍を乗り越えて過去最高益を連続更新していく予想であり、これはかなり評価できる数字ではないかと思います。

図7-4　ウィザスの四季報の記事

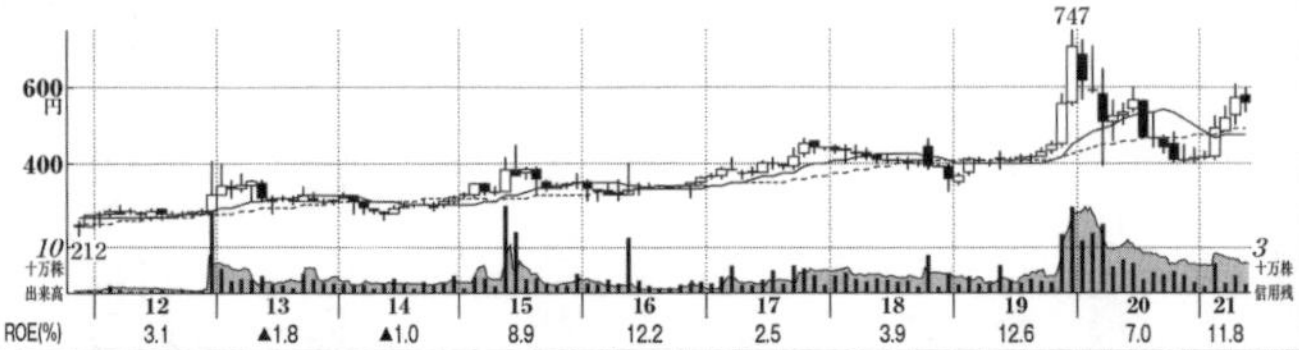

株価指標
予想PER　（倍）
〈22.3〉　9.3
〈23.3〉　8.0
実績PER
高値平均　13.3
安値平均　7.8
PBR　1.10
株価(5/31)　585円
最低購入額　5万8500円

【サービス】

9696 (株)ウィザス

【特色】近畿地盤の集団指導塾「第一ゼミナール」展開。通信制高校「第一学院」が収益柱に。英語学童も
【連結事業】学習塾40(7)、高校・キャリア支援42(32)、他18(0)〈21・3〉

【決算】3月
【設立】1976.7
【上場】1990.10

【増　配】日本語学校、通訳など語学関連にコロナ影響残るが、通信制高校は前下期の転入者増に加え、新規入学者増で好調継続。不採算教室閉鎖で塾の採算改善。雇調金なく、減損特損あっても純益伸長続く。
【中学生】不登校児対象とした基本オンラインの中等部は昨秋、生徒急増。スクーリングなどで社会と関与促す。5月、アンガーマネジメントの企業研修会社買収、影響軽微。

⬆前号比増額

年月	【資本異動】	万株
90.10	公62万株(2590円)	430
91. 5	無1:0.3	559
98. 4	合併	1,144
01. 9	消却	1,044

JQⓈ	高値	安値
90~19	3400(91)	161(09)
20	723(1)	394(3)
21.1~5	620(5)	405(1)

	高値	安値	出来万株
21. 3	545	479	21
4	602	498	37
5	620	529	27

【外国人持株】+2.1pt(+10.7pt)
前年 10.7%(3年前 2.1%)
【会社業績修正】上方3　下方0
経常益÷期初会社予想　1.3倍
【業種】他個人サービス・製品
時価総額順位　65/102社
【比較会社】4735 京進, 4645 市進HLD, 2179 成学社

【株式】5/30　10,440千株
単位　100株
時価総額　61.0億円
【財務】〈連21.3〉　百万円
総資産　14,742
自己資本　5,099
自己資本比率　34.6%
資本金　1,299
利益剰余金　2,714
有利子負債　419
【指標等】〈連21.3〉
ROE　11.8%　予11.8%
ROA　3.9%　予 4.1%
調整1株益　59.9円
最高純益(00.3)　581
設備投資　450　予450
減価償却　437　予480
研究開発　0　予　0
【キャッシュフロー】百万円
営業CF　1,807(1,862)
投資CF　▲348(▲856)
財務CF　▲1,166(　475)
現金同等物　7,072(6,780)

【株主】単2,604名〈21.3〉　万株
(株)ヒントアンドヒット　105(10.0)
自社(自己株口)　89(8.5)
自社社員持株会　47(4.5)
堀川直人　46(4.4)
堀川明人　46(4.4)
ゴールドマン・サックス・インターナショナル　35(3.3)
学研ホールディング　30(2.8)
MSIPクライアントセキュリティーズ　27(2.6)
ノムラノミニーズ・オムニバスマージンキャッシュPB　26(2.5)
明光ネットワークJ　26(2.5)
〈外国〉12.8%　〈浮動株〉12.8%
〈投信〉0.7%　〈特定株〉47.2%
【役員】(社)生駒富男　(常)竹下淳司　(取)赤川琢志　堀川直人　大澤純子*　鷹野正明*　(常監)太田善邦　(監)若松弘之*　成瀬圭珠子*　(6.24予)
【連結】ブリーズ, SRJ, 佑学社, 学習受験社, 吉香

【業績】(百万円)	売上高	営業利益	経常利益	純利益	1株益(円)	1株配(円)
連17. 3	14,313	629	653	112	11.2	16
連18. 3	16,241	826	838	177	17.7	16
連19. 3	16,958	1,180	1,235	574	57.3	16
連20. 3	17,592	1,407	1,473	325	34.2	16
連21. 3	16,277	1,110	1,331	576	60.5	16
連22. 3予	17,700	1,500	1,600	600	62.8	18
連23. 3予	18,500	1,700	1,800	700	73.3	18~20
連20.4~9	7,225	▲380	▲296	▲290	▲30.4	6
連21.4~9予	7,800	0	50	30	3.1	6
会22. 3予	17,700	1,500	1,600	600	(21.5.14発表)	

【配当】	配当金(円)
19. 3	10
19. 9	6
20. 3	10
20. 9	6
21. 3	10
21. 9予	6
22. 3予	12
予想配当利回り	3.08%
1株純資産(円)〈連21. 3〉	534.1 (490.8)

【本社】541-0051大阪市中央区備後町3-6-2 KFセンタービル　☎06-6264-4202
【教場】北海道1, 東北4, 関東13, 中部・東海・北陸9, 近畿135, 中国3, 四国1, 九州3　計169
【従業員】〈21.3〉連801名　単521名(40.9歳)年514万円
【証券】上 JQⓈ 幹(主)野村(副)大和, みずほ, 岡三 名三菱U信 監トーマツ
【銀行】みずほ, 三井住友, 三菱U, りそな
【仕入先】—
【販売先】—

2021年3集

https://www.with-us.co.jp/

2年連続で過去最高益を更新する予想
特に、23年3月期予想はこの号で初登場なので注目される！

出典：会社四季報2021年3集より

23年3月期の1株益予想は73・3円で、この時の株価は570円前後なので、PERは570円÷73・3円＝7・8倍。過去最高益更新が見込まれる企業としては、かなり割安に感じられる水準です。

株価は、この会社四季報の後に600円台に乗せていきます（**図7－5**）。

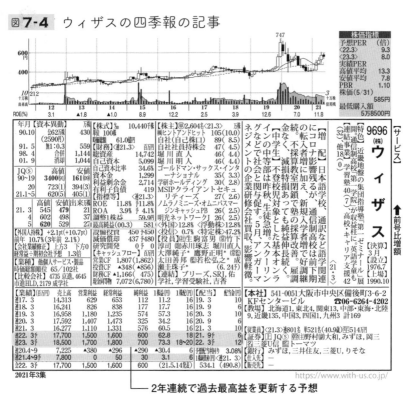

図7-5　ウィザス(9696)の決算発表と週足チャートの動き

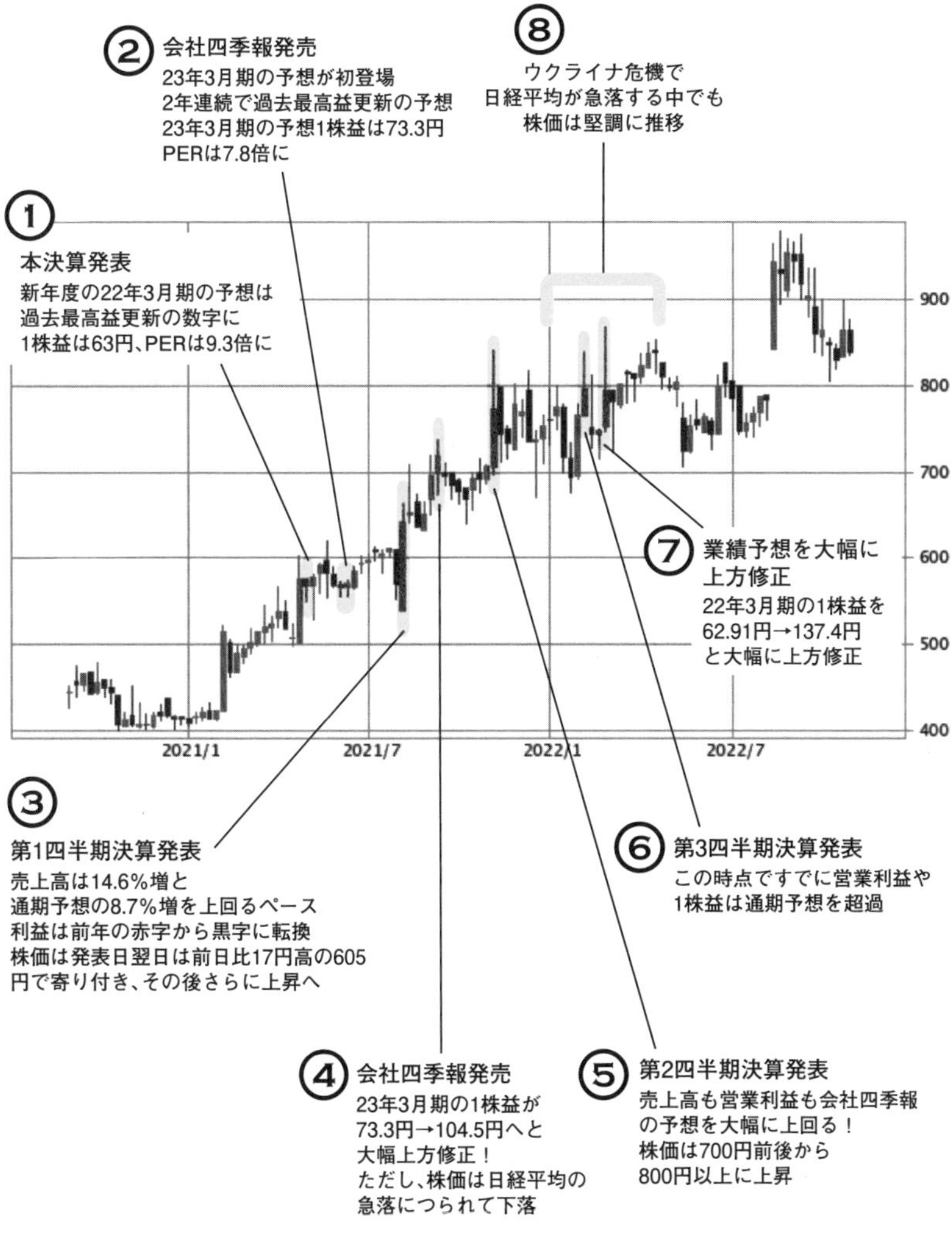
①
本決算発表
新年度の22年3月期の予想は
過去最高益更新の数字に
1株益は63円、PERは9.3倍に
②
会社四季報発売
23年3月期の予想が初登場
2年連続で過去最高益更新の予想
23年3月期の予想1株益は73.3円
PERは7.8倍に
⑧
ウクライナ危機で
日経平均が急落する中でも
株価は堅調に推移
900
800
700
600
500
400
2021/1
2021/7
2022/1
2022/7
⑦
業績予想を大幅に
上方修正
22年3月期の1株益を
62.91円→137.4円
と大幅に上方修正
③
第1四半期決算発表
売上高は14.6%増と
通期予想の8.7%増を上回るペース
利益は前年の赤字から黒字に転換
株価は発表日翌日は前日比17円高の605
円で寄り付き、その後さらに上昇へ
⑥
第3四半期決算発表
この時点ですでに営業利益や
1株益は通期予想を超過
④
会社四季報発売
23年3月期の1株益が
73.3円→104.5円へと
大幅上方修正！
ただし、株価は日経平均の
急落につられて下落
⑤
第2四半期決算発表
売上高も営業利益も会社四季報
の予想を大幅に上回る！
株価は700円前後から
800円以上に上昇

出典：SBI証券より

4 第1四半期決算の注目ポイント

決算短信の最初のページを見る

本決算発表の3カ月後には、第1四半期決算が発表されます。第1四半期決算でチェックするべきポイントは、次の2点です。

①第2四半期累計や通期の予想と比べて、前年比の伸び率は順調か
②通期の予想に対して、進捗率はどうか（25％が目安）

図7－6は、ウィザスの22年3月期第1四半期の決算短信です。この一番下に出ている22年3月期通期の業績予想は、修正「無」となっています。実際に、351ページ図7－2の決算短信に出ている22年3月期通期の予想値と比べても変わっていません。

ただし、決算発表の直前に業績予想の修正を行っている場合もあり、この場合は、修正「無」となっている可能性があります。ですから、会社のＩＲ情報（投資家情報）のニュースを確認したり、本決算の決算短信の数字と見比べたりして、3カ月前の予想値と変わらないのか確認してみましょう。会社四季報にも今年度（進行中の期）の会社予想と会社四季報予想が出てい

図7-6　ウィザスの22年3月期第1四半期の決算短信

2022年3月期　第1四半期決算短信〔日本基準〕(連結)

2021年8月12日

上場会社名　株式会社ウィザス　　上場取引所　東
コード番号　9696　　URL　http://www.with-us.co.jp/
代表者　(役職名)　代表取締役社長　　(氏名)　生駒　富男
問合せ先責任者　(役職名)　取締役統括支援本部長　　(氏名)　赤川　琢志　　(TEL)06-6264-4202
四半期報告書提出予定日　2021年8月13日　　配当支払開始予定日　—
四半期決算補足説明資料作成の有無　：有
四半期決算説明会開催の有無　：無

(百万円未満切捨て)

1．2022年3月期第1四半期の連結業績（2021年4月1日～2021年6月30日）

（1）連結経営成績（累計）　　(%表示は、対前年同四半期増減率)

①

	売上高		営業利益		経常利益		親会社株主に帰属する四半期純利益	
	百万円	%	百万円	%	百万円	%	百万円	%
2022年3月期第1四半期	3,865	14.6	56	—	103	—	16	—
2021年3月期第1四半期	3,372	△10.7	△530	—	△491	—	△379	—

(注)　包括利益　2022年3月期第1四半期　19百万円（—%）　2021年3月期第1四半期　△361百万円（—%）

	1株当たり四半期純利益	潜在株式調整後1株当たり四半期純利益
	円 銭	円 銭
2022年3月期第1四半期	1.71	1.69
2021年3月期第1四半期	△39.87	—

（2）連結財政状態

	総資産	純資産	自己資本比率	1株当たり純資産
	百万円	百万円	%	円 銭
2022年3月期第1四半期	14,649	4,624	29.8	457.66
2021年3月期	14,742	5,348	34.6	534.14

(参考)自己資本　2022年3月期第1四半期　4,369百万円　2021年3月期　5,099百万円

2．配当の状況

	年間配当金				
	第1四半期末	第2四半期末	第3四半期末	期末	合計
	円 銭	円 銭	円 銭	円 銭	円 銭
2021年3月期	—	6.00	—	10.00	16.00
2022年3月期	—				
2022年3月期(予想)		6.00	—	12.00	18.00

(注)直近に公表されている配当予想からの修正の有無　：無

3．2022年3月期の連結業績予想（2021年4月1日～2022年3月31日）

(%表示は、対前期増減率)

②

	売上高		営業利益		経常利益		親会社株主に帰属する当期純利益		1株当たり当期純利益
	百万円	%	百万円	%	百万円	%	百万円	%	円 銭
通期	17,700	8.7	1,500	35.1	1,600	20.2	600	4.2	62.91

(注)直近に公表されている業績予想からの修正の有無　：無

第1四半期の業績を通期予想と見比べて、「変化率」と「進捗率」から順調かどうかを判断する

出典：ウィザスのホームページより

るので（354ページ参照）、それらの数字と見比べてもいいです。

前年比を見る

2022年3月期第1四半期の結果を見ると売上高は38・7億円と、前年の33・7億円より14・6％増加しています（図7-6①）。

通期の売上高の予想が前年比8・7％増加予想（図7-6②）ですから、最初の3カ月間の14・6％増という売上高は、通期の予想よりも高い伸び率となったことがわかります。これを見る限り、売上高は順調そうです。会社によっては決算短信に第2四半期累計の予想値が出ていることがあり、その場合、第1四半期の業績を第2四半期累計予想と比較しましょう。このウィザス決算短信には通期の予想値しか出ていないので、こうした場合には通期予想と比較します。

進捗率を見る

2022年3月期通期の売上高予想177億円に対して、第1四半期の売上高38・7億円の進捗率を計算すると、38・7億円÷177億円×100＝22％となります。12カ月に対して3カ月経過時点の途中経過ですから、単純計算では25％程度の進捗率が目安となります。この点から考えると進捗率22％は少し物足りない感じもします。

ただし、売上高には会社の事業内容によって**季節性**があります。季節性というのは1年間の中で、売上高が大きくなりやすい時期と小さくなりやすい時期があるということです。そうした季節性も考えると、進捗率が25％に行かないから不調とはいえません。前年比で比べると、前の年の同じ時期との比較になるので、こちらの方が本来の好調・不調が判断しやすいです。この事例では、前年比が通期の予想ペースを上回っているので順調と判断できそうです。

営業利益や経常利益は、前年が赤字なので伸び率が計算できません。通期に対する営業利益の進捗率は、56百万円÷１５００百万円×１００＝３・７％です。学習塾は春先に生徒募集の費用がかさみます。また、夏休みや入試直前の冬が稼ぎ時となります。そうしたことから、４～6月期はあまり売上高が上がらず、利益面も低くなりがちです。利益面の順調さは判断しづらいですが、売上高の前年同期比が好調なので順調な出だしであると考えて良さそうです。

予想1株益は約63円。この決算の発表翌日は、前日比17円高の６０５円と高く寄り付きました。これでＰＥＲは10倍を少し超えたところですから、過去最高益の更新が予想される会社としては割安感が強かったといえると思われます。その後も株価は順調に上昇して、７００円台に乗せていきました（３５５ページ図７－５参照）。

5 第1四半期決算の後の会社四季報の見どころ

会社は業績予想を慎重に出す傾向がある

ウィザスの第1四半期は、売上高の伸びを見る限り通期予想から見て、かなり順調に業績を上げている様子でした。しかし、会社は通期の業績予想を据え置きました。

会社は業績予想を慎重に出す傾向があります。上方修正をしておいて、その後下方修正という形にはしたくないので、かなり確信が持てる状況になったところで上方修正を小出しにしていくことが多いです。

しかし、会社四季報にはそうした配慮はなく、比較的素直に状況を反映させて業績予想を出していきます。ですから、「好調そうなのに会社は上方修正しなかったな」という場合には、会社四季報の業績予想をチェックしてみましょう。

図7－7は、第1四半期決算発表の後、9月半ばに発売された会社四季報の21年4集のウィザスの記事です。これを見ると、22年3月期の予想も、23年3月期の予想も、売上高や利益が上方修正されています。23年3月期の1株益予想については3集（354ページ図7－4）の73・3円から104・5円へと大きく上方修正されています（図7－7①）。

株価は738円まで上昇しているところでしたが、予想1株益104・5円で計算するとP

図 7-7　ウィザスの四季報の記事

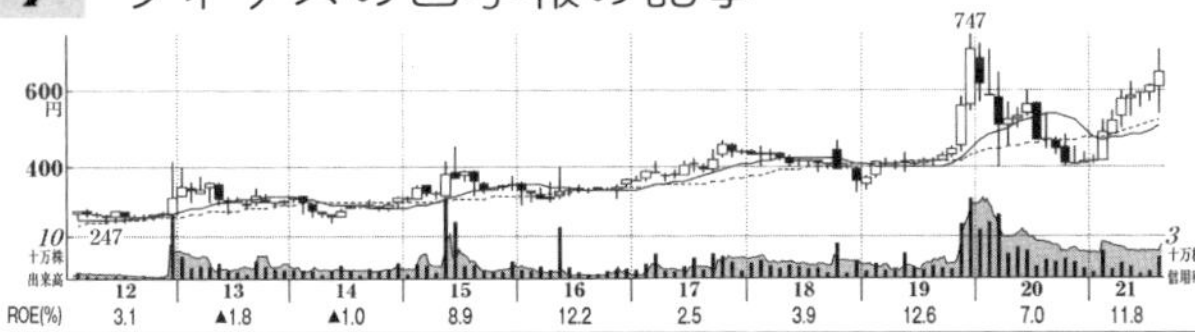

株価指標
予想PER　(倍)
〈22.3〉　8.8
〈23.3〉　6.2
実績PER
高値平均　13.3
安値平均　7.8
PBR　1.41
株価(8/30)
647円
最低購入額
6万4700円

【サービス】
9696
(株)ウィザス
【決算】3月
【設立】1976.7
【上場】1990.10
⬆前号比増額　😊会社比強気

【特色】近畿地盤の集団指導塾「第一ゼミナール」展開。通信制高校「第一学院」が収益柱に。英語学童も
【連結事業】学習塾40(7)、高校・キャリア支援42(32)、他18(0)〈21・3〉

【増額】主力の通信制高校が新年度から生徒数想定超、さらに転入加わる。塾の生徒数の戻り鈍いが、不採算教室閉鎖効果。前号比営業益増額。会社は日本語学校、通訳・翻訳の低迷長期化を懸念。減損特損。
【新規】塾は校舎超えた上位生向けオンライン専用クラス設け、授業効率化。提携先・新潟産業大学通信制の在籍生に学習をオンラインで支援するサービスを提供。

年月【資本異動】		万株
90.10	公62万株(2590円)	430
91. 5	無1:0.3	559
98. 4	合併	1,144
01. 9	消却	1,044

JQⓈ	高値	安値
90~19	**3400**(91)	**161**(09)
20	723(1)	394(3)
21.1~8	708(8)	405(1)

	高値	安値	出来万株
21. 6	593	555	11
7	613	565	16
#8	**708**	**540**	55

【四半期増益率】一%(一%)
過去平均一%　増収率14.6%
【進捗率】3期平均▲35.2%
今期3.7%(+38.9pt)
【業種】他個人サービス・製品
時価総額順位　64／103社
【比較会社】4735 京進, 4645 市進HLD, 2179 成学社

【株式】7/31　10,440千株
単位　100株
時価総額　67.5億円
【財務】〈連21.6〉　百万円
総資産　14,649
自己資本　4,369
自己資本比率　29.8%
資本金　1,299
利益剰余金　1,992
有利子負債　1,388
【指標等】〈連21.3〉
ROE　11.8%　予16.0%
ROA　3.9%　予 4.8%
調整1株益　59.9円
最高純益(00.3)　581
設備投資　217 予450
減価償却　437 予480
研究開発　0 予　0
【キャッシュフロー】百万円
営業CF　1,807(1,862)
投資CF　▲348(▲856)
財務CF ▲1,166(　475)
現金同等物　7,072(6,780)

【株主】単2,604名〈21.3〉　万株
(株)ヒントアンドヒット　105(10.0)
自社(自己株口)　89(8.5)
自社社員持株会　47(4.5)
堀川直人　46(4.4)
堀川明人　46(4.4)
ゴールドマン・サックス・インターナショナル　35(3.3)
学研ホールディング　30(2.8)
MSIPクライアントセキュリティーズ　27(2.6)
ノムラノミニーズ・オムニバスマージンキャッシュPB　26(2.5)
明光ネットワークJ　26(2.5)
〈外国〉12.8%　〈浮動株〉12.8%
〈投信〉0.7%　〈特定株〉47.2%
【役員】(社)生駒富男 (常)竹下淳司 (取)赤川琢志 堀川直人 大澤純子* 鷹野正明* (常監)太田善邦 (監)若松弘之* 成瀬圭珠子*
【連結】ブリーズ, SRJ, 佑学社, 学習受験社, 吉香

【業績】(百万円)	売上高	営業利益	経常利益	純利益	1株益(円)	1株配(円)
連19. 3	16,958	1,180	1,235	574	57.3	16
連20. 3	17,592	1,407	1,473	325	34.2	16
連21. 3	16,277	1,110	1,331	576	60.5	16
連22. 3予	18,200	1,600	1,800	700	73.2	18
連23. 3予	18,700	1,800	2,000	1,000	104.5	18~20
連20.4~9	7,225	▲380	▲296	▲290	▲30.4	6
連21.4~9予	8,100	200	250	50	5.2	6
連20.4~6	3,372	▲530	▲491	▲379	▲39.9	
連21.4~6	3,865	56	103	16	1.7	
会22. 3予	17,700	1,500	1,600	600	(21.5.14発表)	

①　②

【配当】	配当金(円)
19. 3	10
19. 9	6
20. 3	10
20. 9	6
21. 3	10
21. 9予	6
22. 3予	12

予想配当利回り　2.78%
1株純資産(円)〈連21. 6〉
457.7 (534.1)

【本社】541-0051大阪市中央区備後町3-6-2 KFセンタービル　☎06-6264-4202
【教場】北海道1, 東北4, 関東13, 中部・東海・北陸9, 近畿135, 中国3, 四国1, 九州3 計169
【従業員】〈21.6〉連816名 単536名(40.9歳)年514万円
【証券】上 JQⓈ 幹(主)野村(副)大和, みずほ, 岡三 名三菱U信 監トーマツ
【銀行】みずほ, 三井住友, 三菱U, りそな
【仕入先】一
【販売先】一

2021年4集　https://www.with-us.co.jp/

業績予想は2年分ともに前の号（図7-4）と比べて上方修正。
特に、23年3月期1株益については、73.3円→104.5円へと大幅に上方修正！

11月に発表される第2四半期の結果を、この予想と比べてみる（363ページ参照）。

出典：会社四季報
2021年4集より

ERは7倍。過去最高益を大きく更新する予想にもかかわらず、かなり低いPERです。しかし、株価はこの後640円まで下落。日経平均が急落したことに影響を受けました。

しかし、日経平均の影響を受けるのはここまでで、この年の9月以降、日経平均が下降トレンドに入っていく中で、それに反して上昇トレンドが継続していきます（355ページ図7－5参照）。

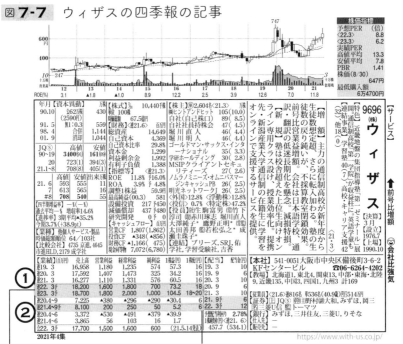

6 第2四半期決算の注目ポイント

3つのポイントをチェックする

次に、11月11日に発表された第2四半期決算を見てみましょう（**図7－8**）。

第2四半期決算の見どころは、次の3点です。

①事前の会社予想や四季報予想をクリアできたか
②通期予想と比較して、前年比は順調か
③通期予想と比較して、進捗率は順調か（50％が目安）

第2四半期の業績予想については、最近は発表しない会社が多くなっています。ウィザスについても第2四半期予想は発表されていません。

この時点で発売されている会社四季報は図7－7ですが、ここに記載されている第2四半期の予想は、「連21・4～9予」と書いてある箇所です。これを見ると、売上高81億円、営業利益2億円、となっています（361ページ図7－7②）。

それに対して、図7－8の第2四半期決算の結果を見ると、売上高82億2500万円、営業利益7億5800万円であり、売上高も営業利益も会社四季報の予想値を上回っています。特

図7-8 ウィザスの22年3月期第2四半期決算短信

2022年3月期　第2四半期決算短信〔日本基準〕（連結）

2021年11月11日

上場会社名　株式会社ウィザス　　上場取引所　東
コード番号　9696　　URL　http://www.with-us.co.jp/
代表者　（役職名）　代表取締役社長　　（氏名）　生駒　富男
問合せ先責任者　（役職名）　取締役統括支援本部長　　（氏名）　赤川　琢志　　(TEL)06-6264-4202
四半期報告書提出予定日　2021年11月12日　　配当支払開始予定日　2021年12月2日
四半期決算補足説明資料作成の有無　：有
四半期決算説明会開催の有無　：無

（百万円未満切捨て）

1．2022年3月期第2四半期の連結業績（2021年4月1日～2021年9月30日）
（1）連結経営成績（累計）　（%表示は、対前年同四半期増減率）

	売上高		営業利益		経常利益		親会社株主に帰属する四半期純利益	
	百万円	%	百万円	%	百万円	%	百万円	%
2022年3月期第2四半期	8,225	13.8	758	－	832	－	488	－
2021年3月期第2四半期	7,225	△12.5	△380	－	△296	－	△290	－

（注）包括利益　2022年3月期第2四半期　510百万円（－%）　2021年3月期第2四半期　△269百万円（－%）

	1株当たり四半期純利益	潜在株式調整後1株当たり四半期純利益
	円 銭	円 銭
2022年3月期第2四半期	51.09	50.60
2021年3月期第2四半期	△30.44	－

（2）連結財政状態

	総資産	純資産	自己資本比率	1株当たり純資産
	百万円	百万円	%	円 銭
2022年3月期第2四半期	14,349	5,127	33.9	508.00
2021年3月期	14,742	5,348	34.6	534.14

（参考）自己資本　2022年3月期第2四半期　4,859百万円　2021年3月期　5,099百万円

2．配当の状況

	年間配当金				
	第1四半期末	第2四半期末	第3四半期末	期末	合計
	円 銭	円 銭	円 銭	円 銭	円 銭
2021年3月期	－	6.00	－	10.00	16.00
2022年3月期	－	6.00			
2022年3月期(予想)			－	12.00	18.00

（注）直近に公表されている配当予想からの修正の有無　：無

3．2022年3月期の連結業績予想（2021年4月1日～2022年3月31日）
（%表示は、対前期増減率）

	売上高		営業利益		経常利益		親会社株主に帰属する当期純利益		1株当たり当期純利益
	百万円	%	百万円	%	百万円	%	百万円	%	円 銭
通期	17,700	8.7	1,500	35.1	1,600	20.2	600	4.2	62.91

（注）直近に公表されている業績予想からの修正の有無　：無

会社四季報の予想値(売上高81億円、営業利益2億円)を上回る。特に営業利益は大幅に上回る

出典：ウィザスのホームページより

に営業利益が大幅に上回りました（2億円→7億5800万円）。こうなると、会社四季報の通期の予想値もさらに上方修正されていく可能性を感じるところです。

通期予想との伸び率の比較を見ると、売上高の伸び率は通期予想が8・7％なのに対して、第2四半期の伸びは13・8％と引き続き通期予想を上回るペースで伸びています。

利益に関しては、前年がマイナスだったので伸び率は比較できません。

進捗率については、売上高は8225百万円÷17700百万円×100＝46・5％、営業利益は758百万円÷1500百万円＝50・5％となっています。

通期に対する6カ月の進捗率は50％が基準になるので、その基準から比べると少し物足りないですが、359ページでも述べた通り季節性などの要因もあるので、前年比での比較のほうを重視して考えていいと思います。

以上、総合的に考えるとウィザスの業績は、一段と好調さを増していると判断できるところだったといえます。

7 第2四半期決算の後の会社四季報の見どころ

新規事業が順調でPERは7倍前後とかなり低い

ウィザスが11月に第2四半期の決算を発表して、その後12月に発売された会社四季報22年1集の同社の記事を見てみましょう（366ページ**図7－9**）。

前の号である2021年4集（361ページ図7－7）と比較すると、22年3月期、23年3月期の予想値はほとんど変わりませんが、利益が少し上方修正されて、23年3月期の1株益の予想値は109・8円と約110円にまで上がってきています。

株価はこの時700円台なので、PERは7倍前後とかなり低くなっています。

記事を見ると、

「通信制高校の生徒数が10％超増と想定を上回る」

「オンライン化による経費減大きい」

というように、新規事業が順調に伸びて、構造改革による収益性が増している様子が書かれています。

図7-9 ウィザスの四季報の記事

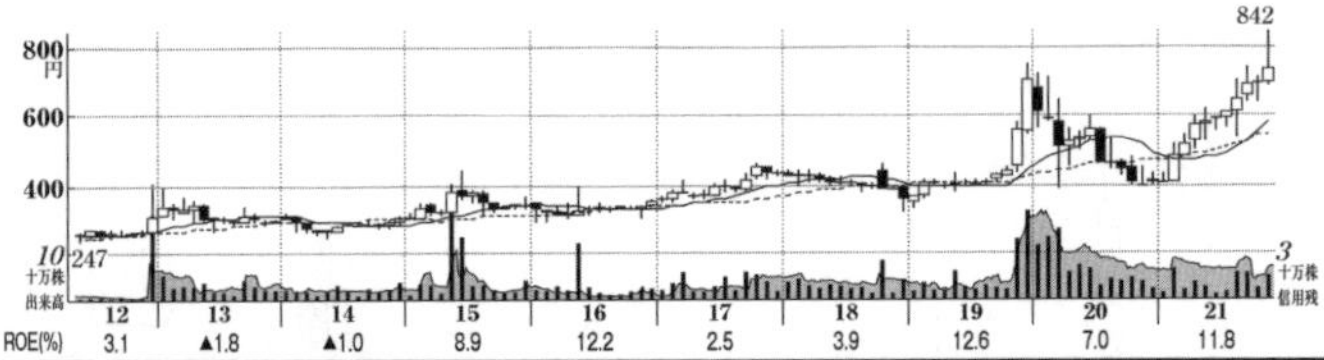

株価指標

予想PER	(倍)
〈22.3〉	7.9
〈23.3〉	6.8
実績PER	
高値平均	13.3
安値平均	7.8
PBR	1.47
株価(11/25)	747円
最低購入額	7万4700円

【サービス】

9696 (株)ウィザス

【決算】3月 【設立】1976.7 【上場】1990.10

↑前号比増額 ☺会社比強気

【特色】近畿地盤の集団指導塾「第一ゼミナール」展開。通信制高校「第一学院」が収益柱に。英語学童も

【連結事業】学習塾40(7)、高校・キャリア支援42(32)、他18(0)〈21・3〉

【独自増額】通信制高校の生徒数が10%超増と想定を上回る。塾の生徒数に回復遅れあるが、家賃減額交渉奏功、オンライン化による経費減大きい。前号より営業益再増額。23年3月期は日本語学校が底入れへ。

【改善】上期、塾の部門利益は前々期のほぼ倍。構造改革で損益分岐点下がる。障害者の就労移行支援事業に参入、ノウハウを通信制高校卒業生の就労支援に応用も。

年月【資本異動】		万株
90.10	公62万株(2590円)	430
91. 5	無1:0.3	559
98. 4	合併	1,144
01. 9	消却	1,044

JQⓈ	高値	安値
90~19	**3400**(91)	**161**(09)
20	723(1)	394(3)
21.1~11	842(11)	405(1)

	高値	安値	出来万株
21. 9	738	641	56
10	715	**640**	25
#11	**842**	687	47

【配当性向】26.4%(3期平均33.7%)
【増減配回数】増2 減2 据6 無0
【四半期進捗率】3期平均▲6.4% 今期50.5%(+56.9pt)

【業種】他個人サービス・製品 時価総額順位 59/106社
【比較会社】4735 京進, 4645 市進HLD, 2179 成学社

【株式】10/31 10,440千株
単位 100株
時価総額 77.9億円

【財務】〈連21.9〉	百万円
総資産	14,349
自己資本	4,860
自己資本比率	33.9%
資本金	1,299
利益剰余金	2,464
有利子負債	1,346

【指標等】	〈連21.3〉
ROE	11.8% 予18.5%
ROA	3.9% 予 6.3%
調整1株益	59.9円
最高純益(00.3)	581
設備投資	217 予450
減価償却	437 予480
研究開発	0 予 0

【キャッシュフロー】	百万円
営業CF	1,807(1,862)
投資CF	▲348(▲856)
財務CF	▲1,166(475)
現金同等物	7,072(6,780)

【株主】単2,279名〈21.9〉	万株
(株)ヒントアンドヒット	99(9.5)
自社(自己株口)	87(8.3)
堀川直人	46(4.4)
堀川明人	46(4.4)
自社社員持株会	46(4.4)
BNY・GCMクライアントJ PRDISGFEAC	42(4.0)
MSIPクライアントセキュリティーズ	34(3.2)
ノムラノミニーズ・オムニバスマージンキャッシュPB	33(3.1)
学研ホールディング	30(2.8)
日本生命保険	29(2.8)

〈外国〉14.9% 〈浮動株〉10.8%
〈投信〉 0.9% 〈特定株〉48.6%

【役員】(社)生駒富男 (常)竹下淳司 (取)赤川琢志 堀川直人 大澤純子* 鷹野正明* (常監)太田善邦 (監)若松弘之* 成瀬圭珠子*

【連結】ブリーズ, SRJ, 佑学社, 学習受験社, 吉香

【業績】(百万円)	売上高	営業利益	経常利益	純利益	1株益(円)	1株配(円)	【配当】	配当金(円)
連17. 3	14,313	629	653	112	11.2	16	20. 3	10
連18. 3	16,241	826	838	177	17.7	16	20. 9	6
連19. 3	16,958	1,180	1,235	574	57.3	16	21. 3	10
連20. 3	17,592	1,407	1,473	325	34.2	16	21. 9	6
連21. 3	16,277	1,110	1,331	576	60.5	16	22. 3予	12
連22. 3予	18,000	1,750	1,850	900	94.1	18	22. 9予	6
連23. 3予	18,700	2,000	2,100	1,050	109.8	18~20	23. 3予	12~14
連21.4~9	8,225	758	832	488	51.1	6	予想配当利回り	2.41%
連22.4~9予	8,500	900	950	550	57.5	6	1株純資産(円)〈連21. 9〉	
会22. 3予	17,700	1,500	1,600	600	(21.5.14発表)		508.0	(534.1)

【本社】541-0051大阪市中央区備後町3-6-2 KFセンタービル ☎06-6264-4202
【教場】北海道1, 東北4, 関東14, 中部・東海・北陸9, 近畿135, 中国3, 四国1, 九州3 計170

【従業員】〈21.9〉連832名 単535名(40.9歳)年514万円
【証券】上 JQⓈ 幹(主)野村(副)大和, みずほ, 岡三 名三菱U信 監トーマツ
【銀行】みずほ, 三井住友, 三菱U, りそな
【仕入先】—
【販売先】—

2022年1集

https://www.with-us.co.jp/

前号と比較すると1株益の予想値は104.5円→109.8円へと上昇している

出典：会社四季報2022年1集より

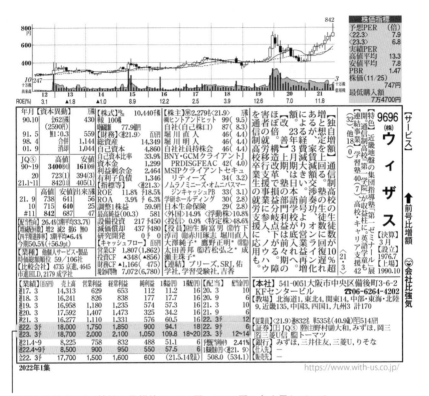

8 第3四半期決算のチェックポイント

引き続き、前年比と進捗率に注目

第3四半期のチェックポイントは次の2点です。

①通期の予想と比べて、前年比の伸び率は順調か
②通期の予想に対して、進捗率はどうか（75%が目安）

22年2月に発表された第3四半期の決算短信を見てみると、売上高は10・5%の伸びと、第2四半期から少し鈍化して、会社の予想の8・7%に近づきました（368ページ**図7－10**）。会社としてはもともと前半に売上高が伸びて、後半伸び率は鈍化するという想定だったのかもしれません。比較する前年度の前半は、コロナ禍で特に社会不安が最も高まって業績への打撃が大きかった時であり、第2四半期までの伸びがやや高めに出てきていたのかもしれません。

一方、営業利益、経常利益、純利益は一気に伸び、この時点で通期予想を上回ってきています。つまり、進捗率は100%を超えてきています。純利益は通期予想が6億円であるのに対して、第3四半期累計（9カ月間）の時点で10億6000万円となっています。この決算を受けて、株価700円台から800円を超えてきました（355ページ図7－5）。

図7-10　ウィザスの22年3月期第3四半期決算短信

2022年3月期　第3四半期決算短信〔日本基準〕(連結)

2022年2月10日

上場会社名　株式会社ウィザス　　上場取引所　東
コード番号　9696　　URL　http://www.with-us.co.jp/
代表者　(役職名)　代表取締役社長　　(氏名)　生駒　富男
問合せ先責任者　(役職名)　取締役統括支援本部長　　(氏名)　赤川　琢志　　(TEL)06-6264-4202
四半期報告書提出予定日　2022年2月14日
四半期決算補足説明資料作成の有無　：有
四半期決算説明会開催の有無　：無

(百万円未満切捨て)

1．2022年3月期第3四半期の連結業績(2021年4月1日～2021年12月31日)

(1)連結経営成績(累計)　　(%表示は、対前年同四半期増減率)

	売上高		営業利益		経常利益		親会社株主に帰属する四半期純利益	
	百万円	%	百万円	%	百万円	%	百万円	%
2022年3月期第3四半期	12,855	10.5	1,612	304.3	1,709	192.6	1,060	256.0
2021年3月期第3四半期	11,630	△10.1	398	△54.8	584	△39.3	297	△42.0

(注)　包括利益　2022年3月期第3四半期　1,400百万円(350.1%)　2021年3月期第3四半期　311百万円(△48.9%)

	1株当たり四半期純利益	潜在株式調整後1株当たり四半期純利益
	円 銭	円 銭
2022年3月期第3四半期	111.31	110.24
2021年3月期第3四半期	31.24	30.94

(2)連結財政状態

	総資産	純資産	自己資本比率	1株当たり純資産
	百万円	百万円	%	円 銭
2022年3月期第3四半期	16,236	5,739	33.7	589.57
2021年3月期	14,742	5,348	34.6	534.14

(参考)自己資本　2022年3月期第3四半期　5,463百万円　2021年3月期　5,099百万円

2．配当の状況

	年間配当金				
	第1四半期末	第2四半期末	第3四半期末	期末	合計
	円 銭	円 銭	円 銭	円 銭	円 銭
2021年3月期	―	6.00	―	10.00	16.00
2022年3月期	―	6.00			
2022年3月期(予想)			―	12.00	18.00

(注)直近に公表されている配当予想からの修正の有無　：無

3．2022年3月期の連結業績予想(2021年4月1日～2022年3月31日)

(%表示は、対前期増減率)

	売上高		営業利益		経常利益		親会社株主に帰属する当期純利益		1株当たり当期純利益
	百万円	%	百万円	%	百万円	%	百万円	%	円 銭
通期	17,700	8.7	1,500	35.1	1,600	20.2	600	4.2	62.91

(注)直近に公表されている業績予想からの修正の有無　：無

営業利益、経常利益、純利益はこの時点で通期予想を超過！
この後に業績予想が上方修正される期待感が高まった

出典：ウィザスのホームページより

9 業績修正の発表

堅調な決算発表を続けて、株価は徐々に切り上がる

22年3月1日、ついにウィザスは業績予想の上方修正を発表しました（370ページ図7－11）。

22年3月期の売上高の予想値は177億円と据え置いていますが、1株益は62・91円から137・4円へと大幅に上方修正となりました。会社四季報では、22年3月期は94・1円、23年3月期は109・8円ですから、これらをも大幅に上回る数字を出してきたわけです。

そして、5月に本決算発表があり、22年3月期については、売上高176億円、営業利益21・3億円、経常利益22・5億円、純利益12・8億円、1株益135・74円という結果になりました。

結局、売上高は、会社が最初から発表している金額とほとんど同額という結果でした。

しかし、収益構造の改革が進展して、1株益は1年前の発表の62・91円から2倍以上に上振れしたことになります。

さらに、新しく始まった23年3月期は、1株益140・29円という予想です。

この後も同社は堅調な決算発表を続けて、株価は徐々に切り上がる展開を続けていきました。

図7-11 ウィザスの22年3月期通期業績予想の修正に関するお知らせ

2022年3月1日

各 位

上場会社名 株式会社 ウィザス
代表者
代表取締役社長 生駒 富男
（コード番号9696）
問合せ先責任者
取締役統括支援本部長 赤川 琢志
（TEL 06-6264-4202）

2022年3月期通期業績予想の修正に関するお知らせ

最近の業績動向を踏まえ、2021年5月14日に公表しました業績予想を下記の通り修正いたしましたのでお知らせいたします。

記

1. 業績予想の修正について

2022年3月期通期連結業績予想数値の修正（2021年4月1日～2022年3月31日）

	売上高	営業利益	経常利益	親会社株主に帰属する当期純利益	1株当たり当期純利益
前回発表予想(A)	百万円	百万円	百万円	百万円	円 銭
	17,700	1,500	1,600	600	62.91
今回修正予想(B)	17,700	2,300	2,400	1,300	137.40
増減額(B-A)	―	800	800	700	
増減率(%)	―	53.3	50.0	116.7	
参考 前期実績（2021年3月期）	16,277	1,110	1,331	576	60.48

修正の理由

売上高につきましては、新型コロナウィルス第6波の中でも通信制高校への入学者数が堅調に推移したことを中心に期初予定通りの水準にて着地する見込みとなりました。また、学習塾事業部門におきましても懸念しておりました、募集最盛期である3月へ向けての1･2月業績状況につきまして、概ね堅調な推移を見通せる結果となりました。利益面につきましては、収益認識に関する会計基準の適用による影響、利益水準を鑑みながら最終四半期において予定しておりました設備投資計画において、当初想定よりも実数値が大幅に圧縮されましたこと、新型コロナウィルス第6波に伴う各種予定経費の未執行等に加えて、当社各事業部門及び各連結子会社における適正な経費節減策執行による各種コストの圧縮により、期初予想の利益水準を大きく上回る見込みとなったことから、2022年3月期の連結業績予想を上方修正いたします。

（注）上記予想は、本資料発表日現在における入手可能な情報に基づいて作成したものであり、実際の業績は今後様々な要因によって異なる結果となる可能性があります。

以上

1株益を62.91円から137.4円に上方修正する

出典：ウィザスのホームページより

10

低いPERについて考える

新しいニーズにマッチした教育サービスで成長は続くか

ウィザスの事例では、日経平均の下降トレンドが続く中でも業績好調を背景に株価が緩やかに上昇し続けましたが、PERは1ケタという低評価のまま推移し続けました。同社が平均的な評価を受けるなら、PER15倍として、株価＝140・29×15＝2104円程度の株価でもおかしくないように思われますが、実際の株価は22年8月時点で900円前後です。

また、22年3月末時点で、同社の1株純資産は604・1円、ROEは24％です。330ページの「PBRとROEから見た妥当株価」の公式を当てはめると、妥当PBRは、1＋（24－8）×0・15＝3・4倍となり、妥当株価は604・1円×3・4＝2054円となります。いずれの評価法でも、株価は2100円前後という計算になります。

PERが低いままの原因としては、

①将来的に業績悪化に対する不安がある

②地味な株であるため投資家たちから見逃されている

などが考えられます。

将来的な業績に対する不安の要因としては、少子化の進行が挙げられるでしょう。同社のビジネスのメインは子供を対象にした学習塾や通信高校であり、そのビジネスの対象となる人口減少が続いていくことは、大きな不安要因としてあることは確かでしょう。

しかし、少子化が進む中で1人あたりの教育費は増加し、中学受験などは年々競争が激化しています。高校についても、従来型の教育に留まらない新しい形の教育システムへの需要が高まっており、特にインターネットを利用した通信教育の学校が急成長しています。

人口減少や少子化が進む中でも、教育に対する基本的なニーズは高いです。特に新しいニーズにマッチした教育サービスへの期待が高まっており、同社がそうした需要に対応し続け、業績を伸ばしていけるのかどうかに、同社の株価動向はかかっていると思われます。

もし、そうした時代の流れにあったビジネス展開ができて業績拡大を続けられるのならば、同社に対する評価も変わり、PERは15倍、あるいは20倍になっていく可能性もあるかもしれません。

一方、時代の流れについていけず、少子化の打撃をストレートに受ける形になると、現在の業績好調さがストップして、結局低評価が続く可能性もあります。同社が市場の低評価を覆せるのかどうかが、今後の見どころです。

11

四半期決算で業績悪化の兆しを見つける

コロナ禍で英会話レッスンに対する需要が減速

次に、オンライン英会話大手の**レアジョブ**（６０９６）の事例を見てみましょう。

３７４ページ**図７－12**は、21年８月12日に発表された22年３月期第１四半期の決算短信です。

同社は21年３月期まで急速に業績を伸ばしていて、22年３月期も図７－12①の業績予想のように、売上高、営業利益、経常利益ともに20％近い増加の予想となっていました。

しかし、第１四半期の結果は、売上高が前年比２・６％増、営業利益や経常利益は赤字となりました。売上高は伸びてはいるものの、通期予想が21・９％増加ですから、それに比べると２・６％増加というのは、かなり低い伸びと言わざるを得ません（図７－12②）。コロナ禍が長引いて海外渡航が制限され、海外からの観光客もほとんど入ってこない状況が続く中で、英会話レッスンに対する需要が急速に減速したことが伸び悩みの原因になりました。

この発表を受けて、同社の株価は１６００円台から１３００円台に急落して、その後もだらだらと下がる動きになってしまいました。

そして、この年の11月11日には、通期の業績予想を、売上高65億円→56・５億円、営業利益８億円→２・５億円、１株益57円→13円へと大幅に下方修正し、株価は３７５ページ**図７－13**

図 7-12 レアジョブの22年3月期第1四半期の決算短信

2022年３月期　第１四半期決算短信〔日本基準〕(連結)

2021年８月12日

上場会社名　株式会社レアジョブ　上場取引所　東
コード番号　6096　URL https://www.rarejob.co.jp
代表者　(役職名) 代表取締役社長　(氏名) 中村 岳
問合せ先責任者　(役職名) 執行役員 CFO　(氏名) 森田 尚希　(TEL) 03-5468-7401
四半期報告書提出予定日　2021年８月12日　配当支払開始予定日　－
四半期決算補足説明資料作成の有無　：有
四半期決算説明会開催の有無　：無

(百万円未満切捨て)

１．2022年３月期第１四半期の連結業績（2021年４月１日～2021年６月30日）

（１）連結経営成績(累計)　(%表示は、対前年同四半期増減率)

②

	売上高		営業利益		経常利益		親会社株主に帰属する四半期純利益	
	百万円	%	百万円	%	百万円	%	百万円	%
2022年３月期第１四半期	1,314	2.6	44	△57.6	29	△72.5	44	△33.5
2021年３月期第１四半期	1,280	29.9	106	86.5	107	110.3	66	157.8

(注)包括利益　2022年３月期第１四半期　35百万円(△51.2%)　2021年３月期第１四半期　71百万円(224.2%)

	１株当たり四半期純利益	潜在株式調整後１株当たり四半期純利益
	円 銭	円 銭
2022年３月期第１四半期	4.86	4.69
2021年３月期第１四半期	7.41	7.08

（２）連結財政状態

	総資産	純資産	自己資本比率
	百万円	百万円	%
2022年３月期第１四半期	4,592	2,268	43.4
2021年３月期	4,468	2,116	41.2

(参考) 自己資本　2022年３月期第１四半期　1,995百万円　2021年３月期　1,839百万円

２．配当の状況

	年間配当金				
	第１四半期末	第２四半期末	第３四半期末	期末	合計
	円 銭	円 銭	円 銭	円 銭	円 銭
2021年３月期	－	0.00	－	10.00	10.00
2022年３月期	－				
2022年３月期(予想)		0.00	－	11.00	11.00

(注)１．直近に公表されている配当予想からの修正の有無　：無
　　２．2021年３月期期末配当金の内訳 普通配当 ０円00銭 記念配当 10円00銭

３．2022年３月期の連結業績予想（2021年４月１日～2022年３月31日）

(%表示は、対前期増減率)

①

	売上高		営業利益		経常利益		親会社株主に帰属する当期純利益		１株当たり当期純利益
	百万円	%	百万円	%	百万円	%	百万円	%	円 銭
通期	6,500	21.9	800	19.6	760	20.8	530	35.4	57.39

(注)１．直近に公表されている業績予想からの修正の有無　：無
　　２．第２四半期(累計)の業績予想は行っておりません。

通期の売上高の増加率が21.9%の予想に対して、第1四半期の結果は2.6%と、通期予想に比べてかなり伸び悩んでいる印象

出典：レアジョブのホームページより

図7-13 四半期決算の発表で株価が急落したレアジョブ

レアジョブ(6096)の週足チャート

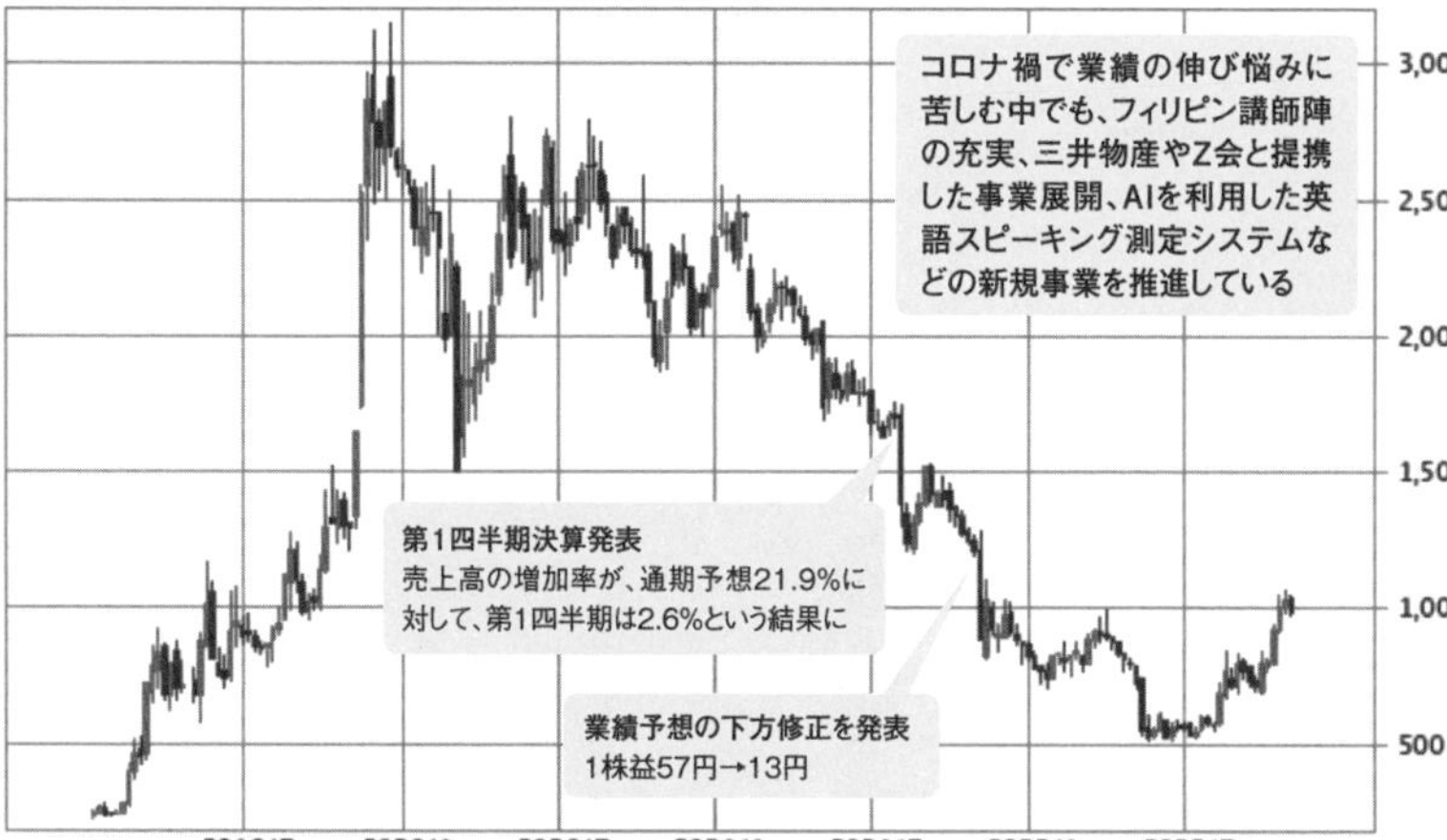
コロナ禍で業績の伸び悩みに苦しむ中でも、フィリピン講師陣の充実、三井物産やZ会と提携した事業展開、AIを利用した英語スピーキング測定システムなどの新規事業を推進している
第1四半期決算発表
売上高の増加率が、通期予想21.9%に対して、第1四半期は2.6%という結果に
業績予想の下方修正を発表
1株益57円→13円
3,000
2,500
2,000
1,500
1,000
500
2019/7
2020/1
2020/7
2021/1
2021/7
2022/1
2022/7

出典:SBI証券より

のようにさらに下落していきました。

以上のようにレアジョブは、コロナ禍の中で業績の伸び悩みに苦しんできましたが、そうした中でも、優秀なフィリピン人講師を約6000人囲い込むなど講師の量と質を高め、法人向け事業は筆頭株主の三井物産と、学校向け事業は大株主のZ会（増進会）と組んで開拓を進めました。さらに、AI技術を活用した英語スピーキング測定システム「PROGOS」の事業を推進するなど、成長戦略を着々と進めています。日本からの海外渡航や日本への外国人旅行者の受け入れなどが正常化し、英語学習への需要が回復していくにしたがい、同社の成長戦略が成果を出せれば、業績と株価は復活する可能性もあるかもしれません。

12 月次売上高を見る

売上高の好不調を先取りするデータ

上場企業の中のごく一部ですが、毎月売上高を開示している会社もあります。月次売上高を毎月開示している会社は小売業や飲食業に比較的多いです。

図7－14は、リサイクルショップの**トレジャー・ファクトリー**（３０９３）が２０２２年７月７日に発表した月次売上高のデータです。その下は、その時点での会社側の業績予想を４月13日に発表した決算短信から抜粋したものです。

この月次売上のデータには、**全店**と**既存店**のデータが記載されていますが、重要なのは全店のデータです。これによって会社全体の売上高の動きがわかります。3～5月の3カ月間については１１９％前後の推移となっています。これは、前年同月の売上高を１００％とした場合の売上高の水準ということであり、１１９％というのは19％増加していることを意味しています。そして、６月にはこれが１２５％、つまり、25％増加へと加速しています。

一方、この時点での会社予想を見ると、第２四半期累計（年度の最初の６カ月間）の売上高予想は10・３％増加、通期（12カ月間）の売上高予想は8・９％の増加となっています。４カ月間の月次売上高のデータはこれを大きく上回って推移しています。

図7-14 トレジャー・ファクトリーの月次売上と業績予想

2022年7月7日に発表されたトレジャー・ファクトリーの月次売上

2022年6月　月次売上概況（単体）

	売上高（単位：%）		店舗数（単位：店）		
	全店	既存店	出店数	退店数	全店舗数
2022/3月	119.4	108.0	2	0	155(4)
4月	118.3	107.6	2	0	157(4)
5月	119.1	105.7	2	0	159(4)
6月	125.4	112.8	0	0	159(4)
7月					
8月					
上期計					
9月					
10月					
11月					
12月					
2023/1月					
2月					
下期計					
2023/2月期計					

3〜5月は19%前後の増加ペース
6月は25%の増加ペースへと
加速している

この時点の会社側の業績予想
（4月13日に発表された決算短信より）

3．2023年２月期の連結業績予想（2022年３月１日〜2023年２月28日）

（%表示は、通期は対前期、四半期は対前年同四半期増減率）

	売上高		営業利益		経常利益		親会社株主に帰属する当期純利益		1株当たり当期純利益
	百万円	%	百万円	%	百万円	%	百万円	%	円 銭
第２四半期（累計）	11,841	10.3	247	59.1	257	41.8	161	256.3	14.49
通期	25,398	8.9	1,098	10.3	1,112	5.5	742	5.5	66.76

会社の売上高予想は、
最初の6カ月間は10.3%の伸び、
通期では8.9%の伸びとなっている

出典：トレジャー・ファクトリーのホームページより

この7月7日の月次売上高の開示の後、7月13日に会社は第2四半期累計と通期の業績予想を上方修正して、売上高の増加率をそれぞれ、約16％と約12％としました。そして、1株益の予想値を67円から80円へと上方修正しました。

これらの発表をきっかけとして株価は上昇基調を強め始めて、1200円前後だった株価が2カ月後には1800円台と、2カ月で5割の上昇となりました（**図7－15**）。

既存店のデータは1年以上稼働している店舗のデータであり、その店舗や商品やサービス自体の人気のバロメーターとなります。既存店の客数や売上が増えているということは、その店自体の人気が高まっているということです。

人気があまりなくても店舗数だけを無理やり増やせば、会社の売上高を拡大することは可能です。しかし、人気がない店舗を無理やり拡大して売上高を伸ばしても、利益面ではかえって苦しくなる可能性があります。理想は既存店が好調な状態で店舗数を伸ばして、全店売上を拡大していくことです。この事例はまさに、既存店も前年比プラスの状態で全店売上を伸ばしているという理想的なパターンになっています。

客数と客単価のデータを公表している会社もあります。客数×客単価＝売上高になります。客数も客単価もどちらも伸びていることが理想です。

月次データについては注意点もあります。それは、月次データはあまりにも短期的なデータであるため、一時な事情で数値が上振れしたり、下振れしたりすることも多いということです。

図7-15 トレジャーファクトリーの株価は、2カ月で5割上昇！

トレジャーファクトリー(3093) 週足チャート

リサイクルショップを全国展開。
豊富できれいな品揃え、明るくて入りやすい店舗などが人気。
店頭買取の他、宅配買取、出張買取、引っ越し業者と提携した引越し時の買取など、
強力な仕入システムが強さを支えている。
物価上昇や環境問題への関心の高まりからリサイクル需要が高まり、
その流れに乗って成長が加速してきた。

7月13日、業績予想を上方修正
予想1株益は67円→80円に
7月7日、月次売上が会社予想のペースを大きく上回って推移していることを確認
2,200
2,000
1,800
1,600
1,400
1,200
1,000
800
2021/7
2022/1
2022/7

出典：SBI証券より

たとえば、営業日数が1日少なくなるだけで3%くらいは影響を受けます。小売店や飲食店などの場合は、天候や休日の日数にも大きな影響を受けます。前年同月に比べて天候の良い休日が1日減るだけで、数パーセント影響が出る可能性があります。

会社の営業戦略として、キャンペーンやプロモーションに力を入れるかどうかによっても短期的な売上高は影響を受けています。

そうしたことも考えると、月次データを利用するのは難しい点も多く、業績の好調・不調を間違って判断してしまう可能性もあります。

月次のデータに目立つ変化があった場合には、まずはその理由を探るようにしましょう。それが一時的なものなのか、トレンドの変化を表すものなのか、それを考えてみましょう。

一時的な上振れや下振れにはあまり振り回され過ぎず、業績トレンドを見極めることが大切です。

月次データは時に有効な情報になりますが、基本的には四半期決算くらいまでの情報を主に見て、月次データはあくまでも参考程度に見ていくのがいいのではないかと思います。

第７章
の
まとめ

業績のトレンドを確認し、異変に気付くために

1 保有株や注目株は、年4回の決算発表をチェックしよう

2 できれば、年4回の会社四季報も併せて、年8回のチェックを続けよう

3 本決算発表における新年度予想、そして、本決算発表後の会社四季報に新しく加わる年度の予想は特に注目しよう

4 四半期決算は前年比、進捗率、四季報に出ている予想との比較、などで総合的に判断しよう

5 業績修正は株価変動につながる可能性が高いので注目しよう

6 月次データが発表されている会社は、それもチェックしよう。ただし、1カ月ごとの数字に一喜一憂せず、あくまでもトレンドを見ていこう

第8章

配当・株主優待を狙った投資戦略

1 配当の情報の見方

1株当たりの配当と利回りを確認しよう

配当や株主優待をもらえることは株式投資の魅力の1つです。本章では配当・株主優待に関する基礎知識と、それらを狙った投資戦略の考え方について述べていきたいと思います。

図8－1の三井物産（8031）の会社四季報の記事を見てください。太線で囲った部分が配当に関係のあるデータです。下の【業績】欄の「1株配」を見てください。これは、その名の通り、1年間で支払われる1株当たりの配当金額です。三井物産の配当は業績拡大に伴って年々増加傾向にあり、23年3月期と24年3月期の1株益の予想値は120～135円となっています。

【業績】欄の右に【配当】欄がありますが、これは配当の情報が少し詳しく出ています。たとえば、22年9月60～65円、23年3月60～70円となっていますが、これは、22年9月末時点の株主に1株60～65円、23年3月末時点の株主に1株60～70円の配当が支払われる予想であるということを示しています。この2回分の配当を合わせて120～135円となり、これが【業績】欄の1株配の数値として載っているわけです。

【配当】欄の下に出ている「予想配当利回り」は3.68％となっています。これは、今期（現

図8-1 三井物産の四季報記事

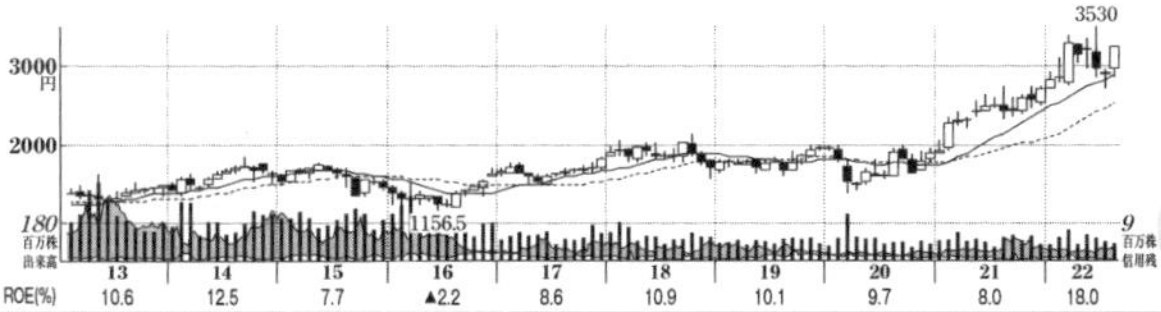

株価指標
予想PER （倍）
〈23.3〉 5.8
〈24.3〉 6.0
実績PER
高値平均 9.0
安値平均 5.7
PBR 0.90
株価(8/29) 3259円
最低購入額 32万5900円

【卸売業】

8031 三井物産《みついぶっさん》

【決算】3月 【設立】1947.7 【上場】1949.5

➡前号並み

【特色】三井グループ中核の総合商社。鉄鉱石、原油の生産権益量は商社断トツ。インフラ等にも強み

【連結事業】金属資源16(26)、エネルギー22(4)、機械インフラ7(14)、化学品24(2)、鉄鋼製品5(4)、生活産業23(2)、次世代2(26)【海外】46〈22・3〉

【連続増配】鉄鉱石価格下落も豪州石炭、チリ銅販売が好調。原油・ガス市況は高止まり。北米自動車や東南アジア病院経営のヘルスケアが着実。海外不動産売却積み上がる。後半は資源市況一服だが純益高水準。

【サハリン2】露大統領令で新会社に資産移管。出資継続だが資産価値は1366億円減額し6月末902億円に。インド再エネ投資は蓄電池絡め初の24時間電力供給。

年月	【資本異動】	万株
19. 8	現物出資	174,268
20. 8	現物出資	171,710
21. 7	現物出資	168,735
22. 7	現物出資	164,246
22. 8	消却	159,246

東証P	高値	安値
49~20	3180(07)	55(50)
21	2772(11)	1858.5(1)
22.1~8	3530(6)	2715.5(1)

	高値	安値	出来万株
22. 6	3530	2886	10,786
7	2965.5	2727.5	9,141
#8	3334	2877	9,047

【営業利益率】4.8%(+2.9pt)
5期平均3.8% 増益率274.3%
【四半期進捗率】3期平均34.6%
今期ー%(ーpt)
【業種】総合商社
時価総額順位 3/8社
【比較会社】8001 伊藤忠商事, 8053 住友商事, 8058 三菱商事

【株式】7/31 1,642,466千株
単位 100株 貸借
時価総額 53,527億円 225
【財務】〈◊22.6〉 百万円
総資産 15,786,648
自己資本 5,770,927
自己資本比率 36.6%
資本金 [illegible]
利益剰余金 4,347,862
有利子負債 5,197,218
【指標等】〈◊22.3〉
ROE 18.0% 予15.4%
ROA 6.1% 予 5.6%
調整1株益 561.4円
最高純益(22.3) 914,722
設備投資 ‥予‥
減価償却 ‥予‥
研究開発 ‥予‥
【キャッシュフロー】 億円
営業CF 8,068(7,726)
投資CF ▲1,811(▲3,224)
財務CF ▲6,143(▲4,869)
現金同等物 11,278(10,631)

【株主】(単)271,980名〈22.3〉 万株
日本マスター信託口 27,465(16.7)
日本カストディ信託口 9,170(5.5)
ユーロクリア・バンク 8,908(5.4)
自社(自己株口) 3,753(2.2)
日本生命保険 3,507(2.1)
ステートストリートBウエストトリーティ505234 2,582(1.5)
三井住友銀行 2,566(1.5)
JPモルガン証券 2,067(1.2)
バークレイズ証券 2,040(1.2)
JPモルガン・チェース・バンク385781 2,021(1.2)
〈外国〉30.8% 〈浮動株〉10.6%
〈投信〉10.2% 〈特定株〉39.0%
【役員】(会)安永竜夫 (社)堀健一 (副)米谷佳夫 宇野元明 竹増喜明 中井一雅 重田哲也 佐藤理 松井透 ⇨欄外
【連結】米国三井物産

【業績】(百万円)	営業収益	営業利益	税前利益	純利益	1株益(円)	1株配(円)
◊20. 3	6,885,033	216,827	534,320	391,513	226.1	80
◊21. 3	8,010,235	150,708	450,202	335,458	199.3	85
◊22. 3	11,757,559	564,037	1,164,480	914,722	561.6	105
◊23. 3予	11,440,000	550,000	1,060,000	890,000	564.9	120~135
◊24. 3予	11,800,000	575,000	1,095,000	850,000	539.5	120~135
◊21.4~9	5,416,199	242,092	540,654	404,630	246.2	45
◊22.4~9予	6,710,000	305,000	650,000	534,000	338.9	60~65
◊21.4~6	2,658,034	135,786	256,191	191,264	115.7	
◊22.4~6	3,720,531	183,983	347,957	275,000	172.4	
会23. 3予	‥	‥	‥	800,000	(22.5.2発表)	

【配当】	配当金(円)
20. 3	40
20. 9	40
21. 3	45
21. 9	45
22. 3	60
22. 9予	60~65
23. 3予	60~70
予想配当利回り	3.68%
1株純資産(円)〈◊22. 6〉	3,641 (3,501)

【本社】100-8631東京都千代田区大手町1-2-1 ☎03-3285-1111
【事業所】(国内)大阪, 名古屋, 札幌, 他 計11 (海外)ニューヨーク, 他 計129
【従業員】〈22.3〉連44,336名 単5,494名(42.1歳)年1,549万円
【証券】上4市場 幹野村, 大和, 日興, 三菱Uモル 名三井住友信 監トーマツ
【銀行】三井住友, みずほ, 三菱U, 三井住友信, 国際協力
【仕入先】ー
【販売先】ー

2022年4集　https://www.mitsui.com/jp/

⇨(取)小林いずみ* J. ロジャーズ* S. ウォルシュ* 内山田竹志* 江川雅子* (常監)鈴木愼 塩谷公朗 (監)小津博司* 森公高* 玉井裕子*

出典：会社四季報2022年4集より

在進行中の期）の1株配の予想値を株価で割り算して求めた利回りです。

このケースでは23年3月期の1株配の予想値の下限である120円を使い、それを8月29日の株価3259円（右上、チャートの横に記載）で割り算して計算しています。

その他、左上の方に【株式】と書かれている箇所と、利益剰余金の部分を太線で囲んでいますが、これは配当可能年数を求めるのに使います（390ページ参照）。

＊会社四季報の配当の予想金額は確定したものではなく、それとは異なる金額になる可能性もあります。実際に配当金額がいくらになるかは、会社からの発表などで確認しましょう。

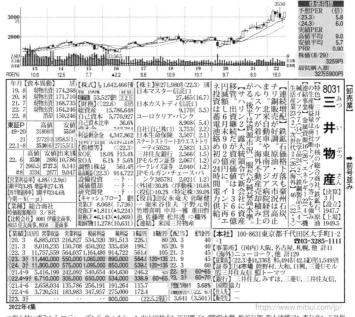

2 配当狙いの投資でも、重要ポイントは将来性と割安さ

10年で利益と配当金を2倍にした三井物産

将来性と割安さを求めることが株式投資の基本であり、それは配当狙いの投資でも変わりません。利益が増えれば配当も増えるし、利益が減れば配当も減るからです。

三井物産の場合は、２０１２年～２０２２年の10年間で純利益が約2倍になり、配当は約２・８倍になりました。配当が増えた主な理由は利益の増加です。

２０１２年に三井物産は１株配が43円で、株価は１１００～１４００円くらいの範囲で推移していました。１１００円で買えば配当利回りは43円÷１１００円×１００＝３・９％、１４００円で買えば43円÷１４００円×１００＝３・１％でした。10年間で１株配は43円↓１２０円へ増加しました。10年前に株を１１００円で買って保有し続けている人にとって配当利回りは11％ですし、当時の高値近辺である１４００円で株を買ってしまった人にとっても、配当利回りは８・６％となります。結局、配当利回り狙いの投資で大事なことは、

①将来的に業績が伸びる会社を選び

②できるだけ割安な水準で買う

ということです。

図8-2　10年で利益と配当を2倍にした三井物産

三井物産(8031)　2012年当時の月足チャート

1株配当43円で、株価は1100〜1400円くらいの範囲で推移していた。

出典:SBI証券より

ただし、いくら安い株価で買うのが良いといっても、最安値の株価で買うのは至難の業です。あまり安値を狙い過ぎると、せっかく良い株を見つけても買い損ねてしまいます。2012年当時の三井物産についても1100円で狙った人は買えましたが、1000円で待っていた人は買えなかったことになります(図8-2)。

基本的には、**将来性が有望で株価は十分割安と判断できたら「買い」と判断してもいい**でしょう。投資タイミングを計る上では株価チャートなども判断に使いましょう。それでも株価の動きを読み切れるわけではないですし、思わぬ安値を付ける可能性もあるので、できれば何回かにタイミングを分けて買うようにしましょう。

3 配当性向で配当の引き上げ余地を考える

配当性向と成長性を合わせて考える

配当狙いの投資を検討する際には、配当性向と配当可能年数を確認しましょう（**図8－3**）。**配当性向は、純利益のうち配当に回す金額の割合**です。1株当たりで考えると、1株益に対する1株配の割合ということになります。

385ページ図8－1の会社四季報から三井物産の配当性向を計算してみましょう。同社の23年3月期の1株益の予想値は約565円。1株配は120～135円ですが、120円を使いましょう。これらの数値で計算すると、120円÷565円×100＝21％となります。配当性向は高いから良いとか、低いからダメということは一概にはいえません。その会社の状況や戦略によっても、最適な配当性向は異なります。

一般的には、**成長投資に熱心な会社の場合には配当性向は低くなり、成長投資の必要があまりない場合には配当性向は高くなります**。配当狙いの投資ということで考えると、「同じ配当利回りならば、配当性向が低いほうが良い」と一般的にはいえるでしょう。配当性向が低い分、内部留保が多くなり、将来的に配当を増やす可能性が高まるからです。

図8-3 配当についての2つの指標

配当性向 ＝ 1株配 ÷ 1株益

純利益から配当に回す金額の割合。平均は30%程度。
低いほど配当の引き上げ余地が大きく、将来的に配当が増える可能性が高い。

配当可能年数
＝ 利益剰余金 ÷ 発行済み株数 ÷ 1株配

10年を超えると配当を維持する余裕度が「まずまず高い」、
20年を超えると「かなり高い」、と判断できる。

内部留保は原則として成長投資に回されますし、内部留保して利益剰余金として蓄積した金額分は、配当支払い原資とすることができるからです。こうした会社の場合、成長投資が一段落してきたら、配当を引き上げる余地が大きくなる可能性があります。

一方、**配当性向が高い場合には、それだけ配当の支払いに積極的であるといえますが、配当を引き上げる余地はあまり大きくないと考えられます。**もちろん、業績が拡大すれば配当も拡大できますが、配当性向を引き上げることで配当を増やす余地は少ないです。三井物産の場合、配当性向は２割程度で、純利益の８割近くは内部留保に回し、将来的にさらに成長していくことに力を入れていることがうかがえます。

4 配当可能年数を計算する

利益剰余金を使って配当可能年数を計算する

配当可能年数は、利益剰余金を使って計算することができます。

利益剰余金は、純利益のうち配当せずに内部留保した金額の累積金額であり、配当することが可能な金額です。

この利益剰余金が多いということは、過去に安定して利益を稼ぎ続けてきたことの証ともいえますし、業績が一時的に悪化しても、配当をある程度維持し続けられる余地があるともいえます。

もう一度、385ページ図8－1の会社四季報の記事を見てください。この中で、利益剰余金と発行済み株数をピックアップして割り算すると、1株当たりの利益剰余金が計算できます。この事例では、

利益剰余金　43478662百万円
発行済み株数　16424666千株

となっています。単位を億単位で合わせ、四捨五入すると、**利益剰余金**　434779億円

発行済み株数　16・4億株となります。

これで割り算をすると、

1株当たりの配当可能金額＝43479÷16・4＝2651円となります。

これを1株配で割ると、

配当可能年数＝2651円÷120円＝22年

となります。

配当可能年数は10年を超えるとまずまず高い数値といえますし、20年を超えるとかなり高い数値といえます。

以上の分析から、三井物産は、

- **過去10年しっかり業績を伸ばし続けてきて、今後の成長投資も積極的である模様だ**
- **配当性向は21％と低く、配当を引き上げる余地が大きい**
- **配当可能年数は22年であり、配当を維持できる財務的な能力は高い**

という結論になります。

5 「ダウの犬戦略」は配当狙いの有効な戦略

NYダウ採用銘柄の中で、評価が低い負け犬銘柄に投資する戦略

配当利回りが高いことは魅力的なことですが、**配当利回りが高いということは、株価が安くなっているということであり、それだけ投資家からの評価が低くなっている**ということでもあります。PERや配当利回りの面から見て株価が安くなっている場合には、「どうして株価が安く放置されているのか」「何かバリュートラップ（割安さの罠、314ページ参照）が隠されているのではないか」と考えて、その会社の状況や将来性について、よく検討する必要があります。

検討した結果、将来的に不安がそれほど大きくないと考えられるならば、それは本当に割安でお買い得な株である可能性があります。

しかし、将来性の判断はなかなか難しく、「配当利回りは高いんだけど不安が残るな……」という悩みが付きまとうことが多いです。そうした悩みに対する1つの回答がダウの犬戦略です。

ダウの犬戦略は、アメリカで有名なファンドマネジャーであるマイケル・オヒギンズの著書『ダウの犬投資法』（パンローリング社）で紹介されている投資法で、**「NYダウに採用されている30銘柄で配当利回りの高い上位10銘柄にだいたい均等に分散投資して、1年ごとに新たな**

ランキング上位10銘柄に銘柄入れ替えを行う」というものです。NYダウ採用銘柄の中で評価が低い負け犬銘柄に投資する戦略、という趣旨です。この戦略を過去にさかのぼって検証してみると、平均よりも安定して高い収益率を示しているということです。

NYダウというのは、世界で最も有名な株価指数です。その株価指数を算出するために採用されている30社は米国を代表する世界的な企業で、それらの会社のほとんどは収益基盤や財務基盤が強固であり、安定した収益力や高い配当支払い能力のある会社ばかりであると考えられます。そうした銘柄が市場で低く評価されているとしても、それは一時的なものであり、いずれ評価を回復する可能性が高いだろうという考えがこの戦略の背景にあります。

しかも、10銘柄に分散投資して、その10銘柄トータルで考えるのであれば、多少落ちこぼれる銘柄が出てきたとしても、全体としては安定して高いパフォーマンスが得られると考えられます。実際に、過去には安定したパフォーマンスを示し続けています。

日本株で、NYダウに相当すると考えられるのが、TOPIXコア30です。

TOPIXコア30というのは、東京証券取引所が算出している株価指数の1つであり、日本を代表する大企業30社から構成される銘柄群によって計算される株価指数です。これにダウの犬戦略をあてはめたものが**図8－4**の下のグラフです。2007年を100%として、配当込で資産がどのくらいになったのかを見るものです。日本版ダウの犬戦略（10銘柄バージョン）とともに、株式市場全体の動きを示すTOPIX、日本版ダウの犬以外の20銘柄、日本版ダウの犬の5銘柄バージョンのパフォーマンスを比較しています。この14年間の株のパフォーマン

図8-4 ダウの犬戦略とは

**世界的優良企業を厳選したNYダウ採用30銘柄の中で、
配当利回り上位10銘柄に同じくらいの金額を分散投資する戦略。
年に1度、配当利回りランキングに基づいて銘柄入れ替えを行う。**

**日本株の場合は、TOPIXコア指数採用30銘柄でこれを行う。
より銘柄を厳選した「ダウの犬5銘柄戦略」はより高いパフォーマンスが
期待できる。**

TOPIXコア指数採用銘柄 2022年10月末現在

セブン&アイ・ホールディングス(3382)、信越化学工業(4063)、花王(4452)、武田薬品工業(4502)、アステラス製薬(4503)、第一三共(4568)、リクルートホールディングス(6098)、SMC(6273)、ダイキン工業(6367)、日立製作所(6501)、日本電産(6594)、ソニーグループ(6758)、キーエンス(6861)、ファナック(6954)、村田製作所(6981)、トヨタ自動車(7203)、ホンダ(7267)、HOYA(7741)、任天堂(7974)、伊藤忠商事(8001)、三井物産(8031)、東京エレクトロン(8035)、三菱商事(8058)、三菱UFJフィナンシャル・グループ(8306)、三井住友フィナンシャルグループ(8316)、みずほフィナンシャルグループ(8411)、東京海上ホールディングス(8766)、日本電信電話(9432)、KDDI(9433)、ソフトバンクグループ(9984)

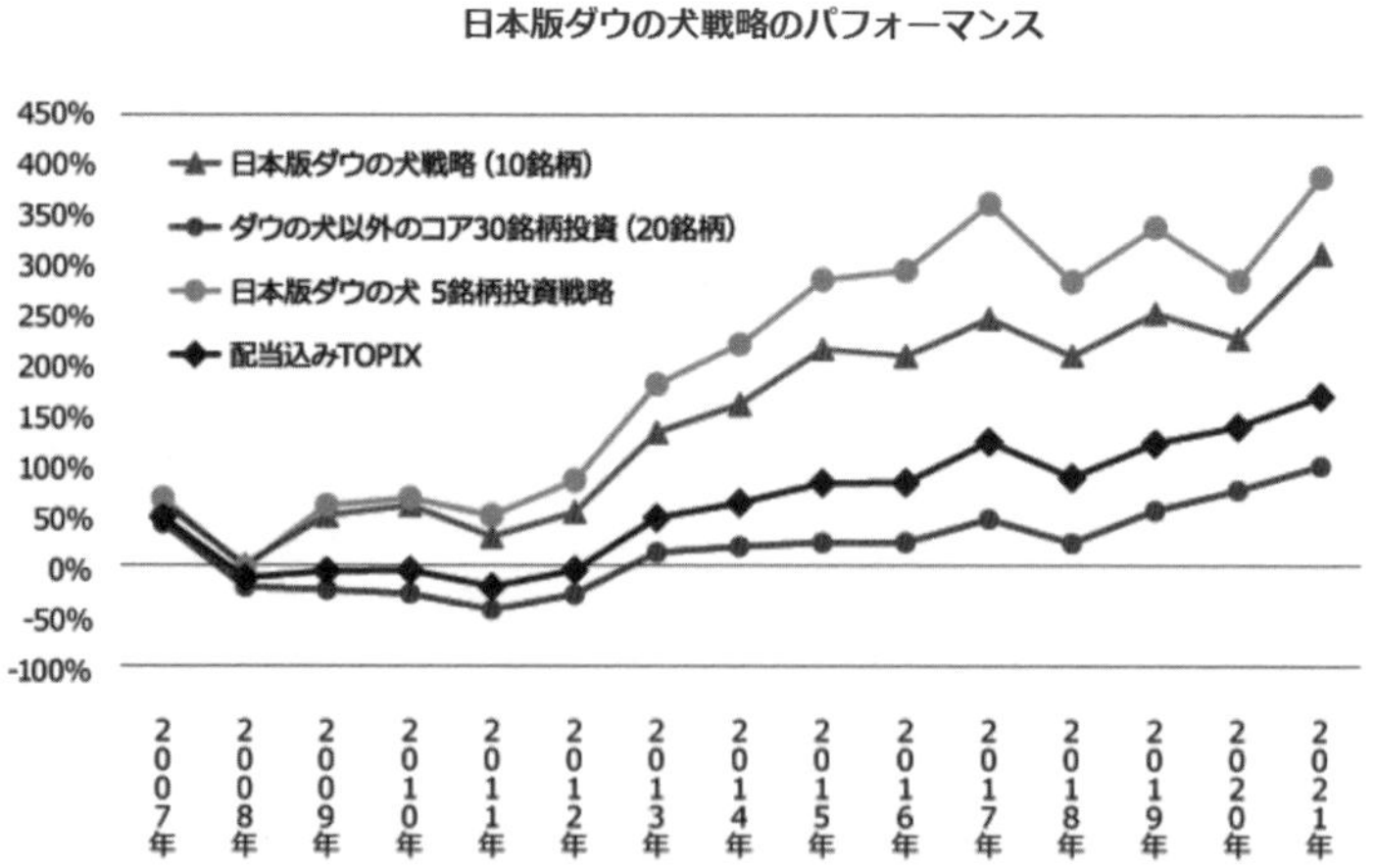

出典:ニッセイアセットマネジメントのホームページより
https://www.nam.co.jp/market/column/hosoku/2022/220523.html

スの推移を見ると、いずれの指数も2008年のリーマンショック、2011年の東日本大震災、2020年のコロナショックなど、さまざまな危機を乗り越えてパフォーマンスを上げ続けていることがわかります。とりわけ、日本版ダウの犬戦略のパフォーマンスは310%と、TOPIXの170%を上回り、日本版ダウの犬戦略5銘柄バージョンは、それをさらに上回る380%ほどのパフォーマンスとなっています。

「ダウの犬戦略」を基に、セクター分散、配当性向、配当可能年数も考慮してみる

396ページ図8-5は、2022年9月14日時点でのTOPIXコア30銘柄の配当利回り3%以上の銘柄です。全部で13銘柄あります。これでダウの犬戦略の5銘柄バージョンを考えてみましょう。この中から機械的に上位5銘柄を選んでしまうと、銀行株が3銘柄も入ってしまい、あまりバランスはよくありません。大手銀行株は事業内容も業績動向も似ていて、株価もだいたい同じような動きをするからです。リスクを減らすために銘柄分散するためにも、業種はある程度バラけさせたほうがいいでしょう。

ダウの犬戦略のエッセンスは、事業基盤が強固な優良企業の中から高配当利回り銘柄をピックアップするということなので、「TOPIXコア30の配当利回り上位の銘柄」という点を踏まえておけば、あとは自分なりに重要視する要因によって銘柄を取捨選択していいでしょう。

業種の分散を意識すると、選択する銘柄は三井住友フィナンシャルグループ（8316）、

図8-5 TOPIXコア30銘柄の配当利回り3％以上の銘柄

証券コード	会社名	1株配(円)	株価(円)	配当利回り(%)	配当性向(%)	1株当たり利益剰余金(円)	配当可能年数
8316	三井住友フィナンシャルグループ	220	4312	5.1	40	5049	22.9
8411	みずほフィナンシャルグループ	80	1642	4.9	37	1874	23.4
4502	武田薬品工業	180	3852	4.7	96	937	5.2
8306	三菱UFJフィナンシャル・グループ	32	725	4.4	39	903	28.2
8035	東京エレクトロン	1852	42280	4.4	50	7038	3.8
8766	東京海上ホールディングス	100	2550	3.9	47	2874	28.7
8031	三井物産	120	3278	3.7	22	2540	21.2
8001	伊藤忠商事	130	3785	3.4	31	2413	18.6
8058	三菱商事	150	4415	3.4	26	3493	23.3
7267	ホンダ	120	3598	3.3	28	5270	43.9
9432	日本電信電話(NTT)	125	3877	3.2	37	2015	16.1
9433	KDDI	135	4308	3.1	44	2094	15.5
4503	アステラス製薬	60	1983	3	50	513	10.3

22年9月14日時点の株価と会社四季報のデータより。
配当と業績は来期予想より。
配当予想に幅がある場合には、一番低い数値を採用している。

武田薬品工業（4502）、東京エレクトロン（8035）、東京海上ホールディングス（8766）、三井物産（8031）となります。

さらに、配当性向や配当可能年数なども銘柄選別のポイントに加えてみましょう。武田薬品工業は、配当性向96％、配当可能年数5・2年と、現状の収益を前提にする限り、配当を増やす余地はあまり高そうではありません。東京エレクトロンについても配当性向は50％と比較的高く、配当可能年数は3・8年分しかありません。両社とも日本を代表する優良企業と考えられますが、配当関連の指標で考えるとやや物足りない面があります。配当性向50％以下、配当可能年数15年以上という条件を加えると、三井住友フィナンシャルグループ、東京海上ホールディングス、三井物産、ホンダ（7267）、日本電信電話（NTT：9432）の5銘柄が選択できます。

長期投資の株式の銘柄選びでは、数字に表れない定性面が非常に大事になります。将来性の判断は経営陣の力量など定性分析に負うところが大きいからです。そうしたことから、定性分析によって将来性が高いと思われる銘柄を選別していくのもいいでしょう。この場合、配当利回り、配当性向、配当可能年数などの数値が良くても、将来性に不安があるならば投資を避けることも考えましょう。武田薬品工業や東京エレクトロンなどは指数的な条件は今一つでしたが、日本を代表する優良大企業であることには変わりないですし、将来性が高いと判断するのなら、ポートフォリオに入れる候補になり得ます。定性面の判断にあまり自信がなければ、定性面以外の数値によって判断していくのもいいでしょう。「コア30銘柄に分散投資する」ということだけでも、定性面やリスク管理面の条件は、ある程度満たせているといえるからです。

6

株主優待の情報の見方

上場企業の約3分の1が株主優待を実施

株主優待は、現金ではなくて商品やサービスを株主に贈与するものです。その会社の商品やサービスを提供するケースが多いですが、クオカード、カタログギフト、お米など自社製品以外のものを提供するケースもあります。2022年現在、**上場企業の約3分の1が株主優待を実施**しています。

株主優待については、会社のホームページや証券会社のホームページなどでも確認できます。

図8－6は、SBI証券のホームページで**Hamee**（3134）の株主優待を検索した結果が表示された画面です。銘柄検索を入力する検索ボックスがあるので、そこに銘柄名か証券コードを入れて検索します。そして、銘柄が検索されたら、「株主優待」のタブをクリックすると、このような画面が表示されます。

Hameeはスマホグッズを企画・製造・販売している会社ですが、100株以上の株主に対して、優待内容は1500円相当の「Hamee本店」利用クーポンまたは「ネクストエンジン」利用料割引クーポン、とあります。Hamee本店というのは自社製品の通販サイトで

図 **8-6** SBI証券のホームページで Hamee(3134)の株主優待を検索した結果

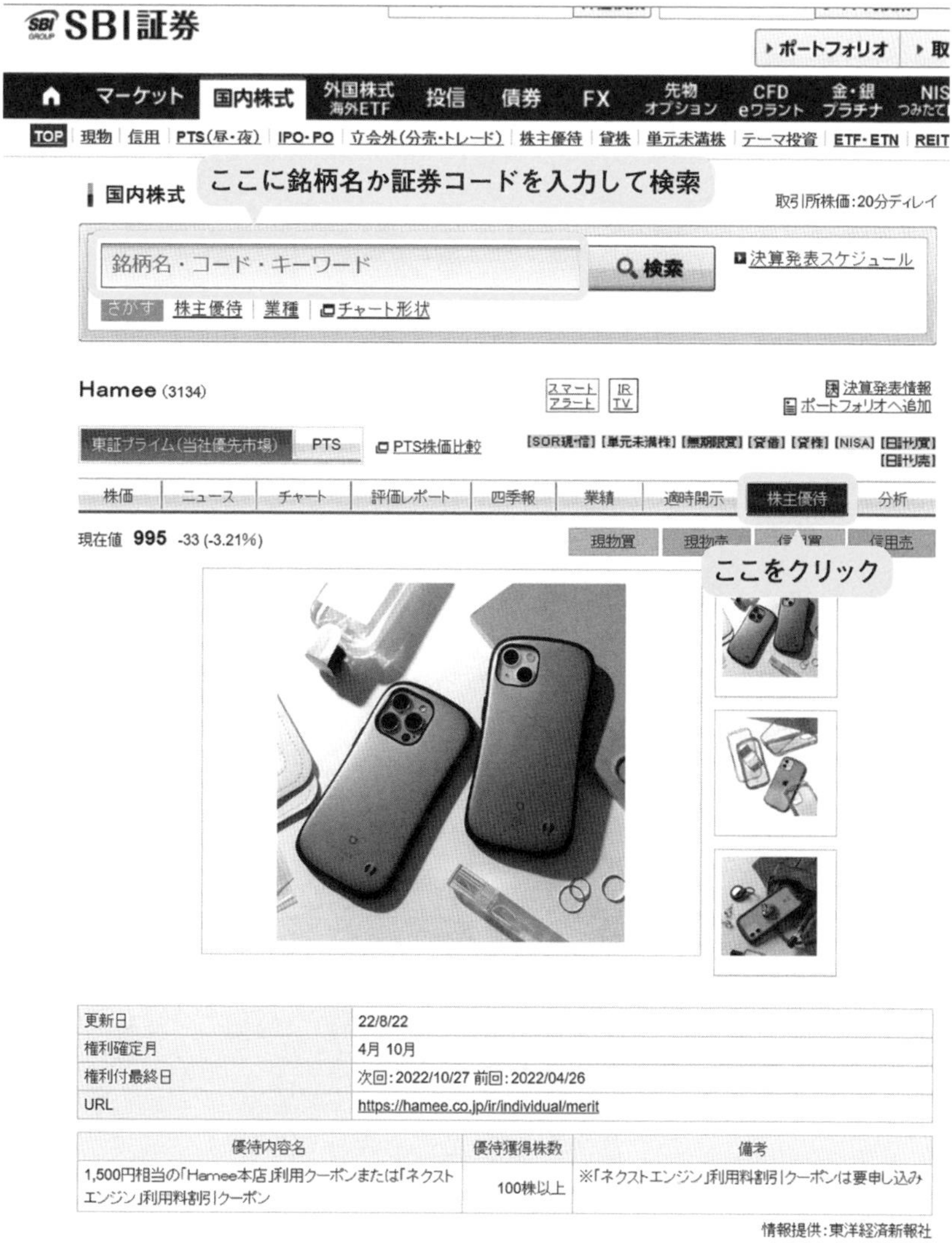

出典:SBI証券

あり、ネクストエンジンは同社が提供しているＥＣ事業者向けの管理システムです。

権利確定月は4月、10月と書かれています。これは4月と10月の年２回分株主優待が実施されるということです。つまり、１５００円分のクーポンが年２回送付されてくるということであり、合計３０００円が同社の株主優待の金額ということになります。

権利付き最終日として、10月27日、４月26日と書いてありますが、この年の10月分の株主優待については10月27日に株を保有している人に送られ、来年４月分の株主優待については４月26日に株を保有している人に送られるということです。

たとえば、10月27日に株を買うとその回の株主優待をもらえますが、１日でも遅れて10月28日に株を買うと、その回の株主優待はもらえません。

もちろん、そのまま株を持ち続ければ、その半年後の分の株主優待はもらうことができます。

なお、株主優待をもらう権利が確定したあと、実際に株主優待が送られてくるのは2カ月くらい後になります。権利付き最終日はその年によって多少前後します（４０３ページ参照）。

7 配当・優待利回りを計算する

100株保有者の配当・優待利回りが一番高くなることが多い

株主優待の有利さは利回りで考えます。 配当も併せて、**配当・優待利回り**、として考えるのが一般的です（402ページ**図8－7**）。

図8－6のHameeのケースでは、100株に対して、株主優待の金額は1500円の2回分で3000円ということでした。1株配は22・5円であり、100株保有の場合はその100倍で2250円です。配当と優待を合わせた合計は5250円となります。

Hameeの2022年9月16日時点での株価は995円です。これを100株購入するための金額は、100倍して9万9500円です。1年間の配当・優待の合計5250円を投資金額9万9500円で割って100倍すると5・3％となります。

ここで注意点は、この利回りはあくまでもHameeを100株所有している場合の配当・優待利回りだということです。**株主優待というのは株数に比例しません。** Hameeの場合は、「100株以上の株主」に対して年間3000円分の株主優待が実施されるのであって、200株でも1000株でも優待の金額は変わりません。株主優待の仕組みは、会社によってそれぞれ異なりますが、一般的には最低単位である100株の保有者の配当・優待利回りが一

図8-7　配当・優待利回りの計算方法

配当・優待利回り

＝

（配当金額 ＋ 優待の金額）……1株配×株数

÷

投資金額……………株価×株数

番高くなることが多いです。

ですから、Ｈａｍｅｅの株を２００株所有したい場合などは、家族で名義を分けて１００株ずつ保有する方がお得です。それぞれの名義の株主に対して同じ金額分だけ株主優待が送られてきて、１人で２００株所有している場合よりも2倍の金額分になるからです。

8

権利付き最終日と権利落ち日

権利確定日に株を買っても、その回の配当や優待はもらえない

図8-8 権利確定日とは

配当・優待の**権利確定日**とは、「その日に株主であれば配当や優待がもらえる」という基準日です。

しかし、権利確定日に株を買ってもその回の配当や優待はもらえません。それは、株を買ってから株主として登録されるまでに2営業日のタイムラグがあるからです。

営業日というのは、株式市場が開いている日です。土日と祝日は株式市場は開いていないので、それを除いた日が営業日になります。**図8-8**にあるカレンダーのように31日月曜日が権利確定日だとすると、その2営業日前の27日木曜日に株を買えば、31日にギリギリで株主に登録されて、その回の配当や優待がもらえることになります。このように、「この日に株を買えばぎりぎり配当・

図8-9 権利落ち日に100円以上下落したNATTY SWANKYホールディングス

● NATTY SWANKYホールディングス(7674)　日足チャート

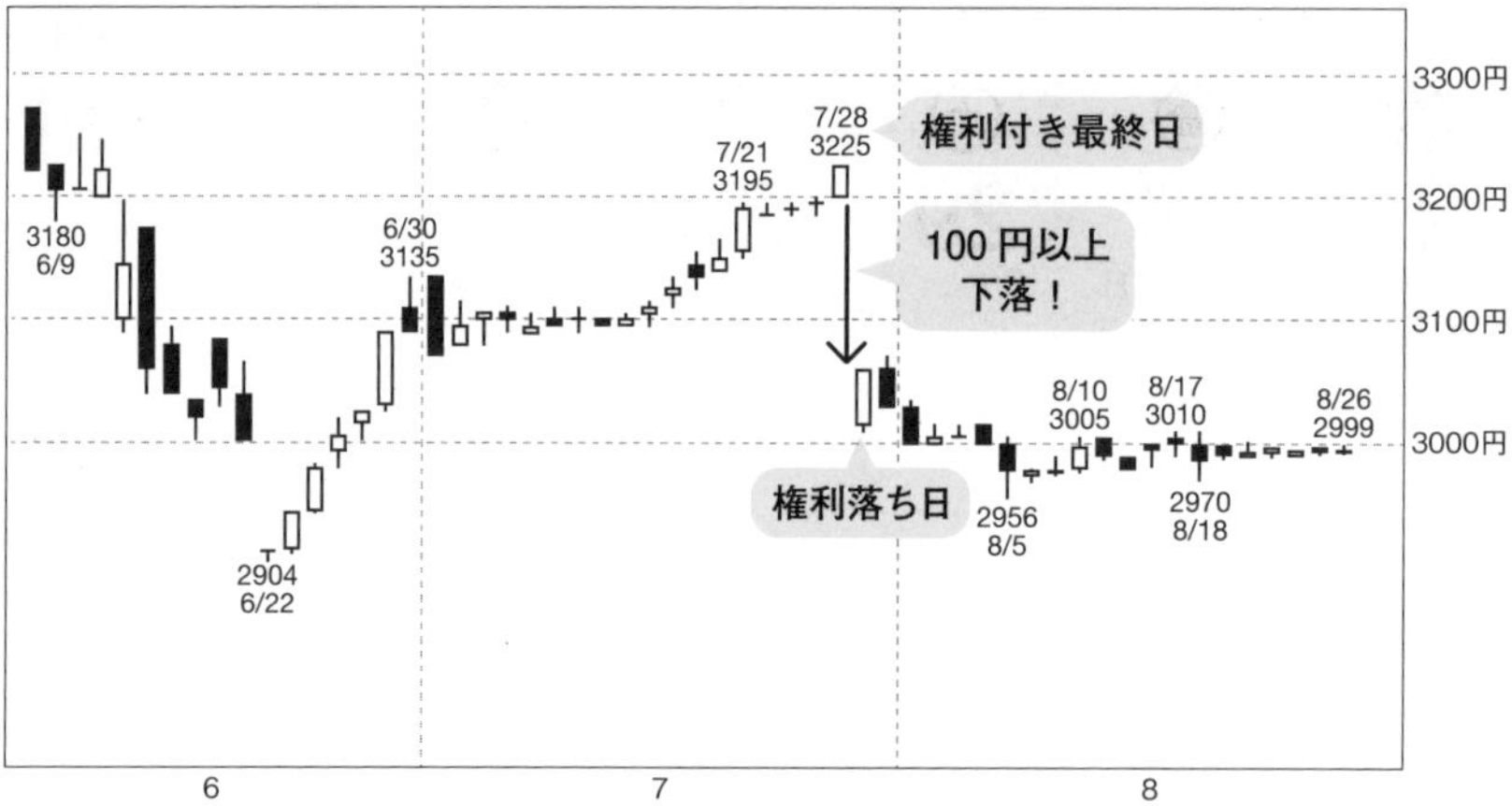

出典:ゴールデンチャート社

優待の権利が得られる」という日を**権利付き最終日**といいます。そして、権利付き最終日の翌営業日を**権利落ち日**といいます。この日に株を買っても、その回の配当と優待はもらえません。そして、1回分の権利がなくなる分だけ株価が下落するのが普通です。

図8-9は、**NATTY SWANKYホールディングス**(7674)の2022年7月の事例です。この7月末に確定するのは、100株あたり1万円分の株主優待です。計算上は1万円÷100株=100円となり株価100円に相当します。この事例で権利落ち日には100円以上下落していますが、この下落のうちの100円分は権利落ちが原因となっています。

もしファーストリテイリングに20万円投資していたら……

図8-10 元金と配当を大きく増やしたお宝銘柄一覧

成長株への長期投資が成功すると、配当利回りもすごい！

会社名	投資時期	あの時20万円投資していたら…… 2022年現在はこうなっていた
ファーストリテイリング	1998年	→ 元金2529万円、年間配当20.8万円
パン・パシフィック・インターナショナルホールディングス（ドン・キホーテ）	1997年	→ 元金1804万円、年間配当15.6万円
ニトリ	1998年	→ 元金1565万円、年間配当13.4万円
ゼンショー（すきや）	1998年	→ 元金2279万円、年間配当17.9万円
セリア	2008年	→ 元金1133万円、年間配当28万円
神戸物産（業務スーパー）	2008年	→ 元金2388万円、年間配当13.2万円
ZOZO	2009年	→ 元金605万円、年間配当10万円

配当利回り狙いの投資でも、究極の姿は成長株への長期投資です。たとえば、ユニクロを運営するファーストリテイリングに1998年に20万円投資していたら、2022年現在、元金は2529万円、1年あたりの配当金は20万8000円になっています。ファーストリテイリング以外にも、株価が100倍以上になり、配当も大きく伸びた成長株の事例は多数あります。それらの株を20万円分買っていたら、というシミュレーションを図8－10にまとめました。毎年の配当も大きな金額になっており、こうなるとずっと持ち続けたいお宝株となります。

第8章
の
まとめ

配当・優待狙い投資のポイント

1 配当狙いの投資でも、将来性があり割安な株を買うのが基本

2 同じ配当利回りなら、配当性向が低いほうが配当引き上げ余地は大きい
配当性向＝1株配÷1株益

3 配当可能年数を計算してみよう（390ページ）
配当可能年数＝利益剰余金÷発行済み株数÷1株配

4 国を代表するような業績が安定している大型の優良株を対象に利回りの高い銘柄でポートフォリオを組む「ダウの犬戦略」は有効性が高い

5 ダウの犬戦略を、セクター分散、配当性向、配当可能年数なども組み合わせてブラッシュアップしてみよう

6 株主優待は家族名義を分散して買うほうが得なことがある。また、長期保有で割り増しになるケースも増えている

第9章

経済サイクルを投資に活かす

1 景気サイクルと株価

景気にはサイクルがあり、株価と数カ月ズレて動く

景気動向は、株価変動の大きな要因の一つになります。景気以外にも金利、物価、為替など経済の全体的な動き（マクロ経済の動き）と株価の関係について、本章では考えます。

経済は長期的には拡大トレンドを続けていますが、数年から10年くらいの単位で見ると拡大したり後退したり、という景気サイクルを繰り返しています。

景気サイクルの山と谷は政府の委員会が認定しますが、それによると戦後の日本では2022年までに16回の景気サイクルが確認されています。

拡張期（谷から山への期間）は、22カ月から73カ月で平均は38・5カ月。**後退期（山から谷への期間）**は、8カ月～36カ月で平均は16・6カ月、1サイクルは平均55・1カ月となっています。

ごくおおざっぱにいうと、拡張期3年、後退期1・5年、1サイクル4・5年というのが日本の平均的な景気サイクルとなっています。

図9－1は、過去30年ほどの日経平均に景気の山・谷を書き加えたものです。これを見ると、

図9-1 日経平均と景気の山・谷(月足チャート)

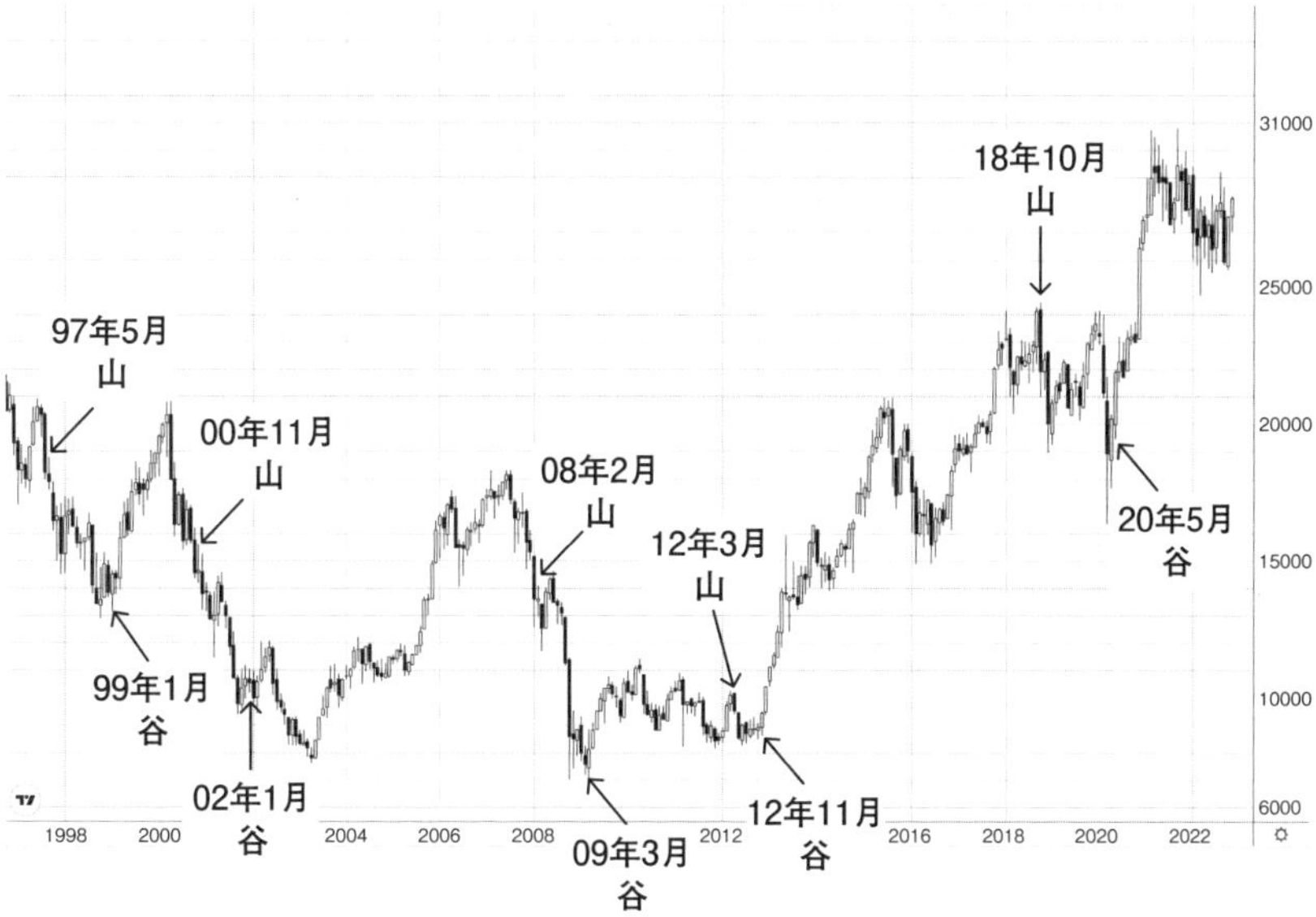

出典：tradingview

景気の山・谷と株価の天・底には少しズレがあります。ほとんど一致している場合や、景気の山・谷が少し先行している場合もありますが、**だいたいの場合、株価が数カ月先行しています**。そのタイムラグは、短い場合で0～3カ月、長い場合で1年、平均して半年程度です。

投資家は経済の先行きを考えながら投資をするので、株価も実体経済の動きに先行して動く習性があるわけです。

GDPから見た経済の動き

経済成長や景気変動という場合の経済や景気の動きというのは、**GDP**（国内総生産）というデータで示されます。GDPは、1つの国が生産活動によって1年間でどのくらいの価値を生み出しているのかという指標です。3カ月ごとの結果が、1年間の金額に換算して発表されます。GDPは通常は物価変動分を修正した実質値を見ます。

図9-2は、実質GDPと日経平均の動きを比べたものです。このグラフのGDPは前年比ではなくてGDPそのものの推移を描いています。**GDPは上下動しながらも上昇トレンドをたどり、日経平均はGDPにおおむね連動**しています。景気が落ち込み、株価も下落して、世の中が暗い雰囲気になったところが買いチャンスになっていることが見て取れます。

景気の変動についてはGDPだけではなくて、その他さまざまな経済データを参照して判断します。GDPが多少へこんでいても景気後退とは認定されないこともあります。また、景気後退期にも、大きな落ち込みとなるケースと小さな落ち込みとなるケースがあります。10年に1度くらい大きな落ち込みがあり、その間に1回軽い落ち込みがある、というリズムになることが多いようです。図9-2の事例では、09年と20年の落ち込みが大きくなっており、ここが景気後退期であることは一目瞭然ですが、12年も景気後退期と認定されています。ここはそれほど大きな落ち込みではなく、浅い谷間だったといえます。株価もそれほど大きくは落ち込んでいません。

図9-2 日経平均と実質GDPの比較（月足チャート）

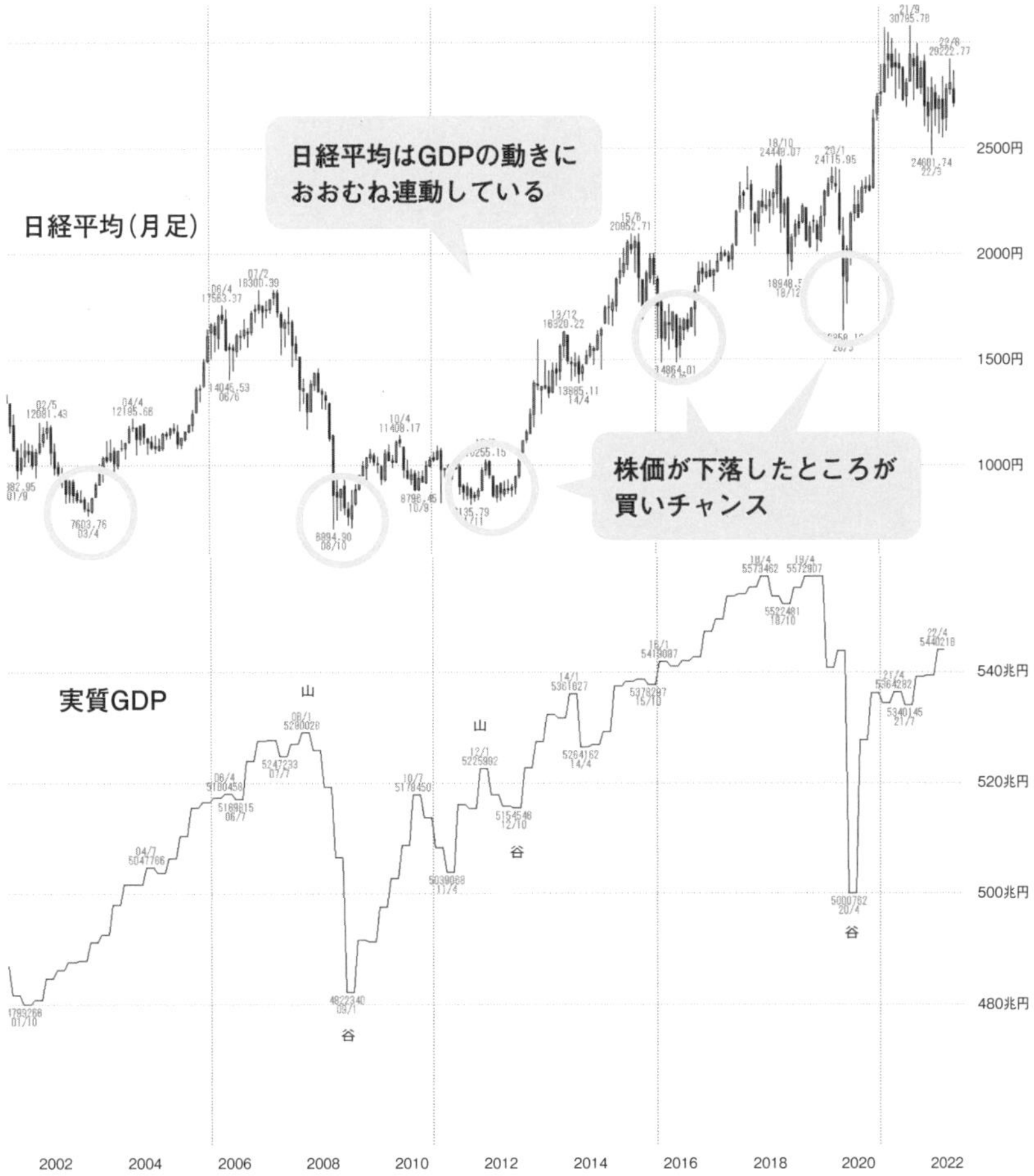

出典：ゴールデンチャート社

アメリカの10年単位の景気サイクルから考える株価動向

図9－3は、アメリカと日本の景気サイクルを比べたものです。**日本に比べてアメリカの景気サイクルは周期が長くてゆったり**としていて、1991年～2020年の29年間で3回のサイクルとなっています。10年前後上昇して、数カ月下落して、1サイクルあたり10年程度となっています。**アメリカの景気サイクルが3回転する間に、日本の景気サイクルは5回転**となっています。

ここ30年ほど、アメリカ経済は日本経済よりも高い成長率が続いており、景気が多少低調になっても景気後退にまでは至らないケースがあります。その分、日本よりも景気拡大のサイクルが長くなっています。日本の景気には高い山・深い谷と低い山・浅い谷があり、低い山・浅い谷を除くと、だいたいアメリカの景気サイクルと一致する形になっています。

このように、**アメリカと日本が同時に景気の山を付けたり谷を付けることが、10年に1度くらいの割合で起きていて、その時は景気の山はかなり高く、谷はかなり深く**なっています。

具体的には、99年から00年にかけてのＩＴバブル、01年から02年にかけてのＩＴバブル崩壊後の谷、07年を山とする世界的な住宅バブル・ＢＲＩＣＳ（中国・インドなどの新興国）バブル、09年3月から6月頃のリーマンショックによる谷、安倍晋三政権やトランプ大統領の積極的な経済政策により起きた２０１８～２０１９年頃の景気の山、20年4月前後のコロナショックによる谷などが、それにあたります。

図9-3 アメリカと日本の景気サイクル比較

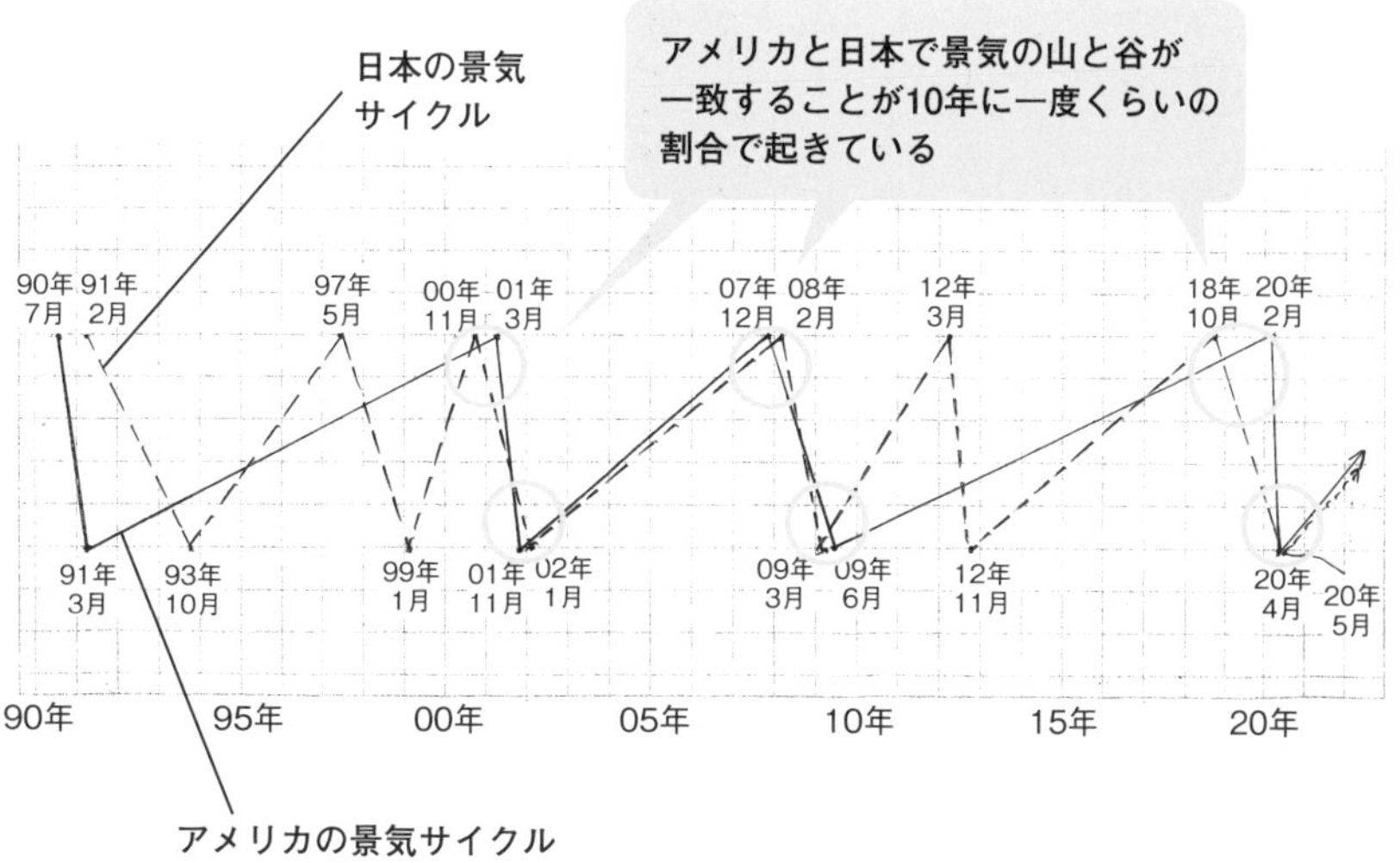

仮にこの周期が繰り返されると仮定すれば、**20年4月もしくは5月からスタートした景気拡張期は、短くても7年、長ければ10年くらい続く可能性が考えられます。**途中で一度停滞期（もしくは低い谷）が起きる可能性はありますが、そんなに深い谷にはならず、大きなトレンドとしては上昇期が続く、というように考えられます。過去の経済サイクルを振り返ることで、このような仮説を立てることもできます。

2

景気の先行指標を見る

景気ウォッチャー調査・先行き判断DIで相場の転換点を捉える

景気を先取りして動く先行指標としては、指標そのものに先行性（景気を先取りする性質）があり、発表が早く、発表頻度が多い、などの特徴を備えているものが適しています。こうした条件を満たす日本の景気の先行指標の一つが、**景気ウォッチャー調査・先行き判断DI**です。

景気ウォッチャー調査は百貨店、レストラン、ホテルなどの店員・スタッフ、タクシー運転手、派遣会社の営業担当、求人広告担当者、ハローワーク職員など、景気に敏感な現場で日々働いている人たちに景況感をアンケート調査して指数化したものです。月末にインターネットなどで調査して、翌月10日前後には公表するという非常にスピーディな調査です。

現状の景況感を表す**現状判断DI**と、景況感の先行きの見通しを示す**先行き判断DI**の2つの指標が発表されます。株式市場では特に先行き判断DIが注目されています。この指数は50を分岐点として、50を下回ると景気が悪い、50を上回ると景気が良いと判断します。この指標は、景気の転換点でしばしば先見性を発揮して、株価動向の判断に役立つことが多いです。**図9－4**は、過去20年ほどの日経平均の推移（月足チャート）と、5つの地点における景気ウォッチャー調査・先行き判断DIの状況を示しています。いずれも、景気の好転、悪化、加速など

図9-4 日経平均の推移と5つの地点における景気ウォッチャー調査・先行き判断DIの状況

景気ウォッチャー調査・先行き判断DIは、相場転換サインとなることが多い

2020年2月初旬

2019年									2020年
4月	5月	6月	7月	8月	9月	10月	11月	12月	1月
49.6	47.0	45.3	44.4	40.7	36.8	42.5	44.3	45.3	41.8

景気がじわじわ失速しているところにコロナショックが加わり、景気悪化が加速し始めた時期

2014年6月初旬

2013年	2014年				
12月	1月	2月	3月	4月	5月
56.0	48.3	37.8	33.4	48.1	51.7

14年4月の消費税アップを控えて悲観が広まっていたが、思ったよりも景気が底堅いことが確認された時期

2007年12月初旬

2007年								
3月	4月	5月	6月	7月	8月	9月	10月	11月
50.1	49.9	47.9	47.2	46.0	46.3	45.5	44.2	42.1

世界的な住宅バブルが崩壊し始め、景気が悪化し始めた時期

2009年4月初旬

2008年			2009年		
10月	11月	12月	1月	2月	3月
26.9	28.4	21.3	23.7	25.9	34.5

リーマンショック後の最悪期から、大胆な経済対策によって、景気が持ち直し始めた時期

2013年2月初旬

2012年					2013年
8月	9月	10月	11月	12月	1月
45.8	45.5	44.8	45.3	52.9	56.1

アベノミクスなどにより景気が急速に立ち上がり始めた時期

出典：tradingview

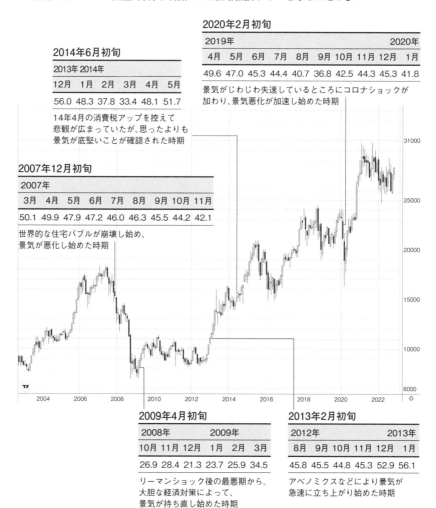

をよく示しており、相場の転換点を捉えるのに役立っていることがわかります。

日本の5つの景気先行指標

日本の景気先行指標を**図9－5**にまとめました。

PMIは、米国のS&Pグローバル社が世界各国で企業の購買担当者を対象に行っている景況感についてのアンケート調査をもとに指数化した非常に注目度の高い指標です。購買担当者は景気動向を見極めながら原材料、機械、商品などの購入を行っています。景気が悪化しているのに購入しすぎると業績が悪化しますし、景気が拡大しているのに購入が足りないと収益機会を逃すことになります。ですから、購買担当者は景気の先行きを日々真剣に探りながら過ごしているわけです。このように日々景気動向と格闘している購買担当者の景況感を知ることができるので非常に注目されているわけです。

ＰＭＩは日本、アメリカ、中国、欧州など世界各地で調査・算出されていて、いずれも注目度が高いです。日本のＰＭＩについてはａｕじぶん銀行が公表する形となっており、**ａｕじぶん銀行　日本製造業PMI**という名前になっています。

製造業とサービス業のＰＭＩが発表されますが、景気の先行指標として注目度が高いのは、**製造業PMI**です。製造業は経済全体に占める割合はサービス業よりも小さいのですが、全体的な景気に対して先行して動く傾向があるからです。

図9-5 日本の5つの景気先行指標

景気指数	発表時期・頻度	見方	指数の特徴
景気ウォッチャー調査・先行き判断DI	毎月10日前後（タイムラグ2週間前後）	50が景気の良しあしの分岐点。50を上回ると景気がいい、下回ると景気が悪い、という判断になる。	景気に敏感な職種の人を対象に月末にアンケート調査をして、翌月10日前後に公表。景気に敏感な職場の感触がわずかなタイムラグでわかる。
auじぶん銀行日本製造業PMI	毎月第1営業日（タイムラグ2週間前後）	50が景気の良しあしの分岐点。50を上回ると景気がいい、下回ると景気が悪い、という判断になる。	製造業の購買担当者に景気の状況や見通しを聞き取り調査して指数化したもの。S&Pグローバル社が調査・算出している指標をauじぶん銀行が発表。
日銀短観・大企業製造業業況判断DI	4月初旬、7月初旬、10月初旬、12月半ば（タイムラグ2週間前後）	0が景気の良しあしの分岐点。プラスだと景気がいい、マイナスだと景気が悪い、と判断される。	全国の中小企業から大企業までさまざまな業種の会社にアンケート調査を行い指数化、景気の先行指標として最も注目されているのが大企業製造業業況判断DI。
モーサテ景気先行指数	毎週月曜日（タイムラグ1～4日前後）	0が景気の良しあしの分岐点。プラスだと景気がいい、マイナスだと景気が悪い、と判断される。	経済ニュース番組「モーニングサテライト」に出演している専門家約50人へのアンケート調査をもとに指数化したもの。頻度が高く速報性も高い。景気の変化を最も先取りできる可能性がある指数。
景気動向指数CI・先行指数	毎月7日前後（タイムラグ5週間前後）	数値が上昇している時は景気が拡大、下落している時は景気が縮小していると判断される。	実質機械受注、消費者態度指数、マネーストックなど先行性の高い11の指数から算出した指数。タイムラグはやや長いが、先行指数を幅広くカバーしていて信頼度がかなり高い指数。

日銀短観は、発表頻度は3カ月ごとと少ないのですが、調査から発表までのタイムラグは短いので速報性は高いですし、調査の範囲が広くて深いので信ぴょう性や正確性が高いです。そうしたことから、金融関係者の間では最も注目度が高く、世界的にも有名な調査です。日銀短観として発表されるさまざまな指数の中で**大企業製造業・業況判断DI**が景気の先行指標として最も注目されています。

モーサテ景気先行指数は、テレビ東京の経済ニュース番組であるモーニングサテライトに番組出演している経済専門家50人近くに景気先行きの見通しをアンケート調査して指数化しているものです。毎週調査が行われ、頻度も速報性も非常に高い指数となっています。指数の発表は毎週月曜日番組内で行われます。

景気動向指数CI・先行指数は、該当の月から5週間ほど遅れての公表となるために少しタイムラグがあります。しかし、景気を先取りして動く11個の経済指標から算出しており、カバーしている領域が広いため信頼性や正確性が高い指数といえます。

海外の景気指標

海外の経済指標は、420ページ**図9－6**の4つに注目しましょう。

ISM製造業景気指数は、アメリカ経済の先行指標として最も注目度が高い指標です。PMI製造業指数と同じく製造業の購買担当役員へのアンケート調査を指数化したものですが、アメリカ経済の指標としては、PMIよりもISM製造業景気指数のほうが注目度も高いです。

ISM製造業景気指数の見方は、50を分岐点として50を下回ると景気が悪い、50を上回ると景気がいいと判断します。40台前半だとかなり景気が悪い、60台前半だとかなり景気がいい状態です。

図9-6は、2006~2022年のNYダウとISM製造業景気指数の推移ですが、ISM製造業景気指数はどんなに悪い状態でも30台に入ることはほとんどありません。リーマンショック時に33まで下がりましたが、コロナショックでも41まででした。また、どんなに景気が好調の時でもISM製造業景気指数は60台前半くらいです。ISM製造業景気指数は景気拡大が続いている時でも数値が株価のようにどんどん上がっていくものではなく、50%以上をキープしている形になっています。

先行性、速報性という点では**アトランタ連銀のGDPナウ**も要注目です。景気の先行指標となる経済指標が発表されるたびに、GDPの最新予測値を更新するというものであり、アトランタ連銀が独自に開発した手法によって実現したものです。「GDPナウ」とネット検索すると、アトランタ連銀のGDPナウのページが見つかります。

中国の景気の先行指標としては、**製造業PMI**が要注目です。ただし、調査元については中国政府の**国家統計局**と民間調査機関の**財新**の2種類の調査があります。どちらもだいたい同じ動きをしますが、国家統計局の調査は政府系大手企業が中心で、財新の調査は中小企業中心となります。財新のPMIのほうが経済実態を示していると考えられ、注目度も高くなっています。

図9-6 NYダウとISM製造業景気指数の推移

出典：tradingview

景気指数	発表時期・頻度	指数の特徴
米国・ISM製造業景気指数	毎月第1営業日（タイムラグ1週間程度）	製造業の購買担当役員に景況感に関するアンケート調査を行い指数化したもの。翌月第1営業日に発表する。米国の景気先行指数として最も注目度が高い
米国・雇用統計・非農業部門雇用者数	毎月第1金曜日（タイムラグ1週間程度）	非農業部門雇用者数の増減数が景気の先行指標として注目されている。米国は景気次第で比較的素早く雇用を増減させるため、雇用者数の増減数は景気実態を表しやすいと考えられる。失業率と併せて見ていくのが普通。平均時給は物価関連の指標として注目度が高い
米国・アトランタ連銀・GDPナウ	数日ごと（タイムラグ数日程度）	景気の先行指標と考えられる経済指標が発表されるたびに、それを基に計算して即座に発表しているGDPの予想値。精度も速報性も高い経済指標として注目されている
中国・製造業PMI	毎月月末と第1営業日（タイムラグ1週間程度）	製造業の購買担当役員に景況感に関するアンケート調査を行い指数化したもの。国家統計局による調査のものと財新による調査のものの2種類があり、前者は月末、後者は翌月第1営業日に発表する。国家統計局は大企業中心、財新は中小企業中心に調査している

非農業部門雇用者数の判断は失業率の水準によって変わる

アメリカの**雇用統計**は、ＩＳＭ製造業景気指数と並んで注目度の高い統計です。

アメリカでは景気変動によって素早く雇用の調整を行うので、景気の変化が雇用者数の増減に素早く反映されやすいです。

非農業部門雇用者数の増減は、雇用統計の中で特に変化を早く反映して動きます。非農業部門雇用者数とは、文字通り農業部門以外の雇用者数のことです。毎月、だいたい前月比10～20万人増というのが中立的な数字であると言われています。アメリカの場合は人口が増加し続けていて、労働人口の増加をちょうど吸収できる水準が10～20万人程度ということです。

通常であれば、雇用情勢が強まる＝株価上昇要因、雇用情勢が弱まる＝株価下落要因、と考えられますが、雇用統計については状況によって捉えられ方が真逆になることもあるので、いくつかの指標を総合的に見て判断していくことが必要になります。

非農業部門雇用者数を見る上で重要になるのは、失業率と物価です。

失業率は高過ぎるのは良くありませんが、低過ぎるのも良くありません。失業率が低すぎると人手不足が起きて企業業績に悪影響が出たり、人件費が高騰して高いインフレが生じて経済が混乱する可能性が出てきます。低すぎる失業率や高いインフレ率は、**景気過熱**のサインとなります。インフレを生じさせずに景気が順調に成長するような失業（3％台程度と考えられている）の水準を自然失業率といいます。**景気が過熱すると、その後その反動で景気が大きく失**

速するリスクがあるので、中央銀行は利上げを行って経済活動を抑えようとします。そうすると、株価は下がる可能性が高くなります。

このように失業率が高い場合には、失業率の低下や非農業部門雇用者数の大幅増加が良いニュース（株価上昇要因）となりますが、失業率が自然失業率よりも低くて物価上昇率が高くなっている時には、雇用の悪化＝株価上昇要因、雇用の強まり＝株価下落要因、と捉えられるようになります。

平均時給も雇用統計の中では注目されます。これについても、通常は平均時給上昇＝株価上昇要因、平均時給下落＝株価下落要因と考えられますが、失業率が低すぎて高いインフレが懸念される状況になると、平均時給上昇＝株価下落要因、平均時給下落＝株価上昇要因と捉えられるようになります。

その他の注目指標

以上、主な経済指標について紹介してきましたが、その他に景気に関連する指標として投資家から注目されているものを**図9－7**に挙げました。

SOX指数はアメリカの半導体関連株の指数です。製造業の中でも半導体業界は特に先行して動く性質があり、SOX指数はそれをさらに先取りして動く傾向があるので注目されます。

WTI原油先物は、原油価格の代表的な指標です。原油は世界経済を反映して動きます。世

図9-7 その他の注目指標

指数・価格	
SOX指数 (フィラデルフィア半導体株指数)	アメリカの株式市場に上場する半導体関連企業の株価から算出する指数。半導体業界は最も景気に敏感であり、その株価は景気に対する先行性が高いといわれている
WTI原油先物	世界の景気を反映して上下動する性質がある。また、世界の物価動向にも大きな影響を与える
バルチック海運指数 (BDI)	海運市況を代表する指標。世界の荷動きが活発になると上がり、停滞すると下がる。鉄鉱石・石炭・穀物などを運搬する不定期船の運賃を海運会社などに聞き取り、毎営業日算出されて発表されている
銅価格	工業の材料としての需要が多く、世界中の生産活動が活発になると上がり、停滞すると下がる傾向がある
ビットコイン	投機資金によって短期的に大きく上下動する面がある。世界中のお金の流れが活発化すると上がり、停滞すると下がる性質があるので、世界のお金の流れのトレンド変化を捉える指標として注目される

界経済が好調で原油需要が高まるとこの指数も上昇傾向になり、世界経済がスローダウンするとこの指数が下降傾向になることが多いです。

ただし、インフレ（物価上昇）が経済や株価のマイナス材料となっている時には、ＷＴＩ上昇＝株価下落要因、ＷＴＩ下落＝株価上昇要因となります。そうした意味で、投資家にとって見方がやや難しい指標ではあります。

バルチック海運指数は、代表的な海運指数です。世界的にモノの動きが活発になると上昇し、停滞すると下落する傾向があります。

ただし、これもＷＴＩ原油先物と同じで、インフレが懸念されている時には、指数の上昇が株価下落要因、指数の下落が株価上昇要因と捉えられるようになることもあります。**日本郵船**（９１０１）、**商船三井**（９１０４）、**川崎汽船**（９１０７）など海運大手の株価は比較的素直にこの指数に反応する傾向があります。

銅価格も世界経済の動きを比較的敏感に映し出して動きます。銅は工業で多く使われるため、特に製造業の景気を敏感に反映する性質があります。

ビットコインは代表的な暗号資産です。発行枚数に２１００万ビットコインと上限があり、複製ができないなど金の性質をデジタル技術で実現したものでもありデジタルゴールドとも呼ばれています。投機資金のターゲットにされ、ビットコインの価格変動は世の中の金余り度を最も反映するものの１つともいわれています。

3 さまざまな経済サイクルと株価

在庫循環と設備投資循環

すでに紹介した景気サイクルの他にもいくつかの経済サイクルが知られています。主なものを426ページ**図9－8**にまとめました。

景気サイクルについては、ここ30年ほどの動きを見る限り、10年くらいの大きな山・谷をつけるサイクルと、その間の低い山・浅い谷も含めた5年くらいのサイクルがあることを412ページで見ましたが、**在庫循環**と**設備投資循環**は、これらのサイクルに該当すると考えていいでしょう。

建設循環は、20年ごとに建設需要の高まりや不動産開発ブームが来るというサイクルです。日本では1980年代後半のバブル期に不動産開発ブームがあり、2007年ごろには20年ぶりに不動産開発ブームが来て大手不動産株などが高値をつけました。このサイクルで考えると2020年代後半にかけて不動産開発ブームが盛り上がることになりますが、実際にそうなるのかどうか注目されます。

技術革新循環は、50年ごとくらいに画期的な技術が登場して経済が新たな成長ステージを迎えるというサイクルです。2022年現在は、AI、量子コンピュータ、バイオ、再生可能エ

図9-8 主な経済サイクル

経済サイクル	周期	
在庫循環 (キチンサイクル)	4年前後	在庫が積み上がり過ぎたり、減少したりすることを一因として起こるサイクル
設備投資循環 (ジュグラーサイクル)	10年前後	機械、自動車など設備投資が盛り上がったり停滞したりするサイクル
建設循環 (クズネッツサイクル)	20年前後	不動産開発などの建設需要が盛り上がったり停滞したりするサイクル
技術革新循環 (コンドラチェフサイクル)	50〜60年程度	大きな技術革新が起きて普及するサイクル
米国大統領選挙サイクル	4年前後	大統領選挙の2年前(中間選挙の年)は低調で、大統領選挙の前年にパフォーマンスが高くなりやすい、というサイクル
シリコンサイクル (半導体サイクル)	3年前後	景気に敏感に動く性質がある半導体業界の景気サイクル
シッピングサイクル (海運業界のサイクル)	7年前後	海運業界の景気サイクル。7年ごとのサイクルが知られているが、14年ごとに大きな相場になっている

ネルギーなどの新技術が勃興している局面にあると考えられます。

米国大統領選挙サイクルは、米国大統領選挙の前年になると株価が上昇しやすくなるというサイクルです。大統領選挙を前に、景気や株価を意識した経済対策が取られたり、アナウンスされたりすることでこのようなサイクルが生じるのではないかと言われています。

また、米国大統領選挙の前々年（中間選挙の年）には、株価のパフォーマンスが悪くなりやすいことも知られています。

シリコンサイクルは、半導体業界のサイクルであり、ＳＯＸ指数を見ると3～4年くらいの周期で上下動しつつ成長している様子が確認できます（４２８ページ**図9－9**）。

シッピングサイクルは、海運業界のサイクルで7年周期といわれていますが、ここ40年ほどの海運株の動きを見ると15年くらいの間隔で大きな山があり、その間に小さい山が確認できます。７年くらいの周期で、大きい山と小さい山を繰り返しているようです（４２８ページ**図9－10**）。

図9-9 半導体業界の景気サイクル

● SOX指数(月足)に見るシリコンサイクル

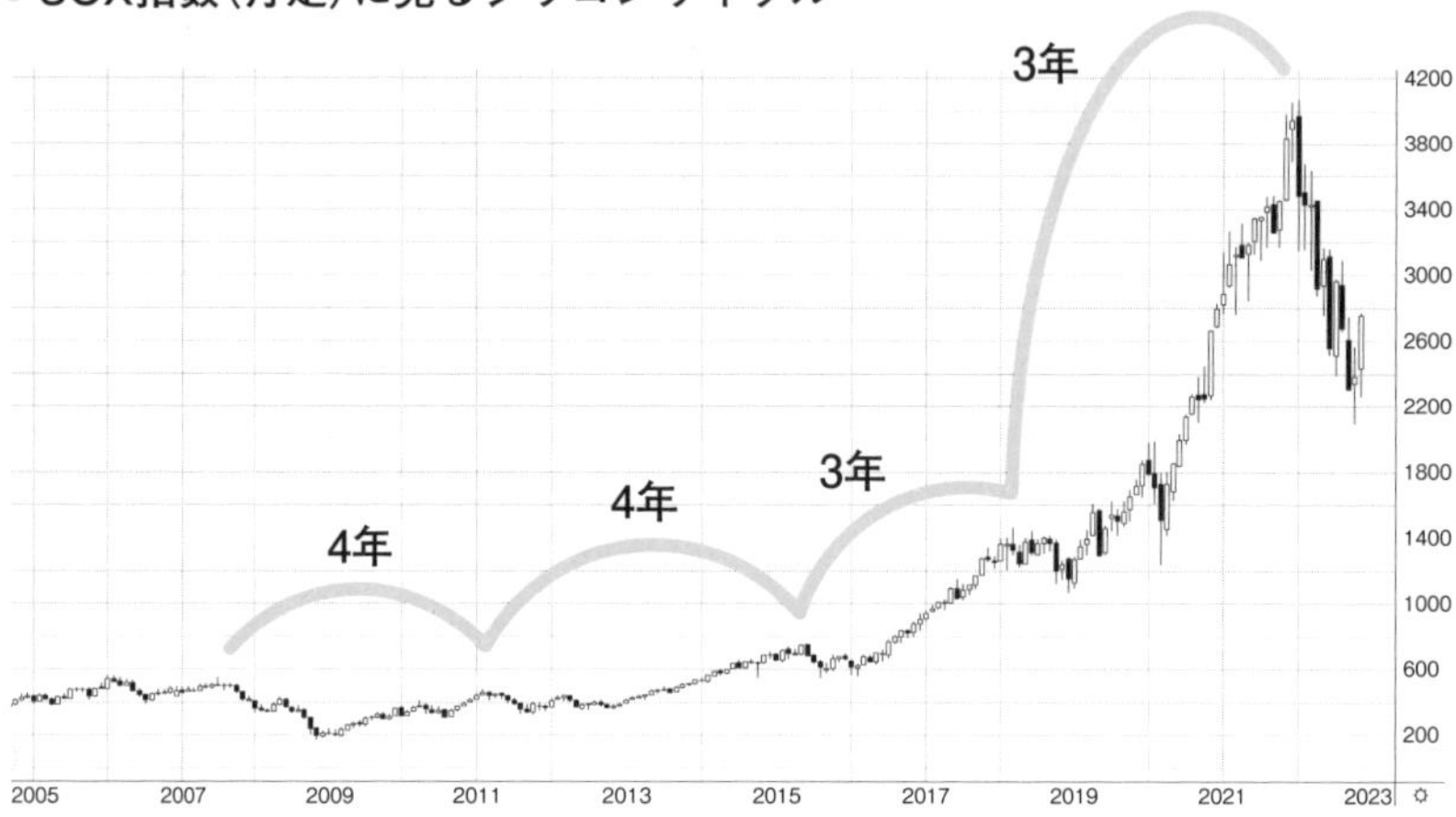

出典:tradingview

図9-10 海運業界の景気サイクル

● 日本郵船(9101)に見るシッピングサイクル

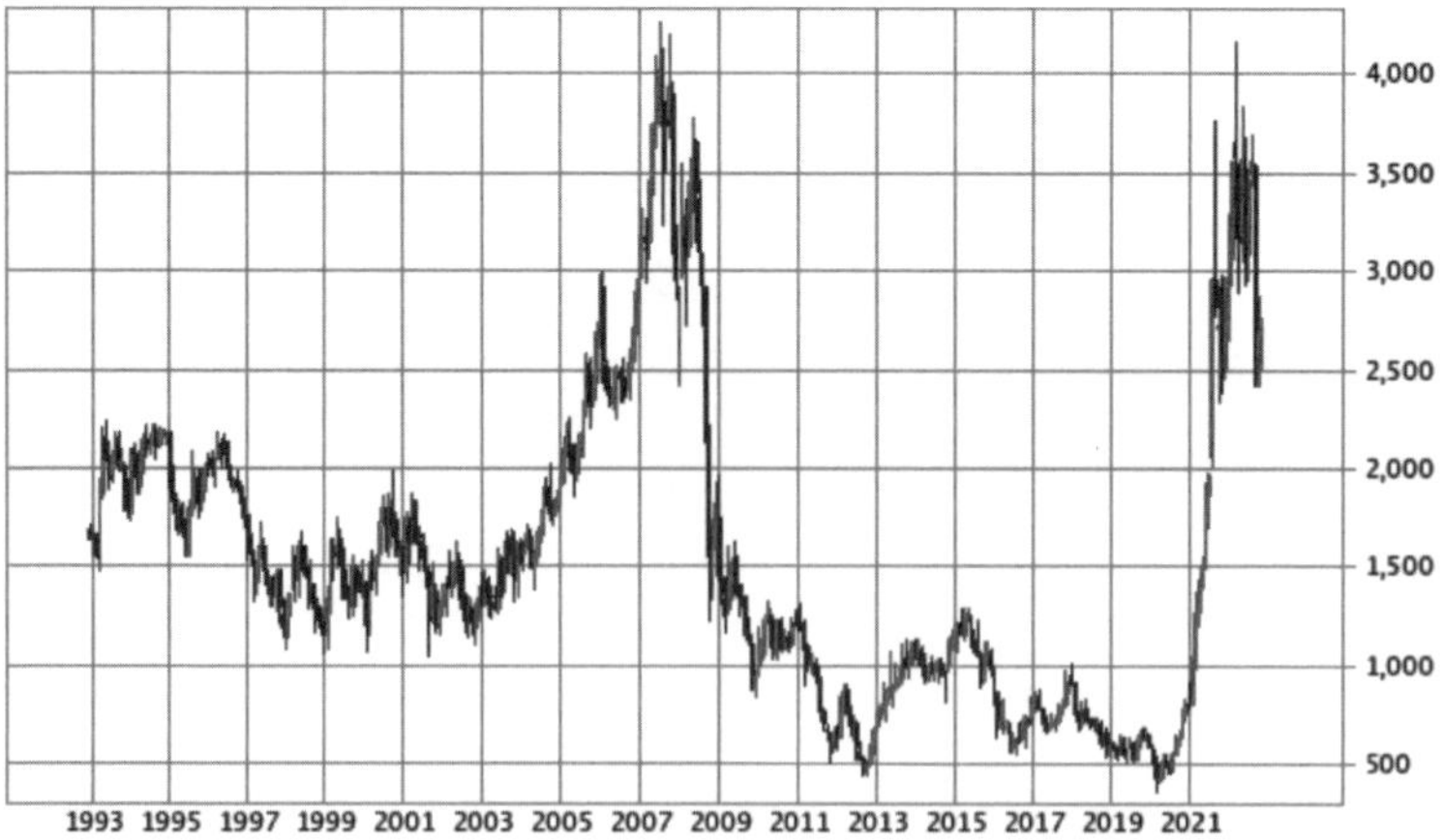

出典:SBI証券

4 物価と株価

インフレの種類

物価の代表的な指標は**CPI（消費者物価指数）**です。おおよその目安ですが、インフレの種類はCPIの前年比によって430ページ**図9－11**のように分類できます。

デフレや**低インフレ**の状態は、一般的には経済が停滞している表れであり、特にデフレの状況では、株価も上がりづらいといわれています。

日本では1998年～2012年までの15年間、CPIが0％を下回ることが常態化するというデフレ状態になっていました。それでも、1999年から2000年にかけてインターネットバブルが起きたり、2002年1月から2008年2月まで戦後最長の景気拡張期となり、2003年から2007年にかけて日経平均は7603円→1万8300円と2・4倍に上昇しました。このような事例もあるので、「デフレだと株価は上がらない」とは必ずしも言えないようです。しかし、デフレ状況が続く中では、景気後退期の株価下落は深くなりやすく、株価下落からの回復も鈍くなりがちだった、とはいえます。

そうしたことを考えると、デフレはどちらかというと株価のマイナス要因になると考えて良

図9-11　物価の代表的な指標はCPI（消費者物価指数）

CPI前年比	インフレの種類
マイナス	デフレ
0〜1%	低インフレ
1〜3%	マイルドなインフレ
5%以上	高いインフレ
10%以上	非常に高いインフレ
数倍以上	ハイパーインフレ

さそうです。

マイルド（緩やかな）なインフレだと経済が最もスムーズに動き、持続的な成長が実現しやすいといわれています。

1990年代以降、日本を除く先進国はマイルドなインフレの状況が続く中で株高が続きました。これらの国では年率1〜3%というマイルドなインフレを意識する経済運営や金融政策が実行されて、それが株高につながったといわれています。

高いインフレには、

- **経済が好調過ぎて過熱している状態（デマンドプル・インフレ）**
- **資源価格などが何らかの理由で高騰している状態（コストプッシュ・インフレ）**

と2つのタイプがあります。両方の要素が混ざっていることもあります。

どちらにしても物価が高くなりすぎると、コストが上がって収益が落ち込む企業が出てきたり、生活が苦しくなる人が出てきたりして、経済にとって弊害が多くなります。

高いインフレは、特に社会的弱者を脅かす傾向があり、政治的に問題になりやすく、それを抑えるために金利を上げるなど経済活動を締め付ける政策が取られるようになります。そうした動きを警戒して株価が一時的に下がりやすくなることが多いです。

非常に高いインフレは、さらに危険度が増した状態であり、政府や中央銀行はさらに必死でインフレを抑える政策をとるようになります。

ハイパーインフレは、経済が破綻状態もしくはそれに近い状態であり、国民の生活はかなり混乱して苦しくなります。

インフレで株価はどうなるか

日本やアメリカのような先進国の株式市場で、物価が大きな注目となることはそれほど多くはありません。しかし、CPIの前年比が1~3%の範囲を多少超えて4%程度になると、インフレがこれ以上進まないかどうか警戒感は高まります。前年比5%を超えてさらに上昇が続くようだと、投資家たちの警戒感はかなり高まり、株価にも影響が出やすくなります。

432ページ**図9－12**は、2021年から2022年にかけての米国CPI上昇率とNYダ

図9-12 米国CPI上昇率とNYダウの動き

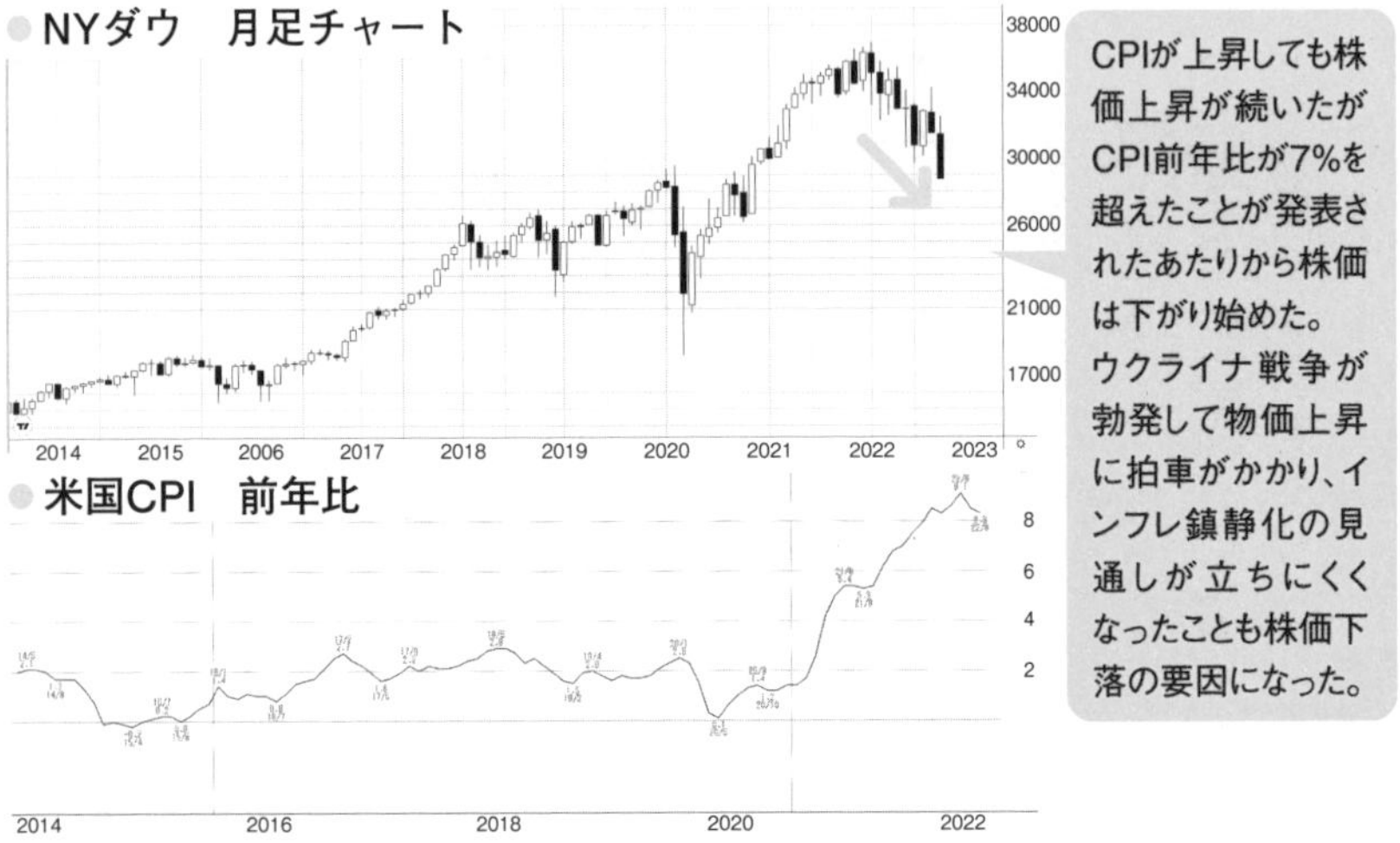
NYダウ　月足チャート
38000
34000
30000
26000
21000
17000
2014
2015
2006
2017
2018
2019
2020
2021
2022
2023
米国CPI　前年比
8
6
4
2
2014
2016
2018
2020
2022
CPIが上昇しても株価上昇が続いたがCPI前年比が7%を超えたことが発表されたあたりから株価は下がり始めた。
ウクライナ戦争が勃発して物価上昇に拍車がかかり、インフレ鎮静化の見通しが立ちにくくなったことも株価下落の要因になった。

出典：tradingview

ウの動きです。

米国のＣＰＩは、２０２１年６月には５％台に乗せ、やや警戒感も出てきました。しかし、それ以上に景気や企業業績が良く、多少ＣＰＩ上昇率が高くても、経済活動が活発な表れであると捉えられて、株価上昇は続いていました。米国のＣＰＩ上昇率は、２０２１年11月には６・８％まで上がりましたが、それでも株価は年内上がり続けました。

しかし、12月のＣＰＩ上昇率が７％に乗せたことが発表された２０２２年１月上旬からインフレに対する警戒感が急速に高まり、株価にも影響が出るようになりました。米国のＣＰＩ上昇率は、その後も上がり続け、６月には９％台に乗せ、株価は一段と下落していきました。

それ以降、インフレの鎮静化が大きな

政策課題になり、アメリカの中央銀行にあたるＦＲＢ（連邦準備制度理事会：アメリカの中央銀行にあたる組織）は３月から政策金利を上げ始めました。政策金利の上限をそれまでの０・25％から、９月には３・25％に引き上げ、さらに引き上げを続ける姿勢を見せています。金利の急上昇が株価に大きなダメージを与えて、ＮＹダウは、年初の３万６０００ドル台から９月には２万９０００ドル台へと下落しました。

このように、高いインフレは短期的に株価を下落させる要因になりますが、**長期的に見ると株はインフレに非常に強い資産であり、インフレを上回って上昇することが多い**です。

たとえば、トルコは２０２２年９月現在、ＣＰＩ上昇率が前年比80％前後で推移しています。1年前に比べて物価が1・8倍になっているわけです。しかし、株価指数は1年間で3倍程度になっています（４３４ページ**図９－13**）。

アルゼンチンは、２０１２年から２０２２年にかけて物価が約18倍になりましたが、株価指数は約70倍になっています（４３４ページ**図９－14**）。

高インフレになっても企業活動は続きますし、強い企業であれば、インフレを販売価格に転嫁して収益や成長力を保つことも可能です。

長期的な成長性を持つ企業に投資すれば、株価上昇や高配当も享受でき、さらに、インフレリスクにも対応できる可能性があるわけです。

図9-13 トルコの株価指数(イスタンブール100)

月足チャート

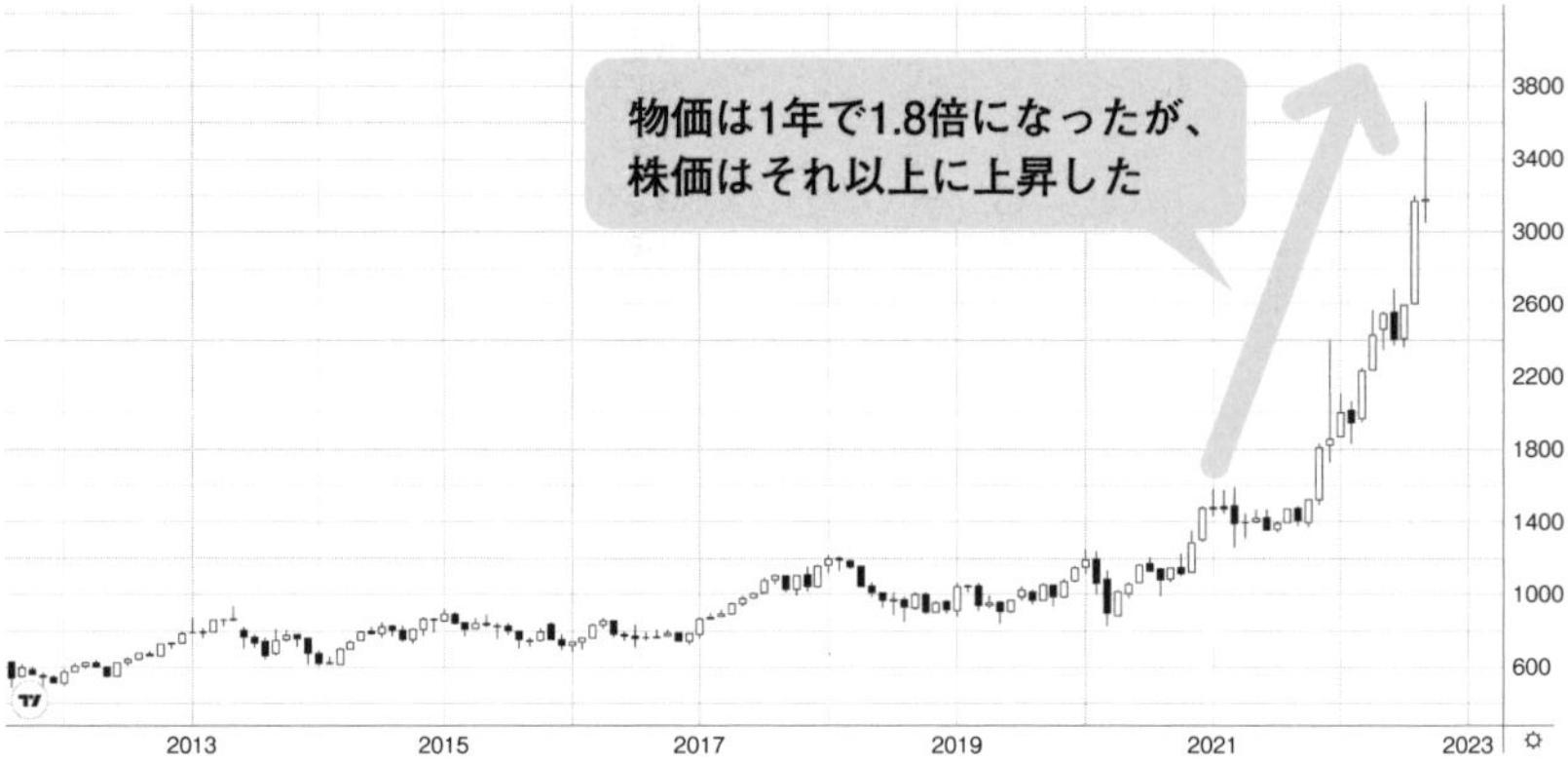

出典:tradingview

図9-14 アルゼンチンの株価指数(メルバル指数)

月足チャート

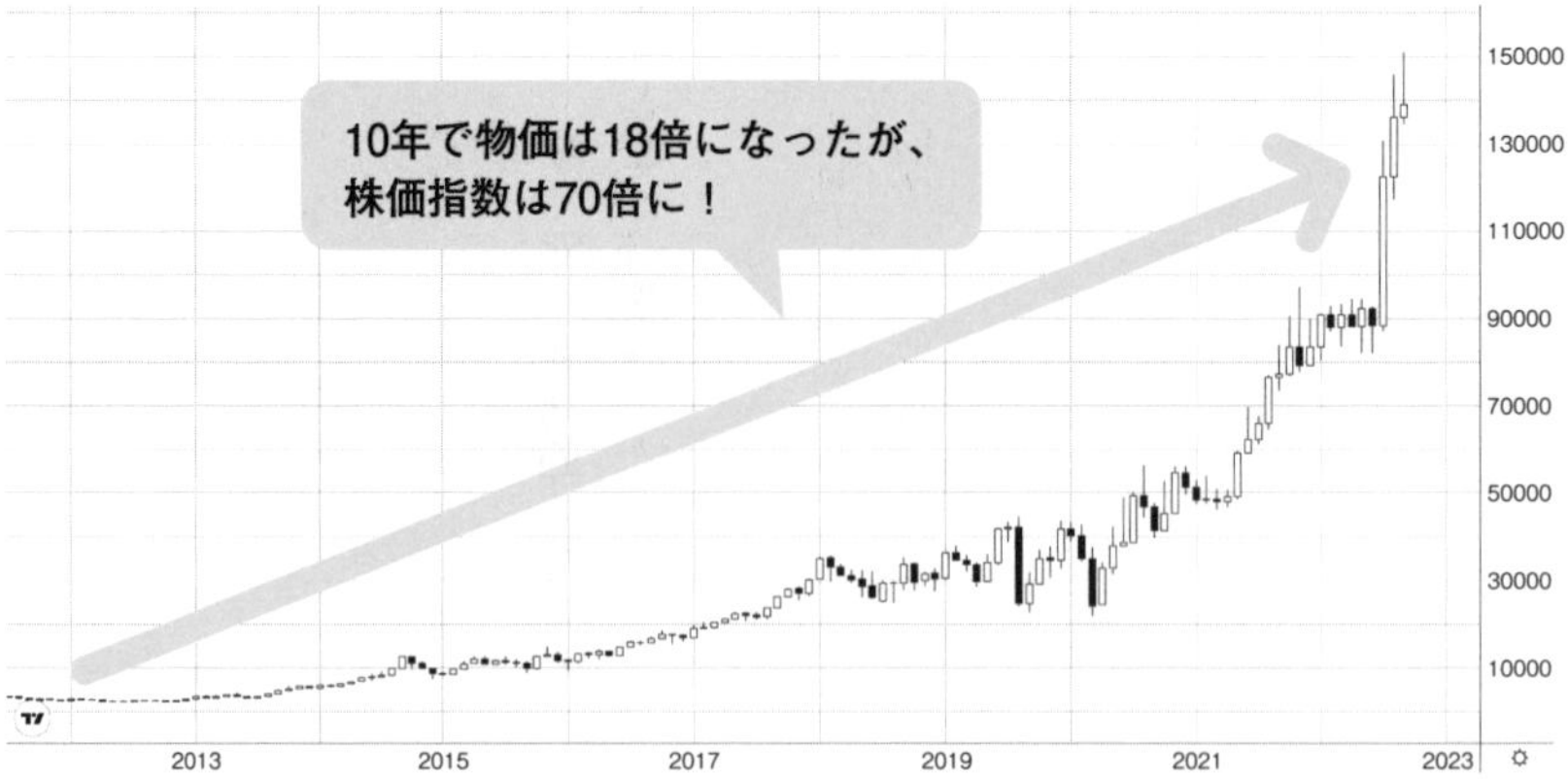

出典:tradingview

5 長期金利と株価

株価に大きな影響を与える長期金利

金利と株価の関係について見ていきます。

金利にもさまざまなものがありますが、**株価に最も影響を与えるといわれているのは長期金利**です。**長期金利**は、期間の長い金利のことですが、代表的な長期金利は**10年国債利回り**、つまり、償還までの期間が10年ある国債の利回りです。10年金利といえば10年国債の利回りを指します。また、単に長期金利といえば10年国債利回りのことを指すのが普通です。

図9－15は、NYダウと米国10年国債利回りの推移を比較したものです。どちらも２０２０年3月に底打ちして、２０２２年1月頃まで上昇しています。この時期は、株価と長期金利が連動して上昇しました。２０２２年1月以降は、長期金利がさらに上昇し続けたのに対して、株価は下落し始めます。このように、長期金利と株価の相関性は、局面によって変わってきます。連動することもあるし、逆連動することもある、ということです。

「**金利は景気が良くなると上昇するけど、金利が上昇することによって景気にブレーキをかける**」という性質があります。

金利が上昇し始めてしばらくは、景気拡大の影響に打ち消されてブレーキの効果が見えづら

図9-15 NYダウと米国10年国債利回り推移比較

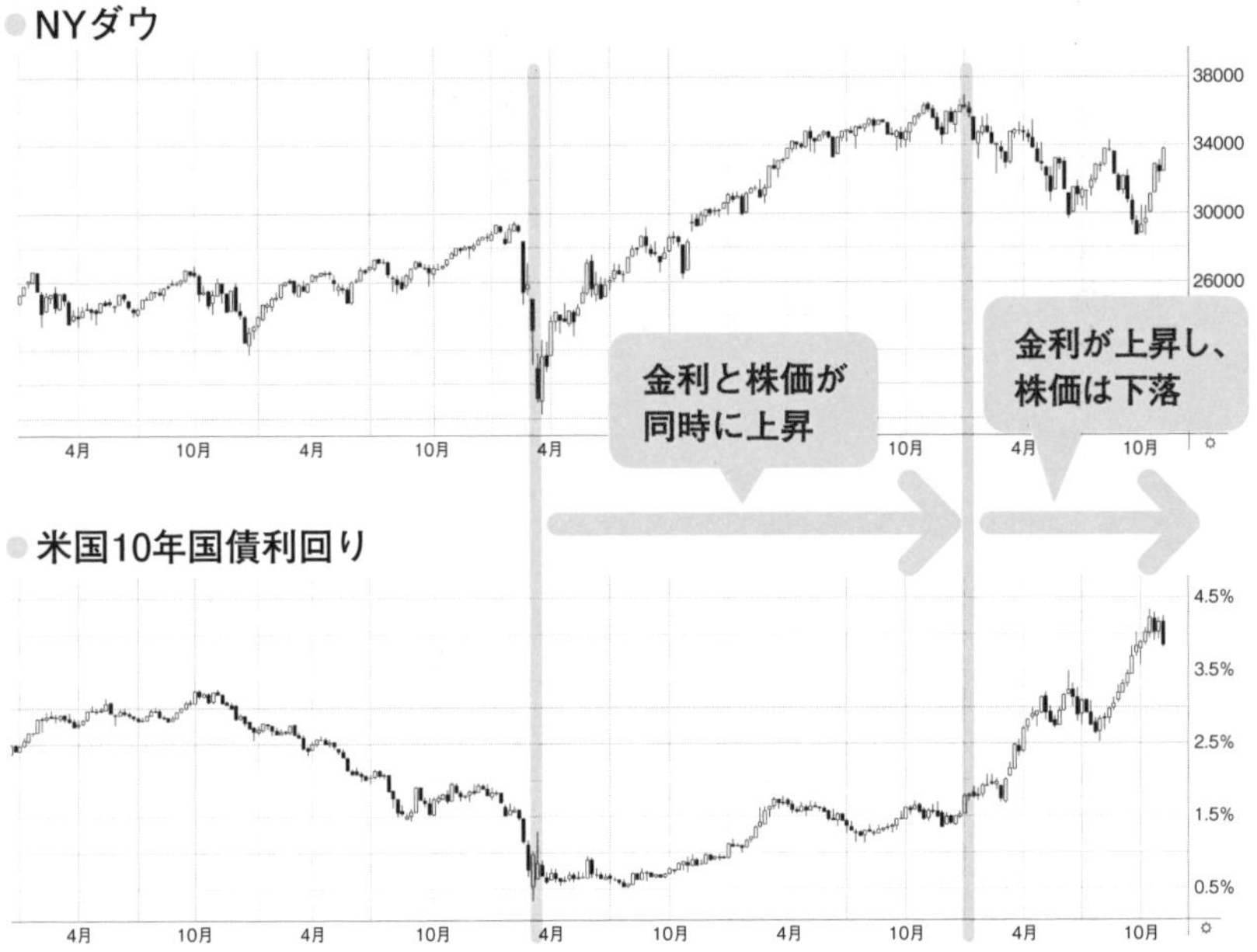

出典：tradingview

いのですが、金利上昇が続くと、だんだんブレーキの効果が出てきて景気や株価が減速し、やがて下落し始める、というプロセスを経るのが典型的なパターンです。

　景気が悪くなっていくと、ある時点から金利も下がり始めます。金利低下はブレーキを緩めることになり、景気や株価の悪化が止まり、さらに金利が下がると逆にアクセルを踏むような効果を発揮して、景気や株価を押し上げる要因になっていきます。

6 金融政策と株価

金融政策は世の中に出回るお金の量を調整する政策

金利には景気の調整機能がありますが、それをもっと人為的に行うのが**金融政策**です。**金融政策**は、世の中に出回るお金の量を調整する政策です。お金の量を増やすことを**金融緩和**、お金の量を減らすことを**金融引締**といいます。水道水の蛇口を緩めたりしめたりするようなイメージです。**金融緩和**をして世の中に出回るお金の量が増えれば、経済活動が活発化して株価なども上昇しやすくなります。

逆に**金融引締**をして世の中に出回るお金の量を少なくすれば、経済活動が沈静化し株価は下落しやすくなります。日銀（日本銀行）やＦＲＢなどの中央銀行は、経済状況を詳しくモニタリングしながら、経済が停滞していると判断すれば金融緩和し、経済が過熱してきていると判断したら金融を引き締める、というように舵取りします。

金融政策の手段には、主に**政策金利の変更**（利上げ・利下げ）と**量的緩和**があります。政策金利を下げ続けてゼロまで来た時に、さらに金融緩和をする場合には量的緩和に移行します。

政策金利は日本の場合は**無担保コール翌日物金利**、アメリカの場合には**ＦＦレート**となります。どちらも金融機関同士が１日だけのお金を融通し合う市場で決まる金利で、毎日変動しているものですが、中央銀行がこの市場に供給する資金量を調整することによって金利を誘導します。その誘導目標が政策金利となっています。そして、この政策金利を上げることを**利上げ**、下げることを**利下げ**といいます。

政策金利は世の中のさまざまな金利の基準になる金利であり、これを上げ下げすることで、世の中の金利全体に影響を与えることができます。金利を下げれば、お金を借りて設備投資をしたり住宅や自動車を買う人が増えます。それによって世の中に出回るお金の量が増え、経済全体が活発化し、株価も上昇しやすくなります。

逆に、金利が上がると、銀行からお金を借りる人も減り、世の中に出回るお金の量も減ります。そして、景気や株価も下がりやすくなります。

量的緩和は、政策金利がゼロになった後にさらに金融緩和を行う手段です。具体的には、中央銀行がさまざまな資産を購入します。主な購入対象は国債ですが、企業が発行する社債やコマーシャルペーパー、住宅ローン担保証券、上場不動産投資信託（Jリートなど）、株価連動型上場投信（ETF）なども購入対象になることがあります。

中央銀行がさまざまな資産を買い取って資産残高を増やしていくのが量的緩和であり、その逆に資産を売却して資産残高を減らしていくのが**量的引締**です。

日本の金融政策と株価

金融政策は、景気や企業業績と並んで株価を動かす非常に重要な要因の1つです。440ページ図9－16では日経平均と金融政策の動きをまとめました。1980年8月から1987年2月の6年半で10回連続合計6・5％の利下げが行われ、政策金利は9％から2・5％になり、この超低金利が2年近く続きました。この間、日経平均は7000円前後→38915円と5倍以上に上昇しました。1980年代の日本株のバブル相場を起こした要因の1つは、この金融緩和であったといえます。

1989年に入るとバブルの懸念が出てきたため、景気と相場の過熱を抑えるために1989年5月から1990年8月まで5回連続合計3・5％利上げしました。最初の2回の利上げでは株価上昇が止まりませんでしたが、3回目以降に株価は急落し、日経平均は1989年12月から1990年10月までの10カ月間で38915円→20221円と48％安となりました。バブル相場を崩壊させた要因の1つは、この金融引締でした。

1991年7月からは利下げに転じて、1995年9月まで4年2カ月間で9回連続合計5・5％利下げして、政策金利は0・5％という超低金利水準になりました。

この期間はバブル崩壊の後遺症がひどくて、利下げ効果も一時的には出ることがあるのですが、あまり長続きせず、必死の利下げにもかかわらず株価は安値を更新し続けていきました。

この事例のように、経済環境によっては金融政策の効果が表れづらいこともあります。金融緩和自体は株価上昇要因になりますが、それ以上に株価を下落させる要因が強く働いている時は、株価の低迷が続いてしまうこともあります。

図9-16 日経平均と金融政策の動き

● 日経平均　月足チャート

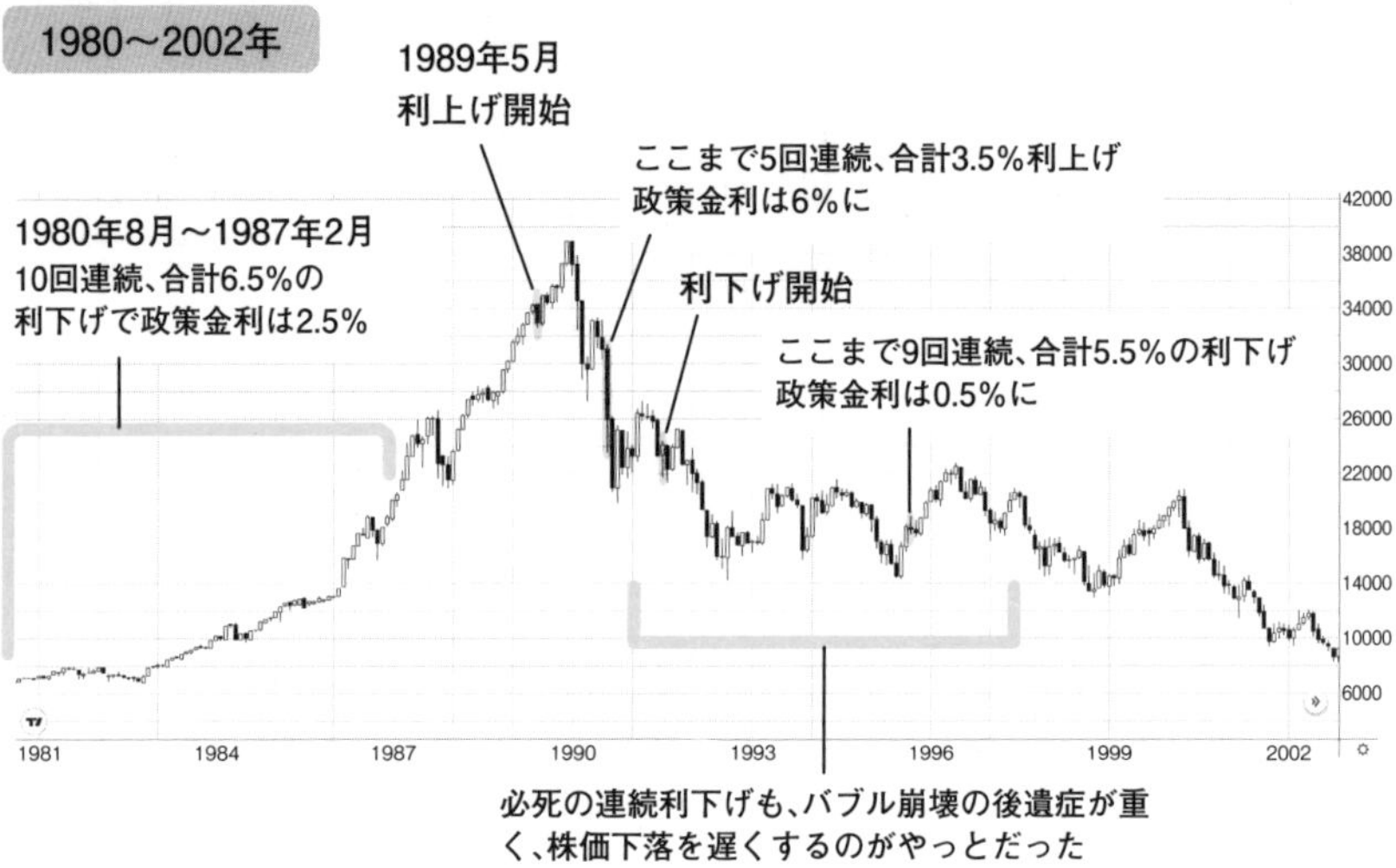

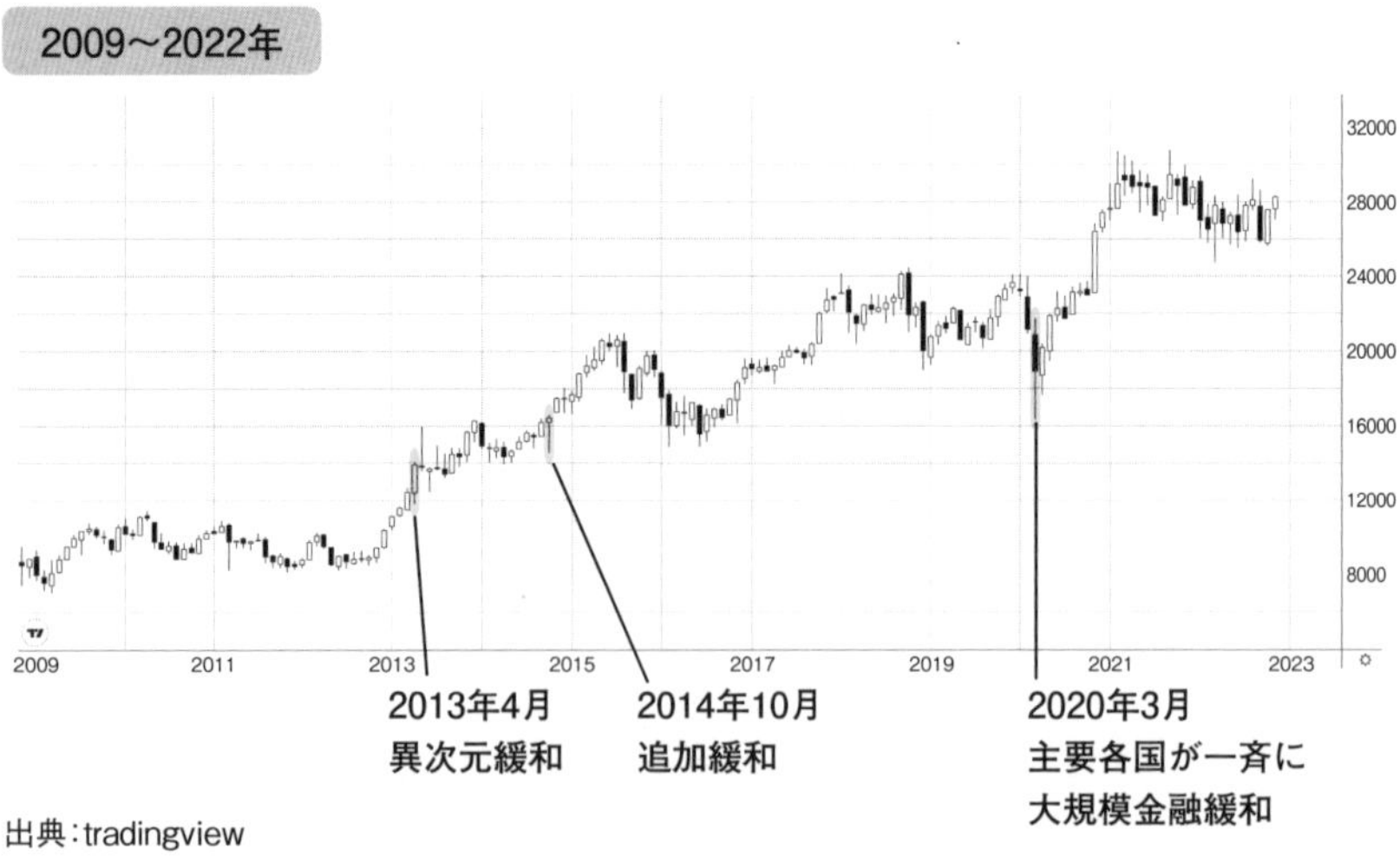

出典：tradingview

しかし、低迷期間が長く続いた後や、何らかのショック安で株価がすでに相当に落ち込んでいる時などに強力な金融政策が発動されると、絶大な効果を発揮する可能性が高まります。

日本では、2013年4月に行われた量的・質的緩和（あるいは異次元緩和）と呼ばれる金融緩和、2014年10月に行われた追加緩和は非常に効果を発揮して、日経平均は約2年で1万2000円前後から2万円超まで回復しました。

2020年3月にはコロナショックで株価が急落しましたが、この時には日銀に加えて米国の大胆な金融緩和もあり、1万6000円台まで下がった日経平均が3万円超えまで急上昇しました。

黒田日銀が打ち出した新しい金融政策

2013年に黒田東彦氏が日銀総裁に就任してから、数々の大胆な金融政策が発動され、それらの多くが株価上昇につながりました。黒田日銀が導入した大胆な金融政策は主に7つあるので、ここで整理しておきます。

まず、黒田日銀は**13年4月「量的・質的金融緩和」**、**通称・異次元緩和**を行います。

この時には、

①インフレ目標（CPI前年比2%を2年程度で達成）

②マネタリーベースの大幅増加（2年で138兆円から270兆円へ約2倍に）

③保有国債の平均残存期間の長期化（3年から7年に）
④株価連動型ETFとJリートの買入（それぞれ年間1兆円と年間300億円）
などの政策を導入しました。

マネタリーベースとは、日銀当座預金残高と現金の合計金額ですが、日銀が国債を中心に大量に資産購入することで日銀当座預金残高を大幅に増やすというのが、この金融政策の趣旨です。日銀当座預金というのは、金融機関が日銀に開設している口座の預金です。日銀は「銀行の銀行」と呼ばれ、日銀に開設された口座を通じ、金融機関どうしや日銀と金融機関の間でお金がやりとりされます。この日銀当座預金の残高が多ければ、金融機関は企業や個人に多くのお金を融資したり、投資したりしやすくなります。日銀がこの日銀当座預金残高を直接的に増やす操作をするのが、②の政策です。日銀当座預金残高をターゲットとする量的緩和は2001年にすでに導入されていて、それと手法は同じですが、金額が一気に倍増された点が注目されました。

また、購入資産額とその残高を大幅に増やすというだけでなく、年限の長い国債やETF（上場投資信託）、Jリート（不動産投資信託）など、リスクの高い資産の割合を大幅に増やした点も大きな特徴です。

国債は基本的に安全資産と言われますが、期間が長いものほどリスクが高まります。元本や金利は確定していて保証されているのですが、期間が長くなると高インフレによって実質的な価値が下がるリスクが高まるからです。

株価連動型ＥＴＦやＪリートはさらにリスクが高い資産であり、こうしたリスク資産の買い入れを金融政策で行うというのは歴史上日本しか行っていない極めてまれな政策です。これらの資産の買い入れは、前任の白川総裁の下ですでに行われていましたが、黒田日銀になってから買い入れ額を大幅に増やしました。

以上のように、それまでの日銀の資産購入は短期国債が中心だったので、購入する資産の内容も大転換されたことになります。このように量的にも質的にも大胆な施策であるということで量的・質的緩和と名付けられたのです。

２０１４年10月の追加緩和では、マネタリーベースの増加ペースを２～３割程度アップして年間80兆円として、国債の平均残存期間を７～10年、ＥＴＦ購入を年間３兆円、Ｊリート購入を年間９００億円にするなど、異次元緩和をさらに強化しました。

２０１５年12月には、国債の平均残存期間を７～12年、ＥＴＦ購入を３・３兆円にするなど、さらに強化しました。

そして、２０１６年2月には、

⑤マイナス金利（日銀当座預金残高の一定以上の部分をマイナス０・１％の金利とする）が導入されました。これは、日銀当座預金口座の残高が一定の金額を超えた場合、その部分の金利をマイナス０・１％にするというものです。マイナス金利とは、お金を預けた側が金利を取られるというものです。これは、金融機関に対して、日銀当座預金には一定額以上は積み上げ過ぎないようにして、できるだけ融資や投資にお金を回すように促す政策です。

さらに、２０１６年9月には、

⑥イールドカーブ・コントロール（ＹＣＣ）

（無担保コール翌日物金利はマイナス０・１％近辺、10年国債利回りは０％近辺を目標としてコントロールする）

⑦オーバーシュート型コミットメント（ＣＰＩ前年比が安定的に２％を超えるまでマネタリーベース拡大を続ける）

を導入しました。

イールドカーブ・コントロール（ＹＣＣ）は、短期金利だけでなく長期金利もコントロールするという政策です。短期金利は中央銀行の操作対象になるけれど、長期金利はならない、というのが従来の常識でしたが、それを打ち破る政策ということになります。

２０２１年には、10年国債利回りの操作目標である「０％近辺」について、「±０・25％」と範囲を明確化し、特に０・25％が上限として意識されるようになりました。

２０２０年３月に起きたコロナショックによる株価急落の時には、ＥＴＦ購入を12兆円にするなど、主に株価急落に対応する強力な措置を取りました。米国など海外の中央銀行の強力な金融緩和もあり、１万６０００円台まで落ち込んだ日経平均は１年ほどで３万円超えまで急上昇しました。

以上のように、黒田総裁になってからの日銀は、従来にない金融政策を次々と打ち出しました。しかし、量的にも質的にも種類的にも、日本の金融政策はかなり出尽くしてしまった感がありあます。少なくとも、緩和をさらに拡大していく余地はあまり大きくなくなっている可能性があります。

２０２２年12月20日には、ＹＣＣの操作目標は「０％近辺」ということで据え置いたものの、範囲を「±０・５％」と拡大しました。上限が０・25％から０・５％に上がったことで、市場で取引される10年国債の利回りも０・25％近辺から０・５％へと上がりました。事実上の利上げとなり、この直後に株価は急落しました。

アメリカの金融政策

アメリカの中央銀行にあたる組織は**ＦＲＢ（連邦準備制度理事会）**であり、そのトップであるＦＲＢ議長の発言は、世界の金融市場関係者から常に注目されています。金融政策は、ＦＲＢ議長を中心に地区連銀（各地区で中央銀行の業務を行う組織）からも代表者が交代で加わり、12名のメンバーで**ＦＯＭＣ（公開市場委員会）**を開いて決定されます。ＦＯＭＣは年８回、６週ごとに開催されます。

最近のアメリカの金融政策を４４６ページ**図９－17**にまとめました。

２００８年に起きたリーマンショックの直後、２００９年３月には量的緩和を導入しまし

図9-17 NYダウ（月足チャート）と金融緩和

出典：tradingview

た。米国の量的緩和はQEという略称で呼ばれています。2010年11月、2012年9月にQEが強化されており、初回を含めてQEが3段階で発動されました。これらのQEはそれぞれ、**QE1**、**QE2**、**QE3**と呼ばれていますが、NYダウは09年3月から2020年1月まで約11年間で6547ドルから3万7000ドルと5倍以上に上昇しました。

2013年12月からは**テーパリング**と呼ばれる操作が開始されました。

これは、資産購入額を徐々に減らしながら緩やかに金融緩和を終わらせていく操作です。2014年10月には資産購入がゼロとなり、これで米国のQEはいったん終了となりました。

そして、2015年12月には利上げを始めて2018年12月まで9回連続で合計2・25％の利上げを行い、0～0・25％だった政策金利を2・25～2・5％としました。

テーパリングと連続的な利上げを続けても、米国の景気と株価の上昇が続きました。FRBは、景気や株価の邪魔をしない程度に緩やかにブレーキをかけてスピード調整をし、それが成功したといえます。

2019年7月からは景気減速し始めてきたので、徐々に利下げをし始めます。そして、2020年3月にはコロナショックによる株価暴落が起きたことを受けて、ゼロ金利まで一気に金利を下げて、さらに量的緩和を再開します。これによりNYダウは、1年ほどで1万8000ドル近辺から3万6000ドル超へと2倍もの上昇となりました。景気と株価が大きく回復したことを確認して、FRBは2021年11月からテーパリングを開始し、2022年3月には資産買い取りをゼロとして量的緩和を終了し、同時に利上げを始めました。

米国では2022年からCPIが急速に上昇し始め、FRBのターゲットはインフレを鎮静化することに重点が置かれました。その後、インフレの厳しさが認識され、FRBの金融引き締め姿勢が強まっていきました。それにつれて株価は下落していきました。

アメリカの金融政策をめぐる動きをチェックする

FRBの金融政策の動向については、

- **年8回のFOMCでの金融政策の発表**
- **年4回の経済見通し（Economic Projection）**
- **毎年8月に行われるジャクソンホール経済シンポジウムでのFRB議長の講演**
- **適宜行われるFOMCメンバーによる講演**

などでうかがい知ることができます。

FRBは、恐らく米国経済を最も詳しくモニタリングしている集団であり、その彼らが米国経済を現在どのように認識していて、金融政策をどのように考えているかというのは、世界の金融市場に大きな影響を与えます。

これらのFRBの動向は、FRBのホームページでも公表されますが、経済ニュース番組の「モーニングサテライト」や日経新聞、ブルームバーグなどの経済ニュースサイトなどでも報じられるので注目しましょう。特にモーニングサテライトは、専門家が豊富な図表でわかりやすく解説してくれるので、録画しておいてチェックするといいでしょう。

最も注目されるのは、もちろん、年8回のFOMCの金融政策の発表です。そこで予想外の

図9-18 FOMC後に発表された経済見通し

Percent

Variable	Median[1]				
	2022	2023	2024	2025	Longer run
Change in real GDP	0.2	1.2	1.7	1.8	1.8
June projection	1.7	1.7	1.9		1.8
Unemployment rate	3.8	4.4	4.4	4.3	4.0
June projection	3.7	3.9	4.1		4.0
PCE inflation	5.4	2.8	2.3	2.0	2.0
June projection	5.2	2.6	2.2		2.0
Core PCE inflation[4]	4.5	3.1	2.3	2.1	
June projection	4.3	2.7	2.3		
Memo: Projected appropriate policy path					
Federal funds rate	4.4	4.6	3.9	2.9	2.5
June projection	3.4	3.8	3.4		2.5

出典：FRBのホームページより

結果が発表されると、株価や為替などが大きく動くこともあります。

その次に注目されるのは、年4回発表されるFOMCメンバーによる経済見通しです。この中に、今後の経済成長やCPIなどの見通し、それらを前提とした政策金利の見通しなどが記されています。

図9－18は、2022年9月のFOMC後に発表された経済見通しです。この表には、

実質GDP成長率（Change in real GDP）

失業率（Unemployment rate）

PCE物価指数（PCE inflation）

コアPCE物価指数（Core PCE

inflation）

政策金利（Federal funds rate）

などのFOMCメンバーの見通しの中央値が出ています。

出ている予想値は、2022年末を含めて4年分の年末の見通しと長期的な見通しです。そして、この9月時点での予想値の下に6月時点での予想値も出ており、3カ月前と比べて見通しがどう変化したかがわかるようになっています。

物価については、PCEデフレーターとコアPCEデフレーターが出ています。FRBは一般的に注目度が高いCPIよりも、個人消費の品目をより幅広くカバーしているPCEデフレーターに注目しています。

ただし、PCEデフレーターはCPIとほぼ連動している上に、毎月の発表はCPIのほうが早いので、CPIの方が金融市場では注目度が高いです。

この資料で最も注目されているのは**政策金利の見通し**です。

この時点では、2023年年末に4・6％まで利上げする見通しが示されています。3カ月前の時点（6月時点）では3・8％でしたが、利上げ見通しを大幅に上げたことになります。

この見通しが発表されて以降、NYダウはさらに下落していきました。

7 為替と株価

ドル円と日経平均の4つのパターン

為替相場、特に**ドル円のレートも日本株を動かす重要な要因の1つ**になります。

ドル円レートは、ドルと円の交換レートのことですが、1ドル＝××円という形で表されます。1ドル＝100円から1ドル＝140円になれば、円安ドル高になる、といいます。

逆に、1ドル＝140円から1ドル＝100円になれば、円高ドル安になる、といいます。

ドル円相場と日経平均の関係は、その時々の状況でさまざまであり、

①円高で株高
②円高で株安
③円安で株高
④円安で株安

いずれのパターンもあります。

過去を振り返ってごくおおざっぱに整理すると、

日本経済が元気な時　↓　円高と株高が同時に進行（①）
日本経済が元気ない時　↓　円高は株安要因、円安は株高要因（②、③）
日本経済が危機的な状況の時　↓　円安、株安の「日本売り」の状態に（④）

というふうになります（**図9－19**）。

高度経済成長期やバブル期の日本経済は、世界の中で最も力強く成長をつづけている元気な経済の一つであり、そうした状況の中で大きなトレンドとして円高と株高が同時進行していました（①）。

しかし、1990年以降にバブル経済が崩壊してからは、日本経済は勢いも体力も衰えてしまい、基本的には②か③のどちらかの局面が主となりました。

1990年から1995年には一段と円高が進行して1ドル＝79円という超円高になりました。国内産業の多くは安い輸入品に押されて経営が厳しくなり、日本経済を支えていた輸出産業も円高ドル安が加速する中で収益力を落としていきました。この**「円高不況」**と言われる状況の中で株価も下降トレンドをたどりました（②）。

1995年以降は円安に転じて日本経済も息を吹き返し、株価もリバウンドしました（③）。しかし、1997年、1998年には円安が止まらず、日本株も円も売られる「日本売り」と呼ばれる状況（④）になりました。

2007年～2012年はデフレの中で円高が進み、株安の状況が続きました（②）。

そして2013年以降は、安倍晋三政権の下で円安政策が取られ、黒田日銀の異次元緩和も

図9-19 ドル円と日経平均の4つのパターン

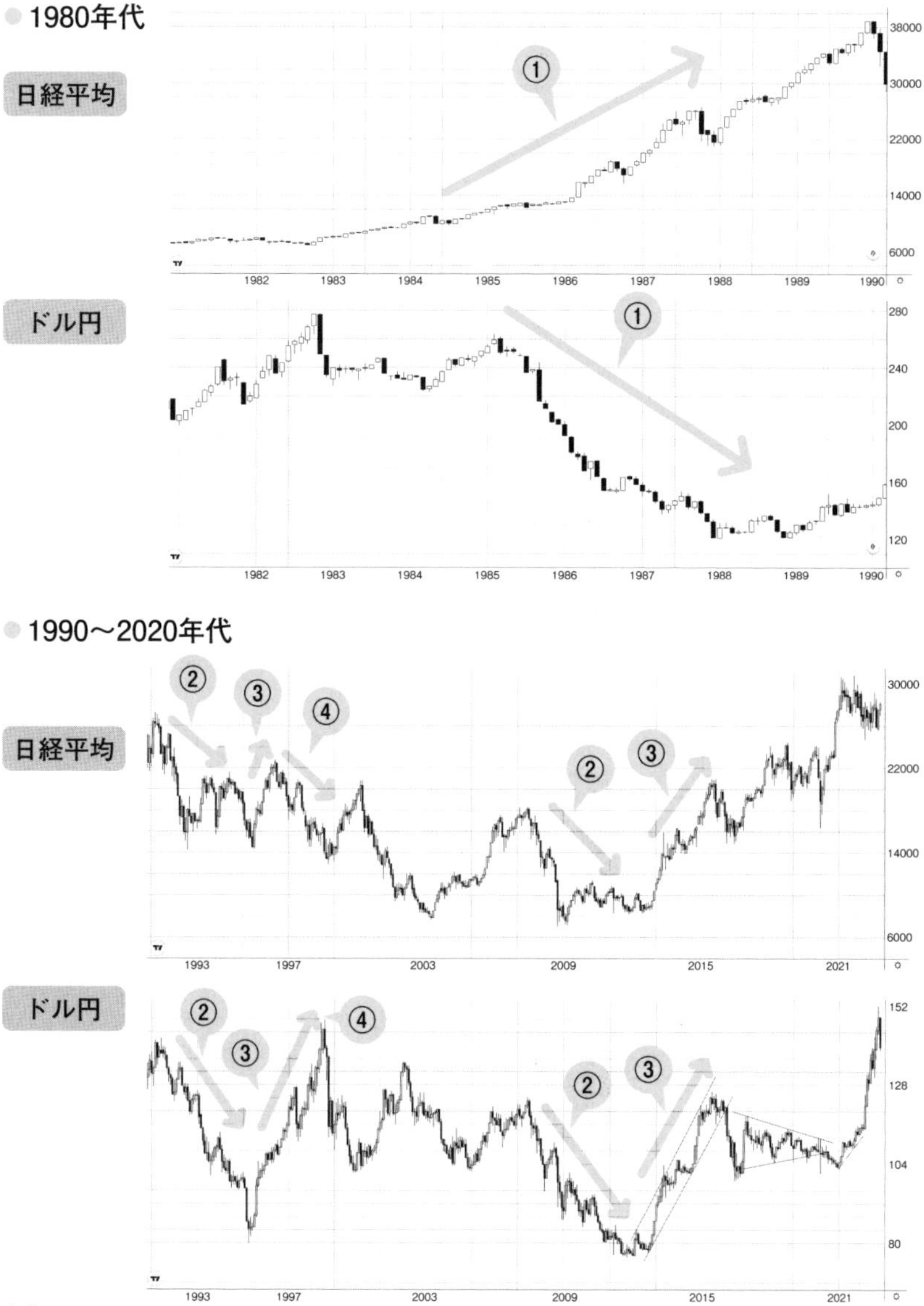

出典：tradingview

相まって急速な円安が進み、それとともに株高も進みました（③）。

以上のように、ドル円と株価の関係は状況によって変わります。経済状況も考え合わせながら、今は円高や円安が株高要因になっているのか、株安要因になっているのかを見極めていくことが大事です。

ドル円相場と個別株の動き

円高と円安が株高要因になるのか株安要因になるのかは、業種によっても差があります。基本的には次のようになることが多いです。

①海外売上高の多い会社の場合：円安ドル高＝株価上昇要因、円高ドル安＝株価下落要因
②国内売上高の多い会社の場合：円安ドル高＝株価下落要因、円高ドル安＝株価上昇要因

海外売上高の多い会社というのは外貨をたくさん稼いでいるわけですから、ドル高になると収益が増えてうれしいわけです。具体的には、自動車、機械、電子部品などの製造業がこれに該当する業種になります。また、国内の旅行業界など外国人観光客が増えると恩恵が得られる業界もこれに該当します。

国内売上高の多い会社は、円高になると海外からの仕入れが安くなるので収益的にプラスになるケースが多いです。

また、生産拠点を海外に移せば製造コストを安くすることができます。このように海外からの仕入れや海外での生産が多くて国内売上高の多い会社は、円高の恩恵を受けやすくなります。

国内売上高の多い会社でも、円高をあまり利用できず、逆に安くなった輸入品に負けてしまう会社も出てきます。円高や円安の影響は会社の事業内容によって考えていく必要があります。

為替を決める重要な要因は物価、金利、経常収支

為替を決める要因として重要なのは、**①物価、②金利、③経常利益（特に貿易収支）の3つ**です。

物価が上がるということは、お金の価値が下がるということです。同じ金額で買えるものが少なくなるからです。これを、お金の購買力が低くなる、といいます。

逆に、物価が下がるということは、お金の価値が上がるということです。

ドルと円はアメリカと日本の通貨ですから、アメリカがインフレで日本がデフレなら、その分、円が上昇しやすくなります。インフレは通貨安の要因、デフレは通貨高の要因です。

購買力平価は、物価からみた為替の実力値を見る指標です。456ページ**図9－20**は、国際通貨研究所が毎月計算して発表している購買力平価です。消費者物価指数（消費者が購入する

図 9-20　ドル円購買力平価と実勢推移

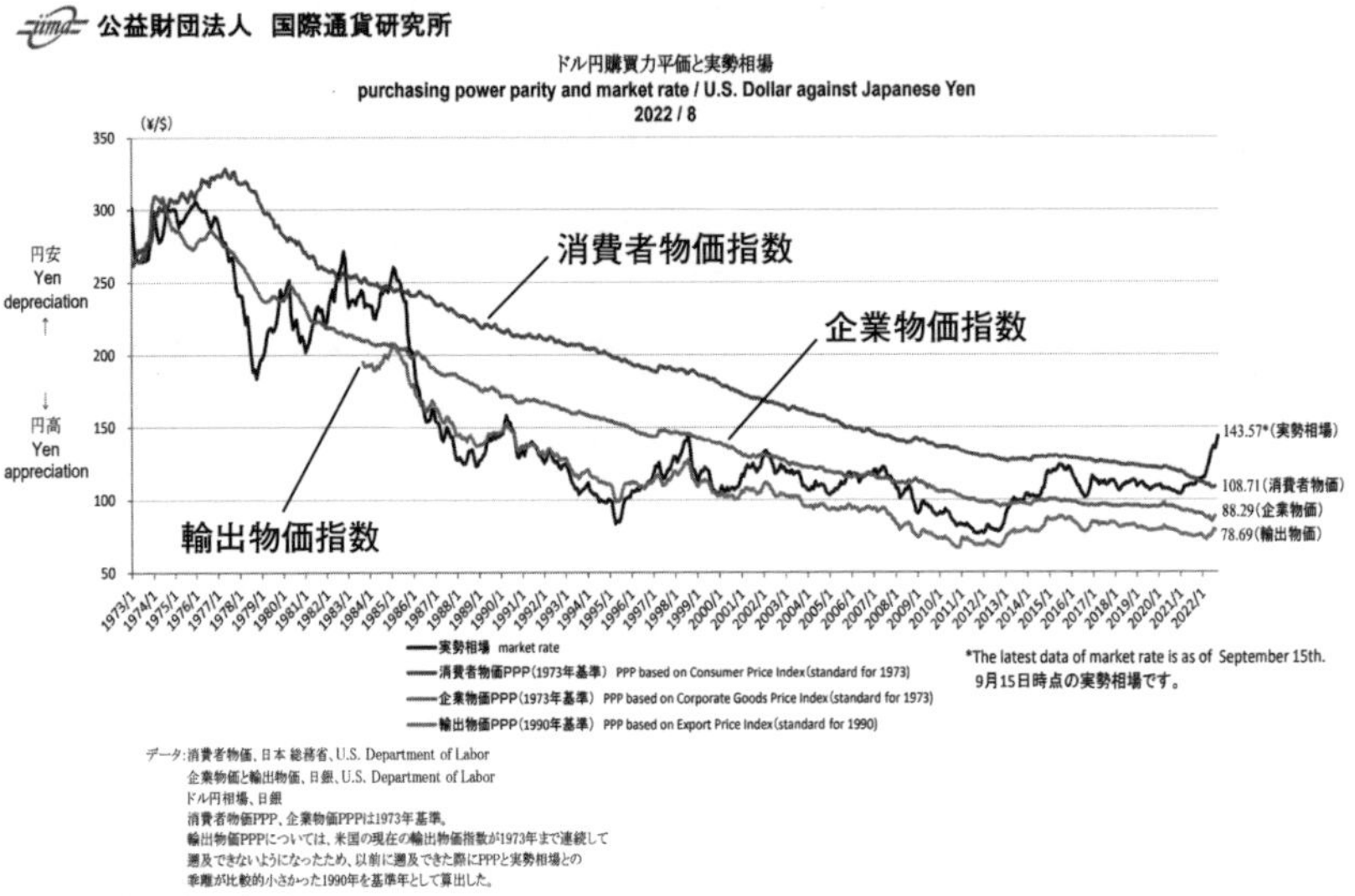

出典：国際通貨研究所

モノやサービスの物価）、企業物価指数（企業間で取引されるモノやサービスの物価）、輸出物価指数（輸出品の物価）という３つの物価指数から計算した購買力平価の推移が出ています。

過去の長期的な傾向を見る限り、ドル円は消費者物価指数の購買力平価と輸出物価指数の購買力平価の間で動いています。２０２２年８月時点では、78円～１０８円というレンジです。この時点でドル円相場は１４３円という水準になっていて、この購買力平価のレンジから考える限り、あまりにも円安に振れすぎのように思われます。

金利については、高いほど通貨高の要因になります。

２０２２年にドル円相場は大きく円安に振れましたが、その主要因は米国

図9-21 ドル円相場と米国2年国債利回りの相関

月足チャート2012～2022年

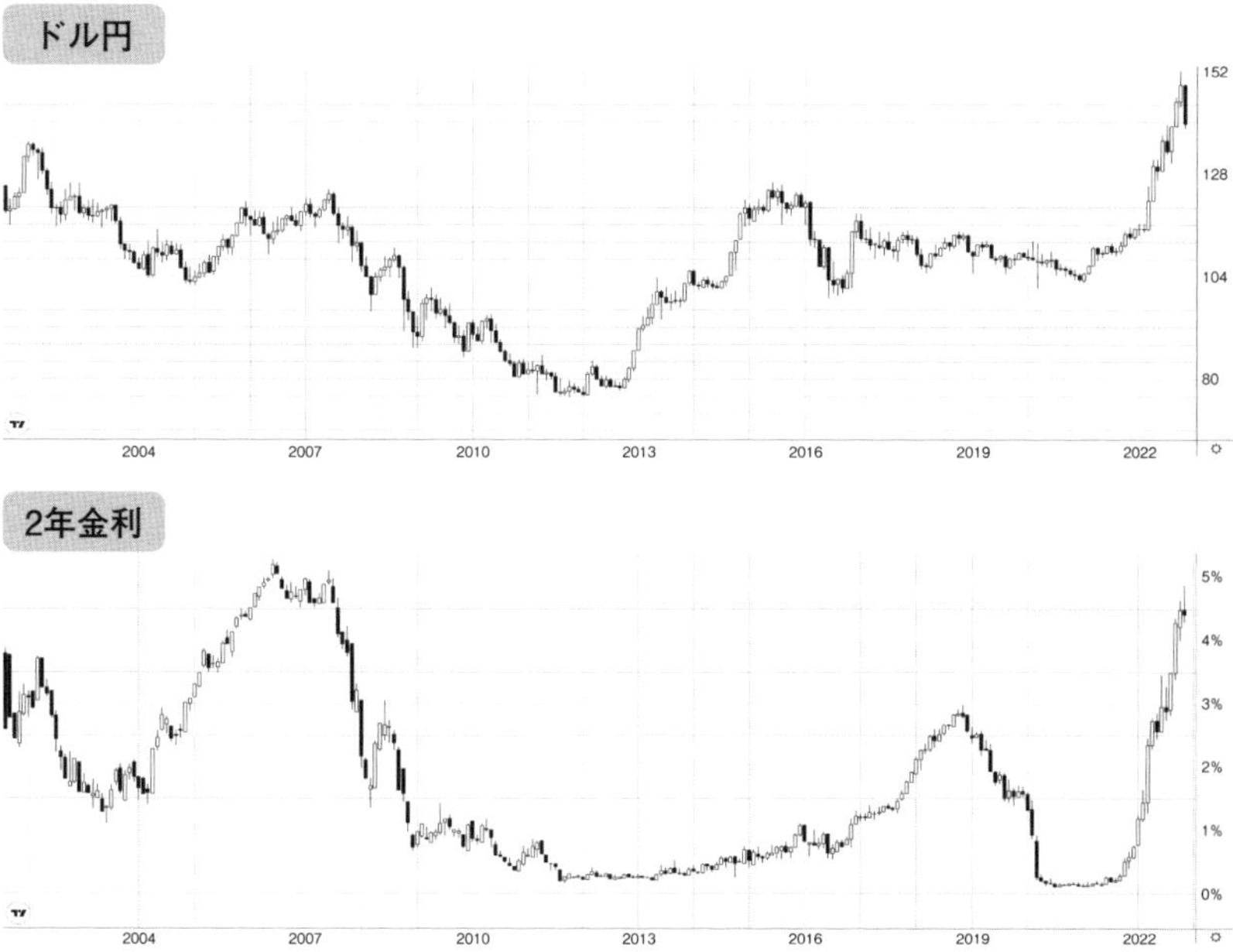

出典：tradingview

の金利が急上昇したことです。日本の金利は短期も長期もゼロ近辺で張りついた状態でアメリカの金利だけが急上昇したので、この金利の動きが円安ドル高をもたらしました。

ドル円相場は、金利の中でも特に米国2年国債利回りと相関性が高いといわれています。

２０２２年9月時点で米国２年金利は、４．２％まで上昇し、それに連動するようにドル円は１４５円近辺まで上昇してきました（**図9－21**）。

図 9-22　経常収支の推移

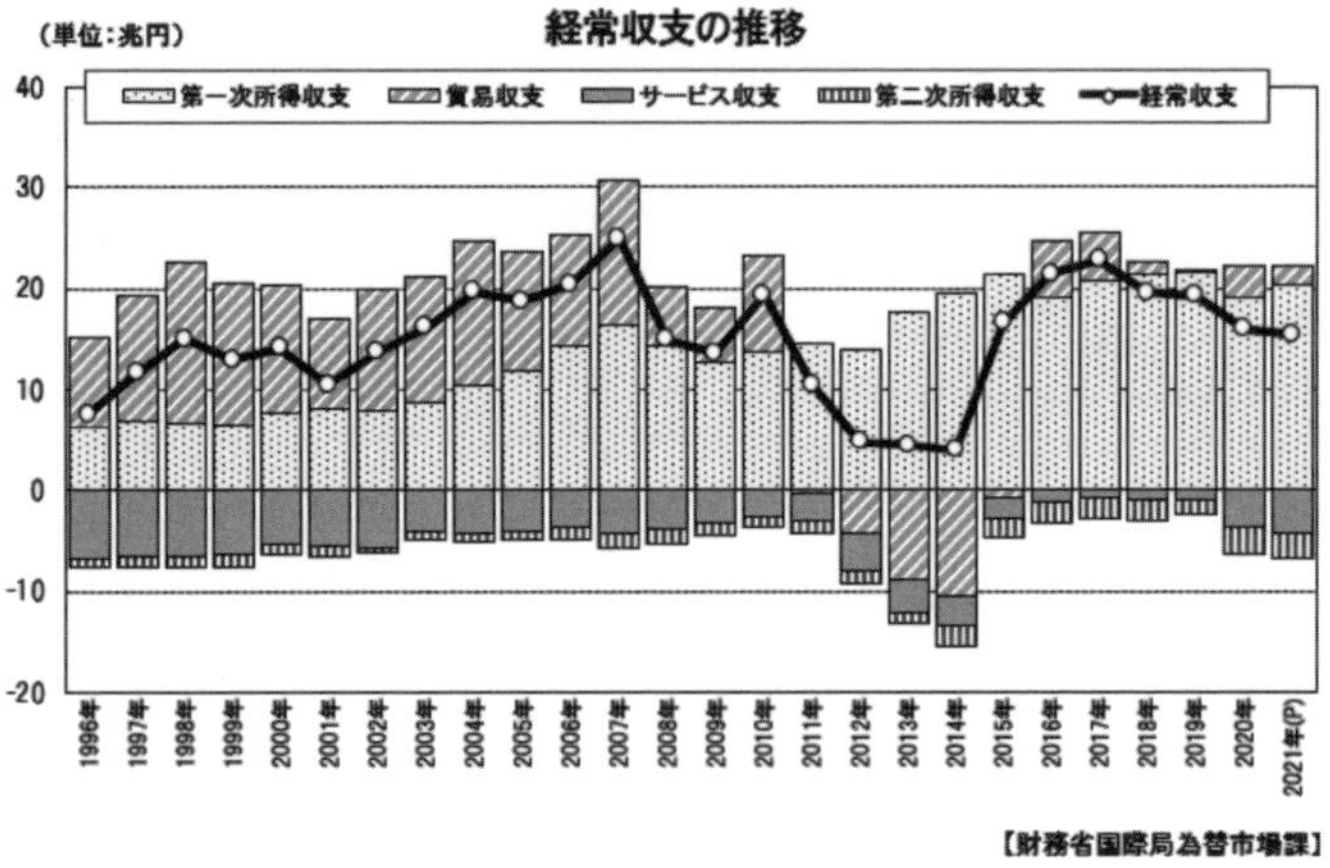

出典：財務省のホームページより

経常収支は、日本が海外と行った経済的な取引によって生じた金銭的な収支です。経常黒字は円高要因になり、経常赤字は円安要因になります。

経常収支が黒字であればあるほど、日本の企業や個人はドルなどの外貨を稼いでいるということです。その外貨を円に換える需要が高まりますし、経常収支が赤字なら円をドルなどの外貨に換えて支払う需要が高まります。

経常収支の内訳としては、

貿易収支（自動車などモノの輸出入の収支）

サービス収支（旅行や特許使用料などの収支）

第一次所得収支（配当・利子のやりとりの収支）

第二次所得収支（対価を伴わない無償資

金援助）

などがあります（**図9−22**）。

日本はかつて貿易黒字が大きく、それによって経常黒字が大きい状態でしたが、ここ10年ほどは貿易黒字を大きく減らしました。

しかし、貿易収支に代わって第一次所得収支が大きく伸び、経常収支はおおむね15〜20兆円の水準を維持しています。第一次所得が大きく伸びたのは、円高の時期に日本の企業や個人が海外資産を大きく増やして、そこから配当や利子を得られるようになったからです。

２０１１年以降の数年間は、東日本大震災の後遺症で貿易収支が赤字に落ち込みましたが、それでも第一次所得収支が支えて経常収支は黒字を維持しました。コロナ禍で貿易が大きく落ち込んでも経常収支は20兆円近いレベルの黒字を維持しました。ウクライナ戦争などで原油・天然ガスが高騰して貿易収支が赤字になっても、経常利益は黒字の見込みです。

このように、**日本の経常収支はかなり強い黒字体質を維持しており、経常収支の点では円高要因が維持されている**と考えられます。

日本人や日本企業が海外資産を多く持っているわけですから、円安が大きく進むようだと円建てで考えた海外資産の価値も大きく上がるので、それを売る企業や人も出てくるでしょう。このように、経常収支が大きな黒字であることや海外資産を多く持っていることは、円安が一方的に進みづらくなる要因といえます。

以上のように、物価、金利、経常収支の３つの要因を考えると、２０２２年9月に１４５円まで進んだ円安の動きは、主に金利に反応した円安であるといえます。

物価は、日本よりもアメリカなど海外で大きく上昇しているので、その点は円高要因です。原油高騰で貿易収支が赤字になり、経常収支が減少していることは円安要因ですが、原油高騰が落ち着いて、経常収支がまた15～20兆円の水準に戻れば、これは円高要因となります。

そうしたことを考えると、２０２２年9月までの円安の動きは、やや行き過ぎのようにも思いますし、物価や経常収支の条件を考えると、円安が一方的に進み続ける可能性は少ないでしょう。

第9章
の
まとめ

景気サイクルを利用して優良株を激安で買うためのポイント

1 景気サイクルによって、5年もしくは10年に一度くらい大きく株価が売られる局面がある。それは優良株を激安で買うチャンスになる

2 景気ウォッチャー調査、PMI、日銀短観など、景気を先取りする指標を定点観測して、トレンドや異変に気付けるようになろう

3 アメリカのISM製造業景気指数や雇用統計など、海外の景気にも気を配ろう

4 SOX指数、WTI原油先物、バルチック海運指数なども景気に敏感に動くので注目しよう

5 高いインフレは短期的に株価を押し下げる可能性があるが、長期的に見れば株はインフレにも強い

6 長期金利は株価に大きな影響を与え、トレンド転換のサインになることもある

7 金融緩和は株価上昇、金融引き締めは株価下落の大きな要因になる

8 為替も株価に大きな影響を与えるが、関連性は局面ごとに異なるので、その時々の為替のトレンド、株価に与える影響を常に意識して見ていくようにしよう

景気判断・投資戦略のプロに聞く

21世紀に経済発展のカギを握るのは、半導体です

レオス・キャピタルワークス　運用本部　経済調査室長
三宅一弘さん

――景気サイクルは株価動向に大きく影響を与えると思いますが、今後も景気サイクルはこれまでと同じように繰り返されるのでしょうか。

三宅　景気サイクルは今後も繰り返すと思いますが、だんだんゆったりしたものになる可能性があります。最近のアメリカの景気サイクルはだいぶ長くなっていて、特に景気拡張期間がすごく長くなっています。これは、アメリカの金融政策のかじ取りが巧みになっていること、IT技術の進歩で在庫管理などが発達していることなどが、その要因として挙げられます。

また、アメリカでは上場企業の資本効率が高まり、そのため株価の良好なパフォーマンスが続き、個人の株保有が進んでいてその恩恵が社会全体に及んで、そうした資本・企業活動・株高の好循環も景気拡張期を長期化させているという面もあります。

遅ればせながら日本もバブル崩壊の後遺症を乗り越えて、社会や経済の構造転換も進み、金融政策の進歩、IT技術による効率化なども進んでいます。

さらに、安倍晋三政権の下で機関投資家の行動規範を定めた**スチュワードシップコード**と上

場企業の行動規範を定めた**コーポレートガバナンス・コード**が導入されました。コーポレートガバナンス・コードは上場企業に資本効率を高めることを求めるもので、スチュワードシップコードは機関投資家に株主として上場企業をしっかり監視することを求めるものです。こうした仕組みはしっかり機能し始めていて、上場企業の資本効率は大きく改善してきています。

そして、岸田政権は資産所得倍増プランを打ち出し、その一環としてNISA制度の拡充を打ち出しています。投資信託などを通じた個人が株価上昇を享受できる状況が一段進み、そうした意味でアメリカの状況に近づいていくと思われます。

日本も今後、企業の資本効率や収益体質が一段と高まり、景気拡張期が長くなる傾向になる可能性もあると思います。

——景気サイクルに関連して相場サイクルの考え方が投資に役立つということですが、相場サイクルとはどういうものなのか教えてください。

三宅　次ページの図が相場サイクルの概念図です。業績と金融政策によって相場局面が**金融相場**、**業績相場**、**逆金融相場**、**逆業績相場**の4つに区分され、それが循環するという考え方です。

金融相場というのは、景気が悪くて企業業績も悪い時に、金融緩和が行われて株価が上がる局面です。金融緩和することで債券利回りや預金金利が低下する一方、株式の相対的な魅力が高まり、株式市場にお金が入ってきやすくなります。先々の景気と業績が回復することを織り込んで、不景気の中で株価が先行して上がる局面です。理想買い局面とも言われます。

図 9-23 株式市況の４局面

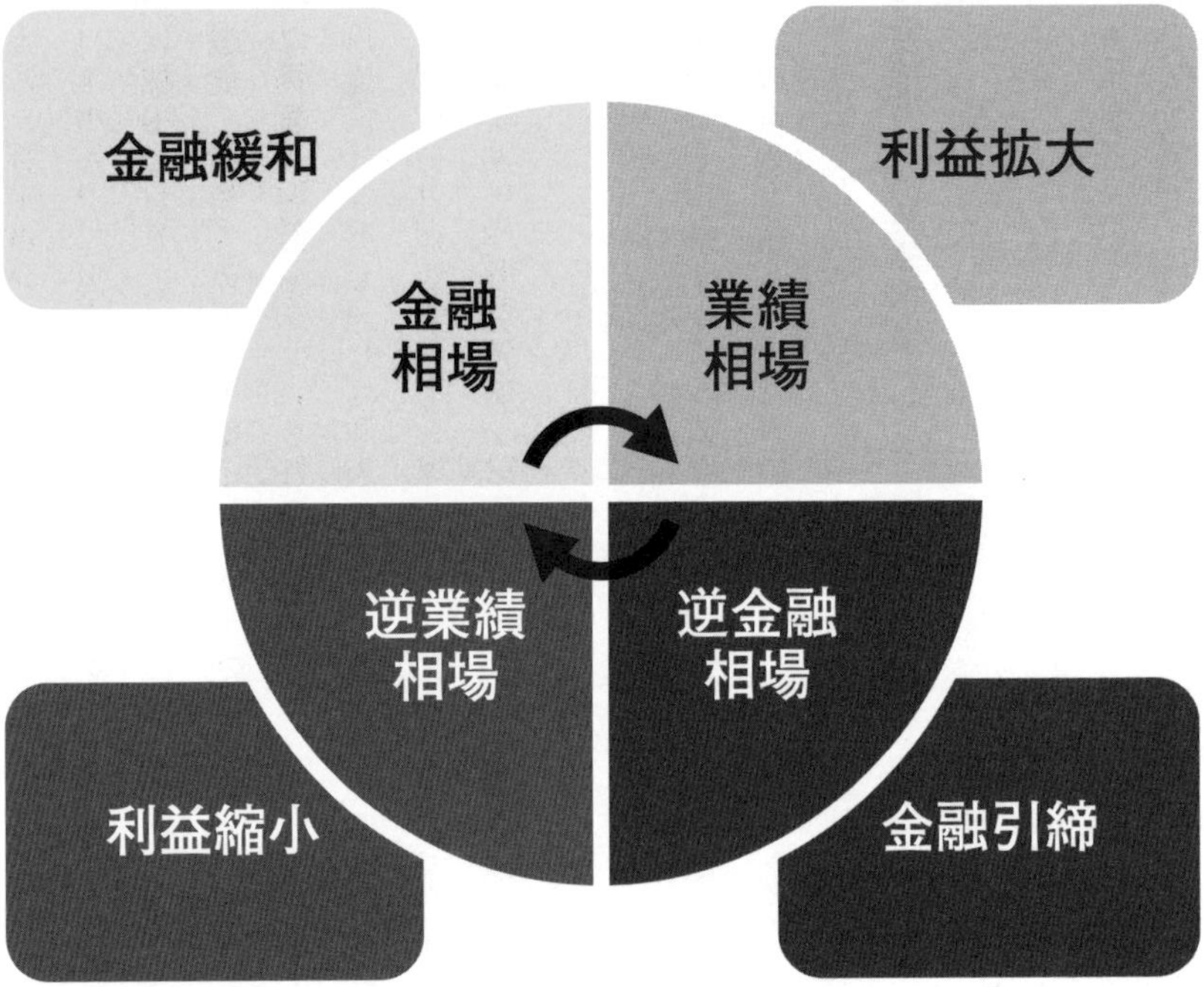

やがて企業業績が実際に良くなってきて、それによって株価がさらに上昇する局面が**業績相場**です。

そうして景気が良くなって過熱してくると、金融引締が行われ始めます。金融引締が効いてくると、景気と業績が好調な状態の中で株価が下がり始めます。これが**逆金融相場**です。債券利回りや預金金利が上昇する一方、株式の相対的な魅力が低下し、株式市場から投資資金が流出するイメージです。先々の景気と業績の悪化を先取りする形で株価が下がる局面です。

やがて、景気や業績が実際に悪化し始め、それに伴って株価が下がる局面になります。これが**逆業績相場**です。

景気と業績が悪くなると、また金融緩和が行われ、不景気の中の株高である金融相場の局面に戻ってきます。こうして相場サイクルが一巡します。

いつも正確にこのサイクルを繰り返すというわけではありませんが、「今は相場がどの局面にいるのか」ということを認識することで相場見通しや投資戦略を立てやすくなります。

――経済の大きなトレンドを見極めることも大事だと思いますが、三宅さんは「技術革新の大波」が押し寄せているということを運用報告書などで指摘しています。そうした大きなトレンドの中でGAFAの台頭なども起きたと思いますが、この大きなトレンドはまだ続くのでしょうか。

三宅　「**技術革新の大波**」というトレンドは、まだまだ続くと思います。現在は、電気自動車（E

V）や自動運転、5Gの実用化、仮想現実（VR）、人工知能などの技術が急速に発展している途中であり、これらの技術の多くは2020年代から2030年代にかけて大きく開花していくのではないかと思います。

その際、大きなカギを握るのが**半導体**です。これらどの技術分野の進歩にも半導体が関連しますし、産業として発展していくためには半導体が欠かせません。20世紀はガソリンエンジンなど内燃機関が花開いた世紀であり、いかに石油を確保するかというのが重要なテーマとなりました。

それに対して**21世紀に経済発展のカギを握るのは半導体**になります。ですから、半導体は株式市場においても息の長い大きなテーマであり続けると思います。世界の半導体市場は好・不況の循環を描きながらも長期的な成長トレンドを辿っています。これをシリコンサイクル（427ページ参照）と呼びますが、シリコンサイクルの谷間で半導体関連の株価が安くなったところは、銘柄選別をしてコツコツ買っていくというのも1つの投資アイデアとしてよいのではないかと思います。

エピローグ

株の売り時を考える

1

成長シナリオが崩れたら売る

株の3つの売り時

成長性の高い株を見つけて、割安な株価で買う、という株式投資の2大テーマを本書では詳しく見てきましたが、株にはもう1つ大事なテーマがあります。それは、**株の売り時**です。

株の売り時は次の3つです。

①成長シナリオが崩れた時
②株価が割高になった時
③他にもっと良い株が出てきた時

それぞれの売り時について詳しく見ていきましょう。

成長シナリオをチェックする

成長シナリオのポイントは、**会社の強み**と**経営者**でした。

技術的な変化や社会的な変化にきちんと対応できなくなり、強みである商品力やブランド力や技術力などが衰えてきていないか、ということを継続的にチェックして考えましょう。強力なライバル、強力な新技術、強力な代替品などが台頭してきていないでしょうか。また、そうした変化に対応できているでしょうか。

そして、経営者の質は落ちていないでしょうか。大きな実績を上げてきた優秀な経営者でも、時代についていけなくなることはあります。年とともに衰えて、いわゆる〝老害〟に変わってしまうこともあります。強力なリーダーがいることはいいことですが、後継者は育っているでしょうか。強力なリーダーが交代した時、その後継者によってさらに大きく発展するなら理想的ですが、経営者が変わって会社がダメになる例もあります。

優れた経営資源があり、優秀な経営者や従業員が高い目標に向かって、日々努力している会社ならば株を保有し続ける意義があるでしょうが、そういう状態でなくなってきたのであれば、資金を他に移すべきです。他に成長性の高い良い会社はたくさんあります。

株主として会社の様子をできる限りチェックして考えていきましょう。それが株主としての仕事です。少なくとも**3カ月に1回の決算発表は熱心にチェックしていくべき**です。決算短信はもちろん、決算説明会資料もホームページにアップされていれば読みましょう。決算説明会動画がアップされていれば、それも見ましょう。そういうチェックを3カ月に1回していれば、その会社について誰よりも詳しい投資家の1人になれます。

成長シナリオに変わりがないなら保有し続ける

会社の成長シナリオに変わりがないならば、基本的にはその株を保有し続けるのがいいでしょう。

将来的に大きく業績を伸ばせると思うのに、ちょっと株が上がっただけで売り買いを繰り返していては、その大きな成長トレンドに乗れなくなってしまう可能性があります。

著者自身は、そういうことを何度も経験してきて悔しい思いをしています。

もちろん、短期で売買を繰り返す戦略というのもアリです。

それで大きな資産を作った投資家もたくさんいますので、それは否定できません。

しかし、成長株への長期投資という趣旨で投資をしているなら、あまり細かく売買をすることは得策ではありません。

長期投資も短期の売買もしたいなら、資金を2つに分けましょう。そして、長期投資用の資金についてはどっしりと構えていきましょう。

2 割高になったら売る

PER何倍で売ったらいいのか

長期的な成長に期待して保有している株であっても、人気化してあまりにも割高になった場合には、株をいったん売却することも考えたほうがいいでしょう。

株は、ある程度将来を織り込みながら前倒しで株価形成していくものです。特に成長性の高い株が人気化した場合、5年後、10年後とどんどん先を織り込んでしまうことがあり、場合によっては20年後くらいまで織り込んでしまうこともあります。その場合、その後会社が業績を伸ばし続けても株価が低迷し続けるということもあり得ます。

プロローグで見たＰＰＩＨ（パン・パシフィック・インターナショナルホールディングス、７５３２）の例をもう一度見てみましょう（４７２ページ**図10－1**）。

同社株は１９９７年9月の時点で、会社四季報の来期予想ベースでＰＥＲ11倍でした。運営するドン・キホーテは大人気で急速に業績を伸ばしていましたし、全国展開することで非常に大きな成長シナリオが描ける状況でしたので、そうした成長性を考えるとＰＥＲ15倍という水準は非常に割安であったと考えられます。

図 10-1 PPIH(パン・パシフィック・インターナショナルホールディングス、7532)の例

● PPIH(旧ドン・キホーテ、7532)の月足チャートとPER

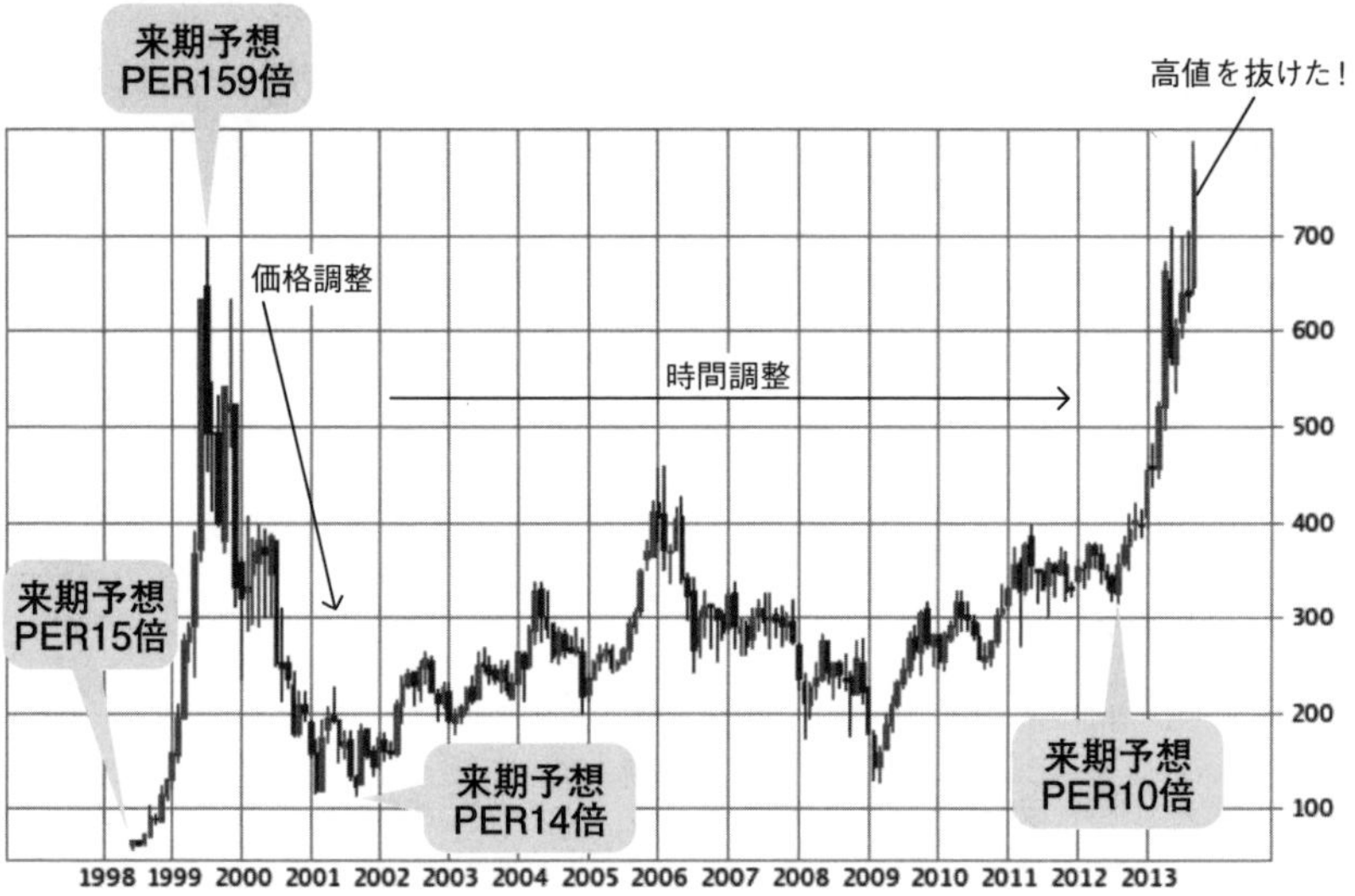

株価がピークアウトした後の買いポイントは、

①十分に価格調整したポイント
②十分に時間調整したポイント(ともにPER10倍台が目安)
③高値を超えたポイント

などが考えられる。

出典:SBI証券

その時点から会社の業績が急拡大したことで同社株は人気化し、約2年で株価は35倍になりました。ピーク時の来期予想ＰＥＲは約１５９倍になりました。これは標準的なＰＥＲ15倍の10倍もの水準であり、利益が10倍になるところまで織り込まれてしまった状況でした。

実際にＰＰＩＨはその後も成長を続け、13年間で純利益を10倍にも伸ばしましたが、株価は逆に半値くらいになってしまいました。

それは、ＰＥＲが１５９倍から10倍近くにまで低下したからです。

このように、**あまりにも人気化してＰＥＲが割高になった場合には、持ち株を一度売って、改めて買いタイミングを探った方がよさそう**です。

ただし、実際にどこで売るのかは難しい問題です。

第6章では株の割高・割安についてさまざまな判断法を考えました。

株が割高なのか割安なのか、その判断は簡単ではありませんが、第6章で述べた判断法を含めさまざまに考えを巡らせて、割高になり過ぎていないか考えてみましょう。

１９９９年当時のＰＰＩＨ社は、毎年2倍になるペースで急成長していましたが、この時の会社四季報によると、来期は売上高・利益ともに5割程度の成長に減速する見通しとなっていました。それでもかなりの高成長です。この5割成長を5年続けると考えると、利益は７．６倍になります。そして、5年後の時点でもある程度の成長性を維持していると想定してＰＥＲ20倍と考えます（2段階成長モデル、３０４ページ参照）。すると、5年後の時点で株価は、７．

6×20倍＝ＰＥＲ152倍程度の水準と想定されます。1999年7月の株価水準は、こうした状況まで織り込んだ水準だったといえます。ただし、過去のさまざまな例に照らしても、小売店が年率5割の成長を5年連続で続けるのはかなり難しそうです。

実際にどうなったか結果を振り返ってみると、ＰＰＩＨ社は来期以降の5年間（この時点での四季報の00年6月期予想値→05年実績値）で利益を約3倍に伸ばしましたが、これは年率25％のペースです。5年後に利益が3倍になり、その時点のＰＥＲを20倍としても、1999年時点ではＰＥＲ60倍くらいまでの想定が精いっぱいだったと思います。

結論として、**小売りや飲食の会社の場合、どんなに高い成長力があっても、ＰＥＲ50倍を超えてくるとかなり割高なＰＥＲ**といえそうです。少なくとも割安とはいいづらくなってきます。

この当時のＰＰＩＨは、めったに見られないほど成長性の高い状態でした。それでも、ＰＥＲ60倍くらいの評価が精いっぱいだったと考えられるわけですから、ＰＥＲ50倍を超える株価水準は、全部とはいわないまでも、ある程度株数を減らして、改めて買いチャンスを探ることを検討してみてもいいのかもしれません。

この時のＰＰＩＨの株価は、ＰＥＲ50倍の水準からさらに3倍になってしまっているので、ＰＥＲ50倍で売ってしまったら後悔したことでしょう。

しかし、その後、株価は長期的に停滞しています。ピークで株を売るのは至難の業ですから、何らかの基準で売り時を考えるしかありません。

全株は売らないまでも、**「成長シナリオが崩れない限り持ち株の半分は維持して、ＰＥＲが**

割高になったら半分は売却する」、というのも1つの戦略としてアリだと思われます。

とにかく、PERが50倍を超えてくると判断はなかなか難しくなってきます。株価も乱高下しがちで、そうなると気持ちも乱されます。そういう状態でも冷静に判断し続けられるような工夫として、200株以上を買っている場合には、**「半分売る」**というのは1つの有効な考えだと思います。

PERの判断は業種や会社の状態によっても変わります。PER100倍や200倍でも割高とはいえない場合もありますし、赤字でも「買い」や「持続」と判断できることもあります。こうした判断は、あくまでも成長シナリオをどう描けるかによります。5年後とか、場合によっては10年後にあまりにも大きな成長シナリオが描けて、「自分はそれに期待したい」という場合には、PERが高くても保有し続ける選択肢もありえます。

ただし、高PERの場合はものすごく値動きが荒くなることがあります。会社の成長シナリオ通りにいったとしても、株価のほうは「5分の1になってから10倍になる」というような動きになることもあります。あらゆる値動きを想定して、どんな株数なら保有し続けられるのか、荒波にも冷静に対処できるのか、そうしたことを考えて投資していきましょう。

一度売却した後の買い場探し

株を売却した後、長期的な成長シナリオが崩れなければ、また買いチャンスを探るわけですが、どのようなポイントで買えばいいでしょうか。

一度ピークを付けた株を買うポイントとしては、次の3つが考えられます。

①十分に価格調整したポイント

②十分に時間調整したポイント

③調整後に前回高値を抜けてきたポイント

株価が大きく上昇した後に停滞する動きを調整といいますが、調整には価格調整と時間調整があります。株価が下落する動きが**価格調整**、高値を抜けずに時間が経過する動きが**時間調整**です。図10－1のＰＰＩＨの例では、２００１年９月にかけて株価が大きく下落した動きが価格調整、２０１２年まで13年間高値を抜けず時間が経過したことを時間調整といいます。

この事例では２００１年９月前後、あるいは２０１２年が典型的な買いポイントと考えられるわけですが、いずれもＰＥＲは今期予想ベースでも来期予想ベースでも10倍台まで下がっています。長期的な業績の拡大トレンドが続いていて、成長シナリオも崩れておらず、ＰＥＲが10倍台まで下がったら、それは良い買いチャンスである可能性があります。

２０１３年後半には、14年間の調整を経てついに高値を抜けました。成長シナリオ、業績、ＰＥＲなどを再確認して、新たな上昇トレンドに入ったと判断したら、こうしたポイントで買うのも戦略の選択肢としてあり得ます。

3 他にもっと良い銘柄が出てきたから売る

より良い株を常に探し、保有株と比較する

株を売る3つ目の理由は、**「他にもっと良い株が出てきたから」**です。

株式市場には良い株がたくさんあります。探せば探すほど良い株が見つかります。投資家としては常により良い銘柄を探して、保有株より良い銘柄が見つかれば銘柄入れ替えをしてポートフォリオの質を上げていきましょう。

ポートフォリオというのは資産構成のことです。**自分の株のポートフォリオの状況を意識することはリスク管理上大事**なことです。

たとえば、持ち株のポートフォリオが「A株400万円、B株40万円、C株20万円、D株20万円、E株20万円」と、A株が資産の8割を占めているような状況はどうでしょうか。A株のことを本当によく知っていて、それが大きく成長することがほぼ確実だと自信をもって判断しているような場合には、その人にとっては非常に良いポートフォリオといえるかもしれません。本当に自信のあるチャンスがあれば、多少バランスを欠いてもそれに集中的に賭けるというのは、立派な投資のやり方の1つです。

しかし、一般論としては、1銘柄に偏ったポートフォリオはリスクが高くおすすめできません。もしその会社に大きなトラブルなどが起きたら、ポートフォリオが大きく棄損するからです。常に自分のポートフォリオを見渡して、バランスが悪くなっていないかどうかチェックしましょう。たとえば、**「1銘柄当たりの投資資金を全体の2割くらいまで」**というような目安を意識すると、特定の銘柄に偏り過ぎるという状態に陥ることは防げます。

候補株も充実させ、常に新鮮で最強なポートフォリオを作る!

株のポートフォリオは、自分がサッカーや野球の監督になったつもりで、できるだけベストメンバーを組むように意識しましょう。自分のポートフォリオは本当にベストメンバーになっているでしょうか。ポートフォリオに組み込んだけれど、「これはあまり良くなかったな、自分の見立て違いだった……」と気づいたら、できるだけ速やかにその株は売りましょう。

また、ずっと持っている株より、イキの良いもっと有望な株が出てきたら、思い切って入れ替えるべきかもしれません。

ポートフォリオの中でも、自信の度合いによって金額に濃淡をつけてもいいでしょう。**すごく自信のある株は多めに、そうでない株は少なめに**してもいいでしょう。

持ち株の1つが順調に上昇していった場合、先ほどのPPIHの例のように、あまりにも上昇してPERが高くなってしまったなら、割安さという点で魅力が薄れてきますし、ポートフォリオの中に占めるその株の割合も大きくなってしまうでしょう。いくら株が上昇しても、まだ割安さがあり、上昇余地が大きいと思えば売る理由はないのですが、割安さを感じられなくなってきたら、その株を半分または全部売却して、もっと条件の良い他の株に振り向けましょう。

あるいは、「1銘柄あたりの金額はポートフォリオの20％まで」というルールを決めて、値上がりしてこの基準を超えてきたら、適宜株数を減らして20％枠に収まるようにして、売却代金はまた別の銘柄に充てる、という**リバランス戦略**も考えられます。

また、**ポートフォリオに入れる候補株もできるだけたくさん用意**しておきましょう。そうした候補株をできるだけたくさんウォッチして、適宜ポートフォリオの銘柄を入れ替えていきます。サッカーでも野球でも、本当に強いチームはレギュラーメンバーだけでなくサブメンバーも充実しているチームです。それと同じで、本当に良いポートフォリオにするためには、サブ銘柄も充実させるようにしましょう。良い候補株がたくさんある中でも、やはりポートフォリオの銘柄たちが抜きん出ている、という状態が理想です。

そして、ポートフォリオの銘柄の1つに不安を感じ始めたら、候補株と比較して銘柄入れ替えを検討していきましょう。このような態勢にしておけば、ダメな銘柄に執着して失敗することは少なくなります。

以上のように、自分のポートフォリオは候補株を含めて常にチェックして、今後そのポート

図10-2 ポートフォリオ戦略のイメージ図

●強力なポートフォリオを育成しよう！

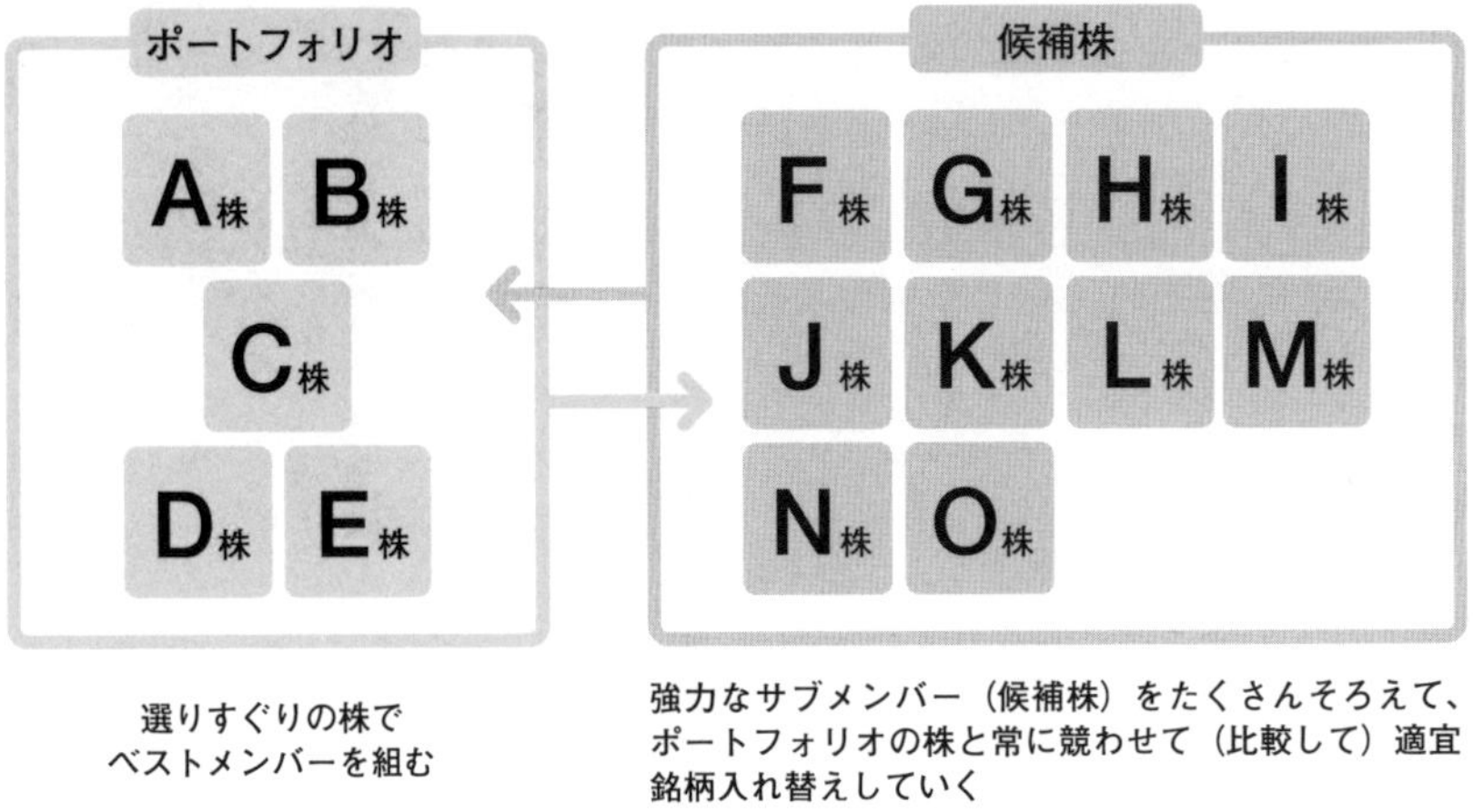
ポートフォリオ
A株 B株
C株
D株 E株
候補株
F株 G株 H株 I株
J株 K株 L株 M株
N株 O株
選りすぐりの株で
ベストメンバーを組む
強力なサブメンバー（候補株）をたくさんそろえて、
ポートフォリオの株と常に競わせて（比較して）適宜
銘柄入れ替えしていく

フォリオに入れる銘柄も用意して、適宜銘柄入れ替えやリバランスも行い、常に新鮮でベストなメンバーのポートフォリオにします（図10－2）。

こうした作業は、ある程度手間はかかりますが、慣れてくると楽しい趣味になってきます。会社四季報を見ながら銘柄探しをするのも一段と楽しくなってくるでしょう。

エピローグ
の
まとめ

「売り時」の考え方

1 株の売り時は次の3つ
①成長シナリオが崩れた時
②株価が割高になった時
③他にもっと良い株が出てきた時

2 成長シナリオについては、会社の強みと経営者をチェックして、シナリオの崩れや間違いに気づいたら売る

3 株価が上昇して割高になったら株数を減らすことも考える。強気の成長シナリオでも説明つかなくなったら売る

4 1度株を売っても、成長シナリオが崩れない限り、再度買い時を考える。
①十分に価格調整したポイント
②十分に時間調整したポイント
③十分な調整後に高値を抜けてきたポイント
などが買いタイミングの候補になる

5 サッカーや野球チームの監督になってベストメンバーを作るつもりでポートフォリオを作ってみる。その際、強力なサブメンバー（候補株）も取りそろえる

6 保有株と候補株を常に比較して、候補株の魅力の方が高くなってきたら銘柄入れ替えする

株式投資の基礎知識20

本書の最後に株の初心者の方向けに、株式投資を行うために必要な知識を短時間でご理解いただけるように、ポイントをかいつまんで超特急で説明していきます。

1 株って何?

株は会社の所有権を細かく分けたものです。株の保有者を**株主**といいますが、それは会社のオーナーと同じ意味になります。会社は株を発行して、それを投資家に買ってもらうことで、事業資金の元手を得ます。

株主になると、利益の中から毎年配当が支払われる他、会社によっては株主優待として会社の商品や食事券・買い物券などが送られてくることもあります。また、年1回開かれる株主総会への出席状と、議題への議決票も送られてきます。

2 株はどうやったら買えるの?

通常、一般の投資家が買える株は上場している会社の株です。「上場している」というのは、東京証券取引所などの市場に登録されている会社である、ということです。上場するためには業績、財務、株主数、事業内容など取引所の定めた条件をクリアしている必要があり、取引所に申請をして、審査に合格する必要があります。

上場している株を買う方法としては、IPO（新規公開株）、PO（公募増資・売出）、通常の取引の3つがあります。

IPOは、株が新規に公開される時に一般の投資家に株が売り出されることです。**PO**というのは、すでに上場している会社が株を新規発行したり、創業者などの大株主が一般の投資家向けに株を売り出すことです（500ページ参照）。

通常の取引は、上場している株を、市場で売買することです。個人投資家が株を買う方法としては、この通常取引が圧倒的な割合を占めます。

いずれの株の売買も、証券会社に口座を開いて行う必要があります。

3 証券会社はどこがいいの？

株の売買をするには、証券会社に口座を開く必要がありますが、個人投資家の口座数が多いのはSBI証券、楽天証券、マネックス証券、松井証券、auカブコム証券です。

この5社はスマホやパソコンなどを使ってインターネットで株取引を行うネット証券の上位5社です。いずれの会社も売買手数料が安く、サイトやアプリが使いやすく、豊富な投資情報が使えて、会社の安全性やシステムの安定性が高いという点で支持を得ています。

4 株っていくらから買えるの？

株は数万円程度から買えますし、銘柄によっては数千円でも買えます。

株は基本的に100株単位で売買する決まりになっていますが、株価は数百円のものが結構たくさんあり、株価が数百円なら100株で数万円ということになります。

また、SBI証券、マネックス証券、auカブコム証券では1株単位で株を買えるサービスがあります。SBI証券はS株、マネックス証券ではワン株、auカブコム証券ではプチ株という名前でサービス提供しています。

5 株の売買手数料はいくら？

1日あたり100万円以下の取引なら、手数料ゼロになるサービスがSBI証券、楽天証券、auカブコム証券などにはあります。松井証券は1日あたり50万円以内の取引なら手数料ゼロ、25歳以下なら、どんなに取引しても手数料ゼロです。

手数料体系には主に取引ごとに手数料が取られる体系と、1日あたりの約定金額が一定額になるまで定額の体系があります。松井証券は定額タイプのみで、他の4社は両方の手数料体系があります。約定ごとタイプのほうがシンプルであり多く使われています。4社の手数料体系は**図L－1**のようになります。

図 L-1 証券会社の料金体系

ネット証券大手5社の手数料

ネット証券4社の手数料体系

約定ごとに手数料が発生するプラン

約定代金	SBI証券		楽天証券		auカブコム証券	マネックス証券
	スタンダードプラン	ポイント	超割コース	ポイント		
5万円まで	**55円**		55円		55円	55円
10万円まで	**99円**		99円		99円	99円
20万円まで	**115円**		115円		115円	115円
50万円まで	**275円**	手数料の1.1%	275円	手数料の1%	275円	275円
100万円まで	**535円**		535円		535円	535円
150万円まで	**640円**		640円			640円
3,000万円まで	**1,013円**		1,013円		約定金額×0.099%(税込)+99円【上限4,059円】	1,013円
3,000万円超	**1,070円**		1,070円			1,070円

出典:SBI証券のサイトより。2022年7月29日時点での手数料体系

松井証券の手数料体系

1日定額タイプの手数料プラン

1日の約定代金合計金額	26歳以上	25歳以下(未成年含む)
	手数料	
50万円まで	**0円**	**無料**
100万円まで	1,000円(税込1,100円)	
200万円まで	2,000円(税込2,200円)	
100万円増えるごとに1,100円(税込)加算		
1億円超	100,000円(税込110,000円)(上限)	

SBI証券、楽天証券、auカブコム証券、マネックス証券にも1日定額タイプの手数料プランあり。SBI証券、楽天証券、auカブコム証券の3社は、1日定額プランの場合、100万円まで手数料無料に。

出典:松井証券のサイトより。2022年10月末時点

6 証券口座はどう開いたらいいの？

まず、口座開設しようと思う証券会社のサイトを検索して、トップページから口座開設の案内を探してクリックしましょう。口座開設のページを開くことができたら、あとは、サイトの誘導に従ってクリックしたり、必要な情報を書き込んで3つのステップを踏むだけです。

ステップ①は口座開設の申し込みです。このステップでやや難しいのは、納税の方法、NISAの選択です。納税の方法については、**特定口座源泉徴収あり**を選べば、確定申告の手間が省けるのでこれがおすすめです。詳しくは497ページで説明します。

NISAは税金優遇の仕組みですから、長期投資をする人なら申し込んでおくべきです（498ページ参照）。口座開設申込が完了するとユーザーネームとログインパスワードが表示されるので、それを忘れないようにチェックします。ここまでがステップ①です。

ステップ②は本人確認書類の提出です。マイナンバーカードがあれば、それをスマホで撮影して送信するだけで完了です。これが最も簡単な方法です。パソコンで手続きをしていても、本人確認書類はスマホで送ることができます。

マイナンバーカードがない場合には、マイナンバーの通知カードと運転免許証などの組み合わせでもOKです。運転免許証がない場合には、健康保険証、パスポート、住民票、印鑑証明書などの中から2つの組み合わせでもできます。以上の方法が無理な場合には、郵送で本人確認書類を送ることもできます。

ステップ③は初期設定です。ステップ②のあと、証券会社の審査を経て、数日後に口座開設完了のお知らせがメールもしくは郵送できますので、それを確認したら、**証券会社のサイトにログインして初期設定します。**その中で、**インサイダー登録**というのは、上場企業の会社関係者（内部者）に該当する人の登録です。その会社の重要な情報を知りうる立場に該当する人が重要な情報を知った上で株の取引きをすると犯罪になりますので、それを防止するために行う登録です。

株式手数料プランの登録は必須ではありませんが、決まっていれば登録しておきましょう。そうすると、売買注文する時に自動的にそのプランが適用されます。

その他の口座の申し込みということで、ＦＸ、先物・オプションなどが用意されていますが、必要がなければ選択しなくても結構です。

配当金受領方式は、ＮＩＳＡを申し込んだ人が選択する項目です。「株式数比例配分方式に変更する」にチェックを入れることで、ＮＩＳＡで買った株の配当金がＮＩＳＡ口座に振り込まれ非課税扱いにすることができます。それ以外の項目も記入したら、初期設定が終了です。

あとは証券会社から指定された銀行口座にお金を振り込むと、その範囲で株の取引ができるようになります。

7 証券会社のサイトでの銘柄に関する情報の調べ方

興味を持った銘柄については、口座開設した証券会社のサイトにログインして調べてみましょう。サイト内の銘柄検索ボックスに銘柄名や銘柄コード（493ページ参照）を入力して「検索」をクリックすると、**図L－2**のように銘柄に関する情報が表示されます。

このＳＢＩ証券のサイト画面を見ていただくとわかるように、株価情報だけでなく、その会社に関するニュース、会社四季報の記事やデータ、株価チャート、株主優待などさまざまな情報を閲覧できるようになっています。

このように、ネット証券のログイン画面では、充実した投資情報が無料で提供されています。口座開設自体は無料ですから、いくつかの証券会社の口座を開設して、いろいろな情報を取れるようにしておくといいでしょう。

「株を買おう」と思った場合には、同じ画面にある「現物買い」のボタンから注文画面にいきましょう。現物買いとは通常の株の買い注文という意味です。「信用買い」というボタンもありますが、これは証券会社からお金を立て替えてもらって行うやや特殊な取引方法です。これについては５０２ページで説明します。

図 L-2 証券会社のサイトで、気になる会社の方法を検索しよう！

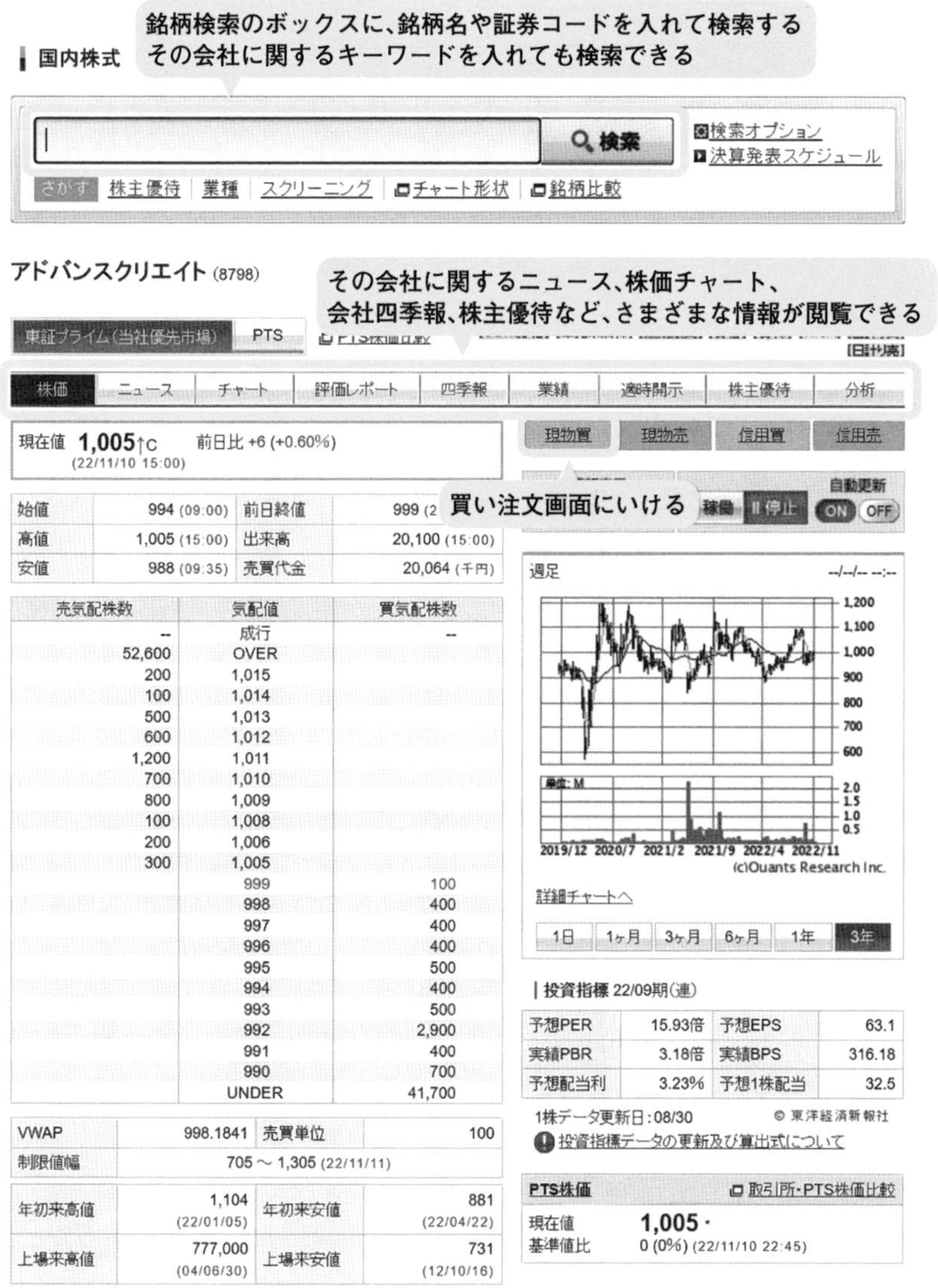

銘柄検索のボックスに、銘柄名や証券コードを入れて検索する
その会社に関するキーワードを入れても検索できる
国内株式
検索
検索オプション
決算発表スケジュール
さがす
株主優待
業種
スクリーニング
チャート形状
銘柄比較
アドバンスクリエイト (8798)
その会社に関するニュース、株価チャート、
会社四季報、株主優待など、さまざまな情報が閲覧できる
東証プライム(当社優先市場)
PTS
株価
ニュース
チャート
評価レポート
四季報
業績
適時開示
株主優待
分析
現在値 1,005↑C (22/11/10 15:00) 前日比 +6 (+0.60%)
現物買
現物売
信用買
信用売
買い注文画面にいける
自動更新
稼働
停止
ON
OFF
始値 994 (09:00) 前日終値 999
高値 1,005 (15:00) 出来高 20,100 (15:00)
安値 988 (09:35) 売買代金 20,064 (千円)
売気配株数 気配値 買気配株数
-- 成行 --
52,600 OVER
200 1,015
100 1,014
500 1,013
600 1,012
1,200 1,011
700 1,010
800 1,009
100 1,008
200 1,006
300 1,005
999 100
998 400
997 400
996 400
995 500
994 400
993 500
992 2,900
991 400
990 700
UNDER 41,700
VWAP 998.1841 売買単位 100
制限値幅 705 ～ 1,305 (22/11/11)
年初来高値 1,104 (22/01/05) 年初来安値 881 (22/04/22)
上場来高値 777,000 (04/06/30) 上場来安値 731 (12/10/16)
週足
1,200
1,100
1,000
900
800
700
600
単位: M
2.0
1.5
1.0
0.5
2019/12 2020/7 2021/2 2021/9 2022/4 2022/11
(c)Quants Research Inc.
詳細チャートへ
1日
1ヶ月
3ヶ月
6ヶ月
1年
3年
投資指標 22/09期(連)
予想PER 15.93倍 予想EPS 63.1
実績PBR 3.18倍 実績BPS 316.18
予想配当利 3.23% 予想1株配当 32.5
1株データ更新日:08/30
© 東洋経済新報社
投資指標データの更新及び算出式について
PTS株価
取引所・PTS株価比較
現在値 1,005
基準値比 0 (0%) (22/11/10 22:45)

出典：SBI証券

8 売買注文の出し方

買い注文の画面に株数や価格などの条件を入力して注文を出します。注文する価格については、**指値**《さしね》と**成行**《なりゆき》という２つの注文方法から選びます。逆指値というやや特殊な方法の注文もできます。

指値の買いは「××円までなら買う」というように希望価格を指定する注文方法です。たとえば、１０００円という指値で買い注文を出すと１０００円以下でしか**約定**《やくじょう》（注文が成立すること）しません。

成行の買いは値段を指定しないで「いくらでもいいから買う」という注文方法です。すぐに買い付けることができますが、思わぬ高値で買えてしまうというリスクもあります。

注文価格は、**気配情報**、つまり、他の投資家たちによる売買注文の状況を見て決めましょう。**図L－3**では１００５円で３００株の売り注文が出ていますから、この値段であれば即座に買えそうです。成行の買い注文の場合、自分の注文より一歩早く他の人に買い注文を出されてこの売り物を取られてしまうと、もっと高い値段の株を買うことになる可能性もあります。ですから、そういう事態を避けるためにも、**基本的には指値の注文をおすすめします**。注文したら、**「注文照会」画面**で確認してみましょう。自分が入力した注文内容がもし間違っていたら、その画面から取り消しや訂正の操作をすることができます。

図L-3 売買注文の出し方

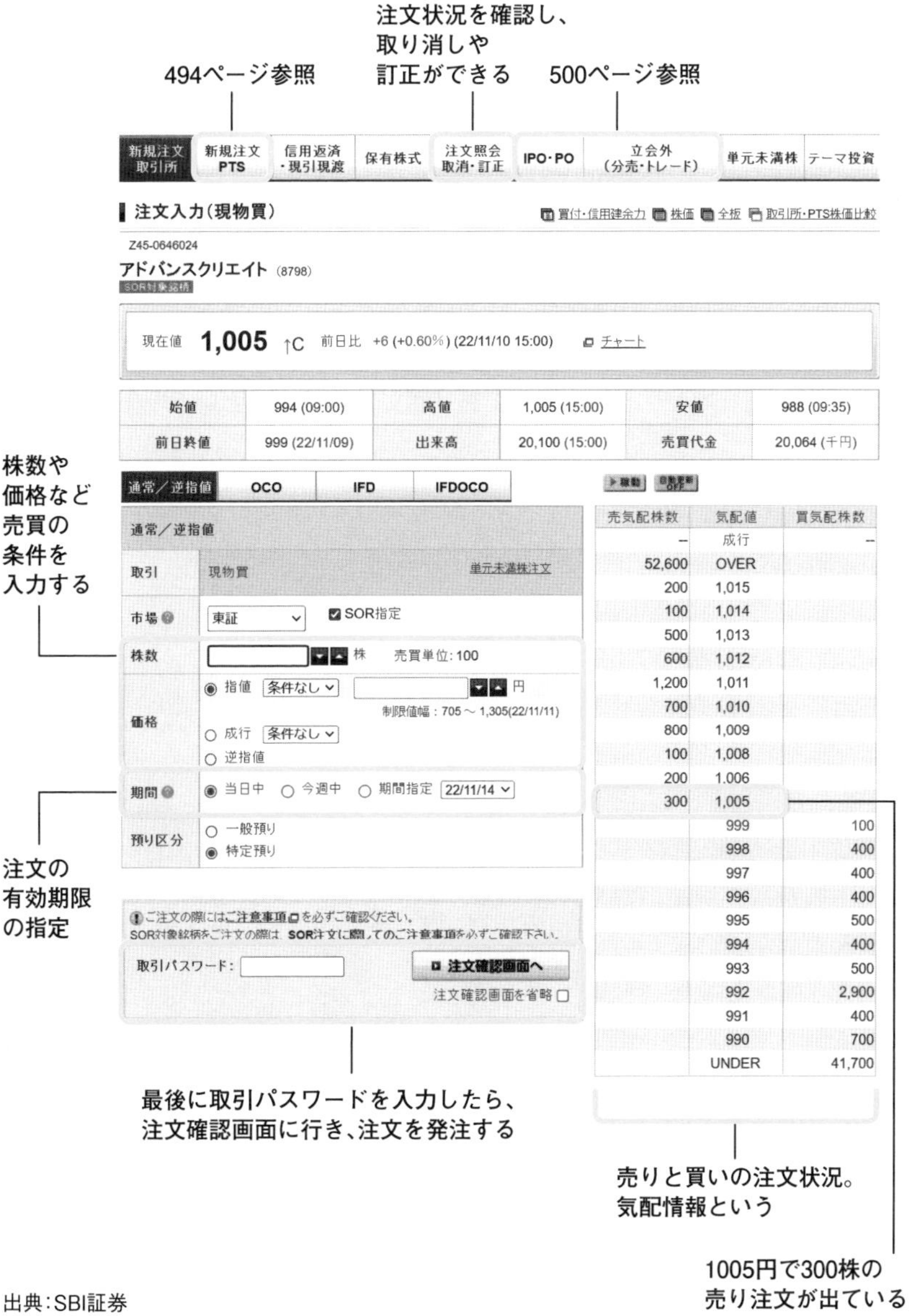
注文状況を確認し、取り消しや訂正ができる
494ページ参照
500ページ参照
株数や価格など売買の条件を入力する
注文の有効期限の指定
最後に取引パスワードを入力したら、注文確認画面に行き、注文を発注する
売りと買いの注文状況。気配情報という
1005円で300株の売り注文が出ている

出典:SBI証券

図L-4 逆指値注文とは？

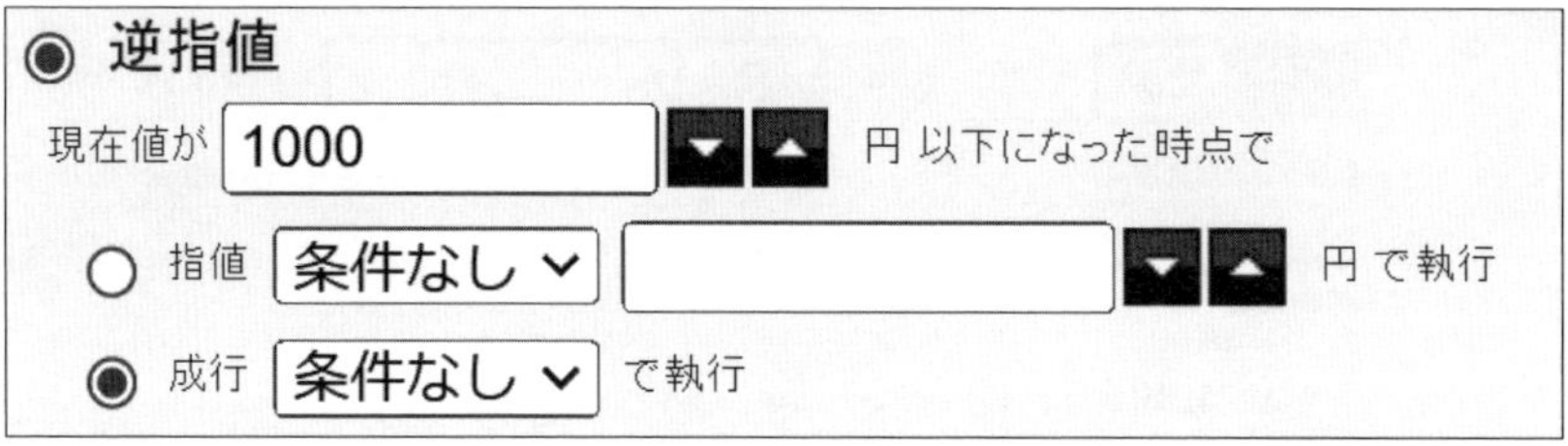

「株価が1000円までさがったら、成行で売り注文を発動する」という場合の注文の入れ方。

出典：SBI証券の注文画面より

9 逆指値注文とは？

通常の指値の売り注文は、たとえば、「指値１０００円の売り」という形であり、これは「１０００円以上になったら売る」という注文の仕方です。

それに対して逆指値の売り注文は、「株価が１０００円まで下がったら、成行の売り注文を発動する」というように、指定した水準まで株価が下がったら売るという注文の仕方です（**図L－4**）。

逆指値注文を使えば、損失を限定することができます。買った株について、あらかじめ「この水準まで下がって来たら一旦売却しよう」と決めて逆指値注文を入れておけば、損失がそれ以上拡大することはなくなります。このように、リスク管理の一環で逆指値が使われることが

図L-5　銘柄コードとは何か？

銘柄コード	主な業種
1000番台	水産、農業、建設
2000番台	食品
3000番台	繊維、紙
4000番台	化学、医薬、化粧品
5000番台	鉄鋼、金属、ガラス、窯業
6000番台	機械、電機
7000番台	自動車、精密機械、その他製造
8000番台	商社、商業、金融、不動産
9000番台	鉄道、通信、電気、ソウトウェア、サービス業

その他、2000番台、3000番台、4000番台、6000番台、7000番台には新興企業が多く割り振られています。

多いです。

10 銘柄コード

上場企業に割り振られた4ケタのコード番号。取引の際には入力することになっています。コード番号は上図のようにおおよそ業種別に区分けされていますが、新興企業についてはこうした区分に関係なく、2000番台、3000番台、4000番台、6000番台、7000番台の空いている番号が割り振られています。

11 証券取引所

東京、名古屋、福岡、札幌と4つの証券取引所があります。株取引のほとんどは東京証券取引所で行われていますが、名古屋、福岡、札幌で取引されている銘柄もあります。証券会社によっては東京以外の取引所に注文を出せないケースもあります。

また、東京証券取引所は、大企業中心に上場しているプライム市場、中堅企業中心に上場しているスタンダード市場、若くて小規模な企業が中心に上場しているグロース市場と3つに分けられていますが、どの市場でも注文の仕方に違いはなく、どの市場の銘柄も自由に売買できます。

12 取引時間

東京証券取引所の取引時間は9時〜11時30分、12時30分〜15時となっています。午前中の取引時間を前場《ぜんば》、午後の取引時間を後場《ごば》といいます。取引が開始されて最初の取引を**寄り付き**、前場の取引の最後の取引を**前引《ぜんび》け**、午後の取引時間の最初の取引を**後場寄り**、午後の取引時間の最後の取引を**大引《おおび》け**と呼びます。

なお、名古屋、札幌、福岡の各取引所では後場の終了時間は15時30分と東京よりも30分長くなっています。その他の時間については東京と同じです。

13 PTS（私設取引システム：Proprietary Trading System）

図L-6　株の取引時間

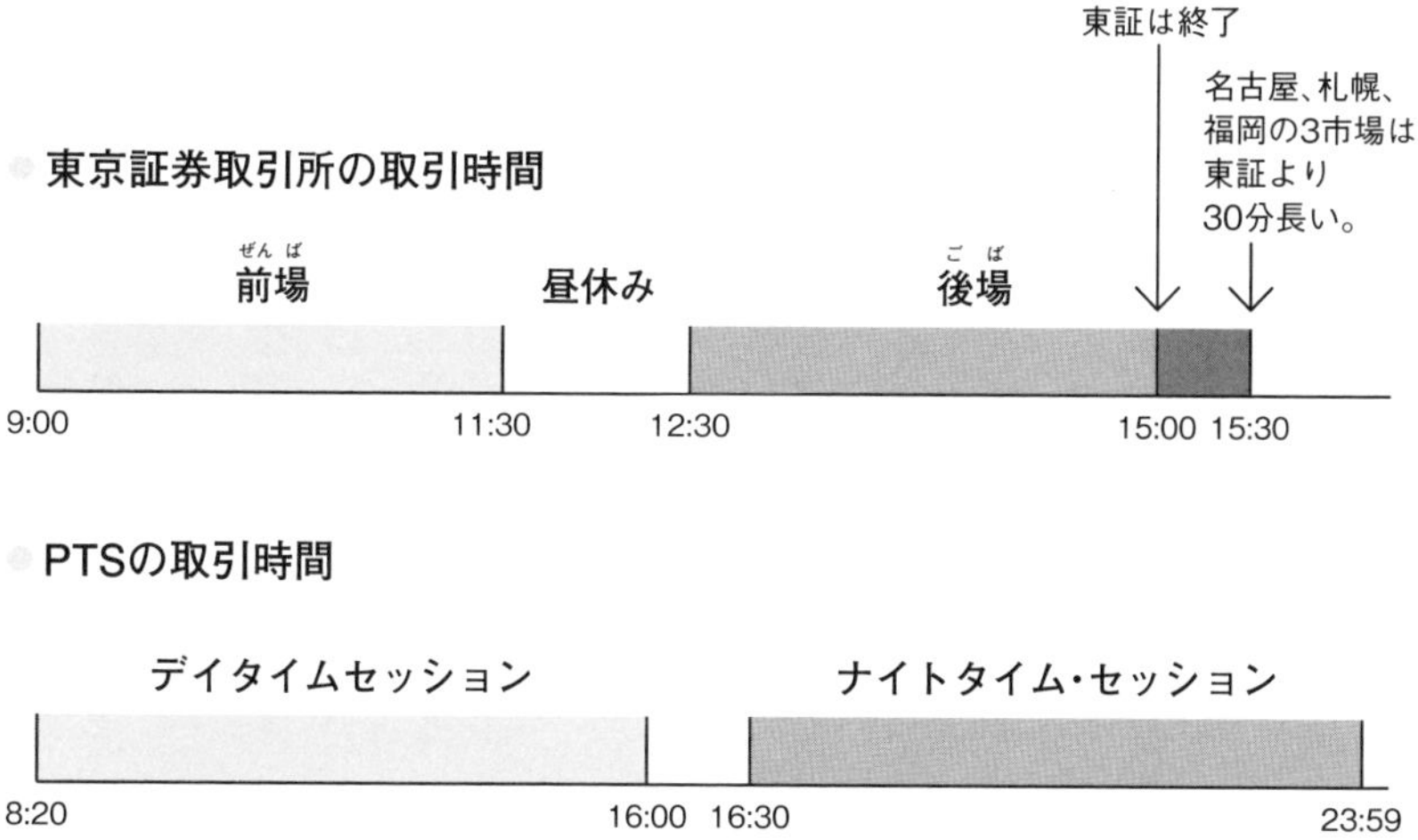

東京証券取引所のような公的な取引所ではなくて、民間企業が運営している私設の取引システムのことです。

代表的なＰＴＳの「ＪＮＸ」の取引時間は上図の通りであり、東証が終わった後の時間も取引ができます。ＰＴＳにはＳＢＩ証券、楽天証券、松井証券などから注文を入れることができて、基本的には東証などとほぼ同じシステムで同じように取引できます。

14　特別気配

何かのきっかけで買い注文が殺到したり売り注文が殺到したりして、売り買いのバランスが崩れることがあります。このような時には、一時的に売買が約定するのをストップして、板寄《いたよ》せ方式に切り替えます。板寄せ方式とは、時価（一番最近約定した価格）近辺で売買注文を集計して買いが圧倒的に多ければ約定させないまま気配値を3分ごとに少しずつ上げていって、売り買いの数が釣り合うようになったら、そこで一挙に売買を成立させるという方式です。このようにして売買が成立することを寄り付くといいます。実は、1日の取引の最初の取引も板寄せ方式なので、1日の最初の取引の成立を寄り付きと呼ぶわけです。

売り注文が圧倒している場合にはその逆になります。また、買い注文が殺到して板寄せ方式で気配を上げている状態を「特別買い気配」、売り注文が殺到して板寄せ方式で気配を下げている状態を「特別売り気配」といいます。

15 値幅制限・更新値幅

株式市場では1日の株価の動きに上限と下限が設けられていて、これを値幅制限といいます。そして、その決められた値幅を制限値幅といいます。株価が値幅制限の上限まで上昇することをストップ高《だか》、下限まで下落することをストップ安《やす》といいます。たとえば、前日に600円で終わった株の場合、その日の制限値幅は500〜700円です。前日に1000円で終わった株の場合、その日の制限値幅は700〜1300円です。

ストップ高買い気配になっても買い注文が売り注文を圧倒して、結局大引けまで寄り付かなかった場合には、出されている売り注文分だけ約定させます。この時買い注文を出している人で約定できるのは一部だけです。買い注文に対して約定をどう分配するかというと、証券会社ごとに出した買い注文に比例して売り注文が配分され、各証券会社は各社のルールに従って投資家に配分します。こうした方式を比例配分といいます。その逆に、ストップ安売り気配となり、比例配分となることもあります。

16 呼び値（株の値動きの刻み）

呼び値とは株価が値動きする時の値幅の単位であり、3000円までは1円刻みで価格が動き、3000円を超えると5円刻み、5000円を超えると10円刻み……というように決まっています。東京証券取引所がTOPIX100として指定した100銘柄については、さらにこの刻みが細かくなっています。細かい規定は東京証券取引所のホームページをご覧ください。PTSの呼び値は東証などとは異なる体系になっていて、東証より細かい刻みになっています。

17 株の税金（特定口座）

株の売買や配当で得た利益に対しては20・313％の税金がかかります。証券会社で取引する時には税金の支払い方法について登録しますが、「特定口座（源泉徴収あり）」を選ぶと、証券会社が取引のたびに税金を計算して源泉徴収してくれます。損した場合には、その年の損益を計算し直して、すでに源泉徴収された金額があれば払い戻しをしてくれます。このように、取引を清算するたびに源泉徴収や還付を自動で行ってくれます。

年間の通算損益がマイナスの場合には、確定申告を行うことによって、損失を翌年に繰越すことができます。「特定口座（源泉徴収あり）」を選択していても、確定申告することは可能なのです。そして、翌年の利益から繰越損失を差し引いて税金を計算することができるので、税金の支払いを減らせます。その場合は、翌年分も確定申告をする必要があります。

確定申告する場合には、証券会社のサイトから確定申告に必要な損益の計算書類をプリントアウトして、確定申告書類に添えます。

「特定口座（源泉徴収なし）」を選んだ場合には、年間通算利益が出たら確定申告する必要があります。やはり、証券会社のサイトから確定申告に必要な損益の計算書類をプリントアウトして、確定申告書類に添えて提出しましょう。

18 NISA（少額投資非課税制度）

NISAは、株の売買益や配当などにかかる税金がゼロとなる制度です。ニーサと読みます。長期投資を行う人にとって非常に有利な優遇税制ですから、ぜひその仕組みをよく理解して活用したいものです。

図L-7　2024年に開始する新NISAの概要

	成長投資枠	つみたて投資枠
年間投資枠	240万円	120万円
非課税保有期間	無期限	無期限
非課税保有限度額（総枠）	1800万円（うち、成長投資枠1200万円） ※買い付け金額ベース ※売却したら、その分の枠は再利用可能	
制度実施期間	恒久化	
投資対象	株式、投資信託	投資信託
対象年齢	18歳以上	

ＮＩＳＡには株などを対象にした通常のＮＩＳＡと、投資信託を対象にしたつみたてＮＩＳＡがあり、２０２３年までは通常のＮＩＳＡが年間１２０万円、つみたてＮＩＳＡが年間40万円までの投資枠になっていて、どちらか一方しか選択できない形になっています。

しかし、２０２４年1月から、成長投資枠（従来の通常ＮＩＳＡ枠）が年間２４０万円、つみたて投資枠が年間１２０万円と大幅に拡大されたうえで、併用が可能になります。利用できる総枠としては、買い付け金額ベースで合計1800万円、そのうち成長投資枠は合計1200万円ということです（**図L－7**）。

成長投資枠では、株を買って保有することができます。その枠で投資して得た配当や値上がり益については、非課税となります。

NISA枠で保有している株や投資信託を売却した場合、その分の枠を再利用して投資することもできます。

この制度を利用できるのは、18歳以上です。

従来のNISA制度については23年までは買い付けができて、23年までに買い付けた株については、そのままNISA枠を利用して保有を続けて非課税の優遇も受けることができます。そして、従来のNISAの枠を利用していても、新NISAの枠が減らされることはなく、満額利用できます。

なお、子供用のジュニアNISA制度は、23年の買付をもって買付は終了となります。

19 IPO株、PO株、立会外分売

IPO株とは新規に株式市場に上場する（登録されて売買可能になる）株のことです。新規上場する会社はいくつかの証券会社を選んで、そこを通して、公募で株を売り出します。

上場前の公募売り出し価格に対して、新規上場時の初値（初めて付く値段）は値上がりすることが多いので、ＩＰＯ株の公募売り出し株は人気化しやすくなります。

ＩＰＯ株を公募売り出しで買うには、まず証券会社のホームページなどで公募のお知らせを確認しましょう。そして、ブックビルディングの申し込みをします。

証券会社のホームページでＩＰＯ株の公募売り出しのお知らせを見て、ブックビルディング申し込みの画面をクリックしたら、購入希望株数と購入希望価格を入力します。価格は仮条件の範囲で入力しますが、上限価格で決まることが多いので、原則としてはストライクプライスを選択しましょう。ストライクプライスとは成り行き注文と同じで、価格を指定せずに「いくらでも買う」という注文方法です。「いくらでも」とは言っても、仮条件の上限を超えることはありません。また、ほとんどのケースでは、申し込み多数につき仮条件の上限価格でかなり高倍率の抽選となります。申し込みに際しては、購入に必要な金額をあらかじめ口座に用意しておく必要があります。

新規上場した後、初値は公募売り出し価格より高くつく傾向にありますが、そのあとは乱高下することが多いです。一段と上昇することもありますが、上場後の熱気が冷めて数カ月後には大きく値下がりしていることも多いです。もし、ＩＰＯ株がブックビルディングで当選して購入できた場合には、自分で特に長期的な展望が描けないならば、初値近辺の高値でいったん売却して様子見するのが無難だと思われます。

一方、ＰＯ株とはすでに上場している株が新株などを発行して売り出すことです。時価よりも何%か安く購入できることが多いので、本当に欲しい株のPOのお知らせがあれば検討してみましょう。

立会外分売とは、取引所の取引時間外に大株主が大量の売り注文を出す方法で、証券会社が購入希望者を募って、時価よりも割引された価格で売却します。実施日前日の夕方頃に証券会社が募集のお知らせを出し、希望者が多い場合は抽選で割り当てられます。

20 信用取引

信用取引は、自己資金を保証金として、証券会社にお金や株を借りて行う取引のことです。短期で株を売買する人向けの仕組みといえます。

信用取引を使うと、自己資金の約３・３倍の取引ができるようになります。たとえば、30万円の保証金で１００万円までの建玉《たてぎょく》が可能になります。信用買いしている状態の株を買い建玉といいます。

また、信用取引では株を借りて売ることもできます。こうした取引を「信用売り」といい、信用売りしている状態の株を**売り建玉**といいます。売り建玉は、株を買い戻して返済することで決済します。たとえば、１０００円で信用売りした株が値下がりして５００円で買戻しすることができれば、５００円の差益が得られることになります。ただし、信用売りに関しては全ての銘柄が対象になるわけではなく、銘柄によっては信用売りができません。

信用取引で株の買い注文を出す時には**信用新規買い**、決済する時は**返済売り**、信用取引で売り注文を出す時には**信用新規売り**、それを決済する時は**返済買い**という注文となります。なお、信用取引で株を買ったけれど、現金を支払ってそれを現物株として引き取ることもできます。その取引を**現引き**《げんび》といいます。

[著者]

小泉秀希（こいずみ・ひでき）

株式・金融ライター

東京大学卒業後、日興證券（現在のSMBC日興証券）などを経て、1999年より株式・金融ライターに。マネー雑誌『ダイヤモンドZAi』には創刊時から携わり、特集記事や「名投資家に学ぶ株の鉄則！」などの連載を長年担当。

『たった7日で株とチャートの達人になる!』『めちゃくちゃ売れてる株の雑誌ザイが作った「株」入門』ほか、株式投資関連の書籍の執筆・編集を多数手がけ、その累計部数は100万部以上に。また、自らも個人投資家として熱心に投資に取り組んでいる。

市民講座や社会人向けの株式投資講座などでの講演も多数。

[監修者]

レオス・キャピタルワークス株式会社　ひふみ株式戦略部

投資信託ひふみシリーズのファンド運用を担うレオス・キャピタルワークスのメンバーにより構成された本書監修プロジェクトチーム。

藤野 英人（代表取締役会長兼社長 最高投資責任者（CIO））／三宅 一弘（経済調査室長）／佐々木 靖人（株式戦略部シニア・ファンドマネージャー）／高橋 亮（株式戦略部シニア・ファンドマネージャー）／八尾 尚志（株式戦略部シニア・ファンドマネージャー）／岡田 泰輔（未来戦略部シニア・クレジットアナリスト）／大城 真太郎（株式戦略部シニア・アナリスト）／妹尾 昌直（株式戦略部シニア・アナリスト）／多田 憲介（株式戦略部アナリスト）／松本 凌佳（株式戦略部アナリスト）

株の投資大全

――成長株をどう見極め、いつ買ったらいいのか

2023年3月14日　第1刷発行

2023年11月9日　第3刷発行

著　者――小泉秀希

監修者――ひふみ株式戦略部

発行所――ダイヤモンド社

〒150-8409　東京都渋谷区神宮前6-12-17

https://www.diamond.co.jp/

電話／03･5778･7233（編集）　03･5778･7240（販売）

装丁デザイン―小口翔平（tobufune）

本文デザイン&DTP―二ノ宮匡（ニクスインク）

校正――鷗来堂

製作進行――ダイヤモンド・グラフィック社

印刷――堀内印刷所（本文）・新藤慶昌堂（カバー）

製本――加藤製本

編集担当――高野倉俊勝

ISBN 978-4-478-11615-9